中国财政科学研究院年度智库报告

世界主要国家财政与央行关系研究

全球风险治理专题报告

傅志华 李成威 等著

中国财经出版传媒集团
中国财政经济出版社

参与本书研究和撰写人员

傅志华 中国财政科学研究院研究员

李成威 中国财政科学研究院全球风险治理研究中心主任、研究员

李　欣 中国财政科学研究院全球风险治理研究中心副主任、研究员

朱小玉 中国财政科学研究院全球风险治理研究中心副主任、助理研究员

于雯杰 中国财政科学研究院全球风险治理研究中心副主任、助理研究员

张晓云 中国财政科学研究院全球风险治理研究中心首席专家、研究员

刘翠微 中国财政科学研究院全球风险治理研究中心副研究员

景婉博 中国财政科学研究院全球风险治理研究中心副研究员

王美桃 中国财政科学研究院博士

金殿臣 中国财政科学研究院全球风险治理研究中心助理研究员

田雅琼 中国财政科学研究院全球风险治理研究中心博士后

林　琳 中国财政科学研究院全球风险治理研究中心实习研究员

周子超 中国财政科学研究院博士研究生

目录
CONTENTS

导论　主要国家财政与央行机构关系与职能分工 …… 1

一、概论 …… 1
二、美国 …… 11
三、英国 …… 15
四、德国 …… 20
五、日本 …… 22
六、俄罗斯 …… 28
七、巴西 …… 31
八、南非 …… 34
九、新西兰 …… 37

第一篇　主要国家财政与央行财务关系

第一章　概论 …… 47

一、政府或财政部门通常是央行的主要出资人 …… 47
二、央行利润上缴财政是理所当然 …… 48
三、包括外汇储备在内的官方储备通常由财政部门管理 …… 49
四、国债或中央机构债券是部分国家央行的重要资产 …… 50
五、相关启示 …… 50

第二章　美国 …… 52

一、美国央行机构框架及与财政部的关系 …… 52
二、美联储与财政部的经济财务关系 …… 53
三、启示 …… 57

第三章　英国 …… 59

一、财政和央行财务关系概述 …… 59

二、维护财政和央行财务关系的制度安排……61
三、从央行资产负债表看财政和央行的财务关系……64
四、央行的收益部分留存部分上交财政部……66
五、英国官方的黄金和外汇储备由财政部管理，央行以代理人身份进行日常管理……70
六、结论……73

第四章　德国……80

一、欧洲中央银行和德国中央银行的机构设置及交叉关系……80
二、中央银行储备金分配……81
三、资产负债表反映的财政与中央银行关系……83
四、德国中央银行的收益分配……83
五、德国中央银行外汇储备运营情况……85
六、德国财政与央行关系对我国的启示……85

第五章　日本……87

一、日本银行的性质……87
二、日本银行与政府存在密切的联系……87
三、从资产负债表看财政与日本银行的财务关系……88
四、从利润表看财政与日本银行的财务关系……91
五、关于日本银行盈余的管理……92
六、日本官方外汇储备的管理……93
七、财政与日本银行财务关系的变化……94
八、结论……95

第六章　俄罗斯……96

一、俄罗斯中央银行的独立性问题……96
二、俄罗斯中央银行的资产与收益……98
三、央行外币储备及其管理……100
四、思考与启发……103

第七章　巴西……104

一、央行与财政的关系分析……104
二、央行的资产与收益……107
三、外汇储备管理……111

第八章　南非 …… 115

一、南非储备银行概况 …… 115
二、南非财政部与央行的合作 …… 118

第九章　新西兰 …… 123

一、新西兰储备银行的金融政策职责范围 …… 123
二、新西兰储备银行的内部治理 …… 124
三、新西兰财政部与央行的沟通与合作 …… 125
四、新西兰央行关于外汇储备的规定 …… 130

第二篇　主要国家财政与央行在国家金融监管中的关系

第一章　概论 …… 143

一、强化财政在金融监管中的作用，是国家治理现代化的题中之意 …… 143
二、财政并不陷入具体监管事务，而是在“高维度”主导国家金融监管架构 …… 146
三、财政与央行密切协同、构建一体化协调机制，是金融监管现代化的基本要求 …… 148
四、相关启示 …… 149

第二章　美国 …… 151

一、美国金融监管历史变迁：金融监管离不开财政视角 …… 151
二、财政部门在改革后的金融监管体系中占据主导地位 …… 153
三、财政部门更加关注系统性风险监管，美联储与其他监管部门聚焦具体风险处置 …… 156
四、财政和央行在金融监督中的分工和协作 …… 157

第三章　英国 …… 160

一、英国金融监管的演变和现状 …… 160
二、财政部门与央行在金融监管中的作用与定位 …… 166
三、结论 …… 175

第四章　德国 …… 177

一、引言 …… 177

二、德国金融监管体系架构与职能分配 …… 178
三、财政主导德国金融监管的机制与责任 …… 181
四、启示与借鉴 …… 183

第五章　日本 …… 185

一、日本金融监管模式的演变：从“统一监管”“分业监管”再到“统一监管” …… 185
二、富有宏观审慎特征的新型金融监管体制 …… 191
三、财政在金融监管中的地位和作用 …… 193
四、财政与央行在金融监管中的分工与合作 …… 194
五、日本银行与财政对金融监管的独特性 …… 195
六、两部门在金融监管的配合有待改进 …… 196
七、结论 …… 197

第六章　俄罗斯 …… 198

一、俄罗斯金融监管的历史演变 …… 198
二、俄罗斯金融监管架构 …… 200
三、财政与央行在金融监管中的分工与合作 …… 203

第七章　巴西 …… 205

一、巴西的金融监管体系及组织架构 …… 205
二、巴西央行的金融监管作用 …… 210
三、巴西经验对中国的启示 …… 211

第八章　南非 …… 214

一、南非储备银行的历史 …… 214
二、南非央行金融监管的职责 …… 217
三、南非的双峰监管目标 …… 221
四、南非金融监管的特点及启示 …… 224

第九章　新西兰 …… 227

一、新西兰储备银行的历史 …… 227
二、新西兰财政部与新西兰储备银行的关系 …… 231
三、金融监管委员会（CoFR） …… 235
四、储备银行的制度机制 …… 240
五、新西兰金融监管的特点与启示 …… 242

第三篇　主要国家财政政策与货币政策的关系：机构视角

第一章　概论 …………………………………………………………… 247

一、财政与货币政策不协同往往引发严重危机 ……………………………… 247

二、“寓财政于货币”是典型国家财政与货币协同的实现方式 ………… 248

三、相关启示 ……………………………………………………………… 251

第二章　美国 …………………………………………………………… 253

一、财政政策与货币政策从相对独立状态逐渐变为融合一体 …………… 253

二、财政政策与货币政策界限日益模糊，财政货币政策一体化实施成为常态 ……………………………………………………………………… 254

三、美国财政货币政策一体化，成为其战略竞争的重要手段 …………… 256

四、财政货币政策一体化为美国经济注入确定性，体现的是美国金融竞争作为高维度竞争手段的优势 …………………………………………… 257

五、央行的独立性依据美国国家需要，今后财政货币一体化趋势将进一步加强 ……………………………………………………………………… 258

第三章　英国 …………………………………………………………… 259

一、英格兰银行的货币政策 ……………………………………………… 259

二、财政对央行货币政策施加影响 ……………………………………… 265

三、货币政策对财政的影响 ……………………………………………… 267

四、财政与央行在政策方面的合作 ……………………………………… 269

五、财政为银行贷款提供担保 …………………………………………… 272

六、结论 …………………………………………………………………… 273

第四章　德国 …………………………………………………………… 275

一、德国财政政策与货币政策对经济宏观调控的目标互补 ……………… 275

二、德国财政和央行政策工具的协同配合情况及效果 …………………… 277

三、德国“强财政、弱货币”政策搭配应对机制 ………………………… 280

四、结论与启示 …………………………………………………………… 281

第五章　日本 …………………………………………………………… 283

一、日本财政政策与货币政策协同的历史沿革 …………………………… 283

二、现代货币理论的传导效应 …………………………………………… 288

三、从政策搭配看日本财政部门与央行的关系 …… 289
四、日本财政部门与央行关系的独特性 …… 290
五、结论 …… 291

第六章　俄罗斯 …… 292

一、货币政策制定与实施过程中财政与央行的配合 …… 292
二、财政政策与货币政策工具的有效协调 …… 294
三、俄乌冲突引发的制裁背景下俄罗斯财政与央行的应对 …… 295

第七章　巴西 …… 299

一、巴西中央银行的货币政策 …… 299
二、财政部门与央行在货币政策制定中的关系 …… 304
三、货币政策对财政政策的影响 …… 306
四、财政政策与货币政策的联合行动 …… 306
五、结论 …… 308

第八章　南非 …… 309

一、财政政策 …… 309
二、财政与货币金融政策协同 …… 310
三、财政货币政策协同实践 …… 311

第九章　新西兰 …… 313

一、财政政策 …… 313
二、财政与货币金融政策协同 …… 314
三、财政货币政策协同实践 …… 314

参考文献 …… 317

后记 …… 321

导论
主要国家财政与央行机构关系与职能分工

一、概论

从理论上看，财政与金融的关系是有机统一的关系，从实践的角度看，财政与金融在很多方面密切相关，特别体现在财政与央行的关系方面。财政与央行都是重要的宏观管理部门，二者有各自分工，但合作密切，二者职能统一于国家风险的防范与化解。关于央行的独立性问题、央行利润归属问题、外汇储备的管理与运营收益问题、央行资产表中的国债问题、财政与央行的金融监管与政策协调等各国有不同的做法，但又有一定规律可循，分析相关国家的做法，对于优化我国财政与央行关系具有重要启示。

（一）主要国家财政和央行的职能定位与职能关系

我国人民银行具有双重身份，即货币发行当局的央行和政府部门的央行。作为货币发行当局的央行，潮流是强调独立性，而作为政府部门的央行，纳入部门预算，不存在独立问题。

1. 主要国家财政的职能定位

从美国和英国的情况来看，财政部在政府中有着重要的地位和作用，例如，英国的首相兼首席财政大臣，财政大臣的内阁排名在第二位或第三位（首相排在第一位），财政部门不仅仅是预算、公共支出、税收、金融等的政府行政管理部门，还担负着国家稳定和经济发展的重要责任。

美国财政部是美国政府一个内阁部门，负责促进经济繁荣和保护美国金融安全。美国财政部职能范围非常广泛，可以就经济和金融问题向总统提出建议，鼓励可持续性经济增长和督促金融机构改善管理。同时，美国财政部管理和维护着对国家金融基础设施至关重要的体系。它还与其他联邦机构、外国政府和国际金融组织合作，促进全球经济增长，并尽可能地预测和防止经济和金融危机。另外，美国财政部在维护国家安全方面也发挥着至关重要的作用，识别和锁定国家安全威胁，对外来威胁实施经济制裁，并加强对金融体系的安全防护。具体来说，美国财政部的职能主要有：管理联邦财政；收集所有根据美国法律规定的税收；生产货币和硬币；管理政府账户和公共债务；监督国家银行和储蓄机构；就国内和国际金融、货币、经济、贸易及税收政策提出建议；执行联邦金融和税收法律；调查并起诉逃税者、货币伪造者。

英国财政部是英国政府的经济和财金部门，控制着公共支出，制定英国经济政策的方向，致力于实现强劲和可持续的经济增长。财政部的职责包括以下五个方面：①在公共支出方面，财政部负责部门支出、公共部门工资和养老金、年度管理支出（AME）和福利政策以及资本性投资的相关事项；②在金融服务政策方面，财政部负责银行和金融服务管理、金融稳定确保伦敦金融城的竞争力；③财政部负责督查英国的税收体系，涉及直接税、间接税、商业房产税、财产税、个人所得税和企业所得税这些税种；④财政部负责确保公共部门基础设施项目的交付，以及吸引私人部门的投资进入英国基础设施建设领域；⑤保证经济的持续增长。

德国联邦财政部的主要任务一是制定国家的财政政策，通过税收政策为国家任务筹集资金，通过预算将财政资源分配到各个职能部门，并监督国家预算的执行，同时通过财政政策影响国民经济的运行；二是负责联邦财产的管理；三是协调具有财政意义的国际关系，如关税和欧盟的财政关系；四是规范各级政府之间的财政关系。德国三级政府之间存在较强的财政独立性和自主性。

俄罗斯联邦财政部是联邦执行机构，负责制定预算、税收领域的国家政策和法律法规，以联邦预算拨款为代价向俄罗斯联邦主体和地方政府提供国家支持等①。俄罗斯联邦财政部下设30个部门。

日本财务省在2001年1月6日由大藏省改制后成立，负责国家的预算、税制、货币、国债等事项，是主管日本财政、金融、税收的最高行政机关。其下设大臣官房、主计局、主税局、关税局、理财局、国际局和其他外设机构、地方分局。

2019年巴西大部制改革前，根据1988年《巴西宪法》和《财政责任法案》

---

① Постановление Правительства РФ от 30.06.2004 N 329 (ред. от 28.07.2022) "О Министерстве финансов Российской Федерации". http://www.consultant.ru/document/cons_doc_LAW_48609/76618cb4a75d41b8f83bd465b2e3ef14070cc7d7/.

（Complementary Law. 101/2000）等有关制度文件，巴西财政部的核心职能是负责宏观财政管理和预算编制。2019 年后，第 13844 号法案第 31 条明确规定巴西经济部的职能范围，涵盖国家战略规划和长期公共政策制定、社会经济状况监测、内外部公共债务管理、联邦政府部门预算管理、货币信贷及保险相关业务、养老保险、就业相关政策制定、薪资、小微企业支持政策制定、海关事务、进口贸易政策制定及规划执行监管、市场价格及多边贸易融资谈判、知识产权和技术转让、国有控股企业领导任命等 37 项。综合来看，巴西财政部公共财政的传统职能是监控财政基础活动，确保公共支出在预算周期内按计划执行，并在其他财政、货币和经济政策的协助下，强化财政可持续性的能力。大经济部组建后，现代公共财政从传统的监管职能向战略管理职能转变，超越了一般预算控制，旨在通过公共财政跨期规划、支出政策（项目）全过程监管等政策工具，强化财政的可持续性。

中国财政部贯彻落实党中央关于财经工作的方针政策和决策部署，主要职责是：①拟订财税发展战略、规划、政策和改革方案并组织实施；②起草财政、财务、会计管理的法律、行政法规草案，制定部门规章，并监督执行；③负责组织起草税收法律、行政法规草案及实施细则和税收政策调整方案；④组织制定国库管理制度、国库集中收付制度，指导和监督中央国库业务，开展国库现金管理工作；⑤牵头编制国有资产管理情况报告；⑥负责审核并汇总编制全国国有资本经营预决算草案，制定国有资本经营预算制度和办法，收取中央本级企业国有资本收益；等等。

2. 主要国家央行的职能定位

各国央行的主要工作是制定货币政策，监管金融体系的整体风险和金融机构的安全和运行，维护支付安全和保证支付体系的运行。主要的差别是由于德国是欧元区国家，因此，德国央行将央行的很多重要职责都转交给了欧洲中央银行，丧失了货币政策的制定权和大型金融机构的监管权等。

美联储是美国的中央银行，主要目标是促进美国经济的有效运行。美联储的职能主要有五项：一是执行货币政策以谋求美国就业最大化、稳定物价和适中的长期利率；二是促进金融体系的稳定，通过加强国内与跨境金融监管来最大限度地降低和控制系统性风险；三是履行金融监管权，尤其是监督系统性重要金融机构使其保持稳健经营，并监测它们对整个金融体系的影响；四是向银行业和美国政府提供美元交易和支付服务，提高支付和结算系统的安全性和效率；五是履行对金融消费者的权益保护。

英国央行英格兰银行（the Bank of England）是一家公共机构，它的任务是保证英国纸币的安全、价格的稳定、银行的安全和良好运行以及使金融体系具有弹性。英格兰银行的工作主要包括①：①英格兰银行的主要工作之一就是保证在英国可以

① the Bank of England. About Us［EB/OL］.［2022－08－22］. https：//www. bankofengland. co. uk/about.

很容易和安全地进行支付；②英格兰银行负责将价格的上涨维持在低和稳定的水平；③英格兰银行管理英国的银行和其他金融机构，维持它们的安全和良好运营；④英格兰银行负责维持英国金融体系的稳定。

德国中央银行德意志联邦银行在1998年欧洲中央银行正式成立后，根据《马斯特里赫特条约》，成为欧洲中央银行体系的组成部分。德意志联邦银行的经营范围包括：①根据抵押品发放贷款，并最终根据公开市场上的回购协议买卖应收账款、证券和贵金属；②接受活期存款和其他存款；③贵重物品，尤其是证券的保管和管理；④接受支票、直接借记、汇票、指示、证券和利息票据以供托收，并在承保后付款，除非银行另有决定将支票、直接借记和指示的等值记入贷方；⑤买卖非欧元计价的支付方式，包括汇票和支票、应收账款和证券，以及黄金、白银和铂金；⑥执行与国外的所有银行交易。

俄罗斯央行俄罗斯银行的主要职能包括以下方面：①与俄罗斯政府共同制定并实行以维护和保证卢布稳定为目标的国家统一的货币信贷政策；②垄断现金发行并组织现金流通；③对信贷机构行使最后贷款人的权利，组织资金再融通；④制定在俄境内实行结算的规则，组织银行间的结算；⑤为银行系统制定从事银行业务、会计核算和报表的规则；⑥对信贷机构进行国家注册；⑦成立和撤销信贷机构，以及负责审计信贷机构等组织；⑧从事各类银行业务；⑨实行外汇监督和外汇调节，包括从事外币买卖业务；⑩保管集中性的黄金和外汇储备；⑪确定与外国的结算方式；⑫参加预测国家的国际收支情况并组织编制国际收支平衡表；⑬分析和预测国家的经济状况，尤其是货币信贷和外汇金融方面的状况；⑭代理政府管理国家债务，即发行、偿还和经营政府的有价证券；⑮代理政府财政收支，等等。

日本央行日本银行的使命是“稳定物价”和“稳定金融体系”。2022年5月，日本银行总裁黑田东彦指出日本银行的使命仍是“稳定物价”和“稳定金融体系”，一方面将消费者价格指数稳定在2%（同比）水平上，另一方面联合操作长期利率和短期利率以稳定金融市场，并综合运用金融政策、结算体系、国际金融、发行银行券、货币流通管理、管理国库金和国债、传递市场信号等业务方式以达成上述使命。

巴西央行巴西中央银行根据1964年12月31日发表的第4595号法案，正式创建。巴西央行作为国家联邦机构之一，其核心职能是维持金融稳定及通过利率政策调控经济[①]。具体职能如下[②]：一是垄断纸币发行；二是担任“银行的银行”，监管银行；三是监管外汇政策的规划和执行；四是负责调控利率政策。此外，在与货币

---

① What is the Central Bank of Brazil and what are its functions? [EB/OL]. [2022-08-30]. https://www.ewally.com.br/en/blog/falando-de-negocios/banco-central/.

② Central Bank of Brazil Functions [EB/OL]. [2022-05-20]. https://www.bcb.gov.br/conteudo/home-en/FAQs/FAQ%2011-Central%20Bank%20of%20Brazil%20Functions.pdf.

和汇率政策有关的国际机构中代表巴西政府。

《中华人民共和国中国人民银行法》对中国人民银行的职能正式表述为“制定和执行货币政策、维护金融稳定、提供金融服务。”同时，该法明确界定，中国人民银行为国务院组成部门，是中华人民共和国的中央银行，是在国务院领导下制定和执行货币政策、维护金融稳定、提供金融服务的宏观调控部门。另外，该法还规定，中国人民银行行长的人选，根据国务院总理的提名，由全国人民代表大会决定；全国人民代表大会闭会期间，由全国人民代表大会常务委员会决定，由中华人民共和国主席任免。中国人民银行副行长由国务院总理任免。在具体实践过程中，中国人民银行的具体职能主要有：①牵头建立宏观审慎管理框架；②制定和执行货币政策、信贷政策，完善货币政策调控体系，负责宏观审慎管理；③牵头负责系统性金融风险防范和应急处置；④经理国库；⑤管理国家外汇管理局；等等。

3. 主要国家财政和央行的职能关系

从主要国家的情况来看，财政和央行在职能上有密切的联系，特别是在公共债务发行和金融监管方面。比较来看财政的职能范围更广，央行主要集中在金融领域，财政从更高的维度和视角履行国家治理职能。

美联储与美国财政部的共同职能是保障美国经济健康运行和对金融系统进行监督。但是，美国财政部在金融稳定职能上的地位较为突出。美国财政部下设了一系列机构，以更好担当防范和化解金融风险、维护金融稳定的重担。例如，美国财政部下设联邦保险办公室负责识别保险行业的系统性风险，保护保险产品消费者，监督管理保险事务。美国财政部下设货币监理署负责对银行实施一般监管，有权批准或拒绝新银行的成立，也有权做出关闭某家银行的决定。美国财政部下设金融研究办公室负责金融数据的搜集，监控金融市场系统性风险。同时，2008 年国际金融危机后，美国根据《多德—弗兰克法案》建立了多个监管机构组成的宏观审慎监管机构，如隶属于美国财政部的金融稳定监管委员会执行金融稳定的职能，财政部长担任委员会主席，美联储主席是委员会投票成员之一。此外，与美联储相比，美国财政部还肩负维护国家安全、与外国政府和国际金融组织合作等职责，因而其职能范围更广泛、更全面。

英国财政和央行之间的职能存在关联性，特别是在金融监管方面。财政和英格兰银行都有管理金融领域和体系的职责，特别是通过监督金融机构的运行，监控金融体系安全，维护金融稳定的职责有关联。但是其职责有明显的区别和分工合作关系。英格兰银行是最重要的金融监管机构之一，履行具体的监管职责。财政金融监管的立场、角度、使用的工具、职责范围都与英格兰银行存在明显差异，财政从高维度的视角履行金融监管职能。

德国中央银行在全球范围内具有较高的独立性。德国财政和央行的职能没有发现存在紧密的交叉和重叠。

俄罗斯财政和央行职能的联系主要体现在货币政策、金融市场发展、国债管理和国库代理这几个方面：一是央行需要与政府共同制定并实行货币信贷政策，因此，俄罗斯央行与财政部合作确定货币政策的主要方向；二是俄罗斯联邦财政部与中央银行合作，制定金融市场发展的主要方向，确保金融的稳定运行；三是央行代理政府管理国家债务，即发行、偿还和经营政府的有价证券；四是央行代理政府财政收支。

日本大藏省时期，财政和央行都有金融监管职能，财政部门主导金融监管，央行与其说是参与分工合作，不如说是更多居于辅助甚至依附的地位。日本银行与财务省的联系较行政机构改革之前有所弱化，这主要是因为大藏省中涉及财政的业务划归财务省，仅保留金融破产处理制度和金融危机管理制度两项业务，而涉及金融制度制定和监管的业务由金融厅集中管理，因此，财务省失去了对日本银行在非危机时期的金融制度制定和监管权力。此外，财政投融资也是两部门职能交叉的重要结合点。

巴西大部制改革后，原财政部职能已悉数归入经济部，财政与央行之间的交叉职能范围更宽泛了，并以法律法规的形式予以明确，具体如下：根据 1964 年第 4595 号令及《联邦宪法》《财政责任法案》（Complementary Law. 101/2000）等有关规定，巴西财政部与央行在各自职能范围内，协商确定基准利率、汇率水平、公共债券的债务融资业务、非常规的货币政策工具及通胀目标等。经济部负责为国家货币委员会的财政特别秘书处提供政策建议；负责监测分析货币信贷技术委员会和国家货币委员会的有关提案；评估监管巴西在国际经济和国际金融机构等部门的经济、货币和金融方面的政策和立场等。2019 年后，在国家货币委员会的权利范围外，负责授权共同基金、彩票发售等工作；国家财政政策委员会是经济部的下设机构，依规与国家货币委员会合作制定州和联邦区的内外公共债务政策，并在国家公共金融机构的指导下，向地方政府提供更有效率的支持等。

中国财政和央行职能的关联点主要在国库。财政部的相应职能是组织制定国库管理制度、国库集中收付制度，指导和监督中央国库业务，开展国库现金管理工作；央行的相应职能是经理国库。此外，央行还是财政的管理和服务对象，表现在：①财政部牵头编制国有资产管理情况报告，而央行包括其中；②财政部负责审核并汇总编制全国国有资本经营预决算草案，制定国有资本经营预算制度和办法，收取中央本级企业国有资本收益，央行也是其中的重要组成部分。

（二）主要国家央行和财政的机构设置与机构间关系

1. 主要国家财政的机构设置

各国财政部都是政府的重要组成部门，财政部门和部长在政府中有重要的地位。

美国财政部是美国政府的一个内阁部门，负责促进经济繁荣和保护美国金融安全。英国财政部也是英国政府的内阁部门，是负责经济和财金的部门。英国的首相兼首席财政大臣，财政大臣的内阁排名在第二位或第三位（首相排在第一位）。依据俄罗斯联邦财政部条例规定，俄罗斯联邦财政部是联邦执行机构。日本财务省在2001年1月6日由大藏省改制形成，是主管日本财政、金融、税收的最高行政机关。2019年6月18日，巴西第13844号法案进一步明确成立经济部，整合了财政部、计划发展和管理部、规划外贸和服务部及劳动部的职能。与此同时，经济部新增设了财政预算特别秘书处（Special Secretariat of Treasury and Budgeting，SETO）、收入特别秘书处（Special Secretariat of Revenues，SERFB）等7个特别秘书处和国库检察署（The National Treasury Attorney's Office，PGFN）。中国的财政部是国务院组成部门之一。国务院，即中央人民政府，是最高国家权力机关的执行机关，是最高国家行政机关，由办公厅、组成部门、直属特设机构、直属机构、办事机构等组成，其中组成部门共26个。

2. 主要国家央行的机构设置

从主要国家的情况来看，央行机构的性质存在差异：很多国家的央行属于法人实体机构，如德国、俄罗斯和日本的央行；英国的央行是家公共机构；美联储采取联邦政府机构加非营利性机构的双重组织结构；巴西央行是家半自治联邦机构，隶属于联邦政府。

美联储采取联邦政府机构加非营利性机构的双重组织结构。1913年美国通过了《联邦储备法案》，正式宣告美联储成立。根据《联邦储备法案》，美联储独立于政府和国会，负责实施央行职能，发行美元，主要目标则是扩大就业与抑制通胀。美联储采用中央政府加非营利性机构的双重组织结构，由1个总部和12个分部组成。总部叫作联邦储备局，属于美国联邦政府下面的一个部门。联邦储备局的管理单位是联储委员会（Federal Reserve Board of Governors），由七名成员组成（其中主席和副主席各一位，委员五名），须由美国总统提名，经参议院批准方可上任。12个分部即为12家联邦储备银行（美联储运行载体），分散在全国12个城市，不属于联邦政府机构，而是非营利非官方的私人机构。美联储作为一个独立机构，不接受国会拨款，运作资本来自3000多家成员银行。这些成员银行必须用自有资产购买联储银行的股份，成为联储银行股东，认购数额为该银行股本和盈余的6%，且不得转让和交易这些股份。成员银行持有的这些股份具有优先股的性质：每年可收到6%的固定股息，但没有投票权，不能参与联储委员会的相关决策，并要接受美联储的监管。

英格兰银行是一家公共机构。1946年英格兰银行被国有化。1946年被国有化时，英格兰银行有1460万英镑的资本金，股东1.7万。财政部通过发行国债购买了其全部的资本金，从此成为一家公共机构，通过议会对公众负责，财政部持有央行的全部资本金。

德国央行是联邦法人组织。德国中央银行（德意志联邦银行）是根据1957年8月生效的《德意志联邦银行法》成立的，作为公法意义上的联邦法人组织，具有25亿欧元的注册资产，德国政府是其最大股东。《德意志联邦银行法》规定，在行使本法律所赋予的权力时，联邦银行可以不接受联邦政府的指示。相关的制度安排（如中央银行理事会和执行理事会成员的任命程序和年限）以及经费的独立也保证了德国中央银行的独立性和权威性，从而避免中央银行在制定和执行货币政策中受到外来因素干扰，避免政府干预。其最高决策机构是中央银行理事会。联邦政府官员有权利出席中央银行理事会会议，并提出议案，但没有投票权。根据《马斯特里赫特条约》，1998年欧洲中央银行正式成立，德国中央银行从此成为欧洲中央银行体系的组成部分。

俄罗斯银行是法人实体，具备财产和财务独立性，拥有使用和处置其财产的权利。俄罗斯银行的法定资本金为30亿卢布，属于联邦财产。俄罗斯银行直接对国家杜马负责，国家杜马拥有任免银行行长和银行董事会成员的权利。

日本银行是授权法人公司，政府股权占比超过一半。根据《日本银行法》，日本银行为授权法人公司，并非政府部门或者普通法人企业。与政府部门相比，日本银行具有法人特点，通过定向发股的形式筹集资本金，股东参与利润分配；与普通法人相比，日本银行由日本政府授权发行股票，股票发行比例不得超过日本银行资本金的50%，因此控制权由政府掌握，但股东不得参与管理，保障了日本银行运营和政策实施的独立性。日本银行的最高决策机构的成员由内阁任命。政府对日本银行有绝对的领导权，私人投资者没有决议权也不参与管理。

巴西央行是家半自治联邦机构。巴西中央银行（以下简称“巴西央行”）是国家中央发行银行，1965年4月1日正式成立的半自治联邦机构，原名为“巴西共和国中央银行”，1976年2月28日改用现名，受国家货币委员会的直接领导，隶属于联邦政府，直接对政府负责。根据2019年2月24日总统批准的第12条补充法案规定，巴西央行成为独立于经济部的联邦自治机构之一。

中国人民银行是国务院组成部门之一。国务院，即中央人民政府，是最高国家权力机关的执行机关，是最高国家行政机关，由办公厅、组成部门、直属特设机构、直属机构、办事机构等组成，其中组成部门共26个。

3. 主要国家财政和央行的机构间关系

在主要国家，财政都是政府部门，而央行有的是政府部门、有的是公共机构、有的是法人机构，因此，财政和央行的机构间关系和沟通协调存在差异。在有的国家，财政和央行的关系十分紧密，例如，英国财政部是英格兰银行的股东、捐资人和客户；有的国家财政和央行的关系较为密切，例如美国、日本和巴西，这些国家的财政隶属政府，财政和央行都接受政府的领导，财政和央行间有很多沟通和协调；还有的国家财政和央行间有一定联系，如俄罗斯，央行对议会负责，但是财政全额出资央行，可以参与央行政策的商讨、制定；最后有的国家财政和央行联系不密切，例如德国，虽然央行全部由政府出资，但是独立性较强，财政和央行的协调难度较大。

美联储由 1 个总部和 12 个分部组成。总部叫作联邦储备局，属于美国联邦政府下面的一个部门，因此，财政部和美联储总部都是联邦政府的组成部门。此外，美联储的利润需要上缴财政部。美国《联邦储备法》要求，美联储在扣除相关利息支出、支付股息和维持运营所需的费用后，盈余资金不得超过 68.25 亿美元，超过部分应上缴美国财政部。

英国财政和央行之间有着密切的关系，具体表现有：一是财政和英格兰银行有紧密的财务关系。英格兰银行是一家公共机构。财政部是英格兰银行的唯一股东，持有英格兰银行的全部资本金，是英格兰银行唯一捐资人。财政部是英格兰银行的客户，英格兰银行是财政部的代理人。英格兰银行的印钞收益全部转交财政部，经营收益按照财政部与英格兰银行商定的方案转移给财政部。二是财政和英格兰银行在金融监管方面分工合作。财政和英格兰银行都有管理金融领域和体系的职责，特别是通过监督金融机构的运行，监控金融体系安全，维护金融稳定的职责有关联。但是其职责有明显的区别和分工合作关系。英格兰银行是最重要的金融监管机构之一，履行具体的监管职责。财政金融监管的立场、角度、使用的工具、职责范围都与英格兰银行存在明显差异，财政从高维度的视角履行金融监管职能。三是财政和英格兰银行在财政政策和货币政策方面协同发力。从 1997 年开始，英格兰银行有权独立制定货币政策。财政政策和货币政策的协同表现在英格兰银行和财政部一起建立了多项货币政策工具，推动货币政策目标的实现。

德国政府是其央行的最大股东，但是德国中央银行在全球范围内具有较高的独立性。《德意志联邦银行法》规定，联邦银行可以不接受联邦政府的指示。相关的制度安排（如中央银行理事会和执行理事会成员的任命程序和年限）以及经费的独立也保证了德国中央银行的独立性和权威性，从而避免中央银行在制定和执行货币政策中避免政府干预。联邦政府官员有权利出席中央银行理事会会议，并提出议案，但没有投票权。

俄罗斯央行与财政部合作确定货币政策的主要方向，并与财政政策相配合，确保国家财政与金融的稳定运行。俄罗斯联邦财政部与中央银行合作，制定金融市场发展的主要方向。俄罗斯中央银行董事会与联邦政府合作制定国家统一的货币政策方向，并拟定货币政策主要方向的草案。在这一过程中，联邦政府由联邦财政部长、经济发展贸易部长作为政府的代表参加中央银行董事会会议，中央银行则由行长作为代表参加联邦政府会议，并互相享有投票权。联邦财政部和经济发展贸易部的部长以咨询投票的方式参加中央银行召开的董事会会议，董事会会议由央行行长主持，至少每月召开一次。关于联邦政府债券的发行与偿还时间等事项，中央银行会征求财政部的意见，二者基于俄罗斯金融市场状况、银行系统情况与货币政策的优先事项等问题进行商讨。俄罗斯央行中设立国家金融委员会，对俄罗斯央行进行审议监督。该委员会主席由俄罗斯财政部长担任，还有一名副部长担任其委员。

日本大藏省时期，在金融监管层面，财政部门主导金融监管，央行与其说是参与分工合作，不如说是更多居于辅助甚至依附的地位。日本银行与财务省的联系较行政机构改革之前有所弱化，这主要是因为大藏省中涉及财政的业务划归财务省，仅保留金融破产处理制度和金融危机管理制度两项业务，而涉及金融制度制定和监管的业务由金融厅集中管理，因此，财务省失去了对日本银行在非危机时期的金融制度制定和监管权力。但是，财务省的关税局、国际局与日本银行的国际金融业务存在密切合作关系，财务省的理财局负责对接日本银行业务，而财政投融资也是两部门职能交叉和业务合作的重要枢纽，并在货币发行与流通、国库金和国债资金管理等方面存在紧密的业务合作必要性。在财政政策和货币政策方面，财务省在宏观调控体系中居于主导地位，日本银行居于辅助地位，两大部门分别实施财政政策和货币政策，其中，央行货币政策受到财务省的金融危机监管，并且遵循现代货币主义理论思想，以财政投融资为制度结合点，以国债买卖为主要合作方式，在保证不发生系统性风险的基础上，扩大内需，拉动经济增长。

巴西财政部与央行在各自职能范围内，协商确定基准利率、汇率水平、公共债券的债务融资业务、非常规的货币政策工具及通胀目标等。经济部（财政是经济部职责之一）负责为国家货币委员会的财政特别秘书处提供政策建议；负责监测分析货币信贷技术委员会和国家货币委员会的有关提案；评估监管巴西在国际经济和国际金融机构等部门的经济、货币和金融方面的政策和立场等。2019 年后，国家财政政策委员会是经济部的下设机构，依规与国家货币委员会合作制定州和联邦区的内外公共债务政策，并在国家公共金融机构的指导下，向地方政府提供更有效率的支持等。

中国的财政部和人民银行同属于国务院的组成部门。国务院由总理、副总理、国务委员、各部部长、各委员会主任、审计长、秘书长组成。国务院实行总理负责制。总理领导国务院的工作。副总理、国务委员协助总理工作。各部、各委员会实行部长、主任负责制。各部部长、各委员会主任领导本部门的工作。各部、各委员会工作中的方针、政策、计划和重大行政措施，应向国务院请示报告，由国务院决定。根据法律和国务院的决定，主管部、委员会可以在本部门的权限内发布命令、指示和规章。

二、美国

美联储的职能主要在于保障美国经济的有效运行。美国财政部则负责促进美国经济繁荣和保护美国金融安全。实际上，保障美国经济健康运行与对金融系统进行监督是美联储与美国财政部的共同职能。但与美联储相比，美国财政部还肩负维护国家安全、与外国政府和国际金融组织合作等职责，因而其职能范围更广泛、更全面。

（一）美联储的职能：促进经济有效运行

美联储是美国的中央银行，主要目标是促进美国经济的有效运行。美联储的职能主要有五项：一是执行货币政策以谋求美国就业最大化、稳定物价和适中的长期利率；二是促进金融体系的稳定性，通过加强国内与跨境金融监管来最大限度地降低和控制系统性风险；三是履行金融监管权，尤其是监督系统性重要金融机构使其保持稳健经营，并监测它们对整个金融体系的影响；四是向银行业和美国政府提供美元交易和支付服务，提高支付和结算系统的安全性和效率；五是履行对金融消费者的权益保护。具体来说：

1. 制定并实施货币政策以促进美国经济的有效运行

制定并实施恰当的货币政策来提升美国最大就业、稳定的商品价格和适度的长期利率是美联储的一项重要职能。货币政策是美国调控国民经济和社会发展的主要宏观政策工具。在货币政策执行过程中，美联储通过管理银行准备金和货币供应的增长以及积极运用有关金融工具努力实现充分就业与币值稳定的目标。

2. 履行金融监管权，维护金融体系稳定

在维护金融市场稳定和履行监督职能来看，监管美国本土银行及其成员银行在海外的融资活动和外国银行在美国的融资活动成为美联储重要的职能之一。美联储对所有资产规模在500亿美元以上的金融控股公司、非银行金融机构和外国银行实施监管。目前，美国不再以行业划分作为纳入监管的标准，而是以具有系统重要性作为纳入美联储监管范围的标准。具体来看，美联储的监管范围包括银行持股公司（BHCs）、州立美联储成员银行、储蓄和贷款控股公司、国内金融控股公司、外国金融控股公司等。

3. 提供清算业务和金融服务

为美国金融机构、企业、公民以及外国官方机构提供相应的清算业务和金融服务也是美联储的重要职能。美联储的支付系统包括联邦资金转账系统（FEDWIRE）、清算所同业支付系统（CHIPS）以及自动清算所系统（ACH）。联邦资金转账系统是全美境内支付系统，主要负责金融机构之间的隔夜拆借、政府与国际组织之间的记账债券转移业务以及公司之间的大额交易结算；清算所同业支付系统是一个具有电子交换功能的实时的大额电子支付系统；自动清算所系统，主要用于商业银行之间的票据交换和清算业务。支付清算系统的有效实施，提高了一个国家的经济金融运行的效率。

4. 履行对金融消费者的权益保护

在美联储下设消费者金融保护局，统一行使保护消费者金融服务的职能。包括促使金融机构向消费者提供透明、公平、适当、不带有误导性和欺诈性的金融产品，全方位落实消费者权益保护政策，同时提振金融市场的消费者信心。

（二）财政部的职能：促进经济繁荣和保护金融安全

财政部是美国政府一个内阁部门，负责促进经济繁荣和保护美国金融安全。美国财政部职能范围非常广泛。美国财政部可以就经济和金融问题向总统提出建议、鼓励可持续性经济增长和督促金融机构改善管理。同时，美国财政部管理和维护着对国家金融基础设施至关重要的体系。它还与其他联邦机构、外国政府和国际金融组织合作，以促进全球经济增长，并尽可能地预测和防止经济和金融危机。另外，美国财政部在维护国家安全方面也发挥着至关重要的作用，其可以识别和锁定国家安全威胁、对外来威胁实施经济制裁，并加强对金融体系的安全防护。具体来说，美国财政部的职能主要有：管理联邦财政；收集所有根据美国法律规定的税务；生产货币和硬币；管理政府账户和公共债务；监督国家银行和储蓄机构；就国内和国际金融、货币、经济、贸易及税收政策提出建议；执行联邦金融和税收法律；调查并起诉逃税者、货币伪造者。具体来说：

1. 维护金融稳定

在金融稳定方面，与其他国家央行主导金融稳定不同，美国财政部在金融稳定职能上的地位较为突出。美国财政部下设了一系列机构，以更好担当防范和化解金融风险、维护金融稳定的重担。例如，美国财政部下设联邦保险办公室负责识别保险行业的系统性风险，保护保险产品消费者，监督管理保险事务。美国财政部下设货币监理署负责对银行实施一般监管，有权批准或拒绝新银行的成立，也有权做出关闭某家银行的决定。美国财政部下设金融研究办公室负责金融数据的搜集，监控金融市场系统性风险。同时，2008 年国际金融危机后，美国根据《多德—弗兰克法案》建立了多个监管机构组成的宏观审慎监管机构，如隶属于美国财政部的金融稳定监管委员会执行金融稳定的职能，财政部长担任委员会主席，美联储主席是委员会投票成员之一。

2. 主导汇率政策

在汇率政策方面，美国国会将大部分国际货币政策权力委托给财政部。虽然美联储能够参与汇率政策并承担相应责任，但在实施外汇市场干预时，财政部拥有对美联储外汇干预活动的否决权。同时，财政部与美联储之间的合作关系是非对称的。在实践中，财政部的确起着汇率政策决策核心的作用。与财政部相比，美联储虽在一定程度上与财政部分享汇率政策权力并承担相应责任，但其地位不及财政部：一方面，美联储不能撇开财政部而独立向国会汇报汇率问题，需事先与财政部就汇率的相关问题进行磋商；另一方面，财政部虽不具备指使美联储动用自有账户干预外汇市场的法律地位，但当它与后者谈判达成互换协议并借助外汇平准基金融资时，就获得了要求后者顺从的法律权威。在实施外汇市场干预时，如果财政部表示反对，美联储根本没有能力要求纽约联邦储备银行执行支持货币币值的业务操作。这意味着，财政部在事实上而非在法律上拥有对美联储外汇干预活动的否决权。

3. 维护国家安全

美国财政部正被赋予越来越多的国家安全责任。参与国家安全事务已经成为美国财政部的一项固定职责，而非仅限于战争或危机期间的临时安排。从部门间比较看，在禁毒、反恐、反洗钱、防扩散、网络安全等一系列国家安全议题上，美国财政部发挥的作用不亚于国防部、国土安全部等传统安全部门，甚至在有些情境下超过了后者。一个典型的例子是用金融手段打击恐怖主义。只要资金在金融体系中流转，美国财政部就有机会对其进行冻结和拦截。实际上，当前，财政部已成为美国国家安全和对外政策领域的一员主将，在过去只有国防部、中情局等主导的美国外交政策体系中，财政部赢得了越来越多的发言权。美国是世界金融霸主，凭借美元在全球金融体系中的主导性地位，美国在国家安全和外交政策上拥有他国不具备的独门武器——金融制裁。冻结一国的海外资产、将其从全球金融体系中隔离，这是美国政府经常使用的外交博弈手段。作为美国金融大权的掌管者，美国财政部是金融制裁的发起者与主导者。实际上，美国财政部对外实行制裁的主角为下设的海外资产控制办公室（OFAC），OFAC 的使命在于管理和执行所有基于美国国家安全和对外政策的经济和贸易制裁。

4. 主导反洗钱监管

对于违反反洗钱规定的金融机构，美国国会将授权财政部对其进行处罚，情节严重的反洗钱行为可被处以交易金额至少两倍的罚金。更有甚者，在反洗钱方面违规后，如被美国财政部海外资产控制办公室列入制裁清单，外国金融机构在美管辖范围内的所有资产都将被冻结。具体来说，在反洗钱监管方面，美国财政部长有权要求金融机构和其他企业履行报告、记录和执行反洗钱项目的义务。实践中，财政部长将上述权力授予了财政部内的金融犯罪执法网络。

5. 对保险业实施监管

为加强对保险业的监管，在财政部下设联邦保险办公室（Federal Insurance Office，FIO）。其职责包括：监管联邦保险业的所有方面，特别是发现保险业中可能导致系统性风险的问题或者漏洞；向 FSOC 提交具有系统影响力的保险公司名单，协调国际保险监管事务和联邦层面保险问题等职责；向 FSOC 建议指定某一实体作为由美联储监管的非银行金融机构等。FIO 并没有执法权，但它预示着美国保险业监管正从分散走向统一，联邦政府对保险行业的介入在逐步加深。FIO 的成立是保险业监管的巨大进步，FIO 的监督作用主要体现在搜集保险市场信息、侦测保险市场中各种风险迹象以及为 FSOC 提供保险业中具有系统重要性的金融机构的候选名单，即发挥“系统性风险监视者”的作用。

（三）财政和央行职能之间的联系：共同保障经济健康运行

保障美国经济健康运行与对金融系统进行监督是美联储与美国财政部的共同职能。这使得美国财政部与美联储在政策协同、金融稳定、汇率政策等方面存在紧密联系。

1. 货币政策同财政政策有效协同以保障经济平稳运行

美联储代理着政府国库财务收支、政府证券发行管理及政府贷款人等职能，并且美联储主席与财政部部长是帮助总统决定经济政策的主要人员，在重大经济决策中需协调行动，达成共识。再加上美联储公开市场操作对美国债券市场的决定性影响，使美联储与美国财政部之间存在着紧密联系，这种联系决定了美国货币政策同财政政策能够有效协同以保障经济平稳运行。

2. 共同履行国际货币政策权力

在国际货币政策中，美国财政部和美联储共同履行国际货币政策权力，只是相对来说，美国财政部承担更加重要的职责。比如，在汇率政策方面，美国国会将大部分国际货币政策权力委托给财政部，不过，美联储也能参与汇率政策并承担相应责任。尤其是在对外汇市场实施干预时，美国财政部会用外汇平准基金干预外汇市场，美联储则会用自有资金干预外汇市场，以共同维护汇率市场的稳定。

3. 一起履行金融监管职能

2010 年 7 月，美国通过《金融监管改革法案》（又称《多德—弗兰克法案》），对金融监管机制进行重大调整，并建立了本国历史上首个跨部门的系统性风险监测和政策协调机构——美国金融稳定监督委员会（FSOC）。自此，财政部与美联储就开始在 FSOC 框架内共同履行金融监管职能。其中，财政部门在 FSOC 中占据主导地位，财政部部长出任 FSOC 主席，拥有多项与 FSOC 会议、国会报告和证词以及某些委员会规则制定和建议有关的权力，财政部还下设金融研究办公室支持 FSOC；美联储主席则是 FSOC 具有投票资格的委员。

三、英国

财政和央行都是国家治理体系的重要部门，在分析英国财政和央行这两个机构的关系之前，需要了解两机构的职能定位和分工合作关系，只有这样才能真正了解两机构之间的关系。

（一）财政部的职责①

英国财政部是英国政府的经济和财金部门，控制着公共支出，制定英国经济政策的方向，致力于实现强劲和可持续的经济增长。财政部的职责包括以下五个方面：①在公共支出方面，财政部负责部门支出、公共部门工资和养老金、年度管理支出（AME）和福利政策以及资本性投资的相关事项；②在金融服务政策方面，财政部负责银行和金融服务管理、金融稳定以及确保伦敦金融城的竞争力；③财政部负责督查英国的税收体系，涉及直接税、间接税、商业房产税、财产税、个人所得税和企业所得税这些税种；④财政部负责确保公共部门基础设施项目的交付，以及吸引私人部门的投资进入到英国基础设施建设领域；⑤保证经济的持续增长。

财政部的优先事项包括：①实现强劲和可持续的经济增长；②降低赤字和实现经济的平衡发展；③负责任地花费纳税人交纳的税收；④制定简单、公平的税收体系；⑤让银行更加健康和安全；⑥让涉及企业的税种更具国际竞争力；⑦让民众更加容易地获得和享受金融服务；⑧为保护金融部门客户的利益和经济，改进金融部门的规章制度。

财政部的目标包括：①让财政建立在可持续的基础之上；②确保宏观经济环境和金融体系的稳定，实现强劲、可持续和平衡的增长；③提高就业和劳动生产率，通过综合的结构性调整在整个英国实现强劲的增长和提高竞争力。

（二）央行的职责

英国央行英格兰银行（the Bank of England）的任务是保证英国纸币的安全、价格的稳定、银行的安全和良好运行以及使金融体系具有弹性。英格兰银行的工作主

① HM Treasury. About us [EB/OL]. [2022 - 08 - 19]. https://www.gov.uk/government/organisations/hm-treasury/about.

要包括[①]：

（1）英格兰银行的主要工作之一就是保证在英国可以很容易和安全地进行支付。英格兰银行负责印制纸币（现金），让纸币具有的安全特征可以保证其难以被伪造。英格兰银行负责监督英国使用的一些其他支付系统，例如借记卡和信用卡。英格兰银行还提供一些重要的服务，让人们、企业和银行可以进行大额转账，让银行可以进行银行之间的清算。

（2）英格兰银行负责将价格的上涨维持在低和稳定的水平。英格兰银行致力于将生活成本保持稳定，这样可以维持货币的购买力。英格兰银行完成这项工作的一个方式是调整英国的主要利率（the main interest rate）。

（3）英格兰银行管理英国的银行和其他金融机构，维持它们的安全和良好运营。英格兰银行的审慎监管局（Prudential Regulation Authority，PRA）管理和监督着英国所有的大型银行、建房互助协会（building societies）、信用合作社（credit unions）、保险公司和投资公司。

（4）英格兰银行负责维持英国金融体系的稳定。金融体系是经济至关重要的组成部分，英格兰银行通过密切监督所有风险和采取必要的措施让英国的金融体系保持稳定。举例来说，如果有必要的话，英格兰银行可以向银行提供贷款，让银行可以继续向企业提供贷款以支持经济。英格兰银行负责保证破产的银行不会给其储户、英国纳税人或者更广的经济造成问题。

（三）财政和央行的分工与合作

1. 财政和央行之间有着紧密的财务关系

财政部是央行的唯一股东、捐资人和客户。1946 年英格兰银行被国有化，财政部通过发行国债购买了英格兰银行当时全部的资本金[②]，从此英格兰银行成为一家公共机构[③④]。当英格兰银行的资本金不足时，财政部也是其唯一的捐资人。英格兰银行还充当财政部的代理人，从事外币负债管理，包括发行外币债务（债券）[⑤]。

央行的印钞收益全部转交财政部，经营收益按照财政部与央行商定的方案分配。英格兰银行的收益可以分成两大类：一是印钞收益，二是经营收益。关于英格兰银

---

① the Bank of England. About Us [EB/OL]. [2022 - 08 - 22]. https://www.bankofengland.co.uk/about.

② the Bank of England. Who owns the Bank of England? [EB/OL]. [2022 - 02 - 18]. https://www.bankofengland.co.uk/knowledgebank/who - owns - the - bank - of - england.

③ the Bank of England. About the Bank of England [EB/OL]. [2022 - 02 - 18]. https://www.bankofengland.co.uk/faq/general.

④ the Bank of England. Our History [EB/OL]. [2022 - 02 - 17]. https://www.bankofengland.co.uk/about/history.

⑤ the Bank of England. Foreign currency reserves [EB/OL]. [2022 - 02 - 21]. https://www.bankofengland.co.uk/markets/foreign - currency - reserves.

行的收益分配，其中的印钞收益全部转交财政部，经营收益按照财政部与英格兰银行商定的方案分配。①

财政部通过掌握央行重要职位的人事权把控央行。1946年英格兰银行被国有化后，政府有权任命英格兰银行的行长和理事②。任命遵循2016年颁布、2019年修订的《公务任命管理法》，该法律规定公务任命的最终责任和选择权属于部长，部长向议会负责③。英格兰银行的行长由财政大臣向首相提议。行长和理事人选都需经君主最终任命。财政大臣负责挑选非执行理事中的1位担任理事会主席④。财政部在与英格兰银行的行长进行咨询后，可以通过命令更改副行长的头衔，也可以新增或者解除副行长的职务⑤。英格兰银行货币政策委员会、金融政策委员会和审慎监管委员会的成员的全部或绝大多数由财政大臣任命，财政部还派驻代表直接担任货币政策委员会和金融政策委员会的成员。

2. 财政和央行在金融监管方面的分工合作

金融领域特别是金融监管方面，财政部和英格兰银行的职责存在一定的关联。财政部负责银行和金融服务管理、金融稳定以及确保伦敦金融城的竞争力。财政部让银行更加健康和安全，让民众更加容易获得和享受到金融服务，为保护金融部门的客户和经济而改进金融部门的规章制度。英格兰银行的任务包括保证银行的安全和良好运行，以及使金融体系具有弹性。从中可以看出，财政和英格兰银行都有管理金融领域和体系的职责，特别是通过监督金融机构的运行，在监控金融体系安全，维护金融稳定上的职责有关联。但是其职责有明显的区别和分工合作关系，具体表现在：

（1）财政和央行监督管理的角度和立场存在差别。财政部是国家的经济和财金部门，管理对象是国家的整体经济。由于金融体系是国家经济的重要部门和组成部分，因此财政会关注金融领域。而英格兰银行对金融体系的监督和管理是从国家央行的角度，行使法律规定的权利，履行法律规定的职责，同时也有支持国家经济政策的责任。

---

① the Bank of England. Who pays for the Bank of England? [EB/OL]. [2022-02-18]. https: //www.bankofengland.co.uk/knowledgebank/who-pays-for-the-bank-of-england.

② the Bank of England. Our History [EB/OL]. [2022-02-17]. https: //www.bankofengland.co.uk/about/history.

③ Cabinet Office. Governance Code for Public Appointments [EB/OL]. [2019-04-11]. https: //assets.publishing.service.gov.uk/government/uploads/system/uploads/attachment_data/file/578498/governance_code_on_public_appointments_16_12_2016.pdf.

④ the Bank of England. Court of Directors [EB/OL]. [2022-03-14]. https: //www.bankofengland.co.uk/about/people/court-of-directors.

⑤ Bank of England and Financial Services Act 2016 Part 1 Section1, https: //www.legislation.gov.uk/ukpga/2016/14/section/1.

（2）财政金融管理职责的范围更为宽广。财政对金融的管理超出了金融体系的安全和良好运行，维护金融稳定，防范化解金融风险这个领域。财政对金融的管理至少还包括促进竞争，提升行业发展品质和本国金融机构的国际竞争力，让客户以更低成本获得更方便的高品质服务。

（3）财政和央行使用各自的工具管理和监督金融部门。财政部管理金融部门的工具是制定政策和规章制度，设定监管边界，推进新的金融服务立法，传递和发表政府的金融服务立法计划。而英格兰银行是在财政部设定的框架下，通过规则、要求、指令、指南、建议、许可、调研、监督和执法等手段和工具直接履行监管职责。财政部管理工具的层次和效力都明显高于英格兰银行监管工具。

（4）财政从高维度的视角履行金融监管职能。财政的金融监管职能并不仅是对金融机构直接进行监管，而是从更高的视角和维度对金融进行监管，具体表现在：一是通过制定金融服务的政策、设定金融服务的规章制度来规范和限制金融机构的服务行为；二是通过设立金融监管的边界，决定哪些金融活动应该被纳入监管、监管行为应该适用的情景；三是财政部积极推动金融监管立法，通过咨询和评估力争把金融监管理念写入法律草案，推动立法进程。

（5）央行是最重要的金融监管机构之一，履行具体的监管职责①。英国承担对金融服务机构监督和管理职责的监管机构主要有五家，英格兰银行是其中之一，英格兰银行的组成部分之一的审慎监管局也是其中之一。它们在议会制定的法律框架下，按照财政部设定的金融服务政策和规章制度，在财政部设定的金融监管的边界内，通过规则、要求、指令、指南、建议、许可、调研、监督和执法等手段和工具履行职责，向被监管机构及其客户提供指导、实施监督和执法。

3. 财政和央行在财政政策和货币政策方面协同发力

从 1997 年开始，英格兰银行有权独立制定货币政策②。财政政策和货币政策的协同表现在英格兰银行和财政部一起建立了多项货币政策工具，推动货币政策目标的实现，这些工具是：2009 年建立的量化宽松（quantitative easing，QE），也被称为资产购买；2012 年的贷款计划基金（the Funding for Lending Scheme）；2016 年和 2020 年的定期资助计划（the Term Funding Schemes，TFS）和专门针对中小企业的定期资助计划（TFSME）③。这些政策工具的目标是稳定经济和将通货膨胀维持在目

---

① Bank of England and Financial Services Act 2016 Part 1 Section1，https：//www. legislation. gov. uk/ukpga/2016/14/section/1.

② the Bank of England. How is the Bank of England independent of the Government？［EB/OL］.［2022 - 02 - 18］. https：//www. bankofengland. co. uk/knowledgebank/how - is - the - bank - of - england - independent - of - the - government.

③ HM Treasury，REMIT FOR THE MONETARY POLICY COMMITTEE（MPC）［EB/OL］.［2021 - 10 - 27］. https：//www. bankofengland. co. uk/ - /media/boe/files/letter/2021/october/mpc - remit - october - 2021. pdf？ la = en&hash = 999E337FDD28B1019213FB3EFF3AA5FEBF10D0F9.

标水平。

4. 财政和央行之间有紧密的沟通交流

（1）央行预算在提交理事会决议前需征询财政部的意见，并定期向财政部提供预算执行情况。尽管英格兰银行是一家公共机构，但并不从财政部那里获得预算资金①。但是英格兰银行的预算流程有财政部的参与。每个季度，英格兰银行将向财政部提供银行预算的执行情况及其支撑性文件②。

（2）财政部和央行间信息分享的制度安排。每6个月，英格兰银行将向财政部提供银行资本金、资本金承担的风险和解释主要的风险驱动因素的说明。英格兰银行和财政部任何一方都将合理地回应要求就上述内容进行讨论的提议或者某一方提出需要更多信息的要求③。

（3）财政部和央行之间的损失报告和资本重整程序④。如果英格兰银行由于资产负债表的操作遭受（或者预计将会遭受）重大损失，该损失将会导致银行承受损失的资本金下降到目标值之下，那么英格兰银行应该向财政部及时报告导致损失发生（或预计会导致损失）的事件。英格兰银行资本重整程序将包括：英格兰银行向财政部发布该银行的资本可能触底（或者已经触底）的公告，财政部会计官评估相关的资本注入的金额以及如何实施，财政部向议会披露该情况，由英国债务管理办公室负责融资，财政部通过统一基金（the Consolidated Fund）向英格兰银行注入资本金。

（4）财政部和央行之间关于金融监管的协调机制⑤。财政部和英格兰银行共同努力协调着它们的金融监管活动，协调的目的是保证监管制度很好地发挥作用。目前有多项在实施中的促进协调的正式机制。

（5）财政部和央行关于财政政策和货币政策的沟通机制。财政大臣向央行行长说明货币政策委员会的职责。根据《1998年英格兰银行法》（the Bank of England Act 1998），财政大臣每年要至少一次向英格兰银行的行长详细说明价格稳定的定义和政府的经济政策目标⑥。一旦通货膨胀过于偏离目标值，央行行长需要向财政大

---

① the Bank of England. About the Bank of England [EB/OL]. [2022-02-18]. https://www.bankofengland.co.uk/faq/general.

②③④ HM Treasury. Financial relationship between HM Treasury and the Bank of England: memorandum of understanding [EB/OL]. [2018-06]. https://www.bankofengland.co.uk/-/media/boe/files/memoranda-of-understanding/financial-relationship-between-hmt-and-the-boe-memorandum-of-understanding.pdf?la=en&hash=26A0368C7F8A2C492B665EC28D473C7B3279A116.

⑤ HM Treasury. Financial Services Future Regulatory Framework Review [EB/OL]. [2019-07-19]. https://assets.publishing.service.gov.uk/government/uploads/system/uploads/attachment_data/file/819025/Future_Regulatory_Framework_Review_Call_for_Evidence.pdf.

⑥ HM Treasury, REMIT FOR THE MONETARY POLICY COMMITTEE (MPC) [EB/OL]. [2021-10-27]. https://www.bankofengland.co.uk/-/media/boe/files/letter/2021/october/mpc-remit-october-2021.pdf?la=en&hash=999E337FDD28B1019213FB3EFF3AA5FEBF10D0F9.

臣做出解释和说明。政府给英格兰银行设定的通货膨胀目标是2%。如果英格兰银行没有成功将通货膨胀维持在目标值上下1个百分点之内，英格兰银行必须向政府阐述原因。也就是说，如果12个月以来的CPI通货膨胀率超过3%或者低于1%，英格兰银行的行长会给财政大臣写信解释原因，并且说明英格兰银行为通货膨胀回到目标值将采取的措施①。

5. 财政和央行职能的转换

在1997年，设定利率、政府债务管理和国库现金管理的职能在财政部和央行之间发生过一次转换。1997年5月，设定官方利率的职责从财政部转移到英格兰银行。政府宣布，将货币政策的全部运作职责都转交英格兰银行，从此英格兰银行获得了作为中央银行的独立性。同时宣布的是，英格兰银行将不再负责政府的债务管理。1998年4月1日，成立了英国债务管理办公室（Debt Management Office，DMO），负责政府债务管理，是财政部的一个行政部门，此外它还负责国库现金管理②③。

四、德国

（一）德意志联邦银行的职能

根据《马斯特里赫特条约》，1998年欧洲中央银行正式成立，德国中央银行从此成为欧洲中央银行体系的组成部分。德意志联邦银行的经营范围包括：①根据抵押品发放贷款，并最终根据公开市场上的回购协议买卖应收账款、证券和贵金属；②接受活期存款和其他存款；③贵重物品，尤其是证券的保管和管理；④接受支票、直接借记、汇票、指示、证券和利息票据以供托收，并在承保后付款，除非银行另有决定将支票、直接借记和指示的等值记入贷方；⑤买卖非欧元计价的支付方式，包括汇票和支票、应收账款和证券，以及黄金、白银和铂金；⑥执行与国外的所有银行交易。

作为欧洲中央银行体系的一部分，德国中央银行的货币政策目标、货币政策制定和货币政策实施等也随之发生了重大变化。①关于货币政策目标。作为欧洲中央银行的一个组成部分，德国中央银行的货币政策目标与欧洲中央银行保持一致，即保持物价基本稳定。②关于货币政策操作。德国中央银行在欧洲中央银行管理委员

---

① the Bank of England. Inflation and the 2% target [EB/OL]. [2022-06-24]. https://www.bankofengland.co.uk/monetary-policy/inflation.

② DMO. UK Debt Management Office (DMO) [EB/OL]. [2022-07-22]. https://www.dmo.gov.uk/about/who-we-are/.

③ DMO. A brief history of the Bank of England [EB/OL]. [2022-07-22]. https://www.dmo.gov.uk/about/who-we-are/bank-of-england/.

会拥有一个席位，德国中央银行总裁参与月度货币政策决策讨论，欧洲中央银行管理委员会根据“双支柱”策略，通过对经济分析和货币分析来制定货币政策。③关于货币政策实施。德国中央银行负责对德国金融机构实施货币政策，并且在欧洲货币体系再融资操作的技术方面以及抵押品认定和管理方面发挥重要作用。④关于货币政策工具。德国中央银行的货币政策工具箱中主要是欧洲中央银行的政策工具，具体包括公开市场操作、常备便利、最低准备金，以及临时性非常规货币政策工具，其中公开市场操作是最主要的货币政策工具。

（二）德国财政的职能

财政基本理论将资源配置与再分配作为政府的财政职能。国家的财政职能是由一个国家的基本立国思想以及政府的执政理念决定的。德国长期以来追求的是社会市场经济制度。因此，政府的职能在于保护和促进市场竞争，尽可能少地对市场产生干预。政府的财政职能主要体现在社会再分配领域，即保证社会成员基本权利的实现，如享受基本生活水准的权力和受教育的权利。国家治理现代化要求政府承担更多的任务，把促进国家治理现代化作为主要任务。

根据德国《基本法》，德国联邦、州、市镇三级政府必须负责本级政府的财政收支平衡。三级政府之间存在较强的财政独立性和自主性。联邦财政部的主要任务：一是制定国家的财政政策，通过税收政策为国家任务筹集资金，通过预算将财政资源分配到各个职能部门，并监督国家预算的执行，同时通过财政政策影响国民经济的运行；二是负责对联邦财产的管理；三是协调具有财政意义的国际关系，如关税和欧盟的财政关系；四是规范各级政府之间的财政关系。

（三）财政与央行的职能交叉

在德国，央行与财政的交叉关系体现在关于德国央行独立性的讨论。如果央行的独立性较高，那么财政与央行的交叉关系则不明显。如果一个国家将保持物价稳定和抑制通货膨胀视为宏观经济运行的首要目标，那么通常该国央行具有较高的独立性。德国中央银行在全球范围内具有较高的独立性，主要是由德国的历史背景决定的。引发的恶性通货膨胀坚定了德国人重建货币秩序和维护央行独立性的信念。

但独立的央行体系造成德国货币政策同财政政策协调上的困难。而且货币政策影响到经济社会中的每个人，在开放的国际背景下甚至影响到国家的经济安全和国家安全，应当奉行更具战略性思维的长远目标，并不能当作纯市场行为。而这些都是依靠央行本身无法实现的，应当接受政府的指导和参与。因此，只有财政与央行之间相互协调配合，才能避免政策之间的彼此冲突，提高本国的经济福利。

五、日本

（一）大藏省时期两部门职能

1. 大藏省职能

1869 年（明治二年），日本制定并实施了二官六省制度，为了加强民政和财政的管理把民部省合并进入重新设立的大藏省。在此后的几年里，大藏省经历了短暂的改革，1885 年底，日本开始实施内阁制度，大藏省的主要负责人大藏大臣由内阁总理大臣任命，其是内阁中重要的大臣，是内阁总理大臣管理财政方面的头号助手，负责主持省内一切事务，向国会作财政报告，编制年度预算并提交国会审查、核定，还负责制定和协调经济政策，监督财政支付。而且，大藏省成为负责税收、国债、印钞、银行监管等重要职务的行政官厅，主要包括大臣官房和主计局、主税局、关税局、理财局、证券局、银行局、国际金融局以及造币局、印刷局等 9 个局。根据《大藏省设置法》规定，其主要职权为：第一，负责编制国家预算草案，管理预算开支；第二，制定税收政策和税收具体方案；第三，制定财政投资计划，发行国债，管理国库、国有财产，发行纸币；第四，监督国家各级金融机构，制定对外汇兑政策等；第五，制定国家财政政策。

2. 日本银行职能

日本银行是日本唯一的中央银行。日本银行根据明治 15 年（1882 年）6 月制定的《日本银行条例》建立，同年 10 月 10 日开展业务。日本银行的建立是以应对通货膨胀、统一货币发行权为主要任务，将各国立银行的发行权集中到中央银行——日本银行，这也是日本现代银行制度建立的重要标志之一。因此，成立之初的日本银行具有比较成熟的中央银行属性。日本银行成立以后，政府于 1883 年修改了《国立银行条例》，规定国立银行经营 20 年后改为私立银行，从而把银行券的发行权进一步集中到日本银行，日本银行作为发券银行的地位得到加强，之后又经过 16 年的整顿，到 1899 年，全国货币已由日本银行发行的银行兑换券统一起来（阎坤，1996）。此时，日本银行彻底与其他国立银行区分开来，成为日本唯一一家可以公开发行银行券的银行，具有完全成熟的中央银行属性。

1942 年 2 月，《日本银行法》出台。根据此法，日本在同年 5 月 1 日对日本银行进行改组，规定了日本银行的职能是为了促进国家经济实力提升，更好地贯彻国家政策，调节货币政策、调整金融及信用制度，体现了浓厚的战争色彩。战后经过数次局部修改，于 1949 年 6 月设置政策委员会作为日本银行的最高决策机关。1997 年 6 月，在坚持“独立性”和“透明性”两大理念基础上，日本对日本银行法进行系统性修改，并于1998年4月1日实施新《日本银行法》，规定了日本银行的主要职能是通过货币和金融政策手段稳定物价，促进国民经济健康发展，以及维护金融体系稳定，维持金融机构间资金往来的信用秩序，并充当“最后贷款人”的角色。

3. 两部门职能交叉

大藏省在制定财政政策时，在金融领域也发挥着重要作用，与日本银行在金融制度、政策、监管等方面存在千丝万缕的联系。具体表现如下：大藏省下设的大臣官房，其所辖金融检查部负责对金融机构进行检查；证券局负责对证券交易制度进行调查、筹划和草案制定，同时监督上市公司运行；银行局负责对金融制度进行调查、筹划和草案制定，并监督金融机构，其下辖的保险部主要负责监督保险公司；证券交易监督委员会负责检查涉及证券交易的市场行为公正性，以及调查相关违规事件。1998年以后，证券交易监督委员会被分离出来，归新成立的金融监督厅管辖，大藏省在金融领域仅保留对金融制度的调查、筹划和草案制定。相比之下，日本银行主要是在大藏省制定的金融制度下执行既定方针，实施具体的金融政策，并受到大藏省的全过程的监督。由此决定了在金融制度制定、执行和金融政策实施上，日本银行是服从于大藏省，并服务于大藏省主持的财政政策。

（二）财务省时期两部门职能

1. 财务省职能

2001年1月6日，中央省厅重新编制，大藏省改制为财务省，负责国家的预算、税制、货币、国债等事项，是主管日本财政、金融、税收的最高行政机关。其下设大臣官房、主计局、主税局、关税局、理财局、国际局和其他外设机构、地方分局。其中大臣官房负责财务省的人事和预算管理、政府金融机构相关制度管理、地震灾害保险事务、金融危机管理、监督存款保险机构；主计局负责国家的预决算及其相关制度筹划；主税局负责制定国内税收制度以及管理税收收入；关税局负责制定关税制度和关税国际协议、指导并监督关税业务、进行贸易统计；理财局负责保障国库制度、国债、地方债、货币发行、财政投融资、国有资产、烟草和盐事业、日本银行业务的正常运行；国际局负责制定外汇制度和国际货币制度，调整国际收支，管理外汇资金、外汇市场、国际经济援助以及海外投融资业务。

2. 日本银行职能

2022年5月，日本银行总裁黑田东彦指出日本银行的使命仍是“稳定物价”和“稳定金融体系”，一方面将消费者价格指数稳定在2%（同比）水平上，另一方面联合操作长期利率和短期利率以稳定金融市场，并综合运用金融政策、结算体系、国际金融、发行银行券、货币流通管理、管理国库金和国债、传递市场信号等业务方式以达成上述使命。

3. 两部门职能交叉

在金融领域，日本银行与财务省的联系较行政机构改革之前有所弱化，这主要是因为大藏省中涉及财政的业务划归财务省，仅保留金融破产处理制度和金融危机管理制度两项业务，而涉及金融制度制定和监管的主体业务由金融厅集中管理，因此财务省失去了对日本银行在非危机时期的金融制度制定和监管权力。但是，财务省的关税局、国际局与日本银行的国际金融业务存在密切合作联系，财务省的理财局负责对接日本银行业务，而财政投融资也是两部门职能交叉和业务合作的重要枢纽，并在货币发行与流通、国库金和国债资金管理等方面存在紧密的业务合作必要性。

（三）财政与央行的分工与合作

1. 金融监管

在金融监管层面，大藏省时期，财政部门主导金融监管，央行与其说是参与分工合作，更多的是居于辅助，甚至是依附的地位。具体情况体现在四个层次。首先，在制度层面上，根据《大藏省设置法》的第三条规定，大藏省有三项重大职能，即财政收支、货币发行、金融管理及监督。因此，日本银行无法像一般意义上的中央银行一样独立地实施金融、货币政策，履行金融监管职能。其次，在人事任免方面，1997 年以前，《日本银行法》（简称旧法）规定，大藏大臣拥有对日本银行一般业务的官员任命权。再次，在重大机制和金融风险处理方面，日本长期以来实施“护航系统”的金融监管模式，过度保护金融机构。而且，作为金融监管的主管单位，大藏省依旧以行政指导为主要方式来实施金融监管，其行政裁决效力高于法律或司法判决，导致金融市场在大藏省的“溺爱”监管模式下，遭受泡沫经济和东南亚金融危机的沉重打击。为此，大藏省不得不改变以往的拖延政策，宣布对北海道拓殖银行进行破产清算，并且正式承认银行的真实不良债权金额远高于公布的数值，这意味着“护航系统”难以为继，标志着传统的金融监管体制向新的金融监管体制转折。1998 年 1 月 20 日，执政三党对分离大藏省的财政职权和金融职权达成最终决议：因为“暂时不容易将金融职能完全分离出去”，由大藏省继续履行金融危机管理职能和维护金融体系安全的职能。2000 年 7 月，将大藏省的金融企划局与金融监督厅合并，成立了金融厅，将除了金融危机管理以外的几乎所有金融企划和立案权移交给金融厅，对金融市场实行统一监管。2001 年 1 月，撤销了金融再生委员会①，

① 金融再生委员会于 1998 年 12 月成立，旨在整顿金融秩序、重组金融组织、再造金融体系。

金融机构的破产处置能力也移交给金融厅，金融厅[①]由此成为日本金融监管体系的最高行政部门。这标志着日本名义上的分业监管模式被打破，金融监管走向实质上的统一。最后，在跨部门金融稳定协调机制方面，随着2001年日本行政机构改革重组，日本马上构建了宏观审慎监管体系：金融危机应对会议、金融厅、日本银行、财务省和存款保险机构。其中，金融危机应对会议是最高决策机构，主要职责是分析金融危机对经济的影响，决定出现金融机构大规模倒闭事件时的应对政策措施等。成员包括首相、内阁官方长官、财务大臣、金融担当大臣、日本银行总裁等。金融厅和日本银行为核心机构。金融厅主要负责策划和起草宏观审慎政策等金融制度，认定系统重要性金融机构（SIFIs），对银行、证券、保险等金融机构实施合规检查和风险监督，监管存款保险公司以及处置破产金融机构等。日本银行负责调查金融机构业务稳健性与资产质量情况，收集金融机构运营环境和风险管理制度等信息，借助第三方数据分析评估金融体系风险，起草《金融系统报告》（Financial System Report）等。财务省的前身大藏省因频曝丑闻，金融监管权力遭到严重削弱，仅可出席金融危机应对会议和配合存款保险机构实施救助，宏观审慎管理职能相对有限，但又不可忽视。它负责应对金融风险，防范金融危机，在整个金融监管框架中居于基础性地位。

2. 寓财政于货币的做法

根据《大藏省设置法》第三条不难发现，虽然大藏省主要负责财政政策，但是在货币政策方面，大藏省具有制定金融制度和执行金融监管等职能，日本银行的主要职责仅局限于发行货币、执行金融政策、承担“最后贷款人”的角色、执行国际关系业务等执行者和兜底者层面。因此，可以得出两点结论：一是日本银行在货币政策实施上服从大藏省顶层设计和全过程监管，缺乏独立性；二是日本银行的货币政策将不可避免地服务于大藏省的财政政策扩张性发挥，甚至承担“最后贷款人”的压力，进一步削弱其独立性和透明性。

这种货币政策服务于财政政策，由财政政策主导的政策协调模式，在战后50—70年代，以财政投融资为政策协调枢纽，在短时间内以极小的成本迅速实现融资，并投资于重点产业和关键行业，很大程度上帮助了日本战后经济恢复，并跻身经济强国前列。但是，另一方面，这种货币政策沦为财政政策工具的做法，也给日本埋下了持续举债融资导致债台高筑的隐患，很大程度上酿造了日本泡沫经济的破灭。为此，日本政府实施“财政重建”战略，企图化解赤字财政风险。但是，持续的经

① 金融厅是总理府的外设局，金融大臣和副大臣作为金融厅的最高负责人，由内阁总理大臣委任。金融厅设有总务企划局、检查局和监督局等三个部门，分别负责制定金融厅的总体规划和金融制度、对地方金融机构进行检查；还设有证券交易监督委员会、注册会计师监查审查会、金融审议会、企业会计审议会、汽车损害赔偿责任保险审议会等六个专门委员会，分别对不同种类的金融活动进行监管。

济低迷形势，使得这一战略屡屡因为财政入不敷出情况下实施的增税政策而夭折，甚至为了提振经济，日本银行自2000年以来，常年实施量化宽松的政策，为政府发债和扩大支出提供廉价甚至无息的资金，以便于日本财务省通过发行巨额债券，扩大财政支出，支持陷入危机的金融机构或企业。例如，2008年10月，日本财务省实施了总额为26.9万亿日元的一揽子经济刺激方案。该方案包括向日本所有家庭发放现金补助，为陷入困境的中小企业提供信贷担保，降低失业保险费用缴纳标准，削减高速通行费，减税和鼓励企业增加雇员等内容。2009年4月，日本财务省又推出了总额为56.8万亿日元的“经济危机对策”，其中财政支出资金为15.4万亿日元。此外，日本财政部门在短期内实施大规模减税计划，通过减免税、降低税率、加速折旧、税收抵免等方式，共减税达到1.07万亿日元。特别是在遭遇新冠疫情等重大公共风险事件时，配合财务省更具扩张性的财政政策，日本银行实施更大力度的量化宽松政策。在财政政策方面，2020年4月，日本财务省通过《针对COVID－19的一揽子紧急经济计划》，计划总额由108.2万亿日元调升至117.1万亿日元，大约相当于日本GDP的21%。主要用于支持疫情防控、扩大诊疗能力，税收减免、企业与家庭援助，促进疫后经济活动恢复，增强经济结构弹性和未来应对疫情的能力。其中，相当于GDP的16%的部分被用于救助劳动者和企业。在货币政策方面，日本银行宣布实施“开放式量化宽松”，不设上限地购买日本政府债券，同时提高了商业票据和公司债券购买上限，从而增加流动性货币供应。

综上可知，财务省在宏观调控体系中居于主导地位，日本银行居于辅助地位，两大部门分别实施财政政策和货币政策，其中央行货币政策受到财务省的金融危机监管，并且遵循现代货币主义理论思想，以财政投融资为制度结合点，以国债买卖为主要合作方式，在保证不发生财政系统性风险的基础上，扩大内需，拉动经济增长。这在战后初期大大促进了经济复苏和高速发展，但是这种政策组合模式也积累了大量债务，埋下了系统性风险隐患，未来应考虑有序退出量化宽松政策，降低财政政策对国债的依赖程度，并逐步消解存量债务。

3. 产业补贴

日本依靠财政投融资的资金支持，实施产业政策，最终实现经济“赶英超美”。日本对产业结构调整实施的政策包括财税政策和金融政策，其中，财税政策包括财政补贴，又可细分为财政金融补贴、工业补贴、农林渔牧补贴；金融政策主要指信贷补贴。此外，还有财政政策和货币政策协调配合的信贷补贴，其中以农机信贷补贴为典型。

在财政金融补贴方面，日本建立财政投融资制度，以邮政储蓄、养老金为主要资金，重点发展基础设施和重点产业，大大降低资金使用成本，提高资金使用效率，为盘活日本工业产业奠定坚实的基础。

在工业补贴方面，日本针对碳中和目标下的能源转型、低碳产业以及半导体产业进行财政补贴。针对碳中和目标下能源转型，日本实施了财政补贴和税收优惠为主的政策。其中，对高耗能、高污染行业的财政补贴主要有设备废弃补贴和节能补贴。另一方面，从20世纪70年代开始，日本注重通过税收优惠鼓励传统行业转型升级，促进新兴产业和高新技术产业发展。对于低碳产业，日本经济产业省2010年1月推出“低碳型创造就业产业补助金”制度，将补助总额从2009年度第二次补充预算的每年300亿日元扩充至每年1000亿日元，以防止日本低碳产业流出日本。这一补贴制度实施以来，已对42家企业补贴了297亿日元。针对半导体产业，日本政府相继于1971年和1978年出台了《特定电子工业及特定机械工业振兴临时措施法》和《特定机械情报产业振兴临时措施法》，引导资源向半导体产业倾斜，并为该产业投资提供税收、信贷方面的优惠。

在农林渔牧补贴方面，针对农业，日本为了缩小剪刀差，提高农业利润，采取提高农产品价格的支持政策，将负担转嫁给消费者；针对渔业，日本设置《可持续养殖生产确保法》，制定渔场改善计划，对保持适当数量养殖的渔业协同组织进行资助。同时，建立渔业生产者和国家共同出资的公积金制度，实施资助渔业者和累积金政策。其超值部分的补贴计算方法为：在原油价格和配合饲料原料价格上升时，按7年内去掉最大值与最小值的年份，剩余5年的平均值为基准计算，即7年中取5年的平均值×100%，对超过数值部分进行补贴；对于畜牧业，为了解决育成牛不能按期出栏的问题，振兴机构对农协等生产者组织进行补贴，以补偿出栏费用的增加，鼓励农协积极协调出栏途径，以消除成牛交易流通障碍。

在金融政策方面，日本发展银行（JDB）通常会与私人银行组成银团辛迪加，鼓励商业银行向新兴产业贷款，此外，JDB还为半导体行业提供近乎于零的低利率贷款，相较于同时期美国4%—5%的市场利率，具有明显优势。

在财政政策和货币政策配合较为典型的农机信贷补贴领域，日本建立了成熟的法律制度，依靠强大农协体系的运作来获得多部门支持。一方面，农协配合国家政策，将中央和地方补贴资金集中到一起，在农机的购置、使用、维修和报废等环节提供充足的资金支持；另一方面，农协根据不同农户对贷款额度和贷款期限的差异化需求，有针对性地选择金融企业或银行等合作方来为农户策划专项贷款方案。

（四）结论

日本财政部门和中央银行的职责决定了两部门在分工协作中的地位。日本财政部门在大藏省时期奠定了财政主导央财间财务关系、经济政策、金融监管的绝对主导地位，即便经历了2001年行政机构改革，财务省仍然在金融监管中占据重要地位，并且日本银行仍以量化宽松的货币政策来实现扩张性财政政策的目标，并且由扩张性财政政策产生的国债支付成本很大程度上依靠日本银行的“铸币税”来承担，未来防范化解日本高企的政府债务负担可能引发的系统性公共风险仍离不开财务省与日本银行之间的密切配合，进而如何打破量化宽松货币政策和扩张性财政政策叠加形成的债务危机困局，实现真正意义上的“财政重建”，需要日本政府的全局谋划以及全体国民的全力支持。

六、俄罗斯

从机构设置和职能来看，俄罗斯联邦财政部重在创造经济发展的条件，目标相对长期，且不局限于经济增长。同时，中央银行则更偏向于落实短期经济增长目标，创造合适的货币市场环境。

（一）财政部机构设置与职能

依据俄罗斯联邦财政部条例规定，俄罗斯联邦财政部是联邦执行机构，负责制定预算、税收领域的国家政策和法律法规，以联邦预算拨款为代价向俄罗斯联邦主体和地方政府提供国家支持等①。财政部按照俄罗斯《预算法典》执行预算和税收政策，形成实施预算政策的长期原则，在预算规则框架内管理和防范长期风险。

俄罗斯联邦财政部下设30个部门，包括：业务管控部，公共部门预算方法和财务司，税收政策司，公共债务和金融资产部，金融政策司，预算间关系司，会计、财务报告和审计监管司，法律部门，预算关系法治司，国家军事、执法部门和国防秩序领域的预算政策司，行政部门，社会领域与科学预算政策司，劳动和社会保护领域的预算政策司，公共行政、司法、国家公务员领域的预算政策司，预算政策与战略规划司，组织编制和执行联邦预算司，国际金融关系司，外部限制控制司，经济部门预算政策司，项目融资与投资政策司，信息技术部（州和市财政管理和预算过程的信息支持），国家贵金属和宝石行业监管司，税务司，合同制领域的预算政策司，项目管理与人才发展司（俄罗斯财政部项目办公室），方案目标规划和预算支出效率司，酒类市场海关政策法规司，财产关系监管司，信息与分析活动部，税收优惠制度有效性分析部。

其中，俄财政部金融政策司负责制定金融领域的相关政策法规，并负责审查银行业和金融市场的运行。具体地，金融政策司在银行、保险、外汇、信贷活动、金融市场等领域制定并改进国家政策和法律法规；审查银行业和金融市场，搜集相关

① Постановление Правительства РФ от 30.06.2004 N 329 (ред. от 28.07.2022) “О Министерстве финансов Российской Федерации”. http://www.consultant.ru/document/cons_doc_LAW_48609/76618cb4a75d41b8f83bd465b2e3ef14070cc7d7/.

信息、分析和参考材料、建议和结论；参与制定俄罗斯银行关于金融市场发展的主要方向；负责制定俄罗斯联邦保险立法等。

（二）俄罗斯银行机构设置与职能

俄罗斯中央银行共下设46个部门，其中金融市场业务部、消费者保护和普惠金融服务处、俄罗斯银行设备处与公共关系部由银行行长埃莉维拉·纳比乌琳娜直接领导，其他部门分别由各副行长管理（见图0－1）。其中，金融市场业务部是负责银行在国内外金融市场开展业务的部门。在国内市场，该部门向俄罗斯信贷机构提供卢布资金；通过回购交易和担保贷款业务，吸引信贷机构的存款；组织俄罗斯银行债券的配售、卢布证券买卖交易、外币、黄金、货币互换交易等业务；确保俄罗斯银行在联邦政府证券市场履行财政部总代理的职能。在国外市场，该部门负责管理俄罗斯银行的外币和贵金属资产；对银行在国内外市场进行交易时的金融风险进行管控；确保俄罗斯银行与其交易对象关于国内外金融市场业务制定相关协议等。

根据《俄罗斯联邦中央银行法》，俄罗斯银行的主要职能包括以下方面：①与俄罗斯政府共同制定并实行以维护和保证卢布稳定为目标的国家统一的货币信贷政策；②垄断现金发行并组织现金流通；③对信贷机构行使最后贷款人的权利，组织资金再融通；④制定在俄境内实行结算的规则，组织银行间的结算；⑤为银行系统制定从事银行业务、会计核算和报表的规则；⑥对信贷机构进行国家注册；⑦成立和撤销信贷机构，以及负责审计信贷机构等组织；⑧从事各类银行业务；⑨实行外汇监督和外汇调节，包括从事外币买卖业务；⑩保管集中性的黄金和外汇储备；⑪确定与外国的结算方式；⑫参加预测国家的国际收支情况并组织编制国际收支平衡表；⑬分析和预测国家的经济状况，尤其是货币信贷和外汇金融方面的状况；⑭代理政府管理国家债务，即发行、偿还和经营政府的有价证券；⑮代理政府财政收支，等等。

不过，俄罗斯对中央银行的权力也有明确限制：①无权与非金融机构、没有许可证的法人及自然人开展银行业务；②无权持有信贷机构和其他机构的股份；③无权从事不动产业务，但与保证央行经营活动有关的情况除外；④不能从事贸易和生产活动；⑤不能延长提供贷款的期限；⑥除法律另有规定，否则俄中央银行无权向联邦政府提供贷款以弥补联邦预算赤字。

（三）财政与央行职能交叉

俄罗斯联邦财政部与中央银行合作，制定金融市场发展的主要方向。俄罗斯中央银行董事会与联邦政府合作制定国家统一的货币政策方向，并拟定货币政策主要方向的草案。在这一过程中，联邦政府由联邦财政部、经济发展和贸易部部长代表，

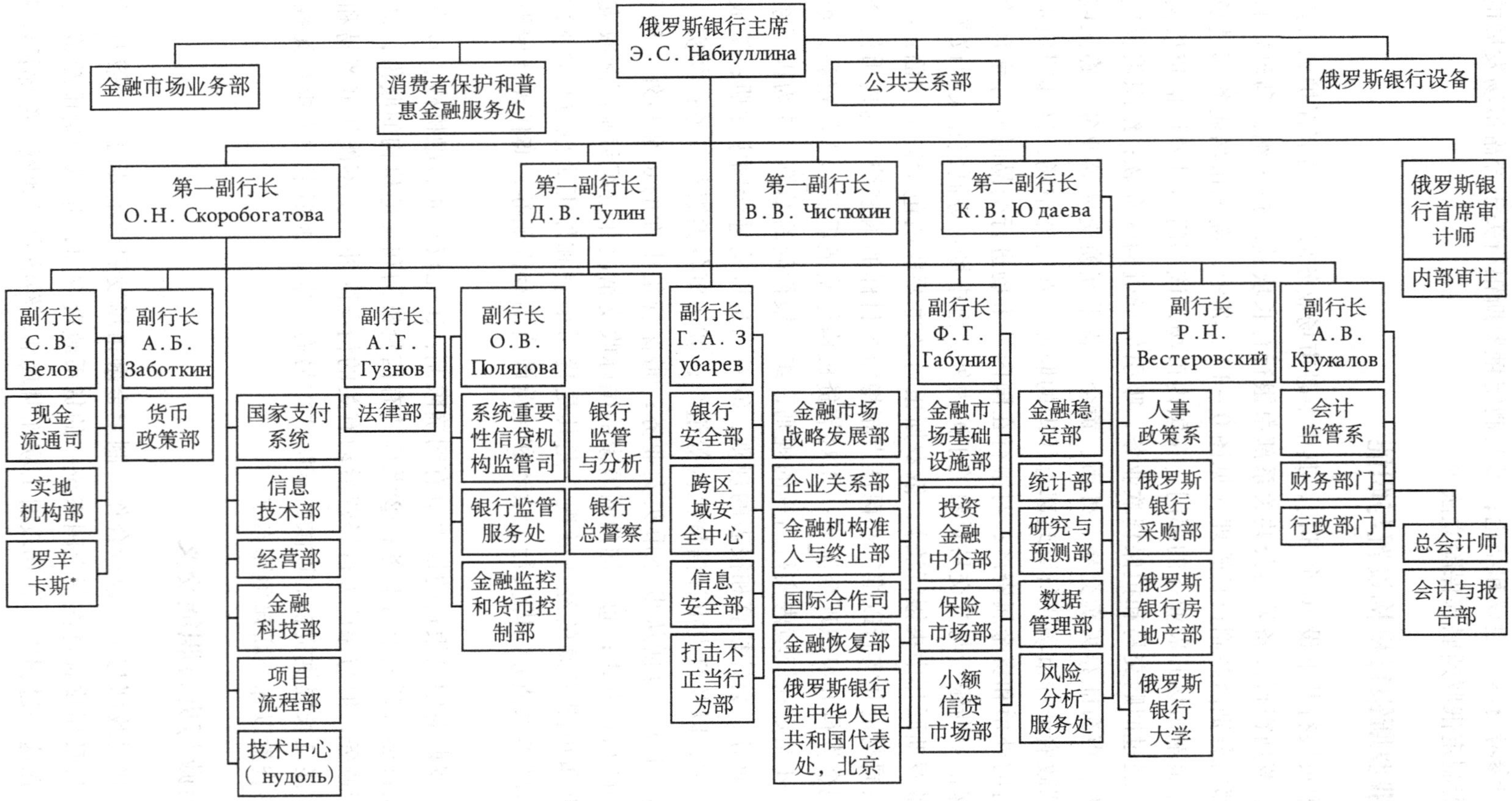

图 0－1　俄罗斯中央银行组织架构

注：＊俄罗斯银行罗辛卡斯（РОСИНКАС）协会是俄罗斯最大的贵重物品运输公司，主要提供收款和现金服务、综合安全活动以及特殊货物运输等服务。

参加中央银行董事会会议，中央银行则由行长代表参加联邦政府会议，并互相享有投票权。联邦财政部和经济发展部部长以咨询投票的方式参加中央银行召开的董事会会议，董事会会议由央行行长主持，至少每月召开一次。关于联邦政府债券的发行与偿还时间等事项，中央银行会征求财政部的意见，二者基于俄罗斯金融市场状况、银行系统情况与货币政策的优先事项等问题进行商讨①。

七、巴西

（一）经济部（原财政部）的职能

1808 年巴西创建财政委员会，作为国家经济部下设机构，其归属贯穿于该国经济和政治变革史。1968 年巴西成立独立的财政部。20 世纪 80 年代中期至 20 世纪末，巴西政府推出了一系列深化财政体制的长周期改革。1986 年在财政部内增设了国库秘书处（Secretaria do Tesouro Nacional，STN）标志着这一改革的起点。与此同时，联邦政府决定将原来由中央银行和国有银行行使的职能收回，尤其是巴西银行的国有银行职能。另一个显著特征是，在中央银行设立了国家财政专户，并将其管理的所有政府债务转入该账户。1988 年《联邦宪法》为财政稳定提供了制度保障，改革了政府预算管理机制，确立了《多年期财政规划》《预算指引法案》和《年度预算》等制度规定。1999 年起该部门更名为经济财政和规划部，1992 年又重新更名为财政部。根据 2019 年 1 月 1 日第 870 号临时举措②决定改革联邦政府组成结构。2019 年 6 月 18 日第 13844 号法案③进一步明确成立经济部，整合了财政部、计划发展和管理部、规划外贸和服务部及劳动部的职能，主要负责联邦政府财政政策制定以及向州市分配财政资源等职能。与此同时，经济部新增设了财政预算特别秘书处（Special Secretariat of Treasury and Budgeting，SETO）、收入特别秘书处（Special Secretariat of Revenues，SERFB）等 7 个特别秘书处④和国库检察署（The National Treasury Attorney's Office，PGFN），共有公务人员 42000 人，月工资支出 20 亿雷亚尔。其中，财政预算特别秘书处下设经济政策秘书处（Secretariat of Economic Policy，

---

① 1994 年，俄罗斯根据联邦总统法令《关于改善俄罗斯联邦银行系统运作》（第 N 1184 号），同时为更好实施货币政策措施，俄罗斯批准了《联邦政府和联邦中央银行相互代表条例》。

② Medida Provisória n° 870，de 1° de janeiro de 2019［EB/OL］．［2022 –09 –10］．https：//cpisp. org. br/medida – provisoria – no – 870 – de – 1o – de – janeiro – de – 2019/.

③ LEI N° 13. 844，DE 18 DE JUNHO DE 2019［EB/OL］．［2022 –09 –10］．https：//www. gov. br/mj/pt – br/acesso – a – informacao/institucional/sumario/decretos/anexos/lei – no – 13 – 844 – de – 18 – de – junho – de – 2019 – 1. pdf/view.

④ 经济部成立后又经历了两次组织变革：2020 年 2 月民事部办公厅下设的投资关系特别秘书处转隶至经济部；2021 年 12 月劳动社会保障部成立后，劳动社会特别秘书处从经济部调整至劳动社会保障部。

SPE）、国库秘书处（National Treasury Secretariat，STN）、联邦预算秘书处（Federal Budget Secretariat，SOF）、评估规划能源和彩票秘书处（Secretariat for Evaluation，Planning，Energy，and Lottery，SECAP）[①]。现任经济部长是经济学家保罗·盖德斯，除协助总统处理国家财政事务外，还负责管理和组织其他部委拨付部门预算以及将财政资源分配到各州及市政府[②]。

2019 年巴西大部制改革前，根据 1988 年《巴西宪法》和《财政责任法案》（Complementary Law. 101/2000）等有关制度文件，巴西财政部的核心职能是负责宏观财政管理和预算编制。具体如下：就宏观财政管理而言，财政部具体负责为联邦政府监管收入、支出、预算均衡、融资以及公共债务等，编制年度和中期宏观经济预测和财政预测报告；提出自上而下的年度预算和中期预算收入支出目标；向联邦政府提供有关税收政策和税收政策变化影响的建议；就支出政策的优先次序以及政策变化对中期财政目标的影响提出建议；监测宏观财政变动趋势；协同各级财政部门，管理公共债务。就预算编制而言，巴西财政部主要负责确定每个部门（或项目）的预算上限，对专项预算上限进行细化；发布年度预算报告；将年度预算报告及补充预算报告等提交国会审议，并适时对外公布。

2019 年后，根据第 13844 号法案第 31 条[③]明确规定巴西经济部的职能范围，涵盖国家战略规划和长期公共政策制定、社会经济状况监测、内外部公共债务管理、联邦政府部门预算管理、货币信贷及保险相关业务、养老保险、就业相关政策制定、薪资、小微企业支持政策制定、海关事务、进口贸易政策制定及规划执行监管、市场价格及多边贸易融资谈判、知识产权和技术转让、国有控股企业领导任命等 37 项[④]。综合来看，巴西财政部公共财政的传统职能是监控财政基础活动，确保公共支出在预算周期内按计划执行，并在其他财政、货币和经济政策的协助下，强化财政可持续性的能力。大经济部组建后，现代公共财政从传统的监管职能向战略管理职能转变，超越了一般预算控制，旨在通过公共财政跨期规划、支出政策（项目）全过程监管等政策工具，强化财政的可持续性[⑤]。

---

① Ministério da Economia [EB/OL]. [2022 - 09 - 22]. organograma_ministerio - da - economia_marco. pdf (www. gov. br).

② Por Milena SantAnna [EB/OL]. [2022 - 09 - 15]. Ministério da Economia: qual a sua função? https: // www. politize. com. br/ministerio - da - economia/.

③ LEI N° 13. 844, DE 18 DE JUNHO DE 2019 [EB/OL]. [2022 - 09 - 10]. https: //www. gov. br/mj/pt - br/acesso - a - informacao/institucional/sumario/decretos/anexos/lei - no - 13 - 844 - de - 18 - de - junho - de - 2019 - 1. pdf/view.

④ Conheça a estrutura do ME [EB/OL]. [2022 - 09 - 22]. Sobre—Português (Brasil) (www. gov. br).

⑤ Arenas de Mesa, A., and E. Mosqueira. 2021. La transformación y el fortalecimiento institucional de los Ministerios de Hacienda en América Latina: del control al uso estratégico de los recursos públicos para el desarrollo. Project document LC/TS. 2021/23. Santiago: Economic Commission for Latin America and the Caribbean (ECLAC), and Washington, DC: IDB.

（二）央行的职能

巴西中央银行（以下简称“巴西央行”）是国家中央发行银行，1965 年 4 月 1 日正式成立的半自治联邦机构，原名为“巴西共和国中央银行”，1976 年 2 月 28 日改用现名，受国家货币委员会的直接领导，隶属于联邦政府，直接对政府负责。巴西宪法第 164 条、1964 年第 4595 号总统令及其补充法案等法律法规约定了央行的基本职能。2019 年 2 月 24 日总统批准的第 12 条补充法案[①]规定，巴西央行成为独立于经济部的联邦自治机构之一，央行行长及其他 8 名董事会成员由总统直接提名，任期为 4 年，其政策执行的自主权得以保障。

巴西央行的核心职能是维持金融稳定及通过利率政策调控经济[②]。详细职责如下[③]：一是垄断纸币发行。巴西央行是国家发行纸币和硬币的最高权力机构，按照国家货币委员会授权的条件及限额发行货币，以满足国家对货币需求的其他经济和金融活动。造币厂作为巴西央行签约的一家公共公司具体负责钞票印制。二是担任“银行的银行”。作为监管银行，巴西央行负责收取其他银行的存款准备金，充当最后打款人，并负责规定、监督和提供资金转移和债务清偿制度。在与其他金融机构的关系中，巴西央行提供以下服务和操作：设立金融系统自愿公积金和强制公积金存放账户（银行准备金账户和结算账户），向有短期流动性需求的机构提供信贷，在出现重大问题时进行宏观干预等。对金融机构的监管，中央银行可以直接要求金融机构澄清和提交交易信息和文件，也可不定期对金融机构提交的材料进行间接分析、评估和审查。三是监管外汇政策的规划和执行。负责制定、执行和监督外汇政策，按照《国际货币基金组织》章程规定管理黄金、外汇及特别提款权等政府储备，以及控制外国资本在国内的流入流出等；授权金融机构转让本公司管理权或在国内外建立分支机构和子公司的权利；使用联邦政府证券开展公开市场操作；采取必要措施保障外汇市场政策运行、汇率稳定及国际收支平衡等，授权买卖黄金和外币，及开展境外信贷业务；确保银行交易的保密性；控制外汇市场的稳定及监控资金的流入流出等。四是负责调控利率政策。通过货币政策委员会（Copom）每 45 天确定基准利率目标，以此维持国家通货膨胀稳定。此外，在与货币和汇率政策有关的国际机构中代表巴西政府。

---

① DECRETO N° 10. 072, DE 18 DE OUTUBRO DE 2019 [EB/OL]. [2022 - 09 - 10]. D10072 (planalto. gov. br).

② What is the Central Bank of Brazil and what are its functions? [EB/OL]. [2022 - 08 - 30]. https://www.ewally.com.br/en/blog/falando-de-negocios/banco-central/.

③ The Banco Central do Brasil and its Responsibilities [EB/OL]. [2022 - 03 - 15]. https://www.bcb.gov.br/pec/boletim/ingles/banual97/rel97-8i.pdf.

（三）经济部（原财政部）与央行的交叉职能

整体来看，巴西大部制改革后，原财政部职能已悉数归入经济部，财政与央行之间的交叉职能范围更宽泛了，并以法律法规的形式予以明确，具体如下：根据1964年第4595号令及《联邦宪法》《财政责任法案》（Complementary Law. 101/2000）等有关规定，巴西财政部与央行在各自职能范围内，协商确定基准利率、汇率水平、公共债券的债务融资业务、非常规货币政策工具及通胀目标等。2019年第10072号法令[①]第49条规定经济部负责为国家货币委员会下设的财政特别秘书处提供政策建议；负责监测分析货币信贷技术委员会和国家货币委员会的有关提案；第87条规定评估监管巴西在国际经济和国际金融机构等部门的经济、货币和金融方面的政策和立场等。2019年后，根据第13844号法令第31条第9款规定，在国家货币委员会的权利范围外，负责授权共同基金、彩票发售等工作；第32条第Ⅺ款规定，国家财政政策委员会是经济部的下设机构，依规与国家货币委员会合作制定州和联邦区的内外公共债务政策，并在国家公共金融机构的指导下，向地方政提供更有效率的支持等。

八、南非

（一）南非财政部的职责范围

财政部是南非经济和财政政策发展的核心，并负责一系列旨在促进经济增长和发展，并加强南非民主的国家实体。财政部负责协调宏观经济政策，推动国家财政政策框架。《南非共和国宪法》和《公共财政管理法》规定了财政部的职责。财政部协调政府间财政关系，管理预算编制过程，并控制年度国家预算的执行，包括任何预算调整，还履行其他立法赋予的职能。财政部负责管理南非国家政府的财政。支持有效和可持续的公共财政管理是促进经济发展、善政、社会进步和提高所有南非人的生活水平的根本。南非宪法第13章授权南非财政部确保公共财政管理的透明度、问责制和健全的财务控制。

《公共财政管理法》（第2章）也描述了南非财政部的立法授权。财政部的职责是推动政府的财政政策框架；协调宏观经济政策和政府间财政关系；管理预算编制过程；促进《收入分配法》的实施，该法案规定在国家、省和地方政府之间公平分配国家筹集的收入；监督各省预算执行情况。根据行政部门和议会的授权，国家财政部将继续支持政府各领域财政资源的优化配置和利用，以减少南非最边缘化人群

---

① DECRETO N° 10.072, DE 18 DE OUTUBRO DE 2019 [EB/OL]. [2022-09-10]. D10072 (planalto.gov.br).

的贫困和脆弱性。

未来10年，国家财政部的优先事项包括增加对基础设施和工业资本的投资；改善教育和技能发展以提高生产力；完善市场和公共主体监管；通过有效的公共服务提供、扩大就业水平、收入支持和赋权来消除贫困和不平等。

除内设下属机构外，南非财政部还负责以下五个重要机构：一是南非税务总局（SARS）向财政部长报告。二是公共投资公司（PIC），是政府所有的投资管理公司，也是该国最大的投资管理公司之一。代表公共部门实体进行资金投资，最大的客户是政府雇员养老基金。三是政府雇员养老基金（GEPF）。四是金融情报中心（FIC），其目的是查明非法活动的收益和打击洗黑钱，将其收集的信息提供给警察、检察、税收和国家调查机构。监督法案的遵守情况，并向问责机构、监管机构和其他机构提供指导，财政部长负责FIC。五是金融服务委员会（FSB），根据议会的几项法案对金融服务业进行监督，并为金融产品和服务的用户提供信息。这些法案将监管职能委托给长期保险、短期保险、养老基金、集体投资计划、金融服务提供商、交易所和金融市场的注册商。

（二）南非储备银行的职责范围

南非储备银行的主要任务是保护货币价值，以促进平衡和可持续的经济增长。《南非宪法》规定的任务如下，南非储备银行的主要目标是保护货币价值，以促进共和国平衡和可持续的经济增长。南非储备银行为了实现其主要目标，必须独立地、不受恐惧、偏袒或偏见地履行其职能，但必须在该银行与负责国家财政事务的内阁成员之间定期进行协商。

价格稳定意味着将通货膨胀维持在政府设定的3%—6%的目标范围内。这一目标的实现有赖于金融体系和金融市场的稳定。为此，南非储备银行有义务积极促进金融稳定，将其作为金融体系稳定的重要决定因素之一。

1. 政策独立性

南非储备银行的独立性和自主性在《宪法》中得到了确立。南非储备银行拥有使用其所掌握的任何货币政策工具以实现其货币政策目标的独立性。然而，货币政策目标的选择是政府的责任。央行行长与财政部长进行定期讨论，并定期与议会财务组合委员会和特别委员会的成员举行会议。根据《南非储备银行法》第32条，即1989年第90号法令，央行每月公布其资产和负债情况，并向议会提交年度报告。因此，央行最终对议会负责。

2. 《南非储备银行2020—2025战略》

南非储备银行的战略中心是履行其价格和金融稳定任务，为所有南非人的经济福祉作出有意义的贡献。该战略通过五个战略重点领域（SFA）加以阐述。每个战略重点领域都有具体的战略目标支持，对关键工作领域进行优先安排。年度报告会总结每个重点领域的进展情况。

此外，南非储备银行的法定任务是加强和保护南非的金融稳定。南非储备银行还负责发行和销毁纸币和硬币、监管和监督金融机构、管理国家的官方黄金和外汇储备、管理国家支付系统、管理国家其他汇率管制制度、充当政府的银行家、在特殊情况下充当最后贷款人提供流动性援助。南非储备银行的经济目标是价格和金融稳定。南非储备银行的战略旨在实现其价格和金融稳定的任务，以及各种法律赋予该组织的额外优先事项，以促进所有南非人的经济福祉。《南非储备银行 2020—2025 战略》通过五点实现其任务所必需的重点战略领域，其中包括许多转型项目。一是将总体通胀保持在目标区间内；二是保护和加强金融稳定；三是促进和加强受监管金融机构和市场基础设施的安全、稳健和诚信；四是增强南非抵御外部冲击的能力；五是确保货币的有效性和完整性。

南非储备银行还有五个重点支持的领域：一是通过利益攸关方的参与和沟通，提高透明度和问责制；二是协调政策制定和执行；三是优化、整合和利用信息和技术解决方案；四是提高战略执行力和内部效率；五是吸引、发展和保留关键技能和能力。

（三）南非财政部与央行的合作

央行在宏观经济政策方面与其他监管机构和政府部门进行合作，特别是国家财政部，共同维护金融稳定，确保金融系统即使在压力下也能正常运转，确保重要的金融机构不会倒闭。

1. 南非贷款担保计划

南非央行与国家财政部、南非银行协会合作建立了 2000 亿兰特的南非贷款担保计划，由央行负责管理。南非央行还为受新冠疫情影响的中小企业提供财政部贷款担保方案的技术解决方案。

2. 金融稳定监督委员会（FSOC）

委员会成员包括储备银行、财政部和金融部门监管机构的代表。其职能是促进金融部门监管机构与央行在金融稳定问题上的合作。就南非系统重要性金融机构（SIFIs）的指定向央行行长提出建议。向其他国家机构提出建议，协助促进、保护、维护、管理或预防金融稳定风险。

3. 共同应对新冠疫情的影响

南非央行与南非财政部和其他监管机构密切合作，包括金融部门行为监管局（FSCA），确保金融机构采取适当行动，管理新冠疫情的影响。央行还与国家财政部合作使用快速融资工具，即IMF向面临国际收支紧急需要的成员国提供的快速财政援助，以应对疫情。

4. 货币政策

财政部与南非储备银行协商后设定通胀目标，作为衡量物价稳定的基准。然后南非储备银行独立制定货币政策以实现这一目标。南非于2000年2月正式引入通胀目标。在这一框架中，央行使用货币政策工具，尤其是控制短期利率，以使通胀与给定目标保持一致。南非的通胀目标区间为3%—6%。

5. 资本流动管理

财政部长已将《外汇管制条例》赋予的国家财政部的权力、职能和职责授权给南非储备银行的行长和/或副行长、金融监督司的负责人和该部门的其他官员。这意味着南非储备银行负责南非外汇管制的日常管理。

在2020年预算演讲中，财政部长宣布引入新的资本流动管理框架。在这一框架下，所有跨境交易都将被允许，但受资本流动管理措施限制和/或构成非法跨境资金流动高风险的交易除外。此外，合法资金流动的繁文缛节将会减少，同时将采取更有力的措施来发现、阻止和破坏非法跨境资金流动。将起草新的资本流动管理条例来实施这一框架。在此期间，现有的外汇管制制度将保留。

九、新西兰

（一）新西兰财政部的职责范围

新西兰财政部成立于1840年，是新西兰最古老的机构之一。新西兰财政部是政府的首席经济和财务顾问，也是公共部门财务管理和监管体系的管理者，其愿景是提高所有新西兰人的生活水平，希望新西兰的繁荣是可持续和包容的。新西兰财政部就政府的总体经济框架、财政战略和实现投资物有所值等方面向其提供建议。执行政府的决定，并负责政府的财务报表，确保有效管理国家资产负债表上的资产和负债，并发布经济和财政预测。财政部还通过债务管理和出口信贷提供业务服务，财政部是公共部门的三个中央机构之一，另外两个是总理内阁和公共服务委员会。中央机构共同负责对整个公共部门提供领导、协调和监测。根据《新西兰2021—2025年战略》的意图，为了提高生活水平，财政部有四个战略成果：一是为所有人打造强劲、增长、有韧性的经济；二是支持代际福祉的可持续公共财政；三是系统领导、支持高绩效的公共服务；四是为新西兰的重大问题提供有说服力的建议。

新西兰财政部的主要业务目标包括三方面：一是协调财政、货币和监管框架，造就稳定、可持续的经济环境；二是高效、有效和可持续地管理国家财政以及财务和非财务资产负债表；三是创造良好的制度和监管环境，以支持国家部门体系，以增加新西兰人的公平、代际福祉。新西兰财政部的核心法定和业务责任包括七方面：一是担任政府的经济和财务顾问，管理公共部门的财务管理和监管制度；二是管理国有部门和公共财政，如管理资产负债表、编制政府月度和年度财务报表、编制经济和财政预测、编制长期财政报告、编制投资报告、编制税收战略等；三是管理投资和资产绩效；四是提供商业政策建议和执行商业交易；五是管理政府借款要求和相关的金融市场活动，如现金管理、政府贷款、资本市场建议和风险管理；六是提供金融担保和贸易信用保险，促进和支持新西兰出口；七是中央机构角色——与总理和内阁部（DPMC）和国家服务委员会（SSC）一起提供国家部门的领导。财政部的七个战略意图是对实现政府目标具有最大影响力的领域，财政部的三大要务是代际福祉、系统管理、绩效报告。与央行的关系是财政部对内对外核心关系之一，其他三个是与亚太经济合作组织（APEC）、跨塔斯曼州银行监管理事会（TTBC）、金融监管委员会。

（二）新西兰储备银行的职责范围

新西兰储备银行成立于1934年，从1936年起由新西兰政府全资拥有。和大多数国家的中央银行一样，储备银行主要是政策组织。央行被要求确保在整个经济中尽可能地发挥货币作为交易、存储价值和记账机制的作用。根据《新西兰储备银行法案》，储备银行负责制定和执行货币政策，促进健全和高效的金融体系，履行《法案》中规定的其他职能和行使其他权力。新西兰央行的宗旨、愿景和价值观是为所有新西兰人带来经济福祉和繁荣。行长对央行在维持价格稳定、促进健全和高效的金融体系、满足公众货币需求方面的表现负责，但对如何实现这些关键成果保持法定独立。央行的利润和外汇收益全部上缴政府，亏损由政府弥补，截至2022年3月14日央行的净资产/权益约占2021年预算收入的2.78%。

2022年6月30日，新西兰财政部长致信央行行长和央行董事会主席，知会与《2021年新西兰储备银行法案》一起发布的央行金融政策职责范围。《金融政策职责范围》规定了储备银行在以下一项或多项方面需要考虑的事项：一是实现金融稳定目标；二是以促进审慎立法目标或目的的方式行事；三是在审慎立法下，担任审慎的规管者和监督者。储备银行董事会在采取与审慎战略意图和标准相关的行动时，必须考虑到金融政策职责范围。

保护和促进金融稳定可能对政府的更广泛政策目标和更广泛的经济产生影响，储备银行最好注意以下事项。政府希望拥有强大、高效和包容的金融体系，在储备银行的监管下，实体破产的发生率较低。在降低破产发生率的前提下，鼓励建立具有竞争力的金融体系，确保持续的金融效率和包容性。在这方面，储备银行应该考虑到以下方面的好处：一是施加与金融体系和社会预期风险和收益成比例的监管和监督成本；二是鼓励新投资和金融创新，以提高经济生产潜力；三是鼓励以最大限度地实现新西兰经济可持续长期增长的方式配置金融资源。如果受监管实体确实倒闭，希望储备银行将倒闭成本和对经济的破坏降至最低，优先保护脆弱的消费者、储户和公共基金。

储备银行还应该注意以下事项：一是住房，政府的政策目标是支持更可持续的房价，抑制投资者需求，提高首次购房者的负担能力。二是气候变化，政府的首要任务是建立适应能力，促进经济、社会和环境适应气候变化。金融体系在应对气候变化带来的转型和潜在风险的过程中应继续发挥适当作用，支持社区福祉和复原力。三是普惠金融，政府的首要任务是改善普惠金融和保持金融业多样性，支持那些得不到传统机构良好服务的群体获得金融和金融服务，包括农村社区、残疾人、低收入者和小企业。四是网络复原力，政府的首要任务是提高网络复原力，使新西兰在数字世界中有安全感和信心。鉴于不断演变的网络风险，公共和私营部门需密切合作，以实现这一目标。

（三）新西兰财政和央行的分工与合作

新西兰财政和央行的分工与合作主要表现在对《新西兰储备银行法》的重审和大规模资产购买计划（LSAP）两个案例上，下面分别说明。

专栏 0－1　《新西兰储备银行法案 2021》的出台

2017 年 11 月，由于国际金融环境和金融体系监管发生了很大变化，新西兰储备银行和财政部开始对《1989 年新西兰储备银行法》进行全面重审，以实现新西兰货币政策框架的现代化和提高效率。审查的目标是使新西兰的货币和金融稳定政策框架以及储备银行的治理和问责设置现代化。审查分两个阶段进行：第一阶段的重点是改善储备银行的货币政策框架。第二阶段是对储备银行的金融稳定作用和更广泛的治理安排进行广泛的审查。

第一阶段于 2018 年完成，重点关注货币政策。产生的《货币政策修正案》修订了旧法案的第 2、第 3 和第 6 部分，对货币政策框架进行了两个关键的改变：一是修正了货币政策的目标，要求在货币政策决策中考虑最大限度的可持续就业和价格稳定，二是创立货币政策委员会制定货币政策，还在货币政策框架中引入了设定货币政策目标的操作，例如指定一个数字通货膨胀目标。

第二阶段是创建强大、灵活和持久的监管框架，重点关注储备银行的治理安排和融资模式。新的《2021 年储备银行法案》侧重于改革储备银行的整体制度、治理、问责和融资安排，制定了机构和问责制改革，于 2021 年 7 月 1 日生效。废除并取代了旧法案中规定储备银行的机构、治理和问责安排以及中央银行权力的部分内容。通过用治理委员会取代单一决策者模式，加强报告和问责要求，使储备银行的制度安排现代化，主要变化有以下七点：一是建立由非执行成员和储备银行行长组成的新的治理委员会，负责所有的决策，货币政策委员会的决策除外；二是将金融稳定的首要目标重新定义为“保护和促进新西兰金融体系的稳定”，使作为新西兰审慎监管机构的储备银行的目标更加清晰；三是确保业务独立性与适当的问责制相平衡，更新了储备银行的问责制和报告框架，例如与国有企业绩效预期报告的框架要求保持一致，以及引入外汇储备管理的新框架，并就储备银行在制定和实施其战略方针时必须考虑的事项提供更多的部长级指导；四是规定了由财政部长发布的金融政策职责范围，列出董事会必须考虑的事项；五是修改财政部长和储备银行之间的资金协议程序，以提高透明度，以及通过征收行业税和费用来弥补储备银行监管职能成本的能力；六是为总理提供指导储备银行维持最低资本水平的能力；七是为金融监管机构理事会提供法定授权，通过促进其成员之间的合作和协调，支持对金融体系进行有效和响应性的监管。

专栏0－2　新西兰大规模资产购买计划（LSAP）

新西兰大规模资产购买计划（LSAP）起因于疫情，开始于2020年3月。目的是通过购买各种政府债券向经济注入资金，降低家庭和企业的借贷成本。当时央行已经没有太大的空间降低已接近零的官方现金利率（OCR），这也适合财政部的需求，降低了支付疫情相关费用而发行债务的利息成本。4月增加了30亿新西兰元的地方政府融资机构债券，5月上限从330亿新西兰元大幅扩大到600亿新西兰元，8月上限又从600亿新西兰元大幅扩大至1000亿新西兰元。LSAP原计划2022年6月之前在二级市场购买高达1000亿新西兰元的新西兰政府债券、地方政府融资署（LGFA）债券和新西兰政府通胀挂钩债券。财政部原本预计随着时间的推移成本将保持中性（不赔不赚），但截至2022年3月，由于利率上升的速度大幅快于预期，财政部估计净亏51亿纽币，最终成本只有在2027年计划完全解除后才能知晓。

2021年7月，停止计划下的额外资产购买时，已经购买了约530亿新西兰元的债券。新西兰政府将从2021年7月开始，不对任何即将到期的债券收益进行再投资，并指示储备银行将名义新西兰政府债券和与通胀挂钩的新西兰政府债券以每财年50亿新西兰元的速度出售给新西兰债务管理公司。委员会同意持有地方政府融资机构债券直至到期，因为这些债券的持有量相对较少。只要与储备银行的货币政策目标保持一致，并视市场情况而定，这种出售速度将继续下去。如果情况发生变化，委员会保留改变销售速度或停止销售的权利，但预计这种变化并不常见。

1. 新西兰财政部与央行的沟通与合作

（1）意向说明书。《储备银行法》要求储备银行在每个财政年度开始前向财政部长提供意向说明书（SOI）。意向说明书订明了央行未来三年的目标和期间第一年的预算，还详细说明了央行下一财政年度的战略重点。

（2）资金协议。储备银行的资金协议是央行行长和财政部长之间五年一次的协议，规定了银行可以保留多少收入来满足其运营成本，剩余收入将拨给政府。2020年6月16日发布的《2020—2025资金协议》，规定了用来满足履行职责和行使权力而产生的运营费用的银行收入数额等方面的内容，并规定如果预计在本协议的整个五年期限内，新西兰央行的业务开支总额（足期经营费用）将大幅增加，央行应当通知财政部长。

（3）向财政部长通报情况。这些文件是为向即将上任的财政部长介绍新西兰储备银行的作用和职能而编写的，也打算为其他有关方面提供有用的简报。

（4）财政部长的预期信。财政部长给储备银行行长的信，概述了对央行与财政部关系以及本年度特别感兴趣领域的广泛预期。2022年3月29日，新西兰财政部长致信新西兰储备银行，表达了新西兰财政部对新西兰央行2022/2023财年的预期，希望央行在保持业务独立性的同时，在履行其职能的方式上，酌情考虑政府更广泛的经济和社会目标。此信包含三方面信息：一是对央行的具体期望；二是对国有实体的一般期望，酌情供央行参考；三是2022/2023财年业务规划的时间表。希望央行考虑政府的优先事项，本届政府在其任期内有三个目标：一是保护新西兰人免受疫情的影响；二是加快恢复和重建；三是解决基本挑战。

（5）年度报告。《新西兰储备银行法》要求储备银行在不迟于财政年度结束后3个月内向财政部长提供年度报告，即一份年度问责文件。年度报告由行长签署，董事会对央行履行职能和行使权力情况进行评估，还包括主要活动摘要，展示央行财务报表。

（6）金融监管委员会（CoFR）。委员会成员负责共同管理有利于全体新西兰人的健全有效的金融体系。通过反应灵敏、协调一致的金融体系监管，有助于最大化新西兰的可持续经济福祉。CoFR由来自储备银行、金融市场管理局、财政部、商业、创新和就业部以及商业委员会的代表组成。2021/2022财年金融监管委员会的优先事项有五项，分别是气候风险、数字和创新、监管负担和准入壁垒、包容性、协调。

（7）重审《储备银行法》。2017—2021年，新西兰政府对《1989年新西兰储备银行法案》进行重审，以创建现代货币和金融政策框架，由财政部和新西兰储备银行共同进行。财政部长任命了独立专家咨询小组，协助重审工作。《新西兰储备银行法案2021》于2021年8月16日获得皇家批准，其中规定了由财政部长发布财政政策的职权范围，列出董事会必须考虑的事项，改变财政部长和储备银行之间的资金协议程序，以提高透明度，向财政部长提供指导储备银行维持最低资本水平的能力。

（8）财政部长对外汇储备管理进行指导。财政部长会不时指示央行在规定的指导方针范围内进行外汇市场交易，以影响汇率或汇率趋势。以往的财政部长指示往往允许央行进行干预，以解决新西兰元（NZD）市场流动性不足或功能失调的风险。2004 年 3 月，财政部长指示央行在必要时在市场上进行外汇交易，以防止或解决市场失灵。2020 年 3 月，财政部长指示央行在必要时在市场上进行外汇交易，以解决市场功能中的问题。财政部还会和储备银行共同审查《外汇储备管理和协调框架》。

2. 新西兰金融监管中财政部与央行的关系

（1）从新西兰央行的历史看，金融监管离不开财政。首先，新西兰央行成立之前，是时任财政部长会同经济学家制定的新西兰中央银行立法，然后才有了央行的诞生，即先有财政，后有央行。其次，历次的央行改革都是由于汇率、贸易、股灾等金融问题的发生影响到整体经济或财政收入。如 1989 年的《储备银行法》确定了使用货币政策来应对通货膨胀的方针，通过财政部长和储备银行行长签署“政策目标协议”来确定通胀目标。再如 1989 年对银行进行审慎监管框架的诞生，是由于一家开发银行破产，储备银行、银行股东和政府三方都无力挽救。

（2）新西兰财政在宏观上主导金融监管的架构，在微观层面监督金融市场管理局。新西兰财政部负责管理《2021 年新西兰储备银行法》并参与其修订，是管理新西兰央行的首要立法框架，财政部长还负责管理审慎监管的各种部门立法，在宏观上主导把控金融监管的架构。在微观层面，新西兰财政部对负责“双峰”之一市场行为监管的金融市场管理局也有监管权限。

（3）新西兰金融监管中财政的关注点。新西兰财政部主要关注金融监管中的新西兰债务管理、资金、投资，新西兰主权绿色债券、金融风险、出口信贷。金融监管中的系统战略与政策中，政府主导的养老金 kiwisaver 是财政部监管的重点，它是新西兰人的投资养老金，由多个不同的新西兰政府指定的投资公司负责运营。在监控与评估部分，新西兰财政部参与监控和评估政策设置，并为央行和商务部监控的政策设置提供建议，还负责根据《皇家实体法》监督负责市场行为监管的金融市场管理局的表现。

（4）新西兰财政和央行在整个金融监管体系的分工和合作。新西兰财政部和新西兰储备银行在经济表现和更广泛的金融稳定方面拥有共同利益。财政部和储备银行各自的职责如下：财政部是政府宏观经济（与货币政策的制定和实施有关的事项除外）、更广泛的经济政策和所有与财政政策有关的事项的首席顾问；储备银行是新西兰的中央银行，是政府在货币政策制定和实施、审慎监管、宏观审慎政策和金融市场方面的主要顾问。

3. 新西兰金融稳定方面财政部与新西兰储备银行的关系

2013 年 5 月，财政部和储备银行达成了《关于宏观审慎政策和业务指引的谅解备忘录》，该备忘录订明宏观审慎政策的目标、储备银行运作的指引，以及咨询、汇报和问责的安排。

4. 储备银行的制度机制

财政部长负责由财政部管理的《2021 年新西兰储备银行法》，这是管理新西兰央行的首要立法框架。财政部长还负责管理审慎监管的各种部门立法，这些立法由新西兰储备银行管理。新西兰储备银行负责管理下列部门立法，《2010 年保险（审慎监管）法》《2021 年金融市场基础设施法》《2013 年非银行存款接受者（NBDT）法》，《1989 年新西兰储备银行法》中有关对注册银行的监管和监督的其余条款，更名为《银行业（审慎监管）法》，《银行（审慎监管）法案》和《NBDT 法案》最终将被新的存款接受者制度所取代。

财政部负责政策建议以及与新西兰《2021 年储备银行法案》相关的事宜。这包括就货币和金融政策的制定向财政部长提供咨询，就货币政策框架的立法方面提供第一意见咨询，以及就与上述部门立法有关的金融政策问题提供第二意见咨询。财政部还负责为王室提供财政风险建议，这些风险可能由新西兰储备银行对外汇市场的干预、可用的外汇储备水平、危机管理框架和未来的存款保险计划造成。财政部（与新西兰央行）每五年在审查外汇储备管理和协调框架方面发挥联合作用。

第一篇

主要国家财政与央行财务关系

第一章 概论

解剖财政部门与央行的财务关系是分析财政与金融关系的重要视角。本报告主要从以下维度分析主要国家财政部门与央行的财务关系：政府、财政部门与央行的股权或资本金来源；财政部门与央行在官方储备管理中的关系及官方储备运营收益归属；从央行资产负债表中看国债和中央政府机构债券。分析表明，虽然各国情况有差异，财政部门与央行的财务关系有不同的侧重，但从财务关系中可以看出各国两大部门的紧密联系。

一、政府或财政部门通常是央行的主要出资人

在一些国家，央行并非政府部门，而是私人机构或授权法人公司，但政府或财政部门通常绝对控股中央银行或是央行资本金的主要来源方（见表1－1）。

表1－1　各国政府或财政与央行的出资人关系

国别	央行性质	政府持股比重	政府股份是否由财政代持
美国	政府加非营利性机构的双重组织结构		否
英国	公共机构	100%	是
德国	联邦法人组织	100%	否
俄罗斯	授权法人	100%	是
日本	政府授权法人	55%	是

美国央行美联储采取联邦政府机构加非营利性机构的双重组织结构，不接受国

会拨款，但美联储委员会成员须由美国总统提名，经参议院批准方可上任。

英国的央行是英格兰银行。1946年，英格兰银行被国有化。财政部通过发行国债购买了其全部的资本金，从此成为一家公共机构，通过议会对公众负责，财政部持有英格兰银行的全部股份。英格兰银行行长和理事的任命权都属于政府，最终责任和选择权属于部长，财政大臣负责挑选非执行理事中的1位担任理事会主席，财政大臣也负责提议行长人选。

德国中央银行（德意志联邦银行）是根据1957年8月生效的《德意志联邦银行法》成立的，作为公法意义上的联邦法人组织，具有25亿欧元的注册资产，德国政府全额出资。德意志联邦银行行长、副行长以及执行理事会的其他成员由联邦政府提名、联邦共和国总统任命。

俄罗斯中央银行是法人实体，其30亿卢布的法定资本属于联邦财产，即联邦政府持有央行100%的股权，政府股份全部由财政代持。俄罗斯中央银行设有董事会，董事会成员由国家杜马提议，经总统批准后任命。俄罗斯央行中设立国家金融委员会，对俄罗斯央行进行审议监督。该委员会主席由俄罗斯财政部长担任，还有一名副部长担任其委员。

日本的央行日本银行是授权法人公司，政府股权占比超过一半。截至2015年3月底，日本银行的资本金为1亿日元，其中55008000日元由政府出资，占比55%，资金主要来源于财务省的财政资金，由财务大臣负责行使出资人职责，其余由私营部门出资。政策委员会是日本银行的最高决策机构，由正副总裁共2位，再加上6名审议委员组成，上述人员均是在参议院和众议院同意的情况下，由内阁任命。

二、央行利润上缴财政是理所当然

美国《联邦储备法》要求，美联储在扣除相关利息支出、支付股息和维持运营所需的费用后，盈余资金不得超过68.25亿美元，超过部分应上缴美国财政部。根据美联储发布的2021年财报显示，2021年，美联储总收入1231亿美元，总支出155亿美元，其中包括美联储向12家地区联邦储备银行的股东支付了5.83亿美元法定股息，净收益总额为1078亿美元，全部上缴给美国财政部。

英国央行英格兰银行的收益可以分成两大类，一是印钞收益；二是经营收益，其中以印钞收益为主。英格兰银行的印钞收益全部转交财政部。英格兰银行经营收益的分配按照英格兰银行资本框架的参数执行，参数由英格兰银行和财政部经正式评估确定，评估至少每5年进行一次。资本框架有三个参数，一是目标值；二是最低线；三是最高线。如果英格兰银行的资本金低于最低线，财政部将向英格兰银行注入资本金，使资本金达到目标值。如果英格兰银行资本金在最低线和目标值之间，英格兰银行将保留全部净利润。如果英格兰银行资本金在目标值和最高线之间，一半的净利润归英格兰银行，另一半作为代替红利的上交款支付给财政部。如果英格兰银行资本金高于最高线，全部净利润都作为代替红利的上交款支付给财政部。2020 年度和 2021 年度，英格兰银行上交财政的收益分别为 6.31 亿英镑和 0.91 亿英镑。2020 年度，英格兰银行印钞（铸币税）收入 7.03 亿英镑，印钞费用 1.17 亿英镑，印钞收益为 5.86 亿英镑，英格兰银行向财政部支付代替红利的上交款 0.45 亿英镑，那么英格兰银行上交财政部的所有收益为 6.31 亿英镑。2021 年度，英格兰银行印钞收入 2.09 亿英镑，印钞费用 1.18 亿英镑，印钞收益为 0.91 亿英镑，英格兰银行没有向财政部支付代替红利的上交款，英格兰银行上交财政部的所有收益为 0.91 亿英镑。

根据《德意志联邦银行法》，德意志联邦银行的净利润按以下顺序使用：首先，从中央银行的利润中拿出至少 2.5 亿欧元，至多 20% 转为法定储备金，直至法定储备金达到 25 亿欧元，法定储备金只能用于弥补资产贬值和其他损失，剩余利润上缴联邦财政部。

俄罗斯中央银行的利润将大部分给政府分红，上缴联邦财政。依据《俄罗斯联邦中央银行法》，俄罗斯央行的年度财务报表经董事会批准后，在扣除应缴的税款后，将年末实际收到利润的 75% 上缴联邦预算，剩余的利润用于补充银行总准备金。在俄罗斯中央银行的收入中，有一部分是入股俄罗斯联邦储蓄银行获得的收益。自 2017 年起，俄罗斯央行的这部分收益就被转入联邦财政。2017 年，这一收益为 678 亿卢布，2018 年为 1355 亿卢布，2019 年为 1807 亿卢布。2020 年，中央银行出售俄罗斯联邦储蓄银行的部分股份，并将此所得的 17665 亿卢布转入联邦预算。

2020 年，根据《日本银行法》第 53 条第 1 项，提取法定准备金 609 亿日元，相当于税后盈余的 5%。并且，根据同条第 4 项，在财务大臣批准的前提下，支付红利 500 万日元，相当于每年实收出资总额，即资本金的 5%。最后根据同条第 5 项，在提取准备金和分配红利之后，剩余的税后盈余部分在本事业年度结束后的第二年第二个月之前，必须全部上缴国库，因此将余下的 11581 亿日元收归国库。

三、包括外汇储备在内的官方储备通常由财政部门管理

美国依靠美元全球货币的地位，无须储备过多外汇，其外汇储备主要是日元、欧元、英镑、加元等全球主要国家货币。美国的外汇储备管理由财政部全面负责，美国财政部负责制定和执行包括外汇市场干预政策在内的国际货币和金融政策，外汇稳定基金则是财政部履行上述职责的重要工具。财政部在外汇稳定基金的使用上拥有自主权。同时，美联储使用自有资金独立地进行外汇市场操作。在外汇市场操

作问题上，美联储总是与财政部进行密切的磋商和协作，通常各自提供一半资金共同进行外汇操作，从而保证美国国际货币金融政策与国内货币金融政策保持一致性。

英国政府的官方储备在政府账户之下，账户名称为兑换均衡账户（EEA），由财政部管理。英国央行英格兰银行的角色是充当财政部的代理人，对EEA进行日常管理。英格兰银行代理费用的收取总原则是“全额和合理的”成本回收。

俄罗斯外汇储备的管理模式是财政部与央行共同参与的二元平行管理模式。央行负责管理汇率干预所需的外汇储备，追求流动性管理，这部分外汇收益属于中央银行；财政部负责国家主权基金（国家福利基金）资产的保值增值，追求主权基金收益性管理，从性质上说这部分收入是基于税收的财政收入，所有权属于财政部，其投资取得的收益也归属财政部。对于国家福利基金的储备，它的实质是国家征收的税收收入，只不过以外汇的形式存在，由财政部委托央行进行管理和运作。

日本官方的外汇储备由日本银行和财务省分别管理。根据财务省《2020年国际收支统计公报》，2019年末，日本政府的外汇储备余额为1445000亿日元，2020年末则减至1442000亿日元，缩减了3000亿日元。上述外汇储备由日本银行和财务省分别管理。

四、国债或中央机构债券是部分国家央行的重要资产

在一些国家，央行的资产负债表中，国债占比较高，反映财政与货币政策协同程度较高，最为典型的是美国和日本。

近年来，量化宽松政策使得美联储大量购买政府债券，资产负债表规模急剧膨胀。截至2021年底，美联储总资产超过8.7万亿美元。从资产结构来看，美联储持有的本国国债金额为56522.72亿美元，占比为64.54%，持有的联邦机构债券为23.47亿美元。2020年末，日本银行的资产总量为6399363亿日元，相当于2020年财政预算支出总额（161.709万亿日元）的3.96倍。国债是日本银行的资产的主要内容。2020年末，在日本银行资产总量中，国债部分为5246099亿日元，占比超过81%。其中又以长期国债为主，占比在95%左右。

另外，在近年来应对疫情的过程中，一些国家中央银行大幅提高资产中国债的比重，如德国。截至2021年底，德意志联邦银行资产负债表总额达到德国央行成立以来的最高水平，略高于3万亿欧元。这比2020年2.5万亿欧元的创纪录水平还高出19%。其中欧元区主体欧元债权10277亿欧元，直接持有一般政府欧元债权44亿欧元。

五、相关启示

财政部门与央行的财务关系是财政与金融关系的直接体现。从财务关系的角度

看，主要国家财政与央行之间联系密切且财政占主导，既体现了财政部门对国家金融资源的掌控，也体现了财政对金融体系和金融监管、金融治理的主导性作用。

第一，建立现代化的央行治理体系，考虑构建央行的财政出资人制度。现代化的央行治理体系符合财政与金融协同要求。从主要国家的做法来看，一些国家央行并非政府部门，但政府或财政部门是央行的主要出资人。表面看央行是独立的，但实际上政府和财政通过独资或参股方式控制着央行，财政可以主导财政与金融协同。而在中国，央行与财政部门虽同属政府组成部门，央行看似不独立，但实际上独立性较强，财政与金融协同反而不是非常便利。按照现代化的央行治理体系要求，强化财政与金融协同，可以考虑构建央行的财政出资人制度。

第二，探索建立央行利润制度化、常态化上缴财政机制。作为公共部门，央行不应该也没有必要像市场主体一样留存过多收益。建议参考主要国家的做法，通过立法明确规定央行在扣除相关利息支出和运营费用后，盈余资金不得超过一定限额，超过部分应定期上缴给财政部。这既可以为财政提供一项稳定的收入来源，也可以增强财政部门与央行的联系，继而提高财政与金融的协同性。

第三，建议官方储备由财政部门管理，储备运营收益由财政支配，纳入预算管理。包括外汇储备在内的官方储备是公共资源，理应由财政部门管理，其储备运营收益由财政支配，并纳入预算管理，这也是各主要国家的基本做法。只有这样才能体现财权的统一性和预算的完整性，才能真正维护好国家财经纪律。

第四，逐步优化央行资产结构，将国债作为其重要的资产配置。美国、日本和德国等主要国家的央行资产中，国债占有重大份额，这是财政金融协同的重要制度性安排，不仅是财政政策权衡的制度基础，更是国家财政金融稳定的压舱石。反观我国，根据2022年3月份的数据，央行持有政府债券仅占其资产的3.82%，占比非常低。因此，进一步优化央行资产结构，大幅加大央行资产的国债占比，非常必要，也非常迫切。

第二章 美 国

美联储与美国财政部存在很强的联系。美国《联邦储备法》规定，美联储盈余资金不得超过68.25亿美元，超过部分应上缴美国财政部。从资产负债表来看，美联储资产结构中，美国国债占比超六成。从收益归属来看，美国财政部虽不是美联储股东，但美联储净利润几乎全部上缴财政部；同时，美联储偏好运用购买国债的方式投放货币，其实质是通过赤字货币化将铸币税交给财政。为了进一步加强财政与央行的协同性，有必要参考美国的做法，规定央行盈余资金限额并建立常态化利润上缴机制，并更多通过国债方式投放货币将铸币税转移给财政，进而增强国家治理体系应对公共风险的能力。

一、美国央行机构框架及与财政部的关系

美联储采取联邦政府机构加非营利性机构的双重组织结构，其运作资本来自成员银行，但《联邦储备法》要求超额收益需上缴财政部，由此可见，美联储与美国财政部有一种很强的联系。

（一）美联储组织结构：联邦政府机构加非营利性机构的双重组织结构

1913年美国通过了《联邦储备法案》，正式宣告美联储成立。根据《联邦储备法案》，美联储独立于政府和国会，负责实施央行职能，发行美元，主要目标则是扩大就业与抑制通胀。美联储采用中央政府加非营利性机构的双重组织结构，由1个总部和12个分部组成。总部叫做联邦储备局，属于美国联邦政府下面的一个部门。联邦储备局的管理单位是联储委员会（Federal Reserve Board of Governers），由

7名成员组成（其中主席和副主席各1位，委员5名），须由美国总统提名，经参议院批准方可上任，任期为十四年（主席和副主席任期为四年，可连任）。12个分部即为12家联邦储备银行（美联储运行载体），分散在全国12个城市（波士顿、纽约、费城、克利夫兰、里士满、亚特兰大、芝加哥、圣路易斯、明尼阿波利斯、堪萨斯城、达拉斯及旧金山），不属于联邦政府机构，而是非营利非官方的私人机构。按照美国《联邦储备法》的规定，由美联储委员会监督和控制每家联邦储备银行，联邦储备银行作为具有中央银行特性的特许银行，是美联储系统的运行载体，持有美联储系统的资产、负债和资本。同时，每家联邦储备银行都有自己的董事会，董事会成员多为该地区内大型企业的CEO、著名大学的校长等；董事会负责提名该联邦储备银行的主席，提名需获得联邦储备局的确认才能生效。另外，美国联邦储备系统还包括联邦公开市场委员会（FOMC），负责制定货币政策，由联储委员会成员、纽联储行长和轮替的四名其他储备银行行长共同担任。

（二）美联储运作资本来自成员银行，但《联邦储备法》要求超额收益需上缴财政部

美联储作为一个独立机构，不接受国会拨款，运作资本来自3000多家成员银行，成员银行包括所有的全国性银行及部分州银行。这些成员银行必须用自有资产购买联储银行的股份，成为联储银行股东，认购数额为该银行股本和盈余的6%，且不得转让和交易这些股份。成员银行持有的这些股份具有优先股的性质：每年可收到6%的固定股息，但没有投票权，不能参与联储委员会的相关决策，并要接受美联储的监管。由此可见，美联储由成员银行入股，但并不受成员银行控制。同时，美联储的收入主要来自持有证券获取的利息与向储蓄机构提供收费服务，比如支票清算、资金转账和自动票据交换等。美国《联邦储备法》要求，美联储在扣除相关利息支出、支付股息和维持运营所需的费用后，盈余资金不得超过68.25亿美元，超过部分应上缴美国财政部。实际上，美联储上缴的利润是财政部的重要资金来源之一。因此，尽管美联储看似具有很强的独立性，但从美联储向财政部上缴利润表明，美联储与美国财政部有一种很强的联系。事实上，由于上缴利润能用于联邦开支，因此，美联储利润的上缴也形成了一种准财政政策。

二、美联储与财政部的经济财务关系

从资产负债表来看，近年来美联储资产快速扩张，美国国债占比超六成。从收益归属来看，美国财政部虽不是美联储股东，但美联储净利润几乎全部上缴财政部；同时，美联储偏好运用购买国债的方式投放货币，其实质是通过赤字货币化将铸币

税交给财政。从汇率政策制定与外汇市场操作上看，美国财政部负责汇率政策和主导外汇市场操作，美联储则是配合财政部进行外汇市场操作。

（一）近年来美联储资产快速扩张，美国国债占比超六成

近年来量化宽松（QE）政策使得美联储大量购买政府债券，资产负债表规模急剧膨胀。截至2021年底，美联储总资产超过8.7万亿美元。历史上美联储主要经历了两轮QE，第一轮是次贷危机冲击下的QE，美联储总资产由2008年初的约9000亿美元提升至2014年底的约4.5万亿美元。第二轮是疫情冲击下的QE，美联储总资产由2019年底的约4.2万亿美元大幅扩张到2021年底的8.7万亿美元。美联储资产科目包括：①黄金账户。②特别提款权。③硬币。④直接持有证券、未摊销证券溢价/贴水、回购协议和贷款。⑤特殊目的实体（SPV）的净组合持仓，该组合是美联储应对冲击采取的非常规工具。最初是纽约联储为了救助陷入破产危机的金融机构而成立的有限责任公司所持有的净投资组合。疫情冲击之下该工具资产购买范围在不断扩张。⑥托收中项目（在途资金）。⑦银行不动产。⑧中央银行流动性互换。⑨以外币计价的资产。⑩其他资产。从资产结构来看，持有证券、未摊销证券溢价和折扣、回购协议和贷款在美联储总资产中比重最高，2021年达到惊人的98.66%，其中美国国债占比为64.54%（见表1-2）。

表1-2　　2016—2021年美联储资产总量与结构　　单位：亿美元

	2016年	2017年	2018年	2019年	2020年	2021年
1. 黄金账户	110.37	110.37	110.37	110.37	110.37	110.37
2. 特别提款权账户	52.00	52.00	52.00	52.00	52.00	52.00
3. 硬币	18.74	18.85	17.26	16.61	15.62	12.12
4. 持有证券、未摊销证券溢价和折扣、回购协议和贷款	43792.33	43684.76	40071.35	40979.36	71259.25	86399.83
4.1 美国国债	24636.01	24542.19	22407.17	23288.62	46889.16	56522.72
4.2 联邦机构债券	161.80	43.91	24.09	23.47	23.47	23.47
4.3 抵押贷款支持债券（MBS）	17413.87	17649.26	16371.23	14199.80	20394.68	26154.92
5. 特殊目的实体（SPV）的净组合持仓	17.07	17.12	0.00	0.00	1431.04	398.97
6. 托收中项目	0.94	0.88	2.39	1.03	0.82	0.59
7. 银行不动产	22.10	22.18	22.06	22.07	22.22	14.02

续表

	2016 年	2017 年	2018 年	2019 年	2020 年	2021 年
8. 中央银行流动性互换	48.26	120.08	42.07	37.29	178.83	33.41
9. 外币计价资产	192.88	212.29	208.74	205.71	224.29	203.53
10. 其他资产	259.83	248.25	230.11	231.46	339.06	349.76
总资产	44514.51	44486.80	40756.36	41655.91	73633.51	87574.60

资料来源：美联储。

（二）财政部不是美联储股东，但美联储净利润几乎全部上缴财政部

美联储的收入主要来自通过公开市场业务而持有的美国国债收入、持有外汇资产的收入、对存款机构的贷款利息收入、为各家商业银行提供清算的服务收入等。美联储的支出则包括商业银行在央行储备金账户的存款利息支出、回购协议出售证券的利息支出、法定股息、纸币美元的印刷和流通成本以及员工工资等。根据美联储发布的2021 年财报显示，2021 年，美联储净收益总额为 1078 亿美元。具体来看，2021 年，美联储总收入 1231 亿美元，其中，持有债券利息 1224 亿美元、公司债券收入 2.75 亿美元、银行服务费 4.57 亿美元。2021 年，美联储总支出 155 亿美元，其中包括美联储向 12 家地区联邦储备银行的股东支付了 5.83 亿美元法定股息。按照美国《联邦储备法》要求，美联储超额收益需上缴美国财政部，事实也是如此。美国《联邦储备法》（Federal Reserve Act）规定，联邦储备银行的盈余资金总额不得超过 68.25 亿美元，超过部分应转交联邦储备系统理事会，并由其转交给美国财政部，存入联邦储备银行的财政部资金账户。2012—2021 年，美联储每年向美国财政部上交的净利润规模在 2015 年创纪录地达到 1170.8 亿美元，占联邦支出比重达到 3.17%；之后几年虽连续回落，但 2020 年大幅回升至 885 亿美元，2021 年再次达到创纪录的 1074 亿美元，占联邦支出比重达到 1.58%（见图 1－1）。与此同时，全球市值最高的苹果公司 2021 年净利润才 946.80 亿美元，不及美联储当年上缴给美国财政部的利润。由此可见，美联储的“私有”并非真正的私人所有，其本质还是为美国政府与美国发展战略服务的机构。

（三）美联储偏好运用购买国债的方式投放货币，实质是通过赤字货币化将铸币税交给财政

中央银行垄断货币的发行权，是唯一的货币发行机构，可以通过增发货币向公众征收铸币税。在现实中，美联储偏好通过购买国债的方式投放货币，虽然美国政

图 1－1　2012—2021 年美联储上缴给财政部的利润及占联邦支出比重

资料来源：美联储网站，https：//www. federalreserve. gov/newsevents/pressreleases/other20220114a. htm.

府并未获得一笔叫“铸币税”的收入，但是美元发行的方式使美国政府免费获得一笔收入用于扩大财政支出，或者说借了一笔永远无须偿还的债务收入。这在本质上是通过赤字货币化的方式，将发行货币获得的铸币税交由财政部使用。若以美联储每年持有的美国国债净增加额作为美联储转交给财政的铸币税可以发现，2020 年疫情期间，美联储通过国债净投放转交的铸币税为 23600. 54 亿元，占联邦支出比重高达 36. 02%；2021 年通过国债净投放转交的铸币税虽然下降为 9633. 56 亿元，但占联邦支出比重仍达 14. 13%（见图 1－2）。

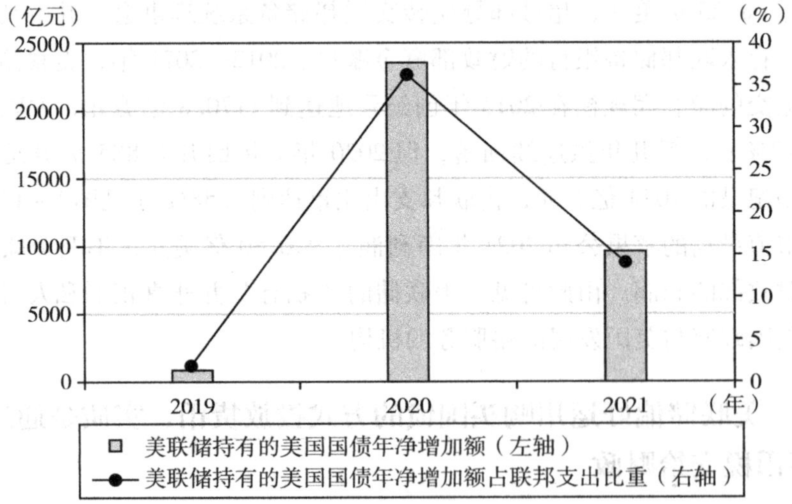

图 1－2　2019—2021 年美联储通过国债净投放转交的铸币税与占联邦支出比

资料来源：Wind 数据库。

（四）财政部负责汇率政策和主导外汇市场操作，美联储配合财政部进行外汇市场操作

美国依靠美元全球货币的地位，无须储备过多外汇，其外汇储备主要是日元、欧元、英镑、加元等全球主要国家货币。同时，美国财政部与美联储共同对汇率进行管理。具体来说：美国财政部负责制定和执行包括外汇市场干预政策在内的国际货币和金融政策，外汇稳定基金则是财政部履行上述职责的重要工具。财政部在外汇稳定基金的使用上拥有自主权。美联储通常与财政部共同对外汇市场进行干预。虽然美国的国际货币和金融政策由财政部负责，但是自1962年应财政部的要求，美联储开始进行外汇市场操作后，美联储也可以使用自有资金独立地进行外汇市场操作。在外汇市场操作问题上，美联储总是与财政部进行密切的磋商和协作，通常各自提供一半资金共同进行外汇操作，从而保证美国国际货币和金融政策的一致性。外汇稳定基金和美联储的外汇市场操作都通过纽约联邦储备银行的外汇交易室执行。总的来说，美国由财政部负责汇率政策和主导外汇市场操作。美联储有权自主进行外汇市场操作，并形成了与财政部协作的传统，但美联储并不负责汇率政策，其参与外汇市场操作主要是配合美国财政部。

三、启示

为了进一步加强财政与央行的协同性，有必要参考美国的做法，规定央行盈余资金限额并建立常态化利润上缴机制，并更多通过国债方式投放货币将铸币税转移给财政，进而增强国家治理体系应对公共风险的能力。

（一）规定央行盈余资金限额并建立常态化利润上缴机制，提高央行与财政的协同性

作为公共部门，央行不应该也没有必要像市场主体一样留存过多收益。因此，可以参考美国做法，规定央行在扣除相关利息支出和维持运营所需的费用后，盈余资金不得超过一定限额，超过部分应定期上缴给财政部。这既可以为财政提供一项稳定的收入来源，也可以增强央行与财政部的联系，继而提高央行与财政的协同性。

（二）更多通过国债方式投放货币将铸币税转移给财政，增强国家治理体系应对公共风险的能力

中国现在更多是通过央行公开市场操作来进行货币投放，而不是通过购买国债

的方式投放货币。这从中国央行资产负债表中国债占比只有略超 4% 就可以看出，跟美国相比，这个比重相当低。因此，铸币税并没有通过国债来转移给财政使用，而是转移到商业银行或市场去了。这样带来的分配效应在于，本来属于国家收益的部分，变成了市场的收益，这种分配会削弱国家治理体系应对公共风险的能力。因此，今后有必要更多通过购买国债方式投放货币，从而将铸币税转移给财政，更好发挥财政作为国家治理的基础和重要支柱的作用。

第三章 英国

财政和央行都是国家治理体系的重要部门，它们之间的财务关系可以从一个角度清晰地反映它们之间的关系与关联。因此，本章以英国财政和央行的财务关系为切入点，也关注了英国财政与央行财务关系与其他国家的差异，希望为我国带来借鉴与启示。

一、财政和央行财务关系概述

在英国，财政部是央行的唯一股东、捐资人和客户①。

（一）财政部是央行的唯一股东

1694 年英国央行英格兰银行成立时是一家私人银行。1694 年，英格兰银行根据《皇家宪章》（Royal Charter）而成立②，成立时是一家私人银行，扮演政府的银行家的角色，成立的主要原因是为英国与法国作战提供资金。最初的股东超过 1200 人，募集资金 120 万英镑，并将资金借贷给政府③④⑤。

① HM Treasury. Financial relationship between HM Treasury and the Bank of England: memorandum of understanding [EB/OL]. [2018 - 06]. https://www.bankofengland.co.uk/-/media/boe/files/memoranda-of-understanding/financial-relationship-between-hmt-and-the-boe-memorandum-of-understanding.pdf?la=en&hash=26A0368C7F8A2C492B665EC28D473C7B3279A116.

②③ the Bank of England. Who owns the Bank of England? [EB/OL]. [2022 - 02 - 18]. https://www.bankofengland.co.uk/knowledgebank/who-owns-the-bank-of-england.

④ the Bank of England. About the Bank of England [EB/OL]. [2022 - 02 - 18]. https://www.bankofengland.co.uk/faq/general.

⑤ the Bank of England. Our History [EB/OL]. [2022 - 02 - 17]. https://www.bankofengland.co.uk/about/history.

19 世纪中叶开始，英格兰银行开始体现央行的特征。从 19 世纪中叶开始，虽然英格兰银行仍然是家私人银行，但是已经开始与其他私人银行有所差别，更像是家央行。例如，英格兰银行控制着英格兰和威尔士地区纸币的发行，负责保护金融体系的安全①②。

1946 年英格兰银行被国有化。1946 年被国有化时，英格兰银行有 1460 万英镑的资本金，股东 1.7 万人③。财政部通过发行国债购买了其全部的资本金，从此成为一家公共机构，通过议会对公众负责，财政部持有央行的全部资本金（约 1460 万英镑④）⑤⑥。

但同时央行独立履行职责，不受日常政治的影响。其独立性表现在英格兰银行在政府设定的框架内运转，在履行法定职责上有独立性，例如从 1997 年开始英格兰银行有权独立制定货币政策。尽管有独立性，但是英格兰银行必须就其决定是如何做出以及为什么做出的进行解释⑦。

（二）财政部是央行的捐资人

央行经营收益的分享按照英格兰银行资本框架的参数执行，资本框架有 3 个参数：一是目标值，二是最低线，三是最高线。如果英格兰银行的资本金低于央行和财政部正式评估确定的最低线，财政部将向英格兰银行注入资本金，使资本金达到目标值⑧。

（三）财政部是央行的客户，央行是财政部的代理人

英格兰银行负责财政部管理的兑换均衡账户（the Exchange Equalisation Account，EEA）的日常管理。该账户包括英国官方国际储备金中的：①黄金；②外币

---

①⑤ the Bank of England. About the Bank of England [EB/OL]. [2022 - 02 - 18]. https://www.bankofengland.co.uk/faq/general.

②⑥ the Bank of England. Our History [EB/OL]. [2022 - 02 - 17]. https://www.bankofengland.co.uk/about/history.

③ the Bank of England. Who owns the Bank of England? [EB/OL]. [2022 - 02 - 18]. https://www.bankofengland.co.uk/knowledgebank/who-owns-the-bank-of-england.

④ 该数值指按照会计上的定义，而不是指包括未分配利润的全部所有者权益，这 1460 万英镑的资本金是政府购买私人股份时股份交易的价值。

⑦ the Bank of England. How is the Bank of England independent of the Government? [EB/OL]. [2022 - 02 - 18]. https://www.bankofengland.co.uk/knowledgebank/how-is-the-bank-of-england-independent-of-the-government.

⑧ HM Treasury. Financial relationship between HM Treasury and the Bank of England: memorandum of understanding [EB/OL]. [2018 - 06]. https://www.bankofengland.co.uk/-/media/boe/files/memoranda-of-understanding/financial-relationship-between-hmt-and-the-boe-memorandum-of-understanding.pdf?la=en&hash=26A0368C7F8A2C492B665EC28D473C7B3279A116.

资产；③IMF 特别提款权。该账户不包括的英国官方国际储备金是英国在 IMF 的储备部分头寸（Reserve Tranche Position，RTP）。英格兰银行对兑换均衡账户进行日常管理，在财政部每年设定的服务协议的框架内从事外汇交易和对储备进行投资。英格兰银行还充当财政部的代理人，从事外币负债管理，包括发行外币债务（债券）[①]。

二、维护财政和央行财务关系的制度安排

财政部是央行的唯一股东、捐资人和客户，由于财政与英格兰银行的这种财务关系，因此，财政部通过一系列的制度来保证对英格兰银行进行有效的管理和控制。

（一）财政掌握着央行重要职位的人事权

由于财政部是央行唯一的股东和捐资人，财政部通过掌握央行重要职位的人事权把控央行。下文将对英格兰银行的主要架构和重要职位进行简要介绍。英格兰银行的管理（决策）机构是理事会（董事会）[②]，按照规定理事会由 5 位执行理事和不超过 9 位非执行理事组成[③]。截至 2021 年 5 月 26 日，英格兰银行理事会由 12 位理事（董事）组成，包括：1 位理事会主席、1 位行长、4 位副行长、1 位理事会副主席和除理事会主席和副主席外的其他 5 位非执行理事，这 5 位非执行理事中的 1 位是独立理事，其中理事会主席是理事会的领导者，行长是英格兰银行最高级别的执行者[④]，理事会将银行日常管理职责委托给行长，行长和 4 位副行长是执行理事，其他 7 位成员为非执行理事。此外，英格兰银行还有三个非常重要的委员会，它们是货币政策委员会（MPC）、金融政策委员会（FPC）和审慎监管委员会（PRC）。英格兰银行内部的组织架构由理事会、MPC、FPC 和 PRC 共同组成[⑤]。MPC 通过制定货币政策实现币值的稳定，FPC 目标是实现金融稳定（负责宏观审慎监管），PRC 是审慎监管局（PRA）的决策机构，PRA 负责微观审慎监管。英格兰银行行长是三

---

① the Bank of England. Foreign currency reserves [EB/OL]. [2022-02-21]. https://www.bankofengland.co.uk/markets/foreign-currency-reserves.

② 英文为 the Court of Directors，是理事会和董事会合一的机构。本书选用理事和理事会这个称谓。人选最后需要女王（君主）最终任命。

③ the Bank of England. Court of Directors [EB/OL]. [2022-03-14]. https://www.bankofengland.co.uk/about/people/court-of-directors.

④ the Bank of England. Governor [EB/OL]. [2022-09-16]. https://www.bankofengland.co.uk/about/people/governors.

⑤ 陈斌彬. 从统一监管到双峰监管：英国金融监管改革法案的演进及启示 [J]. 华侨大学学报（哲学社会科学版），2019 (02)：85-95.

个委员会的主席，4 位副行长是三个委员会中多个委员会的成员①。

1946 年英格兰银行被国有化后，政府有权任命英格兰银行的行长和理事，并可以向银行发布指令②③。任命遵循 2016 年颁布、2019 年修订的《公务任命管理法》，该法律规定公务任命的最终责任和选择权属于部长，部长向议会负责④。财政大臣负责挑选非执行理事中的 1 位担任理事会主席⑤。英格兰银行的行长由财政大臣向首相提议。行长和理事人选需经女王（君主）最终任命。财政部在与英格兰银行的行长进行咨询后，可以通过命令更改副行长的头衔，也可以新增或者解除副行长的职务⑥。英格兰银行货币政策委员会、金融政策委员会和审慎监管委员会的成员的全部或绝大多数由财政大臣任命，财政部还派驻代表直接担任货币政策委员会和金融政策委员会的成员⑦。

英格兰银行现任行长由财政大臣提议。英格兰银行现任行长安德鲁·贝利从 2020 年 3 月 16 日开始担任该职务。他是英格兰银行 325 年历史上第 121 位掌门人，是该银行在 1946 年国有化之后被任命的第 9 位行长。根据《2012 年金融服务法案》（the Financial Services Act 2012）的规定，英格兰行长的每届任期为 8 年。下文以英格兰银行现任行长安德鲁·贝利的选拔流程为例，对选拔流程进行介绍：财政大臣向首相提出人选建议，首相将人选提交女王陛下批准。在确定人选的过程中，财政大臣会得到一个咨询评估小组的帮助，这个小组还负责监督选拔的流程。小组由 4 名成员构成⑧，2 人来自财政部，1 人来自央行，1 人为独立成员，该独立成员曾任

① the Bank of England. Bank of England Annual Report and Accounts - 2021 [EB/OL]. [2021 - 06 - 17]. https: //www. bankofengland. co. uk/ - /media/boe/files/annual - report/2021/boe - 2021. pdf? la = en&hash = 9CA9847C29B870FC358576CFF9EBD308AE0D767C.

② 这项权力目前为止还从未被使用过。

③ the Bank of England. Our History [EB/OL]. [2022 - 02 - 17]. https: //www. bankofengland. co. uk/about/history.

④ Cabinet Office. Governance Code for Public Appointments [EB/OL]. [2019 - 04 - 11]. https: //assets. publishing. service. gov. uk/government/uploads/system/uploads/attachment_ data/file/578498/governance_code_on_public_appointments_16_12_2016. pdf.

⑤ the Bank of England. Court of Directors [EB/OL]. [2022 - 03 - 14]. https: //www. bankofengland. co. uk/about/people/court - of - directors.

⑥ Bank of England and Financial Services Act 2016 Part 1 Section1, https: //www. legislation. gov. uk/ukpga/2016/14/section/1.

⑦ HM Treasury. Financial relationship between HM Treasury and the Bank of England: memorandum of understanding [EB/OL]. [2018 - 06]. https: //www. bankofengland. co. uk/ - /media/boe/files/memoranda - of - understanding/financial - relationship - between - hmt - and - the - boe - memorandum - of - understanding. pdf? la = en&hash = 26A0368C7F8A2C492B665EC28D473C7B3279A116.

⑧ 小组人员构成：（1）财政部常务次官 Tom Scholar (Permanent Secretary to the Treasury)；（2）财政部第二常务次官 Charles Roxburgh (Second Permanent Secretary to the Treasury)；（3）英格兰银行理事会主席 Bradley Fried (Chair of the Court of the Bank of England)；（4）独立成员前央行货币政策委员会成员和高级经济学家 Dame Kate Barker (former MPC Member and senior economist)。

英格兰银行货币政策委员会的成员①。

（二）央行预算在提交理事会决议前需征询财政部的意见，并定期向财政部提供预算执行情况

尽管英格兰银行是一家公共机构，但并不从财政部那里获得预算资金②。但是英格兰银行的预算流程有财政部的参与：首先，英格兰银行向财政部提供预算草案的高级概述。其次，英格兰银行的财务主管（或指定人）与财政部的财政主管（或指定人）讨论预算草案的高级概述，财政部的财政主管（或指定人）将从工作层面提供意见，当预算草案最后提交到英格兰银行理事会时，银行的财务主管将考虑这些意见并把意见带到理事会上③。再次，银行理事会在2月批准财务安排后，英格兰银行的财务主管（或指定人）与财政部的财政主管（或指定人）将尽早进行会谈，讨论理事会的结论和做出结论的背景，时间通常在2月下旬。在此次会谈前，英格兰银行的财务主管（或指定人）将向财政部的财政主管（或指定人）提供写有提交给理事会并导致决定达成的财务信息的相关背景材料的副本。最后，在银行理事会举行会议达成决定后，英格兰银行的行长将在合理的时间写信给财政部的首席秘书长④（the Chief Secretary）。财政部的一位部长，通常是首席秘书长将写回信。此外，每个季度，英格兰银行将向财政部提供银行预算的执行情况及其支撑性文件。其中包括关于EEA代理服务的调整的实际数的最新预测结果⑤。

（三）财政部和央行间信息分享的制度安排

信息分享是为了保证财政部可以了解英格兰银行的收入、费用、代替红利的上交款项和资本状况，以及任何对银行资金有影响的变化。这样的信息分享安排用于保证财政部可以对议会负责，财政部作为英格兰银行的唯一股东需要从财政和可能发生或有债务的角度向议会负责。每6个月，英格兰银行将向财政部提供银行资本金、资本金承担的风险和解释主要的风险驱动因素的说明。英格兰银行和财政部任何一方都将合理地回应要求就上述内容进行讨论的要求或者某一方提出需要更多信

---

① HM Treasury. Andrew Bailey to be new Governor of the Bank of England [EB/OL]. [2019-12-20]. https://www.gov.uk/government/news/andrew-bailey-to-be-new-governor-of-the-bank-of-england.

② the Bank of England. About the Bank of England [EB/OL]. [2022-02-18]. https://www.bankofengland.co.uk/faq/general.

③ 这个程序是为了让财政部有机会对预算草案提出意见。

④ 是排位仅次于财政大臣的财政部长。

⑤ HM Treasury. Financial relationship between HM Treasury and the Bank of England: memorandum of understanding [EB/OL]. [2018-06]. https://www.bankofengland.co.uk/-/media/boe/files/memoranda-of-understanding/financial-relationship-between-hmt-and-the-boe-memorandum-of-understanding.pdf?la=en&hash=26A0368C7F8A2C492B665EC28D473C7B3279A116.

息的要求[①]。

（四）财政部和央行之间的损失报告和资本重整程序[②]

关于损失的报告。如果英格兰银行由于资产负债表的操作遭受（或者预计将会遭受）重大损失，该损失将会导致银行承受损失的资本金下降到目标值之下，那么英格兰银行应该向财政部及时报告导致损失发生（或预计会导致损失）的事件。

恢复资本金的程序。为了确保英格兰银行有能力履行其职责目标，让银行资本金可以得到迅速恢复的程序十分重要。为此，资本重整程序将包括：英格兰银行向财政部发布该银行的资本可能触底（或者已经触底）的公告，财政部会计官评估相关的资本注入的金额以及如何实施，财政部向议会披露该情况，由英国债务管理办公室负责融资，财政部通过统一基金（the Consolidated Fund）向英格兰银行注入资本金。

三、从央行资产负债表看财政和央行的财务关系

（一）央行资产规模不算很大，以贷款和预付款为主，政府证券占比较低

相对于其他国家的央行，英国央行英格兰银行的资产总量不大。2020 年度末和 2021 年度末，英格兰银行资产分别为 5979.10 亿英镑和 9457.18 亿英镑。其规模分别相当于英国 2019/2020 财年和 2020/2021 财年公共部门总支出（公共部门管理总支出）的 67% 和 86%[③]。

英格兰银行的资产以贷款和预付款为主。2020 年度末和 2021 年度末，英格兰银行资产中的贷款和预付款分别为 5739.99 亿英镑和 9168.68 亿英镑，占总资产的比重分别为 96% 和 97%。

英格兰银行资产中政府证券的占比较低。2020 年度末和 2021 年度末，英格兰资产中由英格兰银行发行司[④]（Issue Department）持有的英国政府或其担保的证券分别为 27.26 亿英镑和 20.93 亿英镑，占资产的比重很低，占比分别为 0.5% 和 0.2%。2020 年度末和 2021 年度末，英格兰银行发行司持有的英国政府或其担保的

---

①② HM Treasury. Financial relationship between HM Treasury and the Bank of England: memorandum of understanding [EB/OL]. [2018-06]. https://www.bankofengland.co.uk/-/media/boe/files/memoranda-of-understanding/financial-relationship-between-hmt-and-the-boe-memorandum-of-understanding.pdf?la=en&hash=26A0368C7F8A2C492B665EC28D473C7B3279A116.

③ 英国这两个财年公共部门管理总支出分别为 8859.67 亿英镑和 10943.86 亿英镑。央行年度和财政年度的时间不对应，相差 1 个月。

④ 英格兰银行由银行司和发行司组成，银行司的资产负债表中没有发现其持有英国政府或其担保的证券。

证券占2019/2020财年和2020/2021财年英国公共部门净债务（不包括公共部门银行）21320亿英镑和23410亿英镑[①]的约0.1%。

但是利用英格兰银行贷款成立的资产购买工具基金（APF）持有接近40%的政府债券。全球金融危机之后，虽然英格兰银行已经把利率降到很低的水平，但是仍然还需要借助其他工具刺激经济和达成通货膨胀目标，因此，英格兰银行和财政部一起在2009年建立起量化宽松（quantitative easing，QE），也被称为资产购买[②]。其购买行为通过APF来运作。APF的资金来自英格兰银行（的贷款），用于购买政府债券和企业债券，其中以政府债券为主。2009年到2022年3月底，英格兰银行通过资产购买行为购买了（市场）价值8668亿英镑的债券，其中绝大部分（8470亿英镑）购买的是英国政府债券，占比接近98%；其他明显较小的份额（198亿英镑）购买了英国企业债券。2021/2022财年，政府总债务中的英国政府债券[③]20037亿英镑，约占中央政府总债务23473亿英镑的85%。其中APF持有的政府债券7349亿英镑（票面价值），占政府债券总量的36.7%，占中央政府总债务的31%[④]。

（二）央行负债以吸纳的存款为主

同样，央行负债的规模也不大。2020年度末和2021年度末，英格兰银行负债分别为5920.61亿英镑和9398.90亿英镑。负债以吸纳的存款为主，2020年度末和2021年度末，英格兰银行吸纳的存款分别为5115.06亿英镑和8495.35亿英镑，占负债的比重分别为86%和90%。

（三）央行净资产规模不大，全部股份由财政部持有

央行净资产规模也不大。2020年度末和2021年度末，英格兰银行净资产（包括未分配利润的全部所有者权益）分别为58.49亿英镑和58.28亿英镑（见表1-3）。其规模分别相当于英格兰银行总资产的1.0%和0.6%，即通常所说的杠杆率。其规模分别相当于英国2019/2020财年和2020/2021财年公共部门管理总支出的0.7%和0.5%。

---

① 根据英国国家统计办公室（ONS）的数据，https://www.ons.gov.uk/economy/governmentpublicsectorandtaxes/publicsectorfinance/timeseries/hf6w/pusf。

② the Bank of England. What is quantitative easing? [EB/OL]. [2022-06-24]. https://www.bankofengland.co.uk/monetary-policy/quantitative-easing.

③ 英文为British government stock（gilts），是中央政府总债务的组成部分之一。数据来自英国国家统计办公室发布的月度财政数据。

④ Office for National Statistics. Public sector finances, UK: April 2022 [EB/OL]. [2022-05-24]. https://www.ons.gov.uk/economy/governmentpublicsectorandtaxes/publicsectorfinance/bulletins/publicsectorfinances/april2022/pdf.

表1-3　英格兰银行综合资产负债表（2020年度末和2021年度末）

单位：百万英镑

	2021年度末	2020年度末
资产（1）	945718	597910
其中：贷款和预付款	916868	573999
发行司持有的英国政府或其担保的证券	2093	2726
负债（2）	939890	592061
其中：吸纳的存款	849535	511.506
资本金和储备金（3）	5828	5849
负债和所有的权益资本（2+3=1）	945718	597910

注：（1）英格兰银行的年度指从上一年的3月1日到本年的2月底。（2）负债为计算得出。

资料来源：the Bank of England. Bank of England Annual Report and Accounts - 2021 [EB/OL]. [2021-06-17]. https://www.bankofengland.co.uk/-/media/boe/files/annual-report/2021/boe-2021.pdf? la=en&hash=9CA9847C29B870FC358576CFF9EBD308AE0D767C.

央行的全部股权由财政部持有。如前文所述，1946年被国有化后，财政部通过发行国债购买了英格兰银行的全部股份，英格兰银行成为一家公共机构，财政部是英格兰银行的唯一股东，全部股份由财政部持有。

四、央行的收益部分留存部分上交财政部

央行的印钞收益全部转交财政部，经营收益按照财政部与央行商定的方案分配。英格兰银行的收益可以分成两大类：一是印钞收益，二是经营收益。其中以印钞收益为主，经营收益主要包括：①按照《1998年英格兰银行法案》的规定，各银行按照英格兰银行的要求上交的不计利息的存款[①]的投资收益；②向被监管企业收取的管理费；③向客户提供银行服务收取的费用，其中包括其他国家的央行；④向政府机构提供服务收取的费用；⑤成立以来集聚的资本金的投资收益[②]。关于英格兰银行的收益分配，其中的印钞收益全部转交财政部，经营收益按照财政部与英格兰银行商定的方案分配[③]。

财政部编制的《财政部和英格兰银行的财务关系：谅解备忘录》中阐述了英格

① 这被称为现金比率存款计划，英文为Cash Ratio Deposit scheme。法案规定英格兰银行可以要求符合规定的机构（广义上说是吸纳存款的机构）将不计利息的存款存到英格兰银行。

② the Bank of England. About the Bank of England [EB/OL]. [2022-02-18]. https://www.bankofengland.co.uk/faq/general.

③ the Bank of England. Who pays for the Bank of England? [EB/OL]. [2022-02-18]. https://www.bankofengland.co.uk/knowledgebank/who-pays-for-the-bank-of-england.

兰银行收益的分配框架。该谅解备忘录的最新版是2018年6月颁布的，描述了英格兰银行在管理财务框架（Financial Framework）中的责任，记录了其与作为其唯一股东和客户的财政部的事务性安排和日常工作关系。备忘录中阐明，英格兰银行经营收益的分配按照英格兰银行资本框架的参数执行，参数由英格兰银行和财政部经正式评估确定，评估至少每5年进行一次，达成的一致意见需要落实到文字上。资本框架有3个参数：一是目标值，二是最低线，三是最高线。如果英格兰银行的资本金低于最低线，财政部将向英格兰银行注入资本金，使资本金达到目标值。如果英格兰银行的资本金在最低线和目标值之间，英格兰银行将保留全部净利润。如果英格兰银行的资本金在目标值和最高线之间，一半的净利润归银行，另一半作为代替红利的上交款支付给财政部。如果英格兰银行的资本金高于最高线，全部净利润都作为代替红利的上交款支付给财政部。通常来说，英格兰银行每年向财政部支付2次代替红利的上交款，第一次是在英格兰银行年度结束后的当年的4月5日，根据估计结果支付，第二次是在当年的10月5日，根据账目终审结果支付①。

英格兰银行保持一定数量资本金是为了让英格兰银行在严峻并且很可能出现的情景下仍然保有履行职责所需的资源。对资本金的考量将不仅考虑英格兰银行当前的资产和负债状况，还要考虑其向金融体系提供流动性保障所需的或有需求。此外，还需考虑其他一些因素，例如英格兰银行的设施设备在将来需要做出的调整和变化。英格兰银行资本框架的参数需要能够覆盖英格兰银行资本的损失。注入资本金和资本框架的参数都是英格兰银行和财政部之间经过讨论达成的一致意见，是定期评估结论的组成部分。在评估中，英格兰银行将根据实现货币和金融稳定目标所需的资源情况对参数进行估值，采用的原则如下②：

（1）目标值是资本框架的核心支柱，是英格兰银行资本金的目标水平。目标值使用前瞻性情景法计算，评估了在严峻并且很可能发生的情况下需要英格兰银行资本金支持的活动所产生的潜在损失。每年都会对情景进行新的评估，重大变化由行长和理事会批准并需要与财政部进行讨论，重大变化反映的是英格兰银行在实现货币和金融稳定目标时所承担的风险。

（2）最低线设定的依据是：一旦英格兰银行的资本金低于最低限，那么其履行职责的可靠性将降低，将不足以保证其采取及时的行动。如果英格兰银行的资本金低于最低线，那么需要采取快速和明确的步骤恢复其资本金以便增强对英格兰银行的信心。资本金通常要恢复到当时估计的目标值，并根据对英格兰银行短期净利润的预期进行调整。

---

①② HM Treasury. Financial relationship between HM Treasury and the Bank of England：memorandum of understanding [EB/OL]. [2018－06]. https：//www. bankofengland. co. uk/－/media/boe/files/memoranda－of－understanding/financial－relationship－between－hmt－and－the－boe－memorandum－of－understanding. pdf? la = en&hash = 26A0368C7F8A2C492B665EC28D473C7B3279A116.

（3）最高线设定的依据是：在评估后的5年期间，央行的资本金可以经受住大幅的损失而不至于下降到目标值以下。最高线和目标值之间的差额要在目标值和最低线差额到其差额的2/3之间（见图1－3）。

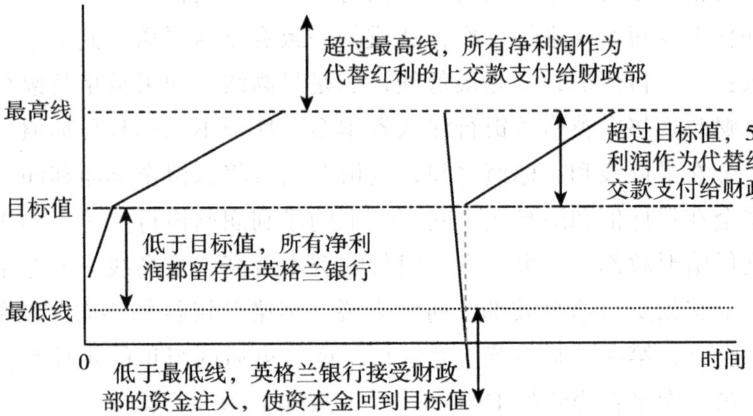

图1－3　英格兰银行资本金和收益分享框架

资料来源：HM Treasury. Financial relationship between HM Treasury and the Bank of England: memorandum of understanding ［EB/OL］. ［2018 －06］. https://www.bankofengland.co.uk/－/media/boe/files/memoranda－of－understanding/financial－relationship－between－hmt－and－the－boe－memorandum－of－understanding.pdf? la = en&hash = 26A0368C7F8A2C492B665EC28D473C7B3279A116: Chart 1.

央行上缴给财政的收益相对不多，近5年来每年平均在5亿英镑左右，约占公共部门经常性收入①的0.6‰。如上文所述，英格兰银行的收益分为印钞收益和经营收益。最近五年中，英格兰银行的印钞收益平均每年略高于4亿英镑，上交财政部的经营收益平均每年略超过7500万英镑，两项加在一起，英格兰银行每年通过将收益交给财政部向公众回馈大约5亿英镑②，其规模占2019/2020财年和2020/2021财年公共部门经常性收入③的0.6‰左右。

2020年度和2021年度，英格兰银行上交财政部的收益分别为6.31亿英镑和0.91亿英镑，分别占2019/2020财年和2020/2021财年公共部门经常性收入的0.7‰和0.1‰。2020年度，英格兰银行的印钞（铸币税）收入7.03亿英镑，印钞费用1.17亿英镑，印钞收益为5.86亿英镑，英格兰银行从经营收益中提取的向财政部支付代替红利的上交款0.45亿英镑，那么英格兰银行上交财政部的所有收益为6.31亿英镑。2021年度，英格兰银行的印钞收入2.09亿英镑，印钞费用1.18亿英

① 英国公共部门收入只有公共部门经常性收入这个指标，按照下文数据计算的比重。

② the Bank of England. Who pays for the Bank of England? ［EB/OL］. ［2022－02－18］. https://www.bankofengland.co.uk/knowledgebank/who－pays－for－the－bank－of－england.

③ 这两个财年英国公共部门经常性收入分别为8500.77亿英镑和8162.58亿英镑。

镑，印钞收益为0.91亿英镑，英格兰银行没有向财政部支付代替红利的上交款，那么英格兰银行上交财政部的所有收益为0.91亿英镑（见表1-4）。

表1-4　英格兰银行综合损益表（2020年度和2021年度） 单位：百万英镑

	2021年度	2020年度
收入	775	767
银行司	775	767
发行司	209	703
减去铸币税收入	(209)	(703)
费用	(703)	(639)
银行司	(703)	(639)
发行司	(118)	(117)
减去铸币税费用	118	117
税前综合利润	72	128
纳税	(15)	(11)
支付的红利	—	(45)
截至2月28日税后和支付红利后的利润	57	72

注：（1）英格兰银行的年度指从上一年的3月1日到本年的2月底。（2）铸币税收入指在铸币税安排下的发行司收入转移，铸币税费用指在铸币税安排下的发行司成本。

资料来源：the Bank of England. Bank of England Annual Report and Accounts - 2021 [EB/OL]. [2021-06-17]. https://www.bankofengland.co.uk/-/media/boe/files/annual-report/2021/boe-2021.pdf? la=en&hash=9CA9847C29B870FC358576CFF9EBD308AE0D767C: 39.

英格兰银行的经营性收益就是只考虑银行司而不考虑发行司的收益。英格兰银行的经营性收入以监管活动的收入、来自金融工具的其他收入和管理费收入为主，经营性费用以人员成本为主。监管活动的收入是英格兰银行向被监管企业收取的监管费，该收入被认为需要与相应的监管支出保持收支相等。来自金融工具的其他收入是指那部分需要以市场价值或实际利率计量其收入的金融工具的收入，而来自其他那些支付利息的金融工具的收入统计到净利息收入。管理费收入主要是对英国政府机构收取的管理费。前文提到过的由英格兰银行进行日常管理的财政部管理下的兑换均衡账户不计入英格兰银行的利润表。2020年度，英格兰银行的经营性收入中监管活动的收入、来自金融工具的其他收入和管理费收入占经营性收入的比重分别为36%、26%和16%。2021年度，这三项收入的占比分别为37%、31%和16%。

2020 年度，英格兰银行经营性费用中人员成本占比为 62%，2021 年度的该比重为 60%①（见表 1－5）。

表 1－5　英格兰银行银行司损益表（2020 年度和 2021 年度） 单位：百万英镑

	2021 年度	2020 年度
净利息收入	16	29
（提供服务收取的）服务费收入	34	43
来自金融工具的其他收入	244	200
（收取的）管理费收入	125	126
其中：向英国政府机构收取的管理费	120	126
来自监管活动的收入	288	279
其他	68	90
运营收入	775	767
人员成本	（424）	（397）
设备设施成本	（92）	（79）
管理和一般成本	（187）	（163）
运营费用	（703）	（639）
税前利润	72	128
纳税	（15）	（11）
税后利润	57	117

注：英格兰银行的年度指从上一年的 3 月 1 日到本年的 2 月底。

资料来源：the Bank of England. Bank of England Annual Report and Accounts－2021 [EB/OL]. [2021－06－17]. https://www.bankofengland.co.uk/－/media/boe/files/annual－report/2021/boe－2021.pdf? la＝en&hash＝9CA9847C29B870FC358576CFF9EBD308AE0D767C.

五、英国官方的黄金和外汇储备由财政部管理，央行以代理人身份进行日常管理

英国官方的国际储备由以下内容构成：①黄金；②外币资产；③IMF 特别提款权；④英国在 IMF 的储备部分头寸（Reserve Tranche Position，RTP）。除 RTP 外，

① the Bank of England. Bank of England Annual Report and Accounts－2021 [EB/OL]. [2021－06－17]. https://www.bankofengland.co.uk/－/media/boe/files/annual－report/2021/boe－2021.pdf? la＝en&hash＝9CA9847C29B870FC358576CFF9EBD308AE0D767C.

上述三项在政府账户之下，账户名称为兑换均衡账户（the Exchange Equalisation Account，EEA）。EEA 在财政部的控制之下，财政部代表政府管理 EEA。财政部指定英格兰银行作为其代理人，对 EEA 进行日常管理，在财政部每年设定的服务协议的框架内从事外汇交易和对储备进行投资。英格兰银行也有自己的外汇储备，这与财政部管理的外汇储备是分开的①。

EEA 建立于 1932 年。根据《2000 年金融法案》（the Finance Act 2000）和《1979 年 EEA 法案》（the EEA Act 1979）第 4 条，财政部有发布 EEA 年度财务报告的法律责任。该报告接受国家审计署的审计，并需要提交给议会两院②。EEA 资产配置的投资政策和方法在《投资政策报告》（Investment Policy Statement，IPS）中设定。该报告和财政部与英格兰银行签署的《服务协议》（Service Level Agreement，SLA）一起详细说明了储备金管理的规范。SLA 制定了财政部和英格兰银行在管理"主要绩效指标"（Key Performance Indicators，KPIs）和 EEA 过程中都需要遵守的义务和责任。SLA 和 IPS 都是保密性文件，永久有效，每年都要修订。在 SLA 中，财政部为英格兰银行对 EEA 进行积极管理设立了需要取得的回报的目标，该目标也是保密的。这个目标根据资产组合的基准而设定，也考虑了 SLA 的一些限制性规定。上文提到的 KPIs 是指财政部与英格兰银行签署的一套主要绩效指标，用于评估 EEA 管理的效果③。

对英格兰银行来说，对 EEA 进行日常管理是一项可以获得报酬的服务。英格兰银行提供可以获得报酬的相关服务的收费总原则是"全额和合理的"成本回收，这其中也包括从财政部获得的代理服务费用。有的情况下，英格兰银行和财政部可以选择签订双方协议，规定在特定有限的时间内不履行上述成本回收原则。英格兰银行将向财政部提供足够的信息，以充分说明上述收费是合理的并与英格兰银行和财政部之间达成协议的参数一致，并使财政部可以满足与"管理公共资金"原则相匹配的要求。在提供信息时，英格兰银行还会预留出合理的讨论时间，让财政部在就成本和相关费用做出决定前，先考虑英格兰银行提出的代理费提议④。

截至 2022 年 1 月底，英国政府的国际储备的总资产为 1964.80 亿美元，总负债

---

① the Bank of England. Foreign currency reserves [EB/OL]. [2022 - 02 - 21]. https://www.bankofengland.co.uk/markets/foreign - currency - reserves.

② HM Treasury. HMT Exchange Equalisation Accounts [EB/OL]. [2018 - 07 - 19]. https://www.gov.uk/government/collections/hmt - exchange - equalisation - accounts.

③ HM Treasury. Exchange Equalisation Account: Report and Accounts 2020 - 21 [EB/OL]. [2021 - 07 - 15]. https://assets.publishing.service.gov.uk/government/uploads/system/uploads/attachment_data/file/1001555/EEA_Annual_Report_and_Accounts_2020 - 21.pdf.

④ HM Treasury. Financial relationship between HM Treasury and the Bank of England: memorandum of understanding [EB/OL]. [2018 - 06]. https://www.bankofengland.co.uk/ - /media/boe/files/memoranda - of - understanding/financial - relationship - between - hmt - and - the - boe - memorandum - of - understanding.pdf? la = en&hash = 26A0368C7F8A2C492B665EC28D473C7B3279A116.

1086.71亿美元，净资产878.10亿美元（见表1－6）。近些年来，资产和净资产有所增长，负债比较稳定。资产包括美元、欧元、日元、特别提款权、人民币、黄金和其他，其中以美元、特别提款权和欧元为主。截至2021年12月底，美元、特别提款权和欧元分别为618.17亿美元、519.63亿美元和491.14亿美元，占总资产2037.09亿美元的比重分别为30%、26%和24%（见表1－7）。资产总量和结构都可以满足负债用款的需求。资产中的外币资产主要是外国官方机构发行的债券和票据①。

表1－6　英国政府国际储备和外汇流动性（2016年4月—2022年1月）

单位：百万美元，市场价值

时间	资产	负债	净资产
2016年4月	144976	(105840)	39136
2017年1月	142572	(104649)	37922
2018年1月	164278	(116964)	47315
2019年1月	180845	(125053)	55792
2020年1月	176802	(102925)	73877
2021年1月	181451	(90065)	91386
2022年1月	196480	(108671)	87810

资料来源：the Bank of England. UK International Reserves Liquidity Data – January 2022 [EB/OL]. [2022－02－03]. https://www.bankofengland.co.uk/－/media/boe/files/statistics/uk－international－reserves/2022/liquidity－data－january－2022.xlsx.

表1－7　英国政府国际储备和外汇流动性的币种结构（2021年12月底）

单位：百万美元，市场价值

币种	资产		负债	
	数量	占比（%）	数量	占比（%）
美元	61817	30	－32903	29
欧元	49114	24	－25809	23
日元	9431	5	－8274	7

① the Bank of England. UK International Reserves Liquidity Data – January 2022 [EB/OL]. [2022－02－03]. https://www.bankofengland.co.uk/－/media/boe/files/statistics/uk－international－reserves/2022/liquidity－data－january－2022.xlsx.

续表

币种	资产		负债	
	数量	占比（%）	数量	占比（%）
特别提款权	51963	26	-41221	36
人民币	550	0	0	0
黄金	18176	9		
其他	12659	6	-6319	6
总计	203709	100	-114525	100

注：由于四舍五入的关系，占比汇总可能不等于100%。

资料来源：the Bank of England. UK International Reserves Liquidity Data - January 2022 [EB/OL]. [2022-02-03]. https://www.bankofengland.co.uk/-/media/boe/files/statistics/uk-international-reserves/2022/liquidity-data-january-2022.xlsx.

六、结论

（一）英国央行是一家公共机构，其全部资本金和收益都属于公众

英国央行英格兰银行公共机构的属性决定了央行的所有活动都要以公众利益为目标，向公众负责。财政部是央行的唯一股东，其收益通过上交财政返还公众，其风险也是公众通过财政来承担。央行的活动通过议会、审计署和财政接受公众的监督。央行的资本金本就属于公众，其收益当然也都属于公众，通过上交财政部纳入预算成为公共部门经常性收入的一部分，为公共部门管理总支出提供资金，真正地实现返还给公众。

（二）英国央行在国家治理中发挥的作用相对较小

与其他国家央行相比，英国央行的资产情况有自己的特点。一是资产总量小。2021年底美联储总资产超过8.7万亿美元，2021年德意志联邦银行总资产超过3万亿欧元，而英国央行2021年2月底总资产只有0.9万亿英镑多一点。二是资产中持有本国政府或其担保的证券的比重较小。2021年美联储持有的美国国债和联邦机构债券占其总资产的近2/3，而2021年2月底英国央行的该比重只有0.2%。这些一方面说明英国央行的政策空间相对有限，另一方面说明政府证券买卖并不是其主要的操作工具。

（三）英国央行并不看重对净利润和投资回报的追求

与其他国家央行相比，英国央行的利润偏低。2021 年美联储上交美国财政部的净利润是 1074 亿美元，占美联邦政府支出的 1.58%。2021 年英国央行上交英国财政部的净利润是 0.9 亿英镑，占英国公共部门经常性收入的 0.1‰，近 5 年的平均值是 0.6‰。因此，可以看出，英国的央行对利润和投资回报没有更多的追求，反之财政通过与央行签署谅解备忘录来保证央行拥有履行职责所需的资本金，并不过度期望央行可以给公共部门带来大额的收入。

附录：英国财政部和英格兰银行财务关系——谅解备忘录

本谅解备忘录是财政部在2018年6月颁布的，全文16页，主要内容编译如下：

一、简介

本谅解备忘录描述了英格兰银行在管理其财务框架（Financial Framework）中的责任，记录了该银行当前实际使用的规则和英格兰银行与其唯一股东及客户——财政部之间的日常工作关系。本谅解备忘录替代了1972年颁布的那版谅解备忘录及其2001年的更新版谅解备忘录。

英格兰银行和财政部的官员就涉及双方财务关系的一系列广泛问题保持着联络和沟通。取决于两家机构间互动内容的不同，财政部将分别扮演英格兰银行唯一股东、部门捐资人或者客户的角色。

英格兰银行和财政部达成协议，应该通过建立信息分享的制度安排让英格兰银行和财政部之间增进了解和加强合作。信息分享将保证财政部对英格兰银行的收入、费用、代替红利的上交款项和资本以及任何对该银行资金有影响的变化都有大致的了解。这样的信息分享安排也会保证财政部可以向议会负责，财政部作为英格兰银行的唯一股东需要从财政和可能发生或有债务的角度向议会负责。本谅解备忘录设定了英格兰银行和财政部之间的这种信息分享的安排。英格兰银行有责任向议会报告其融资行为和预算安排，其负责的方式包括但不限于：①提交年度报告；②行长和理事会（Court of Directors）成员定期出席议会财政特别委员会（the Treasury Select Committee）的会议（包括任命前的听证会）和国家审计办公室（the National Audit Office，NAO）的物有所值评估。

本谅解备忘录尊重英格兰银行理事会在管理该银行事务方面的作用，包括设定英格兰银行的目标、战略和管理该银行的资金，这与《1998年英格兰银行法》（the Bank of England Act 1998）第2条的规定是一致的。

本谅解备忘录可以随时根据英格兰银行和财政部之间财务安排的变化而更新或修订。

二、英格兰银行的资本框架

资本框架的目标是建立一个稳固和透明的程序来保证英格兰银行在严峻并且很可能出现的情景下仍然保有履行职责所需的资源。

本谅解备忘录描述了英格兰银行和财政部之间就英格兰银行自有资本支持的活动类型以及可以向财政部要求补偿的活动类型达成的理解和共识。其中包括4项原则：原则1关于资本的目标，原则2关于资本支持的活动的类型，原则3关于资本支持的活动的规模，原则4关于其他活动。例如原则1规定，英格兰银行实现货币和金融稳定目标所需从事的活动应该由自有资金来支撑，除非活动得到了该行的行长和理事会的批准。

英格兰银行资本框架的参数由英格兰银行和财政部经正式评估而确定，评估至少每5年进行一次，与现金比率（the Cash Ratio Deposit，CRD）评估程序同时进行，达成的一致意见需要落实到文字上。但是，当银行面临的风险环境发生根本性改变时，需要保证在评估覆盖的5年期间可以重新进行评估。

对资本的考量将不仅考虑英格兰银行当前的资产和负债状况，还要考虑英格兰银行向金融体系提供流动性保障所需的或有需求。此外，还需考虑其他一些因素，例如英格兰银行的设施设备在将来需要做出的调整和变化。向英格兰银行注入的资本及其产生的任何收入都不能用于该银行的经常性支出。

资本框架的参数需要能够覆盖英格兰银行资本的损失。

资本框架包括3个参数：目标值、最低线和最高线（见图1-3）。注入资本和资本框架的参数都是英格兰银行和财政部之间经过讨论达成的一致意见，是定期评估结论的组成部分。在评估中，英格兰银行将根据实现货币和金融稳定目标所需的资源情况对参数进行估值，采用的原则详见下文。财政部还将考虑对财政可能产生的影响。

目标值。①资本框架的核心支柱是资本的目标值；②目标值使用前瞻性情景法来计算，评估了在严峻并且很可能发生的情况下需要资本支持的活动所产生的潜在损失。每年都会对情景进行新的评估，重大变化由行长和理事会批准并需要与财政部进行讨论，重大变化反映的是英格兰银行在实现货币和金融稳定目标时所承担的风险。③当英格兰银行的资本低于目标值时，那么无论其资本是否高于最低线，在资本回到目标值之前，英格兰银行都不需要向财政部支付代替红利的任何款项。

最低线。①最低线设定的依据是：一旦英格兰银行的资本低于最低线，那么其履行职责的可靠性降低，将不足以保证其采取及时的行动。②如果英格兰银行的资本低于最低线，那么需要采取快速和明确的步骤恢复其资本以便增强对英格兰银行的信心。资本通常要恢复到当时估计的目标值，并根据对英格兰银行短期净利润的预期进行调整。

最高线。①最高线设定的依据是：评估覆盖的5年期间，英格兰银行的资本可以经受住大幅的损失而不至于下降到目标值以下。需要特别指出的是，最高线和目标值之间的差额要在目标值和最低线差额到其差额的2/3之间。一旦英格兰银行的资本高于最高线，那么不能再保留任何收入，而且该财年取得的全部净利润都将代替红利上交到财政部。②如果英格兰银行的资本在目标值和最高线之间，该财年获得的净利润的一半会代替红利上交到财政部。

英格兰银行的理事会负责批准该行的财务框架、风险承受能力报告和银行内部的监督和管理框架，还负责接收关于该行资本充足率、金融风险和主要风险因素的半年报。英格兰银行理事会在对上述内容审阅后，将在合理的时间框架下，向财政部提供一份最新的报告，内容包括该行的资本概况、资本承担的风险、提交给理事会的半年报中所述的主要风险因素的解释性说明。英格兰银行和财政部任何一方都将合理地回应要求就上述内容进行讨论的要求或者某一方提出需要更多信息的要求。

关于损失的报告。如果英格兰银行由于资产负债表的操作遭受（或者预计将会遭受）重大损失，该损失将会导致承受损失的资本下降到目标值之下，那么英格兰银行应该向财政部及时报告导致损失发生（或预计会导致损失）的事件。

恢复资本的程序。为了确保英格兰银行有能力履行其职责目标，让其资本可以得到迅速恢复的程序十分重要。为此，资本重整程序将包括：英格兰银行向财政部发布该银行的资本可能触底（或者已经触底）的公告，财政部会计官评估相关的资本注入的金额以及如何实施，财政部向议会披露该情况，由英国债务管理办公室负责融资，财政部通过统一基金（the Consolidated Fund）向英格兰银行注入资本金。

三、财务框架

（一）英格兰银行的年度预算

在每年的2月，英格兰银行的理事会将在该银行中期框架内设定下一年度的支出预算。

在此日期之前并在理事会上一年12月的会议之后，英格兰银行将向财政部提供一份该银行预算草案的高级概述。然后，英格兰银行的财务主管（或指定人）与财政部的财政主管（或指定人）讨论那份预算草案的高级概述。讨论将聚焦于：①英格兰银行的预算和中期支出计划；②预算基于的原则和假设；③关于兑换均衡账户（EEA）[①] 代理服务的正式估计。

财政部的财政主管（或指定人）可能会从工作层面提供意见，意见提供给英格兰银行的财务主管。意见应该尽早提供，应该适应理事会的时间表。这个程序是为了让财政部有机会对预算草案提出意见。当预算草案最终提交到理事会时，该银行的财务主管将考虑这些意见并把意见带到理事会上。理事会根据《1998年英格兰银行法》的第2条来管理银行的财务事宜。

在2月当理事会批准了英格兰银行的财务安排后，该银行的财务主管（或指定人）与财政部的财政主管（或指定人）将尽早举行会谈，会谈的举行时间通常在2月下旬，会谈的内容是讨论理事会的结论和做出结论的背景。

在此次会谈前，英格兰银行的财务主管（或指定人）将向财政部的财政主管（或指定人）提供写有提交给理事会并导致决定达成的财务信息的相关背景材料的副本。

（二）信件往来

在理事会的会议后，英格兰银行的行长将在合理的时间写信给财政部的首席秘

---

① 英国的官方储备除英国在IMF的储备部分头寸（RTP）外都在该账户下，账户由财政部管理，由英格兰银行进行日常管理。

书长[①]（the Chief Secretary），告知理事会审议的结果。财政部的一位部长，通常是首席秘书长将回信给行长。

（三）英格兰银行关于预算和金融风险的报告

每个季度，在理事会评估后，英格兰银行将向财政部提供该银行预算执行情况的最新报告和支撑性文件。其中包括关于EEA代理服务的调整的实际数的最新预测结果。

每6个月，英格兰银行将向财政部提供关于该银行资本、资本承担的风险和解释主要风险因素的说明的最新报告。

（四）代替红利的上交款项

《1946年英格兰银行法》第1条第4款规定：英格兰银行净利润的50%（或者英格兰银行和财政部之间达成的协议规定的其他金额）需要由该银行支付给其股东财政部。

通常来说，英格兰银行每年向财政部支付两次代替红利的上交款项。第一次（期中）付款是在银行的年度[②]结束后的当年的4月5日，根据上个年度英格兰银行应该支付给财政部的利润来付款。最终付款是在当年的10月5日，根据账目终审结果支付。两次付款都是根据英格兰银行和财政部通过信件往来达成的一致意见来支付。支付的金额根据英格兰银行资本的状况而有所不同，详情如上文。

（五）英格兰银行向财政部提供的代理服务

EEA持有英国的黄金、外汇和IMF的特别提款权这些储备金。EEA在财政部的控制之下，财政部代表政府管理EEA的主要目标是在需要时可以方便地使用该储备，目的是满足当前的政策目标和未来潜在的政策变化。

财政部指定英格兰银行作为其代理人，对EEA进行日常管理。就EEA的管理来说，财政部是英格兰银行的客户而不是股东。

英格兰银行就EEA管理向财政部提供代理服务的基石由其他协议来规定，该协议需要在财政年度开始前达成。该协议中将包括英格兰银行管理其储备金的战略、投资目标和参数。

EEA对英格兰银行来说是一项可以获得报酬的服务内容。英格兰银行提供可以获得报酬的相关服务的收费总原则是“全额和合理的”成本回收，这其中也包括从财政部获得的代理服务费用。有的情况下，英格兰银行和财政部可以选择签订双方协议规定在特定有限的时间内不履行上述成本回收原则，例如当前就是这种情况。

英格兰银行将向财政部提供足够的信息，以充分说明收费是合理的并与英格兰银行和财政部之间达成协议的参数一致，并使财政部可以满足与“管理公共资金”

---

① 是排位仅次于财政大臣的财政部长。

② 英格兰银行的年度从上一年的3月初到本年的2月底。

原则相匹配的要求。在提供信息时，英格兰银行还会预留出合理的讨论时间，让财政部在就成本和相关费用做出决定前，先考虑英格兰银行提出的代理费提议。关于EEA资金和信息提供的进一步细节将由英格兰银行和财政部另行商定。

（六）资产购买工具的成本

2009年1月，财政大臣授权英格兰银行建立"资产购买工具"（the Asset Purchase Facility，APF）。APF的目标是促进经济发展和让通货膨胀回归目标，使用的手段包括购买金融资产如国债和企业债。这些交易由APF实施，资金来自创造出来的央行储备金。交易由英格兰银行的一个附属机构——英格兰银行资产购买工具基金有限公司（BEAPFF）来实施。APF管理费的进一步细节由英格兰银行和财政部另行商定。

（七）纸币发行

英格兰银行将继续管理纸币的设计、印刷、生产和分销。纸币发行的费用由英格兰银行和财政部另行商定。费用可以从收入中予以抵扣，并列出了4类可以扣除的费用、如何计算扣除额和时间安排等。

按照英格兰银行和财政部达成的协议，超出费用部分的超额收入将作为利润由英格兰银行转到国家贷款基金（the National Loans Fund，NLF）①。通常的做法是，这部分利润按季度拨付，时间分别在2月、5月、8月和11月的最后1个工作日，每个季度英格兰银行会保留缓冲资金以便该银行的发行司可以用于支付下一季度的费用。

在财政部或者英格兰银行的要求下，财政部和英格兰银行应该随时地评估上述安排。

上文描述了英格兰银行在货币发行方面的职责，而财政部的权力是可以根据《1954年货币和钞票法》第1条的规定批准纸币的面值。

为了让财政部可以了解与即将投入使用的纸币相关的支出情况和发行司的独特性，英格兰银行将会就所有该银行认为会对该银行的预算产生重大影响的与纸币生产支出相关的重大决定都提前与财政部进行沟通和交流。

与此相关的更多信息可以参见英格兰银行和财政部的国库基金和账户团队之间达成的服务水平协议（the Service Level Agreement），该协议每年评估一次。

---

① 根据搜索，NLF根据《1968年国家贷款法》成立于1968年的4月1日，负责政府的借贷活动，由财政部管理，账户在英格兰银行，可以被看作中央政府主要的借款和发放贷款的账户，与其他的政府基金之间有法律规定的联系，向债务管理账户（DMA，the Debt Management Account）和EEA提供融资。

第四章
德　国

一、欧洲中央银行和德国中央银行的机构设置及交叉关系

德国中央银行（德意志联邦银行）是根据1957年8月生效的《德意志联邦银行法》成立的，作为公法意义上的联邦法人组织，具有25亿欧元的注册资产，德国政府是其最大股东。《德意志联邦银行法》规定，在行使本法律所赋予的权力时，联邦银行可以不接受联邦政府的指示。相关的制度安排（如中央银行理事会和执行理事会成员的任命程序和年限）以及经费的独立也保证了德国中央银行的独立性和权威性，从而避免中央银行在制定和执行货币政策中受到外来因素干扰，避免政府干预。其最高决策机构是中央银行理事会。联邦政府官员有权利出席中央银行理事会会议，并提出议案，但没有投票权。

根据《马斯特里赫特条约》，1998年欧洲中央银行正式成立，德国中央银行从此成为欧洲中央银行体系的组成部分。欧洲中央银行设在德国的法兰克福，这一所在地的选择在某种意义上表明了欧洲共同货币政策的导向。不仅如此，欧洲中央银行体系的目标、独立性、组织机构和货币政策战略等方面的设计都处处体现出了德国模式的特点。其主要目标是维持欧元区的物价稳定。欧洲联盟和各成员国的活动应该遵守以下指导方针：稳定的价格、健康的公共财政和货币状况以及平衡的国际收支。欧洲中央银行将具有与德国联邦银行同样甚至更强的独立性。

欧洲中央银行（ECB）是整个欧洲中央银行体系（ESCB）的指挥中心。欧洲中央银行从创立之初就是一家完整的中央银行，拥有自己的资产负债表，并有权在金融市场上独立运作。欧洲中央银行管理委员会是其最高决策机构，由6名执行委员和12名欧元区国家的中央银行行长构成，负责管理整个欧洲中央银行体系（包括

欧洲中央银行 ECB 和国家中央银行 NCB）（见图1－4）。根据《马斯特里赫特条约》第一百零五条第二款的规定，欧洲中央银行体系的基本任务是：①制定并实施欧洲联盟的货币政策；②依据本条约第一百零九条的规定开展外汇管理业务；③拥有并安排各成员国的国家外汇储备；④促进支付制度的正常运转。此外，根据条约第一百零五条第五款的规定，欧洲中央银行体系应该向欧共体机构及各成员国就其所管事务提供建议和接受咨询。

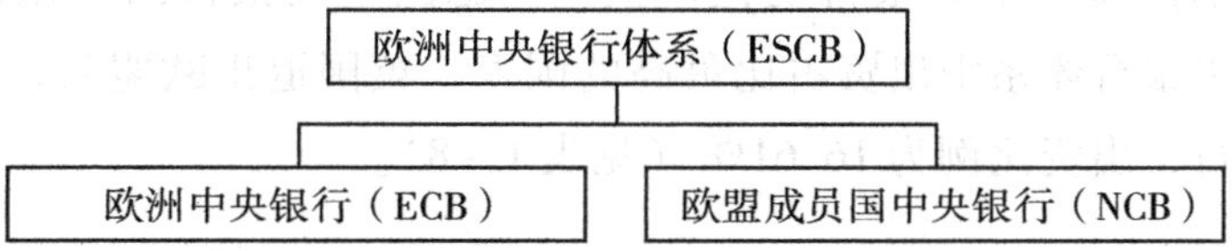

图1－4　欧洲中央银行体系的构架

德意志联邦银行的经营范围包括：①根据抵押品发放贷款，并最终根据公开市场上的回购协议买卖应收账款、证券和贵金属；②接受活期存款和其他存款；③贵重物品，尤其是证券的保管和管理；④接受支票、直接借记、汇票、指示、证券和利息票据以供托收，并在承保后付款，除非银行另有决定将支票、直接借记和指示的等值记入贷方；⑤买卖非欧元计价的支付方式，包括汇票和支票、应收账款和证券，以及黄金、白银和铂金；⑥执行与国外的所有银行交易。

作为欧洲中央银行体系的一部分，德国中央银行的货币政策目标、货币政策制定和货币政策实施等也随之发生了重大变化。①关于货币政策目标。作为欧洲中央银行的一个组成部分，德国中央银行的货币政策目标与欧洲中央银行保持一致，即保持物价基本稳定。②关于货币政策操作。德国中央银行在欧洲中央银行管理委员会拥有一个席位，德国中央银行总裁参与月度货币政策决策讨论，欧洲中央银行管理委员会根据“双支柱”策略，通过对经济分析和货币分析来制定货币政策。③关于货币政策实施。德国中央银行负责对德国金融机构实施货币政策，并且在欧洲货币体系再融资操作的技术方面以及抵押品认定和管理方面发挥重要作用。④关于货币政策工具。德国中央银行的货币政策工具箱中主要是欧洲中央银行的政策工具，具体包括公开市场操作、常备便利、最低准备金，以及临时性非常规货币政策工具，其中公开市场操作是最主要的货币政策工具。

二、中央银行储备金分配

欧洲中央银行由欧盟成员国中央银行（national central banks，NCBs）所有。欧洲中央银行的原始资本金为约50亿欧元。《马斯特里赫特条约》规定，各成员国中央银行为欧洲中央银行资产唯一认购人及持有人。各国国家中央银行的资本份额，即“欧洲中央银行出资比例”，是通过反映对应国家在欧盟总人口与总 GDP 当中所占的比例值计算。欧洲中央银行当前的资本规模为 108.25 亿欧元，欧元区国家中央银行（euro area NCBs）需要全额支付他们的认购资本，总计 81.94 亿欧元；非欧元区国家中央银行（non－euro area NCBs）仅缴纳了其认购资本总额的 3.75%，总计 7579 万欧元，名义上用以覆盖它们在欧洲中央银行体系当中的参与给欧洲中央银行带来的运营成本。非欧元区国家中央银行无权获得欧洲中央银行可分配利润的任何份额，也无责承担欧洲中央银行的任何损失。德国中央银行出资比例为 21.44%，一直是欧洲中央银行体系中出资占比最高的国家，英国退出欧盟后，排在第二位的是法国中央银行，出资比例为 16.61%（见表 1－8）。

表 1－8　欧洲中央银行出资比例　单位：%

国家	出资比例
比利时	2.96
德国	21.44
爱沙尼亚	0.23
爱尔兰	1.38
希腊	2.01
西班牙	9.70
法国	16.61
意大利	13.82
塞浦路斯	0.18
拉脱维亚	0.32
立陶宛	0.47
卢森堡	0.27
马耳他	0.09
荷兰	4.77
奥地利	2.38
葡萄牙	1.90
斯洛文尼亚	0.39
斯洛伐克	0.93
芬兰	1.49
非欧元区国家	18.67
总计	100

资料来源：ECB 官网。

三、资产负债表反映的财政与中央银行关系

欧洲中央银行具有高度的独立性。《马斯特里赫特条约》第104条规定，禁止欧洲中央银行或者成员国中央银行向共同体机构或团体、成员国各级政府和其他公共机构提供透支或者其他形式的信贷便利，也不允许欧洲中央银行或者国家中央银行直接购买他们的债券。因此，除特殊情况下发行的特殊国债之外，欧洲中央银行和德国中央银行只能在二级市场购买国债，具体从二者中央银行的资产负债表结构来看，“欧元区主体欧元债权”占到德国中央银行和欧洲中央银行总资产的34.12%和65.52%（见表1－9）。

表1－9　　2021年欧中央银行及德国资产总量与结构　　单位：百万欧元

序号	资产	德国中央银行	欧洲中央银行
1	黄金和应收黄金	173821	26121
2	对非欧元区主体的外币债权	87566	51433
3	对欧元区主体的外币债权	35	2776
4	对非欧元区主体的欧元债权	0	3070
5	和货币政策操作相关的对欧元区信用机构的欧元借款	421985	0
6	对欧元区信用机构的其他欧元债权	3495	－35
7	欧元区主体欧元债权	1027728	445458
8	一般政府欧元债务	4440	0
9	其他资产	19399	27538
10	欧元体系内部跨境资产	1273725	123551
	总计	3012193	679913

资料来源：ECB官网。

四、德国中央银行的收益分配

根据《马斯特里赫特条约》，欧洲中央银行的净利润首先要将一定金额（由管委会决定，但上限为净利润的20%）转入一般储备基金（general reserve fund，其本身上限为欧洲中央银行资本的100%），余额再根据欧洲中央银行出资比例在欧元区国家中央银行之间分配。欧洲中央银行遭受的任何损失首先用欧洲中央银行的一般

储备基金抵扣，并在必要时根据管理委员会的决定，用对应财政年度分配给国家中央银行的“货币收入”（monetary income）抵扣。2021 年，在留存储备金后，欧洲中央银行收益的分配额度为 1.5 亿欧元，其中，德国中央银行分配额度为 4000 万欧元，包含在收益表中的“参股权益利息收入”项下。

根据《德意志联邦银行法》，德意志联邦银行的净利润按以下顺序使用：首先，从中央银行的利润中拿出至少 2.5 亿欧元，至多 20% 转为法定储备金，直至法定储备金达到 25 亿欧元，法定储备金只能用于弥补资产贬值和其他损失，剩余利润上缴联邦财政部。为应对疫情冲击和提高风险防范能力，2021 年和 2020 年德国中央银行利润都没有向财政部分配（见表 1－10、表 1－11）。

表 1－10　2017—2020 年德国中央银行向联邦财政部分配收益情况　单位：百万欧元

年份	总收益	向财政部分配额度
2017	1902	1902
2018	2433	2433
2019	5851	5851
2020	0	0
2021	0	0

资料来源：Bundesbank stockt Risikovorsorge weiter auf：https：//www. bundesbank. de/de/aufgaben/themen/bundesbank－stockt－risikovorsorge－weiter－auf－885420.

表 1－11　2021 年德国中央银行利润表　单位：百万欧元

序号	类别	金额
1	净利息收入	2501
2	金融业务、减记、风险储备的净结果	－1129
3	费用和佣金收入	60
4	参股权益利息收入	172
5	货币收入池净结果	－1179
6	其他收入	1535
合计		1960

资料来源：2021 年德意志联邦银行年报，https：//www. bundesbank. de/en/publications/reports/annual－and－environmental－reports/annual－report－2021－885944.

五、德国中央银行外汇储备运营情况

1999 年初，参与欧元体系的中央银行根据欧洲中央银行章程第 30 条向欧洲中央银行转移了外汇储备资产（15% 为黄金，85% 为外币），体现在德国中央银行资产端的外汇储备转移部分。截至 2021 年 12 月 31 日，德国中央银行转移至欧洲中央银行的外汇储备额度为 106.35 亿欧元，与 2020 年持平。

2021 年，德国外汇储备为 2614 亿欧元，主要包括外国货币、IMF 应收资产和黄金。其中，黄金占比最多，大约为 66.49%（见表 1－12）。由于黄金储备收益率基本为零，因此外汇储备收益主要来自于外币再融资利息。外汇储备收益算入央行净利润，并按照固定比例向财政部上缴。

表 1－12　　2021 年德国外汇储备资产结构　　单位：十亿欧元

外汇储备资产分类	金额
外国货币	32.65
其中：美元	27.98
日元	1.56
澳大利亚美元	1.16
加拿大美元	1.64
人民币	0.29
IMF 占款	54.9
黄金	173.8
总计	261.4

资料来源：德国中央银行官网。

外国货币主要包括美元、日元、澳大利亚美元、加拿大美元和人民币，在外币中占比分别为 85.7%、4.78%、3.55%、5.02% 和 0.89%。外汇储备投资主要用于经常账户平衡和隔夜存款、定期存款和通知可赎回存款、政府债券以及超国家、主权和机构（SSA）债券。2021 年，德国外币利息收入为 3.03 亿欧元，其中 IMF 占款利息收益 1800 万欧元，反向回购交易利息收入 100 万欧元，债券利息收入 2.82 亿欧元。

六、德国财政与央行关系对我国的启示

（一）财政与央行的关系取决于一国历史背景

德国中央银行在全球范围内具有较高的独立性，主要是由德国的历史背景决定

的。两次世界大战期间，德国政府为筹措战争经费而大举向当时的德意志帝国银行贷款，引发了通货膨胀。而在战争结束后，德国政府面对高额的战争赔款、公债和战争受害者的补助金，唯有通过中央银行增加货币发行量，才能摆脱困境。由此，德国国内的通货急剧膨胀。为重建货币秩序、恢复战后经济，德意志联邦银行的前身——德意志诸州银行正式成立，为恢复市场经济体制创造了稳定的货币条件。德国人在经历了两次灾难性后果之后，坚定了对中央银行必须享有独立性的信念。

（二）一国财政体制影响财政与央行的关系

德国人认为“货币是不能被操纵的工具”。这一观点源自联邦制的货币特性。联邦制国家地方政府的事权与财权是相统一的，财政转移支付被严格制约。货币创造在本质上是一种铸币税，会影响不同地区的收入和财富分配。在联邦制中，那些远离中央的企业和机构，很容易被货币刺激政策排除在外，又没有中央财政的转移支付政策支持，会感到被孤立和疏远。如果货币创造引起的收入和财富的再分配过大，甚至会威胁脆弱的政治系统，使之面临分崩离析的风险。20 世纪 20 年代初，德国的恶性通货膨胀助推了巴伐利亚、莱茵兰和萨克森的“分离主义”，因为这些偏远地区认为自己受到柏林的德国央行的忽视。由此可见，一国的中央地方财政关系与货币政策的独立性相关，财政越分权，货币政策独立性越强；财政越集权，货币政策独立性越弱。因此，在经济治理架构中需要统筹考虑财政体制与货币政策独立性的关系。

（三）完善宏观审慎政策治理机制，丰富宏观调控政策工具箱

欧洲债务危机的经验告诉我们，金融部门与实体经济、政府部门三者之间存在极大的关联性和溢出效应。金融部门的一个小冲击可能转化成大的经济危机和系统性风险。不管是财政主导还是货币主导，二者任何一方都不具备足够强大的危机应对能力，博弈升级只会导致风险的放大。因此，部门之间的相互约束与监管是防范化解系统性风险的重要保障。宏观审慎、货币政策和财政政策虽分属于不同的政策框架，具有不同的政策目标和政策工具，但是紧密联系，而且互动性极强。关键是要力求准确把握不同政策范畴之下不同政策工具的传导机制与相互影响，在此基础上根据本国当前经济、金融体系的实际状况在政策制定过程中相机抉择。财政政策紧密依附于国家政府体系，政策执行和效力更有保障，财政对于加强银行监管、限制金融活动范围、事前危机预防等能够起到关键性作用。

第五章
日　本

一、日本银行的性质

日本银行是授权法人公司，政府股权占比超过一半。根据《日本银行法》，日本银行为授权法人公司，并非政府部门或者普通法人企业。与政府部门相比，日本银行具有法人特点，通过定向发股的形式筹集资本金，股东参与利润分配；与普通法人相比，日本银行由日本政府授权发行股票，股票发行比例不得超过日本银行资本金的50%，因此，控制权由政府掌握，但股东不得参与管理，保障了日本银行运营和政策实施的独立性。就产权角度而言，日本银行的产权制度是仿效美国模式，以股份公司形式为主，相当于股票的“出资证券”已在日本 JASDAQ 市场上市（股票号码：8301）。《日本银行法》规定，政府出资不得低于 5500 万日元。截至平成 27 年（2015 年）3 月底，日本银行的资本金为 1 亿日元，其中 55008000 日元由政府出资，占比 55%，资金主要来源于大藏省（现财务省）的财政资金，由财务大臣负责行使出资人职责，其余由私营部门出资。

二、日本银行与政府存在密切的联系

日本银行的最高决策机构的成员由内阁任命。目前，日本银行总部设在东京，由政策委员会、15 个研究所、32 家支行及 14 家事务所组成。其中，政策委员会是日本银行的最高决策机构，负责金融政策的运行以及各种业务基本方针的确定，由正副总裁共 2 位，再加上 6 名审议委员组成，上述人员均是在参议院和众议院同意的情况下，由内阁任命，任期为 5 年。

政府对日本银行有绝对的领导权，私人投资者没有决议权也不参与管理。日本银行不设立股东大会，投资者没有决议权，更不得参与管理，剩余财产的分配请求仅限于资本本金等，给予私人投资者的股息每年限定在资本金的5%以内。日本银行是政府占主要股份的市场法人机构，政府保持着对日本银行的绝对领导权，同时为了保障日本银行货币政策以及其他金融政策的顺利执行，严格控制利息支付，维护日本银行的经营独立性、资金流动性和资产安全性。

三、从资产负债表看财政与日本银行的财务关系

（一）日本银行资产规模较大，其中以国债为主

日本银行资产规模相对较大（见表1-13）。2019年末，日本银行资产略超过604万亿日元，相当于2019年财政预算支出总额[①]（159.262万亿日元）的3.79倍；到2020年末，资产接近715万亿日元，相当于2020年财政预算支出总额（161.709万亿日元）的4.42倍。这反映了日本银行的资产在2020年呈现较为明显的扩张。

表1-13　　日本银行资产负债表　　单位：亿日元

		2019年末	2020年末	年变化额	增幅
资产	黄金	4412	4412	—	—
	现金	2050	1991	-58	-2.9
	国债	4859181	5321652	462471	9.5
	（其中：国内长期国债）	4735413	4957770	222356	4.7
	商业票据	25518	28764	3246	12.7
	公司债	32208	74984	42776	2.3倍
	资产信托	310219	371274	61055	16.4
	贷款	543286	1258402	715116	2.3倍
	外汇储备	259662	76787	-182875	-70.4
	代理店资产	239	181	-58	-24.4
	其他资产	5900	4884	-1015	-17.2

① 为了统一口径，这里的预算支出总额不包括特别会计预算（该预算为特别事项导致的特别支出而编制，如地震）和政府关系机关预算（该预算涉及政府与有关机构之间的预算），但是覆盖各级政府，下文同理。

续表

		2019 年末	2020 年末	年变化额	增幅
资产	有形固定资产	2164	2227	63	2.9
	无形固定资产	1	1	0	-4.6
资产小计		6044846	7145566	1100720	18.2
负债	发行货币	1096165	1160116	63951	5.8
	存款	4470762	5493727	1022964	22.9
	（其中：活期存款）	3952560	5225703	1273142	32.2
	政府存款	126338	369179	242840	2.9 倍
	卖方期权	241163	5947	-235215	97.5
	其他负债	840	1890	1049	2.2 倍
	离职支付准备金	2033	2050	16	0.8
	债券交易损失准备金	47992	51980	3987	8.3
	外汇交易损失准备金	14075	15314	1239	8.8
负债小计		5999372	7100206	1100834	18.3
净资产	资本金	1	1	—	—
	法定准备金	32520	33167	647	2
	特别准备金	0	0	—	—
	当期盈余	12952	12191	761	5.9
净资产小计		45473	45360	113	0.3

资料来源：日本银行官网 2020 年度决算报告，https://www.boj.or.jp/about/account/zai2105a.htm/.

国债是日本银行的资产的主要内容。2019 年末，日本银行资产中的国债接近 486 万亿日元，占比超过 80%。2020 年末，国债超过 532 万亿日元，占比超过 74%。以上数据说明，日本银行的资产主要是国债。2019 年，日本政府债务余额 11145400 亿日元，而日本银行持有的国债就占到日本政府债务余额的 43.6%。日本银行持有的国债以长期国债为主，占比在 95% 左右。

如前所述，日本银行的资产以国债为主要的资产持有形式，如表 1－14 所示，2018—2020 年，增加了 597024 亿日元，达到 5246099 亿日元，增量几乎与 2019 年以前的贷款持平，这反映出在政府持有日本银行 50% 以上股权的情况下，日本银行和财政之间有紧密的联系。在国债结构中，又以长期国债为主，2020 年占资产运用总额的 76.5%，这说明了长期国债是维持金融和财政系统稳定的主要支柱，特别是在日本税收减少和债务增加的背景下。日本政府的债务余额已经超过了 1000 万亿日元，占 GDP 比已超过 230%，也大大超过了深处债务危机当中的希腊的 200% 的水平（李晓、王晗，2017）。特别值得注意的是，2019—2020 年，贷款、短期国债、商业票据和公司债显著增加，这一定程度上反映了疫情对市场经济的冲击，导致无论政府还是民企的资金链紧张，资金需求急剧扩大。

表 1－14　　2018—2020 年日本银行资产运用情况　　单位：亿日元

			2018 年	2019 年	2020 年
资产运用合计			5235630	5430323	6399363
日元资产			5168533	5359330	6255687
	贷款		464806	478771	913866
	买方期权账户		0	251	—
	国债		4649075	4826326	5246099
		其中：短期国债	154296	103544	348527
		长期国债	4494778	4722781	4897572
	商业票据		22648	22020	42239
	公司债		32002	31961	53482
外币资产			67097	70992	143675

资料来源：日本银行官网 2020 年度决算报告，https：//www. boj. or. jp/about/account/zai2105a. htm/.

（二）日本银行负债规模也较大，其中以存款为主

日本银行负债规模也相对较大。2019 年末，日本银行负债接近 600 万亿日元，到 2020 年末，负债略超过 710 万亿日元。日本银行的负债以存款为主，2019 年末，存款略超过 447 万亿日元，2020 年末存款略超过 549 万亿日元，占负债的比重分别为 75% 和 77%。日本银行的负债中也包括政府存款，但其占比较低。2019 年末，政府存款不到 13 万亿日元，2020 年末政府存款接近 37 万亿日元，占负债的比重分别是 2% 和 5%。

在新冠疫情背景下，活期存款比去年增加了 1273142 亿日元，达到 5225703 亿日元。政府存款增加了 2. 9 倍，达到 369179 亿日元。在此期间，日本银行的货币发行量余额比上一年度多 63951 亿日元，达到 1160116 亿日元。这反映了日本银行在执行量化宽松的货币政策来改善通紧的市场状况。

（三）日本银行的权益资本规模不大，资本金的一半以上由政府持有

2019 年末和 2020 年末，日本银行的权益资本（净资产）都是略超过 4. 5 万亿

日元，分别相当于资产的0.8%和0.6%，分别相当于日本2019年和2020年财政预算支出的2.9%和2.8%。其中，日本银行权益资本中的资本金只有1亿日元，如上文所述《日本银行法》规定，政府出资不得低于5500万日元，那么政府股份仍然超过一半。如前文所述，2015年3月底，日本银行的资本金为1亿日元，其中55008000日元由政府出资，因此，政府出资额以5500万亿日元计算，相当于日本2019年和2020年财政预算支出的0.3%左右。

四、从利润表看财政与日本银行的财务关系

日本银行的利润分为两部分：经常性利润和特别利润。二者汇总后为税前盈余，扣除交纳的税款后为税后盈余。2019年和2020年，日本银行的税后盈余分别为接近1.3万亿日元和略超过1.2万亿日元，都相当于当年日本财政预算总收入的0.4%。

日本银行利润的源头主要是国债利息收入。2019年和2020年，日本银行税前盈余分别接近1.4万亿日元和1.5万亿日元。利润主要源自国债利息收入，2019年和2020年，日本银行的国债利息收入分别是1.2万亿日元和1.1万亿日元，分别相当于税前盈余的87%和75%。国债利息收入呈逐年递减趋势，这与国债发行量逐年增加的趋势背道而驰，体现了利率的下行趋势（见表1－15）。

表1－15　日本银行利润表　　单位：亿日元

		2019年	2020年	年变化额
经常性收益		22407	24191	1784
	贷款利息	0	0	0
	买方期权利息	0	—	0
	国债利息	11960	10866	－1093
	商业票据利息	0	－3	－3
	公司债利息	－7	8	16
	外汇收益	2036	3012	976
	其他	8418	10307	1888
经常性费用		6031	4427	－1603
	卖方期权利息	－6	－55	－49
	外汇费用	2144	—	－2144

续表

		2019 年	2020 年	年变化额
经常性费用	经费	1987	1990	2
	其他	1905	2493	587
经常性利润		16375	19764	3388
特别收益		1132	—	-1132
特别损失		3839	5234	1395
特别利润		-2706	-5234	-2527
	国内债券交易损失准备金	-3827	-3987	-150
	外汇交易损失准备金	1072	-1239	-2311
税前盈余		13669	14529	860
法人税、住民税及事业税		716	2338	1622
当期盈余		12952	12191	-761

资料来源：日本银行官网 2020 年度决算报告，https：//www.boj.or.jp/about/account/zai2105a.htm/.

五、关于日本银行盈余的管理

关于日本银行盈余管理的规定有：①提取准备金。根据《日本银行法》第 53 条第 1 项，在核算每年度损益，计算得出税后盈余的基础上，将相当于税后盈余 5% 的部分提取为法定准备金；②向私人投资者分配红利。根据《日本银行法》第 53 条第 4 项，在财务大臣的许可前提下，每年日本银行可以对出资者分配红利，但是支付红利的部分不得超过资本金总额的 5%；③剩余的利润全部上缴国库。根据《日本银行法》第 53 条第 5 项，在提取准备金和向私人投资者分配红利之后，剩余的税后盈余部分在本事业年度结束后的第二年第二个月之前，必须全部上缴国库。

2020 年，根据《日本银行法》第 53 条第 1 项，即“在核算每年度损益，计算得出税后盈余的基础上，将相当于税后盈余 5% 的部分提取为法定准备金”，提取法定准备金 609 亿日元，相当于税后盈余的 5%。并且，根据同条第 4 项，即“在财务大臣的许可前提下，每年日本银行可以对出资者分配红利，但是支付红利的部分不得超过资本金总额的 5%”，因此，在财务大臣批准的前提下，支付红利 500 万日元，相当于每年实收出资总额，即资本金的5%比率。最后根据同条第5项，在提出准备金和分配红利之后，剩余的税后盈余部分在本事业年度结束后的第二年第二个月之前，必须全部上缴国库，因此将余下的11581亿日元收归国库。

近几年日本银行的盈余管理均按照这一规定实行，2016年提取法定准备金253亿日元，相当于税后盈余的5%，并按照资本金的5%比例分红500万日元，最后将余下的4813亿日元收归国库，收归国库部分相当于税后盈余的95.1%，相当于日本当年财政预算总收入①的0.2%；2017年的法定准备金、向私人投资者发放的红利和收归国库的盈余分别为382亿日元、500万日元、7265亿日元，其中，收归国库部分相当于税后盈余的95.1%，相当于日本当年财政预算总收入的0.2%；2018年的法定准备金、向私人投资者发放的红利和收归国库的盈余分别为293亿日元、500万日元、5576亿日元，其中，收归国库部分相当于税后盈余的95.2%，相当于日本当年财政预算总收入的0.2%；2019年的法定准备金、红利和收归国库的盈余分别为647亿日元，500万日元、12305亿日元，其中收归国库部分相当于税收盈余的95.1%，相当于日本当年财政预算总收入的0.4%。这反映了日本银行在总盈余逐年增长的背景下，严格维持分红金额不变，法定准备金随盈余总额同比例浮动，剩下盈余占收益总额比重大且逐年递增，按期纳入国库，统一归政府财政支配。这也间接说明了日本银行的经营利润构成了日本政府经常性收入的重要组成部分之一，日本银行是为政府服务，供给财政收入的重要政府性国有控股机构。

六、日本官方外汇储备的管理

日本官方的外汇储备由日本银行和财务省分别管理。根据财务省《2020年国际收支统计公报》，2019年末，日本政府的外汇储备余额为1445000亿日元，2020年末则减至1442000亿日元，缩减了3000亿日元。上述外汇储备由日本银行和财务省分别管理，但是具体由谁管理哪一部分以及原因等问题，有待进一步的研究。在收益方面，2019年，外汇储备的盈利为28000亿日元，2020年则缩减为12000亿日元，减少了57%，关于外汇储备的收益归属等问题也还有待进一步的研究。

日本银行管理的日本官方外汇储备的情况如下：

根据《日本银行法》第3号第9条第2项和第89号的相关规定，除去该法第四章相关业务所使用的外币资产，日本银行所持有的海外资产主要包括外汇和外国现金货币。其目的是保证《日本银行法》第四章规定的业务能够顺利进行，具体包括国际金融合作业务、紧急情况下支援本国金融机构外汇业务以及提供美元支援基础

① 为了统一口径，财政预算总收入包括特别会计预算和政府关系机关预算，下文同理。

产业成长，同时确保资金的流动性和高度安全性。

日本银行的外汇储备资产主要由美元、欧元以及英镑等币种构成，以外国中央银行印发的现金以及外国中央政府发行的债券（到期期限为五年以内的债券）等两种形式持有。

针对外汇储备的管理，首先，在资金使用方面，日本银行将外汇储备按使用期限分为当日结算部分和其他部分，其中当日结算部分主要由外国中央银行的现金存款以及以美元计价的到期结余一年内的债券构成。其次，外汇储备的建仓币种比率是根据日本银行持有的各国中央政府发行的到期结余一年以上五年以下的债券的市场价总额来计算。最后，外汇储备中各类货币的利率变动也是基于上述债券的利率变动幅度来计算的。上述三种方法构成日本银行对外汇储备的管理体系。

七、财政与日本银行财务关系的变化

（一）政府存款

日本银行也经营政府部门的存款储蓄和资金往来业务。随着日本财政和金融制度的改革，政府的资金也受到一定程度的影响。1999 年 4 月以后，日本政府可以通过日本银行海外存款账户与其他国家中央银行进行交易。2003 年 4 月以后，伴随邮政储蓄机构实现股份制改造，邮局与日本银行间的国债还本付息收付结算不再以财政资金作为偿还资金。

（二）政府债务

国债作为政府的主要资金来源之一，主要靠日本银行和市场来购买筹资。针对国债的改革也不可避免地影响到政府的债务问题。1999 年 3 月以前，主要以大藏省（财务省的前身）证券、外汇资金证券、粮食证券的发行和偿还作为政府资金筹措和偿还的主要途径，并没有将国库短期证券纳入，导致总计额与国库短期证券的明细对应不上。因此，同年 4 月以后，将前述三类证券融入政府短期证券进行统一招标。2009 年 2 月，政府短期证券和折扣短期国债统一发行。自此，折扣短期国债的相当一部分由经常收支管理转移到国库短期证券来管理。只是，在两大证券整合发行之前，已发行的折扣短期国债仍由经常收支预算来管理。

在国债市场进行市场化转轨过程中，民间法人纷纷积极参与逐步放开的国债市场，使得政府债务筹资渠道变得多元化。截至 2022 年 2 月 28 日，参与国债交易结算制度的直接参加法人企业有 268 家，间接参加法人有 844 家，外国间接参加法人有 154 家。

八、结论

日本银行以法为行为准则，坚持立法先行，有法必依；实行股份制的同时确保政府的绝对决策领导权，有效整合财政资金和民间资本，减轻财政支出压力的同时提高资金使用效率；被赋予越来越强的独立性，又与金融厅分工合作，共同监管金融体系，避免权力过分集中；以国债买卖业务为重，盈余分配受财务省监督，与财务省共享，协同财政与货币政策，助力日本财政重建，提高部门协作效率，最终提升国家治理水平。

第六章 俄罗斯

转型以来，俄罗斯中央银行的独立性不断增强。俄罗斯联邦宪法和《中央银行法》明确了中央银行的独立地位，央行在其授权范围内独立开展业务活动，不受中央或地方政府的控制与干涉。俄罗斯中央银行的首要职能是制定并实施国家统一的货币政策、维持卢布稳定，在这一过程中，俄罗斯财政部会参与央行董事会会议，并享有投票权。也就是说，俄财政部与央行共同确定货币政策的主要方向，配合财政政策以维持目标通货膨胀水平。不仅如此，俄罗斯财政部与中央银行共同管理俄罗斯的外汇储备。通过二元平行管理模式，中央银行负责汇率干预所需的外汇储备，追求流动性管理；财政部则负责国家福利基金（国家主权基金）资产的保值增值，追求主权基金收益性管理。

此外，俄罗斯央行负责发行卢布、组织货币流通，并维持卢布币值稳定，其取得的利润与收益大部分需要上缴联邦财政，上缴比例为75%。其中，铸币税收入作为央行收益的组成部分，会被记入央行的总利润之中，并按照相应比例上缴财政。

一、俄罗斯中央银行的独立性问题

俄罗斯中央银行（俄罗斯银行）是独立的法人实体，向国家杜马负责。俄罗斯转型后的中央银行既是“银行的银行”，也是“发行货币的银行”，还是“制定和实施统一货币信贷政策的银行”。但央行已经不再具体经营存款、贷款、汇兑、结算等对企业或居民服务的业务，其服务对象主要是各级各类政府机构和银行。与此同时，俄罗斯央行与财政部合作确定货币政策的主要方向，并与财政政策相配合，确保国家财政与金融的稳定运行。

（一）央行独立地位逐渐增强

俄罗斯中央银行的独立地位是逐步确立的。在转轨初期，俄罗斯宪法规定中央银行独立于其他权力机构，在行政上不属于政府也不属于议会，但实际上中央银行仍是隶属于政府的执行机构。至1995年，俄罗斯联邦法律明确了中央银行是独立法人，应向国家杜马负责，理事会是中央银行的最高决策机构，理事会的所有成员都由国家杜马任命，任期四年；同时，央行不承担国家债务，国家也不承担银行的债务；在政策制定上央行与政府要相互协调、彼此合作。1998年金融危机后，俄罗斯中央银行的独立性受到一定牵制，如规定中央银行的收支必须严格贯彻中央银行的预算法，央行无权成为其他多数银行和信贷机构的股东；国家杜马对央行大政方针的制定加强了审议，只需国家杜马或联邦委员会的议员1/3的提议，即可解除央行行长职务。不仅如此，俄罗斯一改以往不向政府提供用于弥补财政赤字的规定，重新允许中央银行向政府提供季度性、用于弥补财政收支不平衡的贷款。

可见，俄罗斯银行在独立后的前十年未能成为真正独立的中央银行。直至普京执政后，这种状况得到了改变，经过银行体制改革和银行重组，俄罗斯中央银行的独立性不断扩大。俄罗斯中央银行在宪法和《俄罗斯联邦中央银行法》的授权范围内独立开展业务活动，不受中央政府或地方政府的控制与干涉。这与银行体制改革前央行实际上从属于中央政府、是政府政策执行者的状况截然不同，说明俄罗斯央行的独立地位真正得以确立，职能发生了转变。

（二）央行的属性

俄罗斯银行是法人实体，具备财产和财务独立性，拥有使用和处置其财产的权利。俄罗斯银行的法定资本金为30亿卢布，属于联邦财产。俄罗斯银行拥有发行货币和组织货币流通的专有权，银行的黄金和外汇储备，由其根据自己规定的目的和方式运作。依据《俄罗斯联邦中央银行法》，除非联邦法律另有规定，否则不得在未经俄罗斯银行同意的情况下对其财产进行扣押。

俄罗斯银行直接对国家杜马负责，国家杜马拥有任免银行行长和银行董事会成员的权利。国家杜马有权决定俄罗斯联邦会计委员会对俄罗斯银行金融活动的审计；国家杜马会召开关于俄罗斯银行的业务听证会，并在银行提交年度报告时听取俄罗斯银行行长关于银行活动的报告。此外，俄央行货币信贷政策的基本目标是降低通货膨胀、维持和保证卢布的稳定，包括保持卢布的购买力和稳定对外币的汇率；发展和巩固银行体系，保证结算系统有效而通畅地运行。

二、俄罗斯中央银行的资产与收益

近年，俄罗斯中央银行资产总量有所上升，资产结构以外国法人持有资金贵金属、国内外证券、贷款和存款为主。2020 年，俄央行资产总额达 50 万亿卢布，其中外国法人持有资金和外国证券为 30 万亿卢布，占资产总额的 60%。央行的收益主要由借贷活动与铸币税收入组成，收益总额的 3/4 需要上缴联邦财政。

（一）央行资产总量与结构

俄罗斯中央银行资产以贵金属、银行存放在非居民机构的资金和购买的国外证券为主。整体来看，俄央行的资产包括贵金属、银行存放在非居民机构的资金和购买的国外证券、贷款和保证金、证券、对 IMF 的要求权①、固定资产、预缴所得税等。2020 年，俄罗斯中央银行资产总额为 502726 亿卢布，同比增长 24.1%；其中，规模最大的是银行存放在非居民机构的资金和购买的国外证券，规模为 304529 亿卢布，相比于 2019 年增长了 49.7%，占资产总额的比重为 60.6%；其次是贵金属，规模为 104104 亿卢布，同比上升 20.2%，比重为 20.7%；再次是贷款和保证金，规模为 37619 亿卢布，比重为 7.5%（见表 1－16）。

表 1－16　　俄罗斯中央银行资产结构　　单位：亿卢布

资产结构	2020 年	2019 年
1. 贵金属	104104	69528
2. 外国法人持有资金与外国证券	304529	253429
3. 贷款和存款	37619	33057
4. 证券	10270	11216
其中：俄罗斯联邦政府债券	2965	3179
5. IMF 的付款	19102	15373
6. 其他资产	27103	22527
其中：6.1 固定资产	792	842
6.2 预缴所得税	1	1
资产总额	502726	405131

资料来源：《2020 年俄罗斯中央银行年度报告》，Годовой отчет Банка России за 2020 год.

① 对 IMF 的要求权包括：俄罗斯联邦在 IMF 的配额（以特别提款权表示）、俄罗斯在特别提款权账户中的资金以及俄罗斯银行根据新的借款协议向 IMF 提供的贷款。

（二）俄罗斯央行货币发行及其（铸币税）收益的归属

俄罗斯中央银行负责卢布的发行，并履行组织货币流通、维护卢布币值稳定的职能。俄央行的收益主要包括两部分，一是由借贷活动产生的收入，二是由垄断货币发行而产生的铸币税收入。依据法律规定，俄罗斯中央银行需要将75%的收益上缴联邦财政。

1. 俄央行垄断卢布的发行

俄罗斯联邦宪法规定由中央银行垄断发行唯一法定货币——卢布，并独立于其他国家机关履行保护和保障卢布稳定的基本职能。依据《俄罗斯联邦中央银行法》，俄罗斯中央银行垄断货币发行、组织货币流通、配合俄罗斯联邦政府制定和执行统一的国家货币信贷政策。由此，俄罗斯中央银行由宪法和基本法律授权垄断货币发行，是俄罗斯联邦货币法定的唯一发行主体，同时组织并调控货币供应量，参与制定和执行国家货币政策，维护卢布币值稳定。

2. 央行将部分利润上缴财政

俄罗斯中央银行的收益主要由两大类活动而产生：一是与信贷机构、投资公司、金融公司等机构的借贷活动有关；二是由于垄断货币发行而产生的铸币税收入①。依据《俄罗斯联邦中央银行法》，俄罗斯中央银行的年度财务报表经董事会批准并扣除应缴的税款后，将年末实际收到的利润的75%上缴联邦预算，剩余的利润用于补充相应的准备金和基金。俄央行将利润转移到联邦预算的金额和程序由单独的联邦法律规定。此外，依照法律规定，俄罗斯中央银行代管联邦预算资金、联邦主体预算资金、地方预算资金以及国家预算外资金，对于这些资金的运作，以及国家债务和外汇资产的管理，中央银行不收取手续费。必要时，俄罗斯中央银行和联邦财政部将签订开展上述业务的协议②。

3. 铸币税及其归属

铸币税是新发行纸币的面值与其生产成本之间的差额，即铸币税 = 已发行货币的面值 - 其生产和维持货币流通的成本。有专家表示③，俄罗斯中央银行可以直接将铸币税的部分收入转移至国库，但这种方式没有被使用；此外，央行也可以通过向联邦政府提供无息贷款的方式转移铸币税收入，但这种方式可能导致公共债务的上升。由此，俄罗斯央行会将铸币税收入借给银行用于发放贷款、偿还债务等，以

---

① О. В. Смирнова. СенЬораж и формирование прибыли центрального банка: теоретико - экономический аспект [J]. Финансы и кредит. 2013. 1 (529).

② Федеральный закон о центральном банке Российской Федерации (Банке России), http: //pravo. gov. ru/proxy/ips/? docbody = &nd = 102077052.

③ Сеньораж. https: //bankspravka. ru/bankovskiy - slovar/senorazh. html. 2011. 10.

取得利息收入，或在必要时购买政府债券用于弥补财政赤字，由此获得的利润记入央行的总利润中①。在此基础上，央行依据法律规定将总利润的75%上缴联邦财政（见表1－17）。

表1－17　俄罗斯中央银行收益结构　单位：亿卢布

收益项目	2020年	2019年
1. 利息收入	2929	3633
2. 证券运营收入	20944	286
3. 贷款收入和参与其他组织信贷活动的收入	55	1874
3.1 包括投资于俄罗斯联邦储蓄银行（ПАО Сбербанк）的收入	0	1807
4. 其他收入	114	514

资料来源：《2020年俄罗斯中央银行年度报告》，Годовой отчет Банка России за 2020 год.

三、央行外币储备及其管理

俄罗斯的外汇储备由央行和财政部共同管理。其中，俄罗斯国家福利基金在中央银行账户中的外汇储备属于预算资金，所有权与管理权属于财政部；除此以外的外汇储备均由央行管理。俄外汇储备主要以外国债券、往来对应账户余额为主，比重最高的币种为欧元。

（一）外币储备结构及规模

俄罗斯中央银行外币储备包括：其他国家的国有债券与非国有债券；往来对应账户（包括未分配的黄金账户）上的余额；反向回购协议下的贷款；国际货币基金组织的储备头寸，即俄罗斯在国际货币基金组织储备部分的提款权余额，再加上向该组织提供的可兑换货币贷款余额；欧洲债券等。此外，俄罗斯国家福利基金账户上以外汇命名计价、储存在中央银行且由央行投资于外国金融资产上的资产包括在俄罗斯的国际储备之中。这些储备的币种包括美元、欧元、英镑、加拿大元、澳大利亚元、瑞士法郎、日元、人民币等。截至2020年底，俄罗斯中央银行的外币储备为4509亿美元。

在俄罗斯央行的外币储备中，外国国有债券占比最高，2021年初为40%，相比于2020年同期增加3.7个百分点；其次为往来对应账户上的余额，2021年初为

① Куда уходит сеньораж. https：//nstarikov. ru/kuda－uhodit－senorazh－12618. 2011. 10. 26.

23.4%，相比于2020年减少8个百分点（见图1-5）。此外，欧元是俄罗斯外币储备比重最高的币种，2021年初为29.1%，其次为美元21.2%，再次为人民币12.8%（见图1-6）。

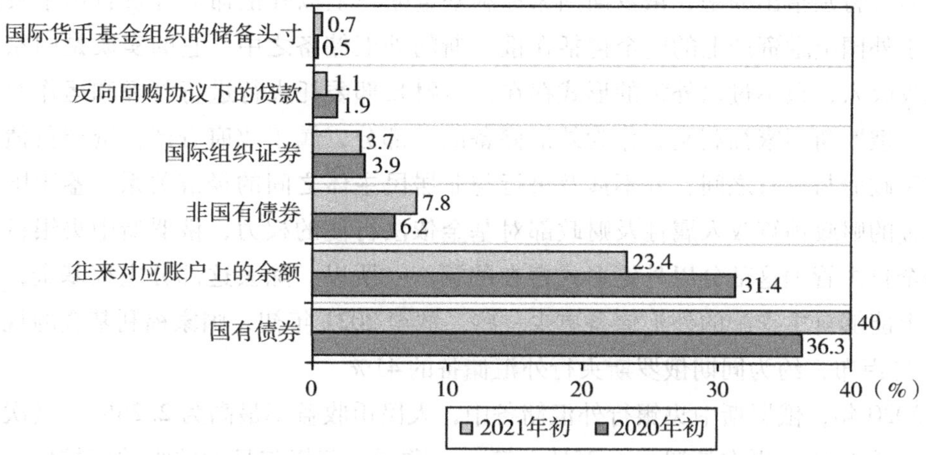

图1-5 俄罗斯中央银行外币储备结构

资料来源：《2020年俄罗斯中央银行年度报告》，Годовой отчет Банка России за 2020 год.

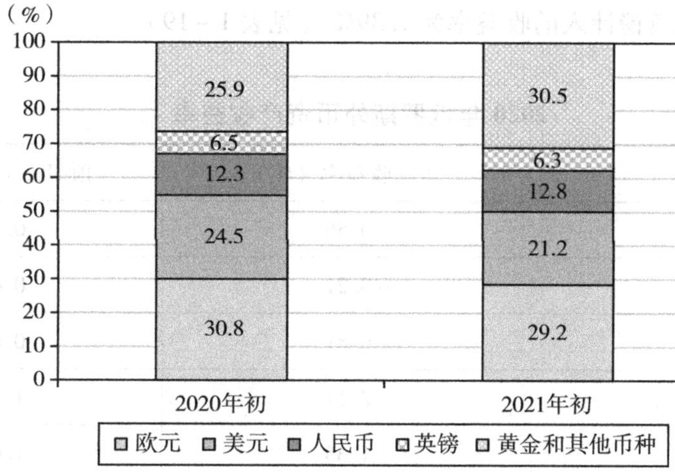

图1-6 俄罗斯中央银行外币储备币种结构

资料来源：《2020年俄罗斯中央银行年度报告》，Годовой отчет Банка России за 2020 год.

（二）财政部与中央银行共同管理外汇储备

俄罗斯外汇储备的管理模式是财政部与央行共同参与的二元平行管理模式，即央行和财政部各负责部分储备管理①。俄央行负责管理汇率干预所需的外汇储备，

① 彭慧．俄罗斯如何管理外汇储备［EB/OL］．http：//forex. hexun. com/2012-12-13/148994032. html.

追求流动性管理，这部分外汇收入属于中央银行①；财政部负责国家福利基金的保值增值，追求主权基金收益性管理，从性质上说这部分收入是基于税收的财政收入，所有权属于财政部②。

需要特别指出的是，俄罗斯国家福利基金账户上以外汇命名计价且由中央银行投资于外国金融资产上的资金包括在俄罗斯的外汇储备之中。它的实质是国家征收的税收收入，只不过以外汇的形式存在，由财政部委托央行进行管理和运作并支付利息。俄罗斯国家福利基金作为外汇储备的一部分，属于政府资产，资产负债关系存在于政府与央行之间，并不涉及央行与非居民主体之间的经济关系。鉴于国家福利基金的财政预算收入属性及财政部对基金依法行使的权力，俄罗斯中央银行并不能完全自主管理这部分以外汇形式存在的资产。所以，除去这部分主权基金，央行实际上能够自主支配的外汇储备更少一些。截至2021年初，国家福利基金的规模为1834亿卢布，约为同期俄罗斯央行外汇储备的41%。

2020年，俄罗斯中央银行外汇储备中，人民币收益率最高为2.26%，其次是加拿大元2.11%，再次是澳元1.35%；美元、欧元、英镑与日元的收益率较低，分别为0.56%、-0.21%、0.81%与-0.02%（见表1-18）。同年，国家福利基金外币账户的总收益率为1.02%；其中，以美元计入的收益率2.29%，以欧元计入的收益率为0.34%，以英镑计入的收益率为1.39%（见表1-19）。

表1-18　　2020年俄罗斯外币资产收益率

	实际收益率（%）	预期收益率（%）
美元	0.56	0.29
欧元	-0.21	-0.47
英镑	0.81	0.67
加拿大元	2.11	1.96
澳元	1.35	1.06
元（人民币）	2.26	2.17
日元	-0.02	-0.08

资料来源：《2020年俄罗斯中央银行年度报告》，Годовой отчет Банка России за 2020 год.

① А. Н. Сухарев. Механизм образования прибыли центральных банков [J]. Финансы и кредит. 2011. 23 (455).

② 张聪明. 外汇储备：中俄两国的共性与差异 [J]. 欧亚经济，2014 (06)：26-65+124.

表 1－19　　　　俄罗斯国家福利基金收益率

	2020 年收益率（%）	2008 年以来年均收益率（%）
美元	2.29	1.40
欧元	0.34	0.88
英镑	1.39	2.53

资料来源：О результатах размещения средств Фонда национального благосостояния в 2020году. https：//minfin. gov. ru/ru/press－center/？ id_4 = 37395 － o_rezultatakh_razmeshcheniya_sredstv_fonda_natsionalnogo_blagosostoyaniya_v_2020_godu. 2021. 03. 01.

四、思考与启发

国家福利基金的设立与运行是俄罗斯较为成功的经验，其充足的外汇储备为俄罗斯财政与经济提供了有力保障，曾在多次经济危机中偿还外债、弥补财政支出、缓解财政危机。俄罗斯国家福利基金由稳定基金发展而来。俄罗斯于 2004 年设立稳定基金，并将其作为预算稳定机制的重要工具，目的为减轻国际石油价格波动对经济的冲击，保障财政收支平衡。2008 年，稳定基金被分为储备基金和国家福利基金，前者延续了稳定基金的功能，主要用于资助财政支出、弥补财政赤字；后者则主要用于资助养老保障资金。2017 年，储备基金几乎用尽，被并入国家福利基金，二者再次合二为一，由国家福利基金同时肩负熨平经济波动、弥补财政赤字的职责。如今，国家福利基金的外汇储备达到 GDP 的 12%，在近十年增长了 5 倍。

俄罗斯国家福利基金是中央银行外汇储备的重要组成部分，几乎占所有外汇储备的一半。鉴于这部分资金属于预算资金，因而其收入与支出、管理、投资规模与方案等全部由财政部进行规范，相应的收益也全部归国库所有。财政部与俄罗斯银行签订条款，由中央银行代为开设国家福利基金专门账户，并向财政部支付使用基金的利息。整体来看，2020 年国家福利基金的投资收益率相比于总体外汇储备要好一些。国家福利基金中以美元计价的外币收益率高于整体美元收益率 1.73 个百分点，欧元收益率高出 0.55 个百分点，英镑收益率高出 0.58 个百分点。

第七章 巴　西

一、央行与财政的关系分析

（一）央行收益分配的法律框架

巴西政府通过制定一系列法律条款确定央行盈余的分配问题①。1964 年 12 月 31 日发表的第 4595 号法案第 8 条②首次创建了央行损益向财政部转移的分配机制，1987 年 12 月 25 日第 2376 号法令进一步重审，自 1988 年 1 月 1 日起巴西央行的营业收入及费用，按照权责发生制原则，在弥补以前会计年度损失后上缴国库。然而，受汇率政策、准财政业务（非货币政策执行专用业务）等的影响，从 1994 年后期开始，巴西央行连续数年亏损。为解决这一困境，货币当局将央行亏损重新划分为“需抵消的业绩”，并以资产账户形式纳入会计核算，用未来财政年度的收益抵消③。

为确保财政部能够补足央行亏损，避免对货币当局的约束，1998 年第 1789 号临时性法案第 3 条规定，在储备存量或调整明确后，如果央行资产负债表为正，则联邦政府对央行的负债应在国家货币委员会批准其资产负债表后 10 日内支付；如果央行资产负债表为负，则联邦政府对央行的负债应在国家货币委员会批准其资产负

---

① Explanatory Note on the Accounting Statements [EB/OL]. [2022-05-31]. https://www.bcb.gov.br/ingles/inffina/be20010930/2notaexp-set-i.asp?frame=1.

② LEI N° 4.595, DE 31 DE DEZEMBRO DE 1964 [EB/OL]. [2022-03-20]. http://www.planalto.gov.br/ccivil_03/leis/L4595compilado.htm.

③ NUNES, Selene P. P. Relacionamento entre Tesouro Nacional e Banco Central: aspectos da coordenação entre as políticas fiscal e monetária no Brasil, in Finanças Públicas - Ⅳ Prêmio SMF de Monografia. Brasília: Ministério da Fazenda, 2000.

债表后下一个财政年度的第10个工作日支付①。与此同时，巴西央行向财政部转移的收益，优先用于摊销联邦政府债，其次用于偿还央行持有债务。

2000年5月4日《财政责任法》（补充法）对上述规定做了部分修订完善，弥补了前述法规未考虑到的风险②。其中，第7条明确巴西央行的盈余在计提准备金后剩余部分划转财政部，并在半年度资产负债表公布前10天划转到位，专门用于支付联邦政府债或央行债务；亏损记为财政部对央行的负债，并在特定预算分配中予以体现。2019年5月3日第13820号法案规定③，自2019年7月1日起，巴西央行的盈余作如下安排：一是如果是盈利，将依据外汇储备和衍生产品运行要求额计提准备金后转入财政部，截至财务报表批准后第10个工作日；二是如果亏损，将由财政部在遵循权益总额占总资产1.5%的最低限额基础上，使用外汇储备和机构股权予以弥补，截至财务报表批准后的第10个工作日。最后，根据2021年2月24日第179号补充法案，在考虑所有收入和支出后，巴西央行每年应按照权责发生制原则计算其1月1日到12月31日期间的盈余④。截至2021年9月底，巴西央行盈余额为559.95亿雷亚尔。

另外，2000年《财政责任法》第7条第3款规定，巴西央行应在季度资产负债表中解释说明其偿还国库存款、维持外汇储备的成本及证券投资组合的盈利能力，尤其是联邦政府发行的证券⑤。截至2021年9月底，巴西央行应偿付的国库存款成本总额为904.80亿雷亚尔，其中第1—3季度分别为272.53亿雷亚尔、290.75亿雷亚尔、341.51亿雷亚尔。巴西外汇储备持有成本，遵循按日测算原则，是国际外汇储备利润率（含汇率变动）与央行平均融资率之间的差额。2021年第三季度持有的国际储备为18908.72亿雷亚尔，其中国际储备回报率为7.91%，央行融资率为1.53%，则外汇储备持有成本为120.61亿雷亚尔。同期，巴西央行联邦政府证券投资组合的盈利能力累计为1188.95亿雷亚尔，其中第1—3季度分别为368.21亿雷亚尔、385.08亿雷亚尔和435.67亿雷亚尔。

（二）央行与财政之间的关系

根据联邦宪法，联邦政府的现金资产必须存入巴西央行，且禁止巴西央行直接

① Relationship between the fiscal and monetary authorities: international experience and the Brazilian case [EB/OL]. [2022-05-30]. http://www.tesouro.fazenda.gov.br.

②⑤ LEI COMPLEMENTAR N° 101, DE 4 DE MAIO DE 2000 [EB/OL]. [2022-03-18]. http://www.planalto.gov.br/ccivil_03/leis/lcp/lcp101.htm.

③ BANCO CENTRAL DO BRASIL BALANCE SHEET (as at September 30, 2021) [EB/OL]. [2022-03-15]. https://www.bcb.gov.br/content/about/balance/DFs%20BCB%20Setembro-2021%20-%20ingl%C3%AAs.pdf.

④ LEI COMPLEMENTAR N° 179, DE 24 DE FEVEREIRO DE 2021 [EB/OL]. [2022-03-19]. http://www.planalto.gov.br/ccivil_03/leis/lcp/Lcp179.htm#:~:text=LEI%20COMPLEMENTAR%20N%C2%BA%20179%2C%20DE%2024%20DE%20FEVEREIRO%20DE%202021&text=Define%20os%20objetivos%20do%20Banco, 31%20de%20dezembro%20de%201964.

或间接向财政部或任何非金融机构提供贷款。此外，为调节货币供应量或市场利率，央行可以买卖国库券，央行的资产和收益免税①。

1. 央行的业绩

根据国家货币委员会的工作指南及相关规定，巴西央行的收益主要分为两类，即汇率波动收益和经营活动收益。其中，汇率波动收益是由国际储备管理或央行在国内市场汇率套期操作中所创造的收益。2008 年 12 月 5 日颁布的第 11803 号法案明确规定，汇率波动收益将直接转入联邦政府汇率稳定专门账户。经营活动所产生的收益按比例转入财政部，并作为支付联邦债的专款收入。如果央行亏损，计入财政部的“收入储备”可调转用于弥补亏损；如果“收入储备”不足以弥补当年亏损，在确保央行资本资产比不低于 1.5% 的情况下，可由央行的资本弥补亏损。如果仍不能弥补央行亏损，则余额可记为财政在央行的债务，在资产负债表批复后的第 10 个工作日前，由内部联邦证券债务（the Internal Federal Securities Debt，DPMFI）弥补。当央行流动性严重受限时会极大地影响内部联邦证券债务的融资能力，经国家货币委员会批准同意后，可用收入储备弥补内部联邦证券债务。

2. 自动注资

自动注资机制解决了央行信誉因担忧其资本水平而受损的风险。2019 年第 13820 号法案保障了央行的营运自主权，即国库必须发行证券，以确保央行的投资证券组合中有足额用于货币政策目标的证券②。准确地说，如果货币当局的资本资产比在每月的第 20 天达到 0.25%，那么财政部必须在月底之前通过发行证券（适用于货币政策）对央行注资，确保资本资产比达到 0.5%。

3. 央行用于货币政策操作的证券投资组合

央行不发行证券。为投资组合中即将到期的联邦证券再融资，央行可通过公开拍卖方式直接买卖联邦政府为货币政策目的而发行的债券。根据 2019 年第 13820 号法案，如果央行的可交易公债投资组合价值等于或低于其证券投资组合总额的 4% 时，联邦政府必须发行证券，发行额应达到证券投资组合总额的 5%。央行证券投资组合中的债券期限及构成由巴西经济部确定。

另外，根据 1998 年第 1789 号临时法案第 1 条规定，自 1999 年 1 月 18 日起巴西联邦政府持有的现金收益率，由巴西央行持有联邦债的内部收益率加权平均数确定。相关收益直接划入联邦政府在央行的单一账户中。

---

① Relationship between Bank Central do Brasil and the Treasury [EB/OL]. [2022-03-20]. https://www.bcb.gov.br/en/about/relationtreasury.

② LEI N° 13.820, DE 2 DE MAIO DE 2019 [EB/OL]. [2022-03-20]. http://www.planalto.gov.br/ccivil_03/_ato2019-2022/2019/lei/L13820.htm.

（三）央行的战略目标

依据多年期政府规划（the Multi - year Government Plan，PPA），巴西中央银行出台了四年期战略规划，包括诊断、制定、战略风险调查、主题和行动分解、监测和评估等阶段。据巴西央行的2020—2023年机构战略规划（PEI - BCB），战略目标如下：实现国家货币委员会（CMN）设定的通胀目标，在不损害价格稳定基本目标的情况下，缓和经济波动，促进充分就业；维护国家金融稳定；促进金融市场准入；提高金融市场和巴西央行的透明度、质量和信息流动性；强化金融和支付系统内的竞争；激励储蓄和市场参与；推动可持续金融，为缓解经济金融体系中的社会环境和气候风险发挥作用；通过创新、技术、资源的有效利用及与国际惯例接轨等措施，提高巴西央行的履职能力。

二、央行的资产与收益

巴西央行是联邦政府全资控股的实体部门。根据巴西财政责任法，巴西央行必须每半年向国民大会提交一次资产负债表，及有关货币、信贷和外汇政策目标的评估报告。此外，巴西央行还需每季度对外披露其运营成效和财政成本①。

（一）资产及负债

根据国际财务报告准则，巴西央行的业务分为外币和本币两类。为应对新冠疫情，巴西央行采取一切措施确保国家金融体系及信贷的流动性。其中，对央行财务报表产生影响的措施，具体包括央行向金融机构发放贷款，可由公司债券和担保金融票据支持贷款；降低定期存款准备金。通过这一措施，巴西央行减少了银行的680亿雷亚尔法定定期存款准备金，准备金率从25%下降到17%；降低储蓄机构的法定存款条件；降低金融机构的融资成本；以美元转售（回购）主权债券操作，即央行以低于市价的方式回购金融机构持有的以美元计价的巴西主权债券（全球债券），提供美元流动性操作；调整美元流动掉期基准；在债券市场上购买企业债券。

根据央行公布的资产负债表，截至2021年9月巴西央行的资产总规模为41569.56亿雷亚尔，负责总规模为37833.56亿雷亚尔，所有者权益规模为3176.05亿雷亚尔及收入账户规模为559.95亿雷亚尔（见表1 - 20）。其中，央行资产中外币资产金额为21310.54亿雷亚尔，本币资产金额为20259.02亿雷亚尔；央行负债中外币负债规模为2277.99亿雷亚尔，本币负债规模为32187.12亿雷亚尔，流通中的货币3368.44亿雷亚尔。

---

① 巴西央行职责及自治权［EB/OL］．［2022 - 03 - 18］．https：//www.bcb.gov.br/en/about/accountability.

表 1－20　　巴西中央银行资产负债表　　单位：亿雷亚尔

资产	2020 年末	2021 年 9 月	负债及权益	2020 年末	2021 年 9 月
外币资产	19635. 29	21310. 54	外币负债	1383. 12	2277. 99
现金及现金等价物	553. 15	1639. 91	托收项目	—	194. 91
金融机构定期存款	636. 72	497. 71	依回购协议售出的金融资产	529. 56	431. 19
外部管理资金	476. 21	439. 39	衍生产品	0. 48	2. 03
依回购协议购买的资产	529. 58	431. 20	应付账款	248. 57	1032. 93
衍生产品	0. 63	0. 70	国际金融组织存款	604. 48	616. 91
有价证券	16333. 80	17027. 26	其他	0. 03	0. 04
应收账款	65. 38	29. 48	本币负债	31591. 75	32187. 12
黄金储备	213. 11	398. 43	托收项目	0. 24	0. 42
对国际金融组织的投资	826. 70	846. 45	金融机构存款	4191. 34	4426. 42
其他			依回购协议售出的金融资产	12358. 14	11309. 17
本币资产	20200. 29	20259. 02	衍生产品	5. 83	11. 44
托收项目	0. 01	0. 05	联邦政府应付账款	14546. 25	15951. 81
依回购协议购买的资产	0. 19	19755. 57	应付账款	3. 78	4. 29
衍生产品	9. 31	0. 04	国际金融组织存款	0. 06	0. 15
联邦政府债券	19250. 57	483. 13	条款	464. 23	458. 41
联邦政府应收账款	0. 04	7. 48	其他	21. 88	25. 02
应收账款	921. 49	12. 76	流通中的货币	3704. 41	3368. 44
司法部门存款	0. 22		所有者权益	3156. 30	3176. 05
财产及设备	7. 73		资本	1396. 75	1396. 75
其他	10. 73		留存盈余	1649. 12	1649. 12
			重估价盈余	3. 41	3. 41
			直接计入股本的收益（亏损）	107. 02	126. 77
			收入账户		559. 95
			债权人		5753. 14
			债务人		－5193. 19
资产总额	39835. 58	41569. 56	负债及权益总额	39835. 58	41569. 56

资料来源：BANCO CENTRAL DO BRASIL BALANCE SHEET（as at September 30，2021）[EB/OL]. [2022－03－15]. https：//www. bcb. gov. br/content/about/balance/DFs%20BCB%20Setembro－2021%20－%20ingl%C3%AAs. pdf.

（二）央行货币发行及收益结构

巴西联邦宪法规定由央行垄断发行权。自1969年以来，巴西造币厂（the Brazil's Mint，CMB）依合同约定向央行供应纸币和硬币，用于满足银行系统和大众对货币的需求。

巴西央行的收益由资本金、收入准备、准备金重估收益、直接计入股本的损益构成。其中，一是资本要素。具体包括初始股本额为14526雷亚尔，是巴西央行的原始资本，由1995年12月31日货币政策重申；巴西央行收益自1987年起纳入银行股权，总额达2561830雷亚尔；因回购投资组合发行的联邦政府证券而增加的资本金额为13709.91万雷亚尔。二是收入储备。根据2019年第13820号文件规定，自2019年7月1日起在国内市场开展的外汇储备和外汇衍生品业绩可用于弥补央行亏损。另外，余额可用于支付联邦证券债，如央行权益资产比不低于1.5%、流动性约束条件显著地影响了联邦证券债的再融资能力。由新冠疫情造成的经济危机，严重影响了联邦证券债的再融资能力，由国家货币委员会授权将部分收入准备转入联邦账户，到2020年8月28日转入财政部的金额达32500万雷亚尔。三是准备金重估收益。巴西央行自用资产重估收益一直延续到2004年。之后，巴西央行采用成本法测算其资产和设备，2020年资产额为997.7万雷亚尔，2019年为5782.1万雷亚尔。四是直接计入股本的损益，包括国际投资金融机构及定期存款计划价值重估。截至2020年底，直接计入股本的损益107.2亿雷亚尔（见表1－21、表1－22）。截至2021年底，巴西央行盈余总额达858.96亿雷亚尔，其中收入准备金为142.20亿雷亚尔，直接转财政部的收入为716.76亿雷亚尔。期间，铸币税损失211.95亿雷亚尔，其中流通中的货币损失额为314.28亿雷亚尔，现金及灵活存款变动额为90.75亿雷亚尔，广义消费价格指数变动率为10.06%，货币发行费支出8.85亿雷亚尔①。

表1－21　　巴西央行收益表　　单位：亿雷亚尔

	2019年末	2020年末	2021年9月
利息收入	1583.80	1372.60	1219.99
利息支出	－1989.67	－1286.93	－1306.11
净利息收益	－405.87	85.67	－86.13
以公允价值计入损益的金融工具损益	1206.05	45761.88	642.69
外币损益	0.85	－67.24	15.61

① Annual Report 2021［EB/OL］.［2022－08－20］. https://www.bcb.gov.br/content/publications/mgmtreport/AR_2021.pdf.

续表

	2019 年末	2020 年末	2021 年 9 月
货币黄金的损益	25.11	80.26	-4.17
减值	18.48	4.81	-32.39
其他收入	49.83	59.93	57.51
其他费用	-38.68	-43.48	33.17
净收入	855.77	4696.12	559.95

资料来源：BANCO CENTRAL DO BRASIL BALANCE SHEET（as at September 30，2021）［EB/OL］．［2022-03-15］．https：//www.bcb.gov.br/content/about/balance/DFs%20BCB%20Setembro-2021%20-%20ingl%C3%AAs.pdf.

表 1-22　　央行所有者权益变动表　　单位：亿雷亚尔

	资本	收入储备	准备金重估	直接计入股本的损益	留存损益	权益总额
2019 年末	1396.75	450.47	3.50	-157.00		1693.73
收入储备		4448.65			-4448.65	
转入国库的收入储备		-3250.00				-3250.00
准备金重估收益			-0.10		0.10	
直接计入股本的损益				264.02		264.02
2020 年上半年净收入					5032.22	5032.22
2020 年下半年净损失					-336.10	-336.10
2020 年净收入					4696.12	4696.12
2020 年上半年上缴国库的收益					-247.57	-247.57
2020 年末	1396.75	1649.12	3.40	107.02		3156.30
2018 年末	1396.75	24.04	4.08	-158.22	0.51	1267.17
收入储备		426.43			-426.43	
转入国库的收入储备			-0.58		0.58	
准备金重估收益				1.22		1.22
直接计入股本的损益					210.42	210.41
2019 年上半年净收入					645.35	645.35

续表

	资本	收入储备	准备金重估	直接计入股本的损益	留存损益	权益总额
2019 年下半年净损失					855.77	855.77
2019 年净收入					-210.76	-210.76
2019 年上半年上缴国库的收益					-219.67	-219.67
2019 年末	1396.75	450.47	3.50	-157.00		1693.73

资料来源：BANCO CENTRAL DO BRASIL BALANCE SHEET (as at September 30, 2021) [EB/OL]. [2022-03-15]. https://www.bcb.gov.br/content/about/balance/DFs%20BCB%20Setembro-2021%20-%20ingl%C3%AAs.pdf.

三、外汇储备管理

（一）管理架构

根据第 4595 号法令，自 1964 年 12 月 31 日起，巴西央行成为本国黄金、外币和特别提款权储备的唯一责任人。2017 年 5 月巴西央行成立了监管、风险控制委员会（The Governance, Risk and Control Committee, GRC）内设机构，具体负责制定国际储备的战略目标和风险回报情况，并依据综合风险管理政策支持国际储备的治理结构。2020 年，战略资产配置委员会（the SAA - Strategic Asset Allocation Committee）成立，该委员会负责定期向 GRC 提交基准投资组合的投资建议。此外，战略资产分配管理委员会（The TAA - Tactical Asset Allocation - Active Management Committee）成立，负责在 GRC 规定的风险范围内，通过实施与基准投资组合相关的投资，赚取短期利差。实践中，巴西国际储备分为长期战略储备和短期投资。国际储备管理分为六类管控工作①，其中国际储备部（Depin）的内控办（Dicoi）、公司风险基准部（Deris）、央行内审办（Audit）负责内部控制；总审计长办公室②（CGU）、巴西审计法院（TCU）及独立审计师负责外部控制。

（二）外汇储备结构

2009 年，巴西央行出台了外汇储备币种多样化政策。从外汇储备币种构成来

① International Reserves Management Report [R/OL]. [2022-05-18]. https://www.bcb.gov.br/content/financialstability/irmr/relatorio_anual_reservas_internacionais_en_2021.pdf.

② 总审计长办公室（The Office of the General Comptroller, CGU）是巴西央行的外设机构，是巴西联邦政府部门的独立机构。

看，2011—2020年美元储备额占比最大，后期储备币种结构略调整，其中欧元储备比重略有上升（见表1-23）。截至2020年底，巴西外汇储备结构如下：美元86.03%、欧元7.85%、英镑2.02%、日元1.72%、黄金1.19%及其他币种1.21%。

表1-23　巴西外汇储备构成——按币种划分　单位：%

年度	美元	欧元	日元	英镑	加元	澳元	黄金	其他
2011	79.61	4.94	0.99	2.98	6.01	3.10	0.50	1.90
2012	77.40	5.20	2.30	3.00	6	3.00	1.00	2.10
2013	77.70	5.70	2.00	3.20	5.8	2.70	0.80	2.10
2014	79.70	4.50	1.25	3.08	5.98	2.73	0.74	2.02
2015	82.95	4.62	1.81	3.01	4.29	2.65	0.66	0.01
2016	83.46	4.42	2.13	2.60	4.35	2.59	0.70	-0.25
2017	82.25	4.97	1.83	2.82	4.49	2.88	0.76	0.00
2018	89.93	5.13	1.49	1.92	0.47	0.30	0.75	0.00
2019	86.77	7.35	1.73	2.11			0.49	1.10
2020	86.03	7.85	1.72	2.02			1.19	1.21
平均	82.58	5.47	1.73	2.67	4.67	2.49	0.76	1.02

资料来源：巴西央行官网数据库整理所得。

自2016年起，巴西央行对美国设有风险敞口，并使用ETF管理。从储备资产类别构成来看，截至2020年底，巴西央行的外汇储备资产构成中主权债券占88.18%、央行及超国家组织中的存款占4.99%、股指占ETF 1.29%、超国家组织债券占1.22%、商业银行存款占0.23%、美国抵押债（MBS ETF）占0.15%、黄金及地方债等其他资产占1.48%（见表1-24）。

表1-24　巴西外汇储备构成——按资产类别划分　单位：%

年度	主权债	机构债	超国家债	商业银行存款	超国家存款	股指	美国抵押债	其他
2011	83.51	7.12	4.40	0.33	3.83			0.80
2012	89.87	3.19	1.23	0.41	4.07			1.22
2013	91.17	2.31	1.05	0.27	3.47			1.74

续表

年度	主权债	机构债	超国家债	商业银行存款	超国家存款	股指	美国抵押债	其他
2014	89.99	2.70	1.26	0.24	3.69			2.13
2015	88.47	2.57	1.01	0.16	4.50			3.29
2016	88.70	1.60	0.70	0.20	7.87			0.94
2017	87.64	1.61	0.74	0.65	8.49			0.88
2018	93.18	1.56	0.78	0.36	2.47	0.74	0.14	0.79
2019	93.03	1.78	0.86	0.41	1.63	1.04	0.15	1.12
2020	88.18	2.45	1.22	0.23	4.99	1.29	0.15	1.48
平均值	89.37	2.69	1.33	0.33	4.50	1.02	0.15	1.44

资料来源：巴西央行官网数据库整理所得。

（三）外汇储备风险管理

巴西央行专门设立了IT系统实时监控投资组合的市场、信用和流动性风险，经营损失和其他经营限额变动等。

1. 市场风险

投资组合的市场风险是指由于投资组合资产的市场价格变化而造成财务损失的风险。巴西央行使用风险价值法（the Value at Risk，VAR）来监测国际储备面临的与股票和大宗商品相关的风险因素；使用压力测试法（The Stress Test）评估外汇储备暴露在央行不利头寸或外部事件等风险因素时可能产生的潜在金融损失。

2. 流动性风险

流动性风险是指资产所有者无法在不产生重大成本的情况下出售资产或平仓的风险。为了保证外汇储备有足够的流动性，巴西央行制定了一系列限制持有规模和投资期限的指导方针，并对主权、超国家和机构证券等每类资产都设定了最大的购买限额和最大份额。此外，巴西央行还采用流动性成本评分法来监测投资组合的流动性风险，在充分考虑所有投资组合买卖价差的基础上，针对每种类证券的发行机构（主权债券、超国家债券、机构债券和ETFs）综合计算。

3. 信用风险

信用风险是与信用事件发生有关的不确定性（如交易对手降级或违约），导致与该交易对手相关的持股价值损失。巴西央行使用内部开发的信用风险统计模型控制金融机构的信用风险。

4. 操作风险

操作风险是指由内部流程、人员和系统不充分或外部事件导致的直接或间接损失的可能性。巴西央行的综合风险管理政策是依据 ISO31000、AS/NZS 4360：2004、ISO22301 等参数以及巴塞尔建议等，针对风险管理和业务连续性所提出的指导方针和建议。巴西央行在风险调查、分析、优先排序、处理、监测和审查阶段使用的操作风险管理工具主要包括：风险与控制自我评估（RCSA）、关键风险指标（KRIs）和事件历史日志（EHL）。

第八章 南 非

南非储备银行（SARB）是南非的中央银行，受《南非储备银行法》监管，主要目标是保护货币价值，以促进平衡和可持续的经济增长，追求价格和金融稳定。在特殊情况下，作为其中央银行职能的一部分，南非储备银行可以充当“最后贷款人”或向陷入困境的金融机构提供援助，以提振金融体系信心。南非储备银行成立于1921年，一直都有私人股东，是世界上拥有私人股东的8家央行之一，其他的还有希腊、比利时、日本、圣马力诺、土耳其、意大利和瑞士。最大的股东是南非共同人寿保险协会，最多持有2万股；其次是南非警察孤寡基金，持有10520股；其他著名的实体包括30个信托公司和29个不动产公司，以及南非的三大银行——第一兰特银行、标准银行和南非联合银行（ABSA）。

一、南非储备银行概况

南非储备银行年度财务报告，包括其子公司和联营公司的活动和财务结果，根据1989年第90号《南非储备银行法》及其条例发布，财务报表是在持续经营的基础上编制的，考虑了南非储备银行创造、分配和销毁本国货币的能力，作为“最后贷款人”的角色，在价格和金融稳定领域的责任，以及在外汇和黄金交易方面与南非政府的关系等。在不违反《南非储备银行法》的情况下，适用2016年南非公司治理King报告的原则和指导方针。

南非储备银行有四个子公司。一是南非造币厂，负责生产流通和收藏硬币，以及生产金币和金条的子公司威望金条（Prestige Bullion），南非造币厂拥有威望金条60%的股份。二是南非纸币公司（SABN），生产纸币。三是公共存款公司（CPD），从南非政府和公共实体接收和投资通知存款。南非储备银行重新为公共存款公司提供了12亿兰特的担保，以满足其履行义务所需的金额，有效期至2023年6月11日。四是存款保险公司（CODI），于2021年正式成立，提供存款保险，以支持南非储备银行实现其保护和维持金融稳定的目标和责任。南非储备银行还有一个联营公司，即非洲银行控股有限公司（ABHL），是非洲保险集团有限公司（InsureCo）和非洲银行有限公司（ABL）的公共控股公司。根据上一财年达成的股东支持交易，南非储备银行将在四年内向ABL提供高达40亿兰特的抵押贷款。其余股东根据各自在ABHL的按比例持股认购ABL的国内中期票据（DMTN）。南非储备银行每年向ABL提供10亿兰特，在其他股东认购国内中期票据时将资金预付给ABL。

（一）管理团队的任命

南非央行的行长和副行长由南非共和国总统在与财政部长和南非储备银行董事会协商后任命，行长和副行长是董事会的执行成员，董事会由11名非执行董事组成，其中4名由政府委任，其余7名由南非央行的股东选举产生。董事会是治理委员会，有助于完善公司治理和道德操守。南非央行的股东除了选举七名董事会成员外，还会考虑集团的年度财务报表，任命外部审计员并批准他们的薪酬，股东和董事会在决定货币政策、金融稳定政策或监管和监督方面均不发挥任何作用。

（二）南非储备银行财务状况

投资外汇储备的市场收益率的显著变动对南非储备银行的投资收益产生了负面影响。南非储备银行的净投资收入，主要来自外国投资和对银行的贷款，2021年减少了60亿兰特至83亿兰特，2022年进一步减少了55亿兰特至28亿兰特。运营成本2021年减少8亿兰特至68亿兰特，2022年增加3亿兰特至71亿兰特，截至2022年3月31日税后亏损20亿兰特，2021年则是实现利润17亿兰特。

2022年，南非造币厂（包括威望金条，下同）税后盈利4亿南非兰特，2021年为3亿南非兰特，向南非储备银行分红7亿南非兰特。南非纸币公司实现税后利润2亿兰特，2021年为1亿兰特，主要是由于纸币销售增加和间接费用回收改善。公共存款公司实现税后利润5亿兰特，2021年为15亿兰特。即非洲银行控股有限公司税后利润2亿兰特，2021年为1亿兰特。

2022年，南非储备银行的总资产增加了699亿兰特至9628亿兰特，主要原因是黄金和外汇储备增加了639亿兰特，2021年是从1702亿兰特减少至8929亿兰特。南非造币厂的总资产减少了2亿兰特，至21亿兰特，2021年是增加了2亿兰特，至23亿兰特。南非纸币厂的总资产增加2亿兰特至26亿兰特，2021年是增加1亿兰特至24亿兰特。公共存款公司的总资产增加95亿兰特至920亿兰特，2021年是增加127亿兰特至825亿兰特，主要原因是现金和现金等价物增加。在上一财政年度，交易对手违约其本票，导致确认公允价值损失。截至2021年3月31日，未偿还债务的名义价值为9亿兰特。除了交易对手在本财政年度偿还的2亿兰特的资本外，2022年5月还收到了2亿兰特的资本偿还，董事们正在密切关注来自交易对手方关于债务重组的信息。

2022年，南非储备银行的总负债增加了715亿兰特至9390亿兰特，主要原因是存款账户增加了687亿兰特和其他负债增加了10亿兰特，2021年是从1718亿兰特减少至8674亿兰特。南非造币厂的总负债增加2亿兰特至8亿兰特，2021年是减少2亿兰特至6亿兰特，主要原因是贸易应付款增加。南非纸币厂的总负债与上年保持一致，2021年是增加1亿兰特至6亿兰特。公共存款公司的总负债增加91亿兰特至926亿兰特，2021年是增加111亿兰特至835亿兰特，主要原因是存款增加102亿兰特，被其他负债减少10亿兰特所抵消。

2022年，南非储备银行的应急准备金减少了20亿兰特，至196亿兰特，2021年是增加16亿兰特，至217亿兰特，原因是释放了应急准备金，以吸收本财年20亿兰特的税后亏损。

（三）新冠疫情的影响

2022年，新冠疫情对南非储备银行的职能和业务产生了重大影响，不同程度的封锁使员工适应了新工作方式，大多数员工继续远程工作。南非储备银行为确保所有关键职能和活动继续运作，降低疫情相关风险，采取了以下措施。

一是持续提供支持，使员工具备遵守疫情相关法规的能力，监控生产力以确保业务连续性。

二是提供与卫生部疫情指南一致的关键支持和指示。

三是满足支持远程工作的信息和通信技术设备的需求，主要工作人员的备用电源需求得到解决，以尽量减少停电的影响。

四是继续利用各种技术加强其网络安全措施，提高远程工作能力，包括政策和程序开发、安全评估、安全设计工作以及推出培训和有针对性的举措。

南非的国家灾难状态已于2022年4月解除，南非储备银行将继续遵循政策和建议，在不危及员工健康的情况下，继续以最佳和最安全的方式运作。

（四）分红及备忘录

《南非储备银行法》允许南非储备银行从其累计利润（储备）中宣布股息，南非储备银行实收股本每年10%的股息分配情况如下，董事会于2021年9月29日批准了每股5分的中期股息，并于2021年10月27日支付给股东。董事会于2022年2

月24日批准了每股5分的期末股息，并于2022年5月18日支付给股东。本财年支付的股息总额为20万兰特，2021年也是20万兰特。

2022年5月16日，由于公共存款公司持续处于技术破产状态，央行行长执行委员会（GEC）批准将南非储备银行向公共存款公司发放的财务担保延长12个月至2023年6月11日。由于公共存款公司在本财政年度的累计亏损减少，担保从35亿兰特减少到12亿兰特。南非造币厂董事会于2022年5月20日宣布向南非储备银行派发9410万兰特的股息。

《南非储备银行法》规定，南非储备银行盈余的十分之一，在股息支付之后，必须记入法定准备金。为防范风险，南非储备银行有以下几种应急储备金：一是国际清算银行重估准备金，在国际清算银行持有的股份是南非储备银行作为中央银行职能的一部分，因此在性质上是长期的。股份只有在国际清算银行事先同意的情况下才能转让。国际清算银行股份重估的公允价值净利得/亏损计入其他综合收益，由外汇变动引起的价值变化被转移到黄金和外汇应急储备账户。二是不动产、厂房和设备重估储备金。公允价值变动而产生的利得和损失计入其他综合收益，当这些资产被出售、收回或以其他方式处置时，先前计入其他综合收益的累积利得或亏损将会计入累计利润。三是离职后福利重估准备金。与重新计算离职后福利有关的精算利得和损失，以及因经验调整和精算假设而引起的损益，均在发生期间记入或贷记其他综合收益，随后不重新分类。

《南非储备银行法》规定南非储备银行盈余的十分之九，在通常提供准备金和股息支付后，必须支付给南非政府。在截至2022年3月31日的财年中，南非储备银行没有向南非政府支付任何利润，2021财年支付了7500万兰特。公共存款公司转入准备金和支付股息后的净利润余额必须支付给南非政府。在截至2022年3月31日的财年中，公共存款公司没有向南非政府支付任何利润，2021年也未支付利润。

二、南非财政部与央行的合作

央行在宏观经济政策方面与其他监管机构和政府部门进行合作，特别是国家财政部，共同维护金融稳定，确保金融系统即使在压力下也能正常运转，确保重要的金融机构不会倒闭。

（一）南非贷款担保计划

南非央行与国家财政部、南非银行协会合作建立了2000亿兰特的南非贷款担保计划，由央行负责管理。该计划的目的是向中小型企业提供贷款，资金可用于支付经营费用，如工资、租金、租赁协议和供应商付款等。贷款的利息从第一次提款之日起累计，企业有60个月的时间来偿还本金和利息。南非央行还为受新冠疫情影响的中小企业提供财政部贷款担保方案的技术解决方案。

（二）人事交流

南非储备银行的第一位行长曾担任过国家财政部长，现任行长曾担任国家财政部总干事，现任的一位副行长曾担任南非国家财政部预算办公室主任，包括在英国财政部预算部门工作了两年。另一位现任副行长曾任国家财政部负责经济政策和预测的副总干事。

2021年时任南非财政部部长姆博维尼（Mboweni）曾是第八任央行行长，他在疫情这段充满挑战的时期对央行坚定支持，他对中央银行有一定的了解，减轻了南非央行的负担，他对南非央行持续支持，管理并积极维护央行的独立和完整，得到了现任央行行长的感谢。

（三）金融立法合作

2021年3月16日，财政部提交了金融部门法律修正案（FSLA）提案给国会财政常务委员会。央行还将与国家财政部和外部利益相关者进行合作，修改《国家支付系统法案》。2021年3月16日，南非财政部向议会财政常设委员会提交《金融服务援助法案》。

财政部公布了财政部长对《1990年银行法》第90条的修正案，自2021年1月1日起生效。修订了净稳定资金比率、银行信息披露和公司治理要求、衡量对手信用风险敞口的标准化方法、基金股权投资的资本要求，以及银行对核心对手敞口的资本标准。

南非央行与财政部协商如何推进《国民养老金法案》（NPC），建议修改1998年第78号国民养老金法案。

2021年2月，南非财政部公布了拟议的《金融部门征税法案》，供公众咨询，该法案允许审慎管理局（PA）向受监管实体征税，以资助其运营。审慎管理局已展开筹备工作，以便在立法架构和订明程序生效后，征收费用和征款。预计生效日期尚未正式宣布，一旦国家财政部完成其程序，审慎管理局将与各行业协商。在此之前，南非央行将继续为审慎管理局提供资金。

（四）可持续金融

可持续金融，包括气候变化。建立审慎管理局气候智库，与国家财政部的活动做协调，主要是围绕2020年5月发布的题为“为可持续经济融资”的技术文件。

该文件为金融部门监管者和监督者制定了建议清单，帮助评估可持续金融和气候风险。

（五）金融稳定监督委员会（FSOC）

委员会成员包括储备银行、财政部和金融部门监管机构的代表。其职能是促进金融部门监管机构与央行在金融稳定问题上的合作。就南非系统重要性金融机构（SIFIs）的指定向央行行长提出建议。向其他国家机构提出建议，协助促进、保护、维护、管理或预防金融稳定风险。

（六）共同应对新冠疫情的影响

南非央行与南非财政部和其他监管机构密切合作，包括金融部门行为监管局（FSCA），确保金融机构采取适当行动，管理新冠疫情的影响。央行还与国家财政部合作使用快速融资工具，即 IMF 向面临国际收支紧急需要的成员国提供的快速财政援助，以应对疫情。

（七）普惠金融

央行与财政部合作，优先利用数字化实现普惠金融，并就财政部的普惠金融政策文件提交意见。与金融情报中心一起，修订了金融行动特别工作组电子资金转账指令，为跨境电子资金转账引入 5000 兰特的门槛，低于此金额的电子资金转账将受到不那么严格的反洗钱/打击恐怖主义融资（AML/CFT）要求，以促进普惠金融。修订后的指令将在公报上公布，随后与南非银行协会和国家财政部就其在共同货币区内的支付应用进行接触。

（八）公共存款公司

南非央行有两个生产货币的子公司，每个子公司都有自己的董事会。行长执行委员会（GEC）任命这些董事会成员。南非储备银行的第三个子公司，公共存款公司（CPD），提供投资服务，其董事会由南非储备银行和财政部的官员组成，他们由财政部长任命。

公共存款公司可将公共部门的活期存款投资于存款、短期货币市场工具和特别国库券。经财政部长批准，南非公共存款公司也可接受其他存户的通知存款。所有投资于南非公共存款公司的资金及赚取的相关利息均可在要求时偿还。

附表 南非储备银行资产负债表（截至2022年3月31日） 单位：千兰特

	南非储备银行集团		南非储备银行	
	2022年	2021年	2022年	2021年
资产				
现金和现金等价物	22432682	38400725	—	—
集团公司应付款项	—	—	3027	—
央行办公费	49505127	44861737	49505127	44861737
投资	5311833	6301443	—	—
其他资产	3634077	3293963	3497297	3149667
黄金和外汇储备	842837114	778937661	842837114	778937661
库存资产	1347265	1175609	6001	4239
远期外汇合约资产	75977	72082	75977	72082
贷款和垫款	12080901	13726181	12072291	13726181
当期应收税款	1442311	693631	1442311	693631
南非政府债券	40503364	39266475	40503364	39266475
国际清算银行股权投资	4954367	5051813	4954367	5051813
对子公司的投资	—	—	1011000	1011000
对联营公司的投资	3467000	3467000	3467000	3467000
不动产、厂房和设备	3627955	3082847	2074404	1543236
无形资产	896532	1123608	865432	1086775
递延纳税资产	443871	—	443871	—
总资产	992560376	939454775	962758583	892871497
负债				
流通中的纸币和硬币	171097062	168338965	171097062	168338965
存款账户	383246937	304270490	291647393	222908759
应付集团公司的款项	—	—	64709782	38352704
外国存款	85143409	93284583	85143409	93284583
其他负债	4844373	4834941	4031188	3057432
南非储备银行信用债券	3806503	15010035	3806503	15010035
无期外汇合同负债	1816178	7896061	1816178	7896061
当期应纳税额	13022	9456	—	—
递延纳税负债	181220	626589	—	437982
离职后福利	2657436	2775083	2452232	2569623

续表

	南非储备银行集团		南非储备银行	
	2022 年	2021 年	2022 年	2021 年
黄金和外汇应急储备账户	314283429	315584260	314283429	315584260
总负债	967089569	912630463	938987176	867440404
资本和储备				
股份资本	2000	2000	2000	2000
累积利润	1571365	1227540	—	—
法定准备金	458526	458526	458526	458526
应急储备金	19642314	21678105	19642314	21678105
国际清算银行重估准备金	3111953	2998586	3111953	2998586
固定资产和设备重估准备金	122936	86897	122936	86897
离职后福利重估准备金	478278	240670	433678	206979
不具控制力股权	83435	131988	—	—
资本和储备总额	25470807	26824312	23771407	25431093
总负债、资本和储备	992560376	939454775	962758583	892871497

注：南非储备银行集团包括南非储备银行及其子公司和联营公司。

数据来源：SOUTH AFRICAN RESERVE BANK ANNUAL FINANCIAL STATEMENTS 2021/22，2022 年 6 月发布。

第九章
新西兰

新西兰储备银行成立于1934年，从1936年起由新西兰政府全资拥有。和大多数国家的中央银行一样，储备银行主要是政策组织。央行被要求确保在整个经济中尽可能地发挥货币作为交易、存储价值和记账机制的作用。根据《新西兰储备银行法案》，储备银行负责制定和执行货币政策，促进健全和高效的金融体系，履行《法案》中规定的其他职能和行使其他权力。新西兰央行的宗旨、愿景和价值观是为所有新西兰人带来经济福祉和繁荣。行长对央行在维持价格稳定、促进健全和高效的金融体系、满足公众货币需求方面的表现负责，但对如何实现这些关键成果保持法定独立。央行的利润和外汇收益全部上缴政府，亏损由政府弥补，截至2022年3月14日央行的净资产/权益约占2021年预算收入的2.78%。

一、新西兰储备银行的金融政策职责范围

2022年6月30日，新西兰财政部长致信央行行长和央行董事会主席，知会与《2021年新西兰储备银行法案》一起发布的央行金融政策职责范围。根据《2021新西兰储备银行法案》第203条发布金融政策职责范围，感谢央行对职责范围草稿的反馈，反馈已纳入最终稿。该规定将于2022年7月1日生效，以配合《2021年新西兰储备银行法案》实施。

（一）金融政策职责范围的目的

本金融政策职责范围由财政部长根据新西兰储备银行法案第203条发布。根据法案第204（1）条，《金融政策职责范围》规定了储备银行在以下一项或多项方面需要

考虑的事项：一是实现金融稳定目标；二是以促进审慎立法目标或目的的方式行事；三是在审慎立法下，担任审慎的规管者和监督者。按照法案第 49 条的规定，储备银行董事会在采取与审慎战略意图和标准相关的行动时，必须考虑到金融政策职责范围。

（二）新西兰储备银行应注意的优先事项

保护和促进金融稳定会对政府的更广泛政策目标和更广泛的经济产生影响。储备银行最好注意以下事项。

1. 政府希望金融体系实现的成果

希望拥有强大、高效和包容的金融体系，在储备银行的监管下，实体破产的发生率较低。在降低破产发生率的前提下，鼓励建立具有竞争力的金融体系，确保持续的金融效率和包容性。在这方面，储备银行应该考虑到以下方面的好处：一是施加与金融体系和社会预期风险和收益成比例的监管和监督成本；二是鼓励新投资和金融创新，以提高经济生产潜力；三是鼓励以最大限度地实现新西兰经济可持续长期增长的方式配置金融资源。如果受监管实体确实倒闭，希望储备银行将倒闭成本和对经济的破坏降至最低，优先保护脆弱的消费者、储户和公共基金。

2. 其他政府政策优先事项

部长还认为，储备银行应该注意以下事项：

（1）住房。政府的政策目标是支持更可持续的房价，抑制投资者需求，提高首次购房者的负担能力。正如《政府住房和城市发展政策声明》所描述的，使每个新西兰人都生活在能够满足其需求和愿望的家园和社区。

（2）气候变化。政府的首要任务是建立适应能力，促进新西兰经济、社会和环境适应气候变化。重要的是，金融体系在应对气候变化带来的转型和潜在风险的过程中，应继续发挥适当作用，支持社区福祉和复原力。

（3）普惠金融。政府的首要任务是改善普惠金融和保持金融业多样性，支持那些得不到传统机构良好服务的群体获得融资和金融服务，包括农村社区、残疾人、低收入者和小企业。

（4）网络复原力。政府的首要任务是提高新西兰的网络复原力，使新西兰在数字世界中有安全和信心。鉴于不断演变的网络风险，重要的是公共和私营部门密切合作，以实现这一目标。

二、新西兰储备银行的内部治理

储备银行自成立以来在新西兰经济中发挥着重要作用，跨越了新西兰最动荡的几十年。储备银行的起源可以追溯到1934年成立之前的许多年。最初，新西兰没有能够发行货币的中央银行，纸币由主要的贸易银行发行。英国迫切希望新西兰和澳大利亚效仿英格兰银行建立自己的央行。尽管新西兰政府对此感兴趣，但最初并不愿意这么做，直到1930年来访的英国专家奥托·尼迈耶推荐了新西兰中央银行。

新西兰储备银行的管理层由10人行政领导团队、高级管理层、董事会、货币政策委员会、货币政策外部顾问组成。董事会的主要目的是审查行长和储备银行的业绩。董事会定期举行会议，以了解新西兰储备银行最新的活动、决定和政策，并向行长提供建议。货币政策委员会负责制定新西兰的货币政策。货币政策外部顾问协助和建议行长履行储备银行维持价格稳定的货币政策义务，2019年4月起，被正式任命的货币政策委员会外部成员所取代。

（一）货币政策委员会

负责制定新西兰的货币政策，旨在实现以下经济目标：①实现和保持中期物价总水平稳定；②支持最大限度的可持续就业。货币政策委员会受制于《货币政策框架》中规定的货币政策委员会职权范围和章程，成员也必须遵守行为准则。货币政策委员会有内部成员三名，包括储备银行行长阿德里安·奥尔，储备银行副行长兼金融稳定部门总经理克里斯汀·霍克斯比，代理首席经济学家/经济主任亚当·理查森，曾担任储备银行“中央银行分析”经理。外部成员也是三名，卡罗琳·桑德斯教授是林肯大学国际贸易与环境教授、新西兰土地保护研究委员会的董事、生物安全部长咨询委员会的成员。鲍勃·巴克尔教授是惠灵顿维多利亚大学的名誉教授，曾任新西兰财政部首席顾问，亚太经合组织经济委员会主席，欧洲管理发展基金会（EFMD）审查小组的主席。彼得·哈里斯是经济学家和审计专家，在工会运动方面有着丰富的经验，曾担任财政部长的经济顾问。

（二）货币政策框架

新西兰货币政策框架修正案于2019年4月1日生效。职权范围、章程和行为守则是新架构的主要组成部分。为货币政策委员会（MPC）提供了与《新西兰储备银行法案》的经济目标相一致的操作目标。货币政策委员会也将受到章程和行为准则的约束。该修正案对决策程序、透明度和问责制提供了指导。行为准则列出了MPC成员必须遵守的道德和专业行为的最低标准。

三、新西兰财政部与央行的沟通与合作

（一）意向说明书

《储备银行法》要求储备银行在每个财政年度开始前向财政部长提供意向说明

书（SOI）。意向说明书订明了央行未来三年的目标和期间第一年的预算，还详细说明了央行下一财政年度的战略重点。

（二）资金协议

储备银行的资金协议是央行行长和财政部长之间五年一次的协议，规定了银行可以保留多少收入来满足其运营成本，其余收入将拨给政府（最新资金协议见附录）。

（三）向财政部长通报情况

这些文件是为向即将上任的财政部长介绍新西兰储备银行的作用和职能而编写的，也打算为其他有关方面提供有用的简报。

（四）财政部长的预期信

财政部长给储备银行行长的信，概述了对央行与财政部关系以及本年度特别感兴趣领域的广泛预期。

2022 年 3 月 29 日，新西兰财政部长格兰特·罗伯逊（Grant Robertson）给新西兰储备银行过渡董事会主席尼尔·奎格利（Neil Quigley）教授写信，表达了新西兰财政部对新西兰央行 2022/23 财年的预期，该信件同时抄送新西兰新任储备银行行长阿德里安·奥尔（Adrian Orr）。信件传达了对新西兰储备银行未来财政年度的期望，旨在为银行业务计划及其启动新的储备银行法案提供信息。央行在新西兰经济中的作用至关重要，央行的行动影响经济表现，对新西兰人民的繁荣和福祉产生重大影响。在保持业务独立性的同时，重要的是，央行在履行其职能的方式上，应酌情考虑政府更广泛的经济和社会目标。

1. 政府的优先事项

政府在其任期内有三个目标：一是保护新西兰人免受疫情的影响；二是加快恢复和重建；三是解决基本挑战。应对疫情在未来一年仍然具有核心重要性，投资于关键基础设施和公共服务，关注可再生能源、减少浪费、可持续发展和追求碳中立，对经济复苏至关重要。央行通过其业务在支持疫情应对和社会经济复苏方面发挥了重要作用。对实体资产和财务进行负责任的管理，包括谨慎控制运营成本、资本支出和投资，是央行对政府目标的贡献之一。央行在过去两年中为政府应对大流行作出的广泛贡献值得赞赏，期待随着经济复苏的进展，财政部和央行继续开展合作。此信包含以下三方面信息：一是对央行的具体期望；二是对国有实体的一般期望，酌情供央行参考；三是 2022/23 财年业务规划的时间表。

2. 对央行的特定期望

（1）货币、金融和财政政策的协调。在共同努力从疫情中恢复和重建之际，有效协调财政、货币和金融政策仍然至关重要。央行和财政部之间的信息交流是有效的，应得到鼓励和继续。欢迎央行随时向财政部通报对未来财政和货币政策相互作用的观点。为支持就央行货币金融政策行动的分配后果进行知情公开辩论，鼓励央行分享新西兰政策对分配结果影响的分析和见解。

（2）《2021 新西兰储备银行法案》的实施。新法案规定的新治理和问责框架是重要的里程碑。央行为支持新法案的成功通过和实施所做的努力值得赞赏，过渡董事会的工作为新的治理安排铺平了道路，同样值得肯定。在新治理和问责框架下，过渡董事会对银行战略，以及除货币政策外的所有职能和业务负有总体责任。期望董事会向作为首席执行官的央行行长，以及高级管理层提供专业代表团队，为央行的持续高效和有效运作提供支持，但保留重大政策制定、实质性业务和监管决策的决策权，使方式与目标、职能和问责义务相一致，董事会将继续对央行的所有成果完全负责。期望央行能够有效地管理上述变化，使央行能够继续专注于实现核心职能。期待着央行在实施新框架后，继续与作为新监督机构的财政部合作。

新法案为金融监管委员会提供了法定基础，凸显了财政部对央行及董事会其他成员之间持续协调与合作的重视。欢迎央行董事会继续与金融监管委员会就其优先主题进行接触，目前这些主题包括气候风险、行为和治理、数字和创新、包容性、监管负担和行业准入壁垒。

（3）存款机构法案。期望央行与财政部和议会法律顾问办公室合作，继续推进《存款机构法案》的工作。期望在适当考虑公众咨询过程中的意见后，于 2022 年上半年向立法会提交条例草案。期望在新立法通过大约 6 个月后，新储户补偿方案的关键要素会就位。

（4）回顾额外货币政策工具的经验 。疫情冲击使新西兰有了实施额外货币政策工具的首次经验，包括大规模资产购买计划和贷款融资计划。希望央行对这些政策的有效性进行彻底审查，包括提供经济刺激的程度，以及这些工具的意外分配影响，包括对皇家资产负债表的财务风险。希望央行与财政部就此次审查的范围进行接触。审查将为今后使用这些工具的决定提供信息，特别是考虑到这些工具在货币和财政方面的相互作用。央行会将这项工作纳入根据新法案第 131 条对货币政策制定和实施情况的审查。

（5）金融政策职责范围。在发布第一份《金融政策职责范围》之前，财政部将很快与央行、央行行长和新治理董事会的任命成员进行磋商，该文件将在 2022 年 7 月 1 日，即与新法案同时生效。希望董事会按照新法案的要求，考虑金融政策职责范围。

（6）网络复原力。网络相关活动继续凸显整个金融体系网络复原力的重要性。财政部鼓励央行继续向通报系统和程序的加强情况，以及金融系统或央行网络复原力面临的任何重大威胁。

（7）加强交流而非制造惊喜。希望央行能及时通知重大事件、交易和其他可能引起争议或与公众利益有关的问题，特别是以下方面的建议：一是任何面临重大财务困难风险的金融机构；二是任何可能需要财政部长行使权力的合理可能性，例如审慎立法赋予的危机管理权力；三是任何与宏观审慎政策有关的重大政策发展，或金融体系的新风险。

希望央行继续与财政部就共同关心的领域进行合作，并向财政部提供及时而实质性的信息，包括任何相关的监管影响评估，以及任何可能对新西兰人产生财政影响或其他重大影响的政策发展。在公众咨询前提供这些资料，有助于进行建设性讨论并考虑对政府其他政策领域的影响。

财政部认可央行为确保政策程序透明和清晰沟通所做的努力，央行继续积极征求利益相关者的意见，并向公众传达关键信息和政策变化，具有重要的价值。

3. 一般期望

还有一些一般期望，在不同程度上适用于财政部职权范围内的不同实体，每个期望都适合并反映央行的特殊地位。

（1）持久期望信。2019 年 10 月 15 日，政府向所有法定皇家实体发布了最新的持久期望信，关注了部长们对无缝衔接政府、董事会角色和诚信、劳动力事务、毛利王室关系，以及实体在工作中采用福祉方法的期望，包括应对气候变化的需求。尽管央行不是皇家实体，但希望央行能够考虑到信中提出的持久期望，并根据央行的特殊地位进行适当调整。

（2）劳动力政策声明和公共服务薪酬差距行动计划。鼓励央行和央行董事会考虑《政府劳动力政策声明》和《公共服务薪酬差距行动计划》的相关性。《政府劳动力政策声明》阐述了政府对公共部门机构管理雇佣关系的期望，该声明还强调了在疫情环境和政府财政背景下限制薪酬的重要性。政府支持董事会的多样性、性别平衡，以及吸纳更广泛的种族，鼓励董事会支持工作场所和领导团队的多样性和包容性。2021 年 11 月 15 日，政府启动了《公共服务薪酬差距行动计划》，旨在帮助缩小薪酬差距，为所有员工创造更公平的工作场所。

（3）福祉方法和碳中和政府计划。政府的福祉方法基于财政部的生活标准框架，该框架考虑了现在和未来对个人和集体福祉、机构和治理以及新西兰财富等 12 个领域的广泛影响。央行董事会应考虑并反映其决策和举措对规划和绩效报告的更广泛影响。我们注意到，央行的活动目标正努力转向促进所有新西兰人的经济繁荣和福祉。

新西兰为了实现碳减排目标，设立了碳中和政府计划（CNGP），以加速公共部门的碳减排。鼓励央行支持政府，与在减排方面发挥领导作用的企业和社区合作。鼓励央行按照 CNGP 的时间表报告其 2022/2023 财年的排放和减排计划。

（4）董事会评估和加强董事多元化。绩效评估有助于董事会提高绩效，并有助于财政部向部长们提供董事会组成方面的建议。新董事会成立一年后，预计评估将每年进行一次，理想情况下应由独立评估机构进行。绩效评估和技能矩阵一样，有助于财政部向内阁大臣们提供董事会组成方面的建议，因此应与财政部共享。此外，还希望贵公司能聘请“未来董事”作为董事会观察员，尽可能培养新的多元化董事人才。

4. 时间表

表1－25列出了即将进行的业务规划过程的时间表，反映了2022年央行新问责机制于2022年7月1日生效后的独特要求。央行董事会主席收到这封信后，央行的财政部关系主管将与他联系，详细讨论财政部的期望。如果这些任务在最后期限不能完成，应尽快通知内阁大臣和财政部。

表1－25　　2022/2023财年业务规划过程概要时间表

截止日期	关键行动
2022年3月	财政部将与主席讨论《预期信》（LOE）。
2022年4月	过渡董事会向财政部长发送战略问题信。
2022年3—6月	央行与财政部协商，制定意向声明（SoI）、业绩预期声明（SPE）、金融风险管理声明（SFRM）和审慎政策声明（SPP）的草案。
在2022年7月1日后尽快完成	（1）董事会向财政部部长提交SoI、SPE和SFRM草案； （2）央行发布审慎政策声明。
在财政部长发表意见后尽快完成	银行向财政部部长提交最终的SoI和SPE，并在其网站上公布最终的SoI、SPE和SFRM。

（五）年度报告

《新西兰储备银行法》要求储备银行在不迟于财政年度结束后3个月内向财政部长提供年度报告，即一份年度问责文件。年度报告由行长签署，董事会对央行履行职能和行使权力情况进行评估，还包括主要活动摘要，展示央行财务报表。

（六）金融监管委员会（CoFR）

委员会成员负责共同管理有利于全体新西兰人的健康和有效的金融体系。通过反应灵敏、协调一致的金融体系监管，有助于最大化新西兰的可持续经济福祉。CoFR由来自储备银行、金融市场管理局、财政部、商业、创新和就业部以及商业委员会的代表组成。2021/2022 财年金融监管委员会的优先事项有五项，分别是气候风险、数字和创新、监管负担和进入壁垒、包容性、协调。

（七）重审《储备银行法》

2017—2021 年，新西兰政府对《1989 年新西兰储备银行法案》进行重审，以创建现代货币和金融政策框架，由财政部和新西兰储备银行共同进行的。财政部长任命了独立专家咨询小组，协助重审工作。《新西兰储备银行法案 2021》于 2021 年 8 月 16 日获得皇家批准，其中规定了由财政部长发布财政政策的职权范围，列出董事会必须考虑的事项；改变财政部长和储备银行之间的资金协议程序，以提高透明度，向财政部长提供指导储备银行维持最低资本水平的能力。

（八）财政部长对外汇储备管理进行指导

财政部长会不时指示央行在规定的指导方针范围内进行外汇市场交易，以影响汇率或汇率趋势。以往的财政部长指示往往允许央行进行干预，以解决新西兰元（NZD）市场流动性不足或功能失调的风险。2004 年 3 月，财政部长指示央行在必要时在市场上进行外汇交易，以防止或解决市场失灵。2020 年 3 月，财政部长指示央行在必要时在市场上进行外汇交易，以解决市场功能中的问题。财政部还会和储备银行共同审查《外汇储备管理和协调框架》。

四、新西兰央行关于外汇储备的规定

（一）《2021 年新西兰储备银行法》中关于外汇储备的规定

《2021 年新西兰储备银行法》中规定外汇指新西兰以外国家的货币，以及任何应付金额均以外币支付的金融产品，外汇储备指新西兰央行持有的外汇。关于外汇损益的规定如下。

新西兰储备银行必须将其根据第 134 条进行外汇交易而获得的任何外汇收益（无论已实现或未实现）存入皇家银行账户。内阁大臣必须在没有进一步拨款的情况下，从皇家银行账户向银行支付银行因根据第 134 条进行外汇交易而遭受的任何外汇损失（无论已实现或未实现）的数额。

新西兰储备银行必须按照规定持有和管理外汇储备。银行必须按照《外汇储备管理和协调框架》持有和管理外汇储备，遵守框架中规定的与外汇储备有关的所有其他职责（例如信息公布），在执行或实施与外汇储备相关的职能或权力时需考虑该框架。该框架的目的是促进新西兰储备银行的能力，以便实现法案第 9 条（1）

的主要目标，遵守根据第 134 条发出的指示。承认王室和银行在外汇储备管理和使用方面的利益和角色，并提供确定和协调这些利益和角色的机制。内阁大臣和银行必须确保框架符合这些目标。

主管内阁大臣和央行必须就框架达成一致。框架必须规定以下事项：①银行为第 142 条所述目的之一或二者而管理和使用外汇储备的要求和安排（这些储备的不同部分可规定不同的要求或安排）。②外汇储备（或外汇储备的不同部分）应保持在一定水平或者在一定水平之内的要求。该框架可能包括：①对外公布外汇储备管理和使用情况，以及与外汇储备相关的投资业绩的规定；②主管内阁大臣和银行认为合适的任何其他事项。央行必须确保货币政策委员会在达成协议之前，已经就提议的框架进行了咨询。

框架的形式和发布。框架必须以书面形式，注明日期，并由主管内阁大臣和代表董事会的 2 名成员签字。在框架或变更签署后，银行必须在可行的情况下尽快在银行或其代表维护的互联网网站上公布框架或框架变更的副本。

主管内阁大臣和央行必须确保框架有效。主管内阁大臣和央行必须采取一切合理的步骤，确保框架在任何时候都有效。本节仅在第一个框架达成协议并签署后适用。主管内阁大臣在根据第 134 条发出指示时必须考虑到框架。在根据第 134 条发出指示之前，主管内阁大臣必须考虑到这个框架。

框架的重审。央行和财政部必须在第一个框架生效后 5 年内，然后以不超过 5 年为时间间隔，重审该框架的运作情况；在根据第 134 条发出指示后，必须在切实可行范围内尽快重审框架的运作；可以在其他任何时间重审框架的运行。在进行重审时，央行和财政部必须考虑是否有必要或需要对框架作出任何修改，并向主管内阁大臣报告调查结果。在将报告交给主管内阁大臣后，央行必须在切实可行的情况下尽快将报告发布在央行或其代表维护的互联网网站上。

如果根据第 134 条发出指示，主管内阁大臣和央行必须采取一切合理的步骤，就对框架的任何必要或可取的修订达成一致，以确保框架与指示一致。主管内阁大臣可以在满足下列情况下对框架进行修改：①修订是必要或可取的，以确保框架与指示一致；②主管内阁大臣在采取了一切合理步骤之后，仍未能就这些修正案与央行达成协议。本节不妨碍主管内阁大臣和银行同意在任何时候修改或替换框架。某些情况下央行必须推迟发布与某些指示有关的信息。

（二）新西兰储备银行的外汇储备管理

《新西兰储备银行法》允许储备银行干预外汇市场，央行拥有并管理新西兰的外汇储备，这些储备提供了干预的能力。

1. 外汇储备管理政策

目前管理和使用新西兰外汇干预储备的法定框架由《新西兰储备银行法》第

16—24 条规定。这一框架正在改变，是对储备银行管理立法进行深入和广泛重审工作的一部分。《储备银行法》的重审会考虑以下几点：一是新西兰外汇干预储备的目标；二是利益相关者在外汇干预储备方面的角色和责任（利益相关者包括储备银行、财政部长、财政部和新西兰公众）；三是利益相关方之间的协调和合作安排；四是支持储备管理良好做法的透明度和问责制安排。

央行管理和使用外汇储备的政策和方法将根据重审结果进行调整，并在央行网站适时发布关于外汇储备管理和协调政策的具体情况。

2. 财政部部长关于外汇储备的指示

财政部长会不时指示央行在规定的指导方针范围内进行外汇市场交易，以影响汇率或汇率趋势。以往的财政部长指示往往允许央行进行干预，以解决新西兰元（NZD）市场流动性不足或功能失调的风险。通过随时准备买入和卖出新西兰元，央行帮助支撑有弹性和运转良好的市场。这种信心鼓励市场参与者即使在市场压力的时候，继续以新西兰元为自己和客户定价。新西兰央行也可以选择根据《新西兰储备银行法案》自行干预新西兰元市场，而不需要财政部长的指示。这种干预可能是为了支持货币政策的实施，或者是为了推进经济目标。

由于有关外汇交易的财政部长指示可能包含市场敏感的信息，央行可能有必要暂时保留这些信息以满足指示，或以其他方式使用外汇储备来执行法定目的和活动。出于上述原因，不会立即公布所有的财政部长指示。

2004 年 3 月，财政部长指示央行在必要时在市场上进行外汇交易，以防止或解决市场失灵。2020 年 3 月，财政部长指示央行在必要时在市场上进行外汇交易，以解决市场功能中的问题。发布这一指示的原因是，担心新冠疫情及其给全球经济带来的风险可能会导致外汇市场失灵。2020 年部长指示撤销了 2004 年部长指示。2020 年 12 月，财政部长撤销了 2020 年 3 月的部长指示，因为指示所涉及的风险不再明显。

3. 与外国官方机构的协议

新西兰央行与几家外国官方机构建立了双边信贷额度，以增强外汇储备组合的流动性，巩固外汇市场的功能，并支持国内金融稳定。这些信贷额度是流动性工具，使央行能够随时获得外汇，即使在严重的市场压力时期。这使人们相信，即使在一般外币流动性来源可能受到损害的情况下，国内市场对外币流动性的需要可以得到满足，新西兰和外国企业之间的跨境交易也可以得到解决。

新西兰央行有以下信用额度：①美国联邦储备委员会，允许新西兰央行以新西兰元交换美元；②国际清算银行，允许新西兰央行在抵押的基础上借入美元；③香港金融管理局，允许新西兰央行借入美元以换取美国政府证券；④中国人民银行，允许新西兰央行用新西兰元换取人民币。

4. 中国人民银行的信贷额度

2020 年 8 月，新西兰央行与中国人民银行签署协议，续签并延长新西兰元/人民币互换额度。这一互换额度于 2011 年首次达成，旨在促进两国间的双边贸易和直接投资，并在市场条件需要的情况下支持国内金融稳定。互换额度为五年期，最大额度为 250 亿元人民币，如果双方同意，可以延长。

新西兰储备银行是新西兰的中央银行，推动建立健全、充满活力的货币金融体系，通过工作来实现目标、愿景和价值观。其职能包括实施货币政策，以达成和维持价格稳定，支持最大限度的可持续就业；协助运作健全有效的金融体系；满足公众的货币要求；监督和运营有效的支付系统；为银行提供有效的支持服务。

附表1　　　　新西兰央行资产负债表　（2022－03－14，每月发布）

单位：百万新西兰元

	2020－02	2021－02	2021－10	2021－11	2021－12	2022－01	2022－02
资产							
现金余额	9949	2370	6995	6186	7570	8506	7911
投资—外币	13891	7799	6534	6838	6811	6271	6174
投资—新西兰政府证券	4863	3641	3685	3689	3697	3710	3723
根据转售协议购买的证券	1358	3985	9679	8959	8932	9901	10398
证券—大规模资产购买计划	0	52114	55093	55702	55621	55313	54891
大规模资产购买计划的赔偿	0	3514	5668	5028	5149	5502	5973
衍生资产	106	614	598	424	459	289	331
其他金融资产	959	4186	471	776	777	1055	852
其他资产	176	178	164	164	164	164	165
总资产	31302	78401	88887	87766	89180	90711	90418
负债							
存单	16317	63603	74473	72998	74470	75927	76110
大规模资产购买计划的赔偿	0	14	21	16	11	12	10
长期负债合计	1588	1593	1401	1401	1401	1400	1401
衍生负债	1819	315	300	610	579	852	588
根据回购协议出售的证券	0	207	222	951	286	570	538
储备银行账单	1068	200	400	200	400	0	0
流通货币	7162	8157	8674	8762	9189	8912	8912
其他金融负债	369	1302	822	100	89	194	113
其他负债	10	16	10	11	9	9	9
总负债	28333	75407	86323	85048	86434	87876	87681
净资产/权益							
净资产/权益	2969	2994	2564	2718	2746	2835	2737
总负债和净资产/权益	31302	78401	88887	87766	89180	90711	90418

附表 2　　**新西兰央行外币资产负债表**　（2022-02-24，每月发布）

单位：百万新西兰元

	外币资产合计	外币负债合计	未兑现的外汇掉期承诺	净开放外币	外币干预能力	当月净买入（卖出）新西兰元（以交易日为准）[3]
2020-01	24518	-1472	-19760	3286	11404	-8
2021-01	12327	-527	-8449	3350	10386	—
2021-02	12979	-1035	-8626	3318	10761	—
2021-05	13111	-915	-8811	3385	10482	—
2021-04	13776	-1021	-9407	3348	10149	—
2021-05	13331	-726	-9263	3342	9982	—
2021-06	14686	-1197	-10101	3388	10794	—
2021-07	13173	-678	-9103	3392	11052	3
2021-08	15392	-1188	-10871	3333	11244	—
2021-09	14776	-635	-10777	3364	11167	—
2021-10	15818	-1129	-11440	3249	10825	—
2021-11	14482	-688	-10443	3351	11164	—
2021-12	15112	-694	-11059	3359	11173	—
2022-01	15347	-982	-10911	3454	11502	—

附表 3　　**新西兰央行统计资产负债表**　（按工具和货币分类，2022-03-14，每月发布）

单位：百万新西兰元

	2020-02	2021-02	2021-10	2021-11	2021-12	2022-01	2022-02
			资产				
货币黄金和特别提款权的持有	—	0	0	0	0	0	0
货币与存款	11606	2867	7043	6453	7856	9118	8280
股票以外的证券	17866	66541	65471	66438	66315	65448	64976
贷款和反向回购协议	1359	3985	9679	8959	8932	9901	10398
股票和其他权益资产	188	262	255	266	268	279	270
金融衍生品	106	4543	6266	5452	5608	5791	6303
其他应收款	4	29	12	38	41	12	28

续表

	2020-02	2021-02	2021-10	2021-11	2021-12	2022-01	2022-02
				资产			
非金融资产	174	175	160	159	159	162	164
总资产	31302	78401	88887	87766	89180	90711	90418
				负债			
流通货币	7160	8155	8672	8759	9187	8910	8910
广义货币中的存款	—	0	0	0	0	0	0
不纳入广义货币的存款	16341	63642	74473	72998	74470	75927	76110
广义货币中的证券	—	0	0	0	0	0	0
排除在广义货币之外的证券	1068	200	400	200	400	0	0
贷款和回购协议	1588	1800	1623	2352	1687	1970	1939
金融衍生品	1819	735	321	626	590	864	598
其他应付款	358	874	834	113	100	205	124
股票和其他权益资本	2969	2995	2564	2718	2745	2836	2737
总负债	31302	78401	88887	87766	89180	90711	90418

附表4　　新西兰央行账户分析（按交易对手的广泛机构部门分类，2022-03-14，每月发布）

单位：百万新西兰元

	2020-02	2021-02	2021-10	2021-11	2021-12	2022-01	2022-02
				资产			
国外资产净额	24170	11086	14351	14070	14497	15027	14451
对非居民的债权	25851	12421	15694	14689	15334	15882	14994
减去对非居民的负债	1681	1335	1344	619	837	855	543
对其他存款性公司的债权	412	3046	8375	8285	9004	9929	10463
对中央政府的净债权	-5593	22518	25779	27274	33649	27637	28013
对中央政府的债权	4863	62754	64654	64629	64678	64734	64793
减去对中央政府的负债（1）	10457	40237	38875	37356	31029	37097	36781
对其他部门的索赔	3	4	3	3	4	3	4

续表

	2020－02	2021－02	2021－10	2021－11	2021－12	2022－01	2022－02
负债							
基础货币	14571	32824	45319	45693	53649	49047	49563
流通货币	7160	8155	8672	8759	9187	8910	8910
对其他存托公司的负债（2）	7411	24669	36646	36933	44462	40137	40654
对其他部门的负债	—	—	—	—	—	—	—
对其他存托公司的其他负债	1514	853	673	1270	812	770	667
排除在基础货币之外的存款和证券	—	0	0	0	0	0	0
贷款	—	—	—	—	—	—	—
金融衍生品	—	—	—	—	—	—	—
股份和其他权益资本	2969	2995	2564	2718	2745	2836	2737
其他项目（净）	－62	－18	－48	－49	－52	－56	－38
其他备忘项目							
（1）皇家结算账户	8868	38445	37453	35939	29618	35684	35369
（2）结算机构的余额	7411	24669	36646	36933	44462	40137	40654

附录　央行行长与财政部长的五年资金协议

新西兰储备银行的资金协议是新西兰央行行长和财政部长之间签订的五年一次的协议，规定了银行可以保留多少收入来满足其经营成本，剩余收入将拨给政府。最新的版本是新西兰财政部长与新西兰储备银行行长《2020—2025 资金协议》，签署于 2020 年 6 月 16 日，该协议内容如下。

本协议是财政部长和储备银行行长根据《1989 年新西兰储备银行法》（以下简称《法案》）第 159 条达成的，并取代 2015 年 5 月 26 日签署的协议，协议自议会批准之日起生效，大家一致同意：

1. 被用来满足《法案》第 159（1）条规定的，因履行职责和行使权力而产生的运营费用的银行收入数额，不包括因行使《法案》第 25 条和第 26 条规定的职能和权力，而发生的直接净货币发行费用，总额为：

从 2020 年 7 月 1 日开始的一年 1.117 亿新西兰元

从 2021 年 7 月 1 日开始的一年 1.099 亿新西兰元

从 2022 年 7 月 1 日开始的一年 1.202 亿新西兰元

从 2023 年 7 月 1 日开始的一年 1.154 亿新西兰元

从 2024 年 7 月 1 日开始的一年 1.183 亿新西兰元

2. 银行用于支付因履行《法案》第 25 和 26 条的职能和权力而产生的直接货币发行净费用的收入数额为：

从 2020 年 7 月 1 日开始的年度为 1110 万新西兰元

从 2021 年 7 月 1 日开始的年度为 1250 万新西兰元

从 2022 年 7 月 1 日开始的年度为 1250 万新西兰元

从 2023 年 7 月 1 日开始的年度为 1350 万新西兰元

从 2024 年 7 月 1 日开始的年度为 1450 万新西兰元

3. 就本协议而言，根据《公司法》第 2 条的规定，双方同意，“经营费用”不包括以下活动的费用、成本或损失（如有）：

储备银行职工养老金和公积金（精算损失和精算收益）；诉讼费用；物业管理费用；安全保管费用；银行和经纪费用；提供实时结算的费用，如外汇结算账户系统（ESAS）和新西兰清算系统（NZClear）服务。

4. 根据法案第 159（1）（f）条，本协议项下产生的经营费用应包括外汇交易中发生的净经营费用，以及根据《2010 年保险（审慎监管）法》，银行的职能和权力之下发生的净经营费用。

5. 根据该法案第 160（c）和（d）条，本协议不规定以下潜在的重大费用。①新西兰央行为应对 COVID－19 大流行已经或未来可能发生的经营费用或其他费用，这需要今后进一步达成协议，以对新西兰央行的业务成本进行有效监督，除银行可能已经获得的此类成本和开支的任何保护性赔偿外。②升级实物资产和系统资产，以提供最佳的现金存储和分拨。

6. 依照第 160 条（c），如果预计在本协议的整个五年期限内，新西兰央行的业务开支总额（足期经营费用）将大幅增加，银行应当通知财政部长，银行是否/何时认为本协议需要修改。根据该法案第 161 条，此类变更需经众议院决议批准才能生效。

7. 根据该法案第 160（d）条，银行应在其年度报告中解释以下事项：①在报告年度内经营开支出现重大超支的原因；②超支可能对整个期限内经营费用造成的影响；③在适当情况下，银行建议采取哪些额外措施，以避免实质性地超出全额运营费用。

第二篇

主要国家财政与央行在国家金融监管中的关系

第一章 概　论

金融是现代经济的血液。金融监管是国家治理的重要内容，对于促进经济繁荣发展和国家长治久安具有十分重要的意义。财政作为国家治理的基础，不可忽视金融监管问题。从主要国家金融监管改革的历程看，财政的作用在不断强化，并从宏观上主导金融监管架构，且与央行建立了有效的分工协同机制。

一、强化财政在金融监管中的作用，是国家治理现代化的题中之意

经济金融化、虚拟化是现代经济运行的重要特征，建立与之相适应的现代金融监管体系，是国家治理现代化的基本要求。现代金融监管从机构监管演化为更为综合的行为监管，财政在金融监管中深度介入、提前介入、协同发力是化解金融风险的重要制度安排，也是统筹发展与安全、增强国家竞争力的重要制度保障。

（一）财政深度介入，有利于在多维治理框架中构建金融监管的立体“防火墙”

现代经济的内生风险交叠衍化，经济金融化和虚拟化加速了风险的扩散和共振，金融风险不仅局限于金融领域，而是在不同领域生成、集聚和演化，最后才可能从金融领域或财政领域显现出来。发挥财政在经济、社会和政府等多维架构中的治理功能，深度介入金融监管体系，可以有效抑制金融风险的生成和集聚，及时切断风险传导链条，构建立体“防火墙”。

2008 年金融危机之后，美国政府对金融监管体系进行了 60 多年来规模最大的

改革，通过了《金融监管改革法案》。改革的最大特点就是成立了由财政部占据更加主导地位的金融稳定监督委员会（FSOC）。除此之外，财政还通过多种机制深度介入金融监管。例如，美国财政部设立金融研究办公室（OFR）并作为美国金融稳定监管委员会（FOSC）的常设支持机构承担一系列协调职能；在财政部下设联邦保险办公室（Federal Insurance Office，FIO），负责与各州保险监管机构协商国家层面的保险问题，并协调国际保险事务。

英国财政部对金融监管的深度介入体现在金融监管架构当中。英国财政部下设15个机构，其中承担金融监管职能的金融稳定司和金融服务司共258.3位雇员，占财政部雇员总数的13%。财政部还下设金融稳定小组，通过四个专业团队承担事前风险揭示、事中风险处置、事后系统修复的监管职能，提升金融监管的抗风险能力（见图2－1）。

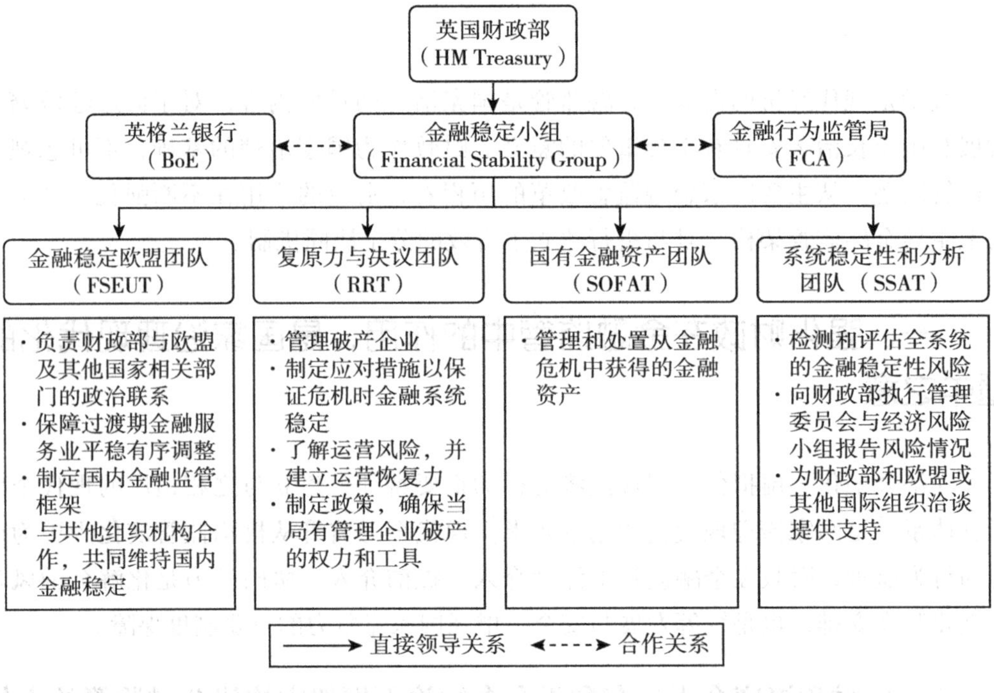

图2－1　英国财政部下设金融稳定小组深度参与金融监管

注：课题组根据英国金融监管架构和金融稳定小组的法定职能整理。

（二）财政“寓监管于政策”提前介入，可以大大降低金融风险治理的难度和成本

现代社会金融风险事件的破坏程度加深，财政如仅作为“最后兜底人”，待风险事件发生之后再介入，难度非常之大、成本也非常之高。财政提前介入，在做好风险预警的同时将监管目标体现在政策当中，能够有效降低风险处置过程中经济社

会所付出的代价。2020 年新冠疫情暴发后，主要国家的财政部门作为金融风险防范的实质性第一主体，通过实施多轮的经济援助，避免了企业大规模破产和金融体系流动性紧缩，间接保护了国家金融体系。此外，财政以出资建立稳定基金、参与风险监测和预警系统建设、定期函询或听取监管机构报告等方式从宏观上对可能发生的金融风险进行预防。

美国财政部在系统性重要机构（SIFIs）的破产处置中并非只是“事后兜底人”，而是在初期就拥有关键决策权，如决定处置程序是否启动、向联邦法院申请裁定和指定接管方等（见图 2－2）。德国于 2008 年建立金融市场稳定基金（FMS），设计总额为 4800 亿欧元，其中 65% 由联邦财政出资，35% 由各联邦州承担。联邦政府成立了专门的金融市场稳定局负责基金的运行，财政部拥有最终决定权。2018 年之后该基金由联邦财政部全额出资的德国金融署接管。

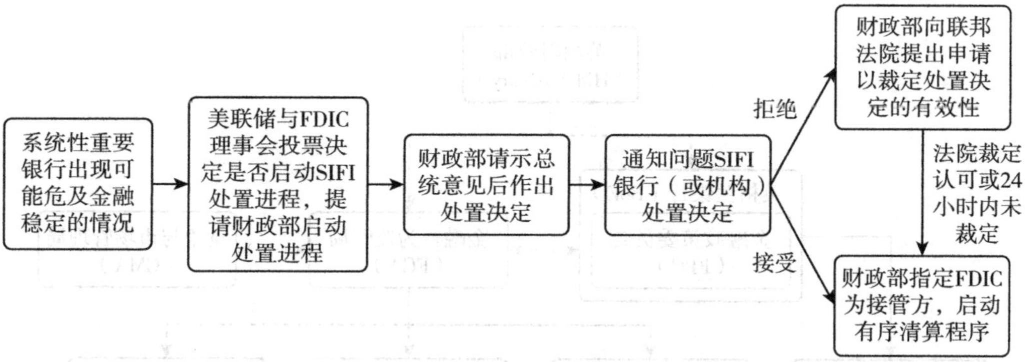

图 2－2　美国财政部在系统性重要银行破产处置流程中的角色

注：课题组根据美国多德法案及联邦存款保险公司（FDIC）处置手册相关内容整理。

（三）以财政为主导强化监管协同，是织密金融风险治理网络的关键之举

现代金融混业经营的趋势对传统“各管一摊”的分业监管模式形成挑战。金融活动的复杂性、跨域性和不确定性使得维护金融稳定成为全局性、综合性问题，迫切需要财政与其他监管机构密切协同，以织密监管网络、堵塞监管漏洞，通过“多头”“叠加”监管来覆盖监管的风险“真空”地带。

德国联邦财政部不仅主导着金融稳定委员会，还通过投票权控制联邦金融监管局和金融市场稳定局，几个部门形成高度协同的监管体系（见图 2－3）。

英国财政部负责对金融稳定性实施整体监管，各金融监管机构之间形成了直接业务监管、间接监管、监督合作三种协同的模式。财政部对英格兰银行和金融行为监管局有法定监管权（见图 2－4）。

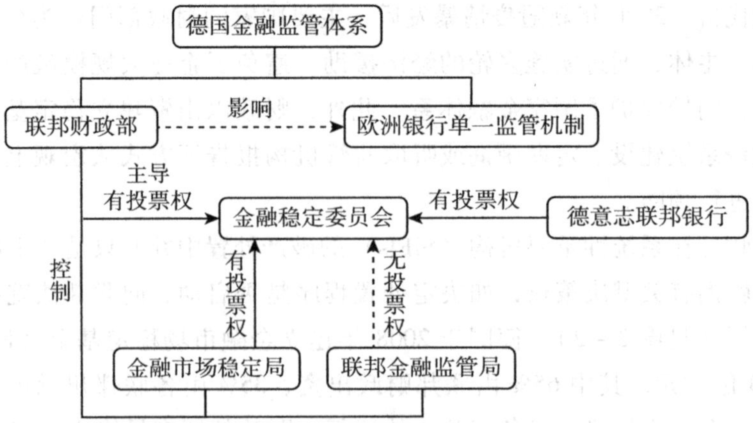

图 2-3　德国金融监管体系的基本架构

注：课题组根据德国金融监管机构和工作关系整理。

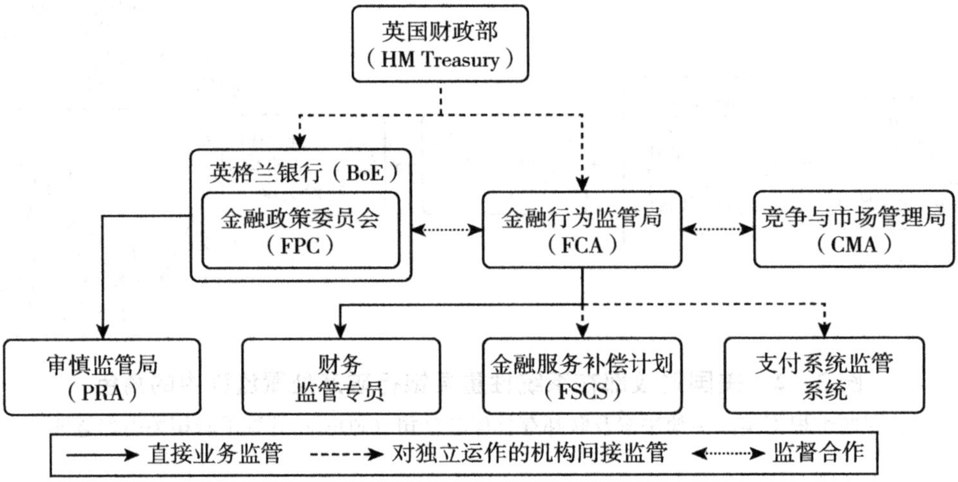

图 2-4　英国财政部与其他金融监管机构的关系

注：课题组根据 National Audit Office 相关报告整理。

二、财政并不陷入具体监管事务，而是在“高维度”主导国家金融监管架构

防范化解重大金融风险表面是金融问题，本质却是依靠财政来统筹、调动国家公共资源构建宏观确定性，推动经济社会发展行稳致远。从这个意义上来说，金融监管体系应服从于财政主导的公共风险应对机制。从一些国家的实践来看，财政通常不会陷入具体的监管事务，而是从国家治理的高维度主导金融监管架构，财政的金融监管功能体现在立法、人事、委托代理和督导等高维度监管活动当中。

（一）财政主导关键的金融监管立法

主要国家的财政部通过立法引导构建金融监管的基本框架，确定监管目标及监管规则。英国财政部掌握着金融监管法案和规章制度的起草权、评估权和征询权，通过引入或制定新的监管法案（草案）、在二级立法中设立监管边界、制定银行和金融服务的规章制度来主导和推进金融监管领域的关键改革。德国联邦财政部于2020年起草《加强金融市场完整性法案》并在议会通过；于2021年起草关于联邦金融监管局重组和转型的法律提案，主导监管机构改革。新西兰财政部负责《2021年新西兰储备银行法》的起草和修订，该法案是管理新西兰央行的首要立法。财政部长还负责管理审慎监管的各种部门立法。

（二）财政部长主导相关监管机构人事安排

美国财政部部长出任金融稳定监管委员会（FSOC）主席，拥有多项会议召集、国会报告和证词以及制定某些委员会规则的重要权力。德国金融稳定委员会（FSC）承担宏观审慎职能，由来自联邦财政部、中央银行、联邦金融监管局的各三名代表担任委员，财政部代表担任主席。英国英格兰银行行长是由财政大臣推荐进而被任命；财政部在咨询行长后，可以通过命令更改副行长的头衔，也可以新增或解除副行长的职务；金融行为监管局（FCA）的首席执行官由财政大臣选拔，5位外部专家均由财政大臣任命。

（三）财政与其他监管机构构成委托和代理关系

部分国家通过立法确立了财政部和其他金融监管机构之间的委托代理关系。美国《联邦储备法》第15条规定“当财政部长要求时，联邦储备银行应作为美国的财政代理人”。此外，“当本法案赋予的联邦储备委员会或联邦储备代理机构的权力与财政部长的权力相冲突时，美联储需听从于财政部的指导。”这意味着美国财政部长在其管辖权或权力重叠的情况下可以推翻美联储的决定。德国《银行法》规定，财政部可以授权金融监管局执行监管职能，必要时也可以收回监管职能。英国财政部门则是英格兰银行唯一的股东、捐款人和客户。

（四）财政督导其他监管机构开展业务活动

美国财政部下设金融研究办公室（OFR）对系统重要性实体和系统性风险进行观测和分析，继而向金融稳定监督委员会（FSOC）提供研究成果，之后再交由美联储或其他监管责任主体进行具体风险处置。英国财政部对英格兰银行有法定的指导权，并对金融行为监管局（FCA）形成间接监管。英格兰银行的监督权是议会和财政部赋予的法定权力，但这些权力明显与财政部拥有的权力不在一个层次。英国财政部定期给金融政策委员会（FPC）、金融行为监管局（FCA）和审慎监管局（PRA）致信提出具体监管建议。

三、财政与央行密切协同、构建一体化协调机制，是金融监管现代化的基本要求

现代化金融监管体系以宏观审慎、微观审慎和行为监管为三支柱。监管实践证明，财政和央行若无分工，就难以在三支柱上各尽所长；若无合作，就无法实现监管“无死角”。二者间的各司其职不是“背对背”，而是目标一致下自发的、充分的、高频的协同。此外，多国通过新设制度化实体机构来推进更加稳固的一体化监管协调机制。

（一）两部门通过分工合作实现高度协同

在金融监管现代化的目标统领下，财政以稳定宏观经济大局为重，肩负起宏观审慎的基础性、全局性和战略性职责；央行则以维护金融系统正常高效运转为己任，服务实体经济和消费者，承担微观审慎和行为监管的主要职责。二者间的资源交互频繁，监管思路统一，监管步调一致，政策功能互补。

英国财政部通过法律制定、官员任命、人员派驻、函询建议等正式机制与英格兰银行保持高度的协同。英格兰银行每半年向财政部汇报审慎监管和金融稳定方面的进展。在危机救援中涉及公共资金使用时，苏格兰银行必须事先向财政部提供决策所需信息并接受财政部的指导。德国联邦财政部下设联邦金融监管局与德国中央银行一道对金融体系和金融市场进行监管，两部门间的数据交互充分且及时。德国中央银行享有金融统计信息专属权，每天向联邦金融监管局传送各银行的集中数据，为联邦金融监管局行使监管职能提供数据支撑和决策参考。

（二）通过设立制度化实体机构推进监管一体化

2008 年金融危机后，主要国家在金融监管体系改革中都试图搭建一个制度化实体监管“大伞”，加强财政、央行及其他监管机构之间的监管协调。一体化监管协调机构旨在保障决策与执行的政令统一，提高监管效率和质量，减少分散监管的资源浪费，降低财政和央行间的协调成本。

美国成立了历史上首个跨部门的系统性风险监测和政策协调机构——金融稳定监督委员会（FSOC），由财政部主导，负责统一监管标准、协调监管冲突、处理监

管争端、鉴别系统性风险以及对其他监管机构进行风险提示，限制美联储权力膨胀。FSOC 的“矩阵式”管理模式具有很强的协作性、操作性和灵活性（见图 2－5）。英国、德国也都有类似的实体监管协调机构。

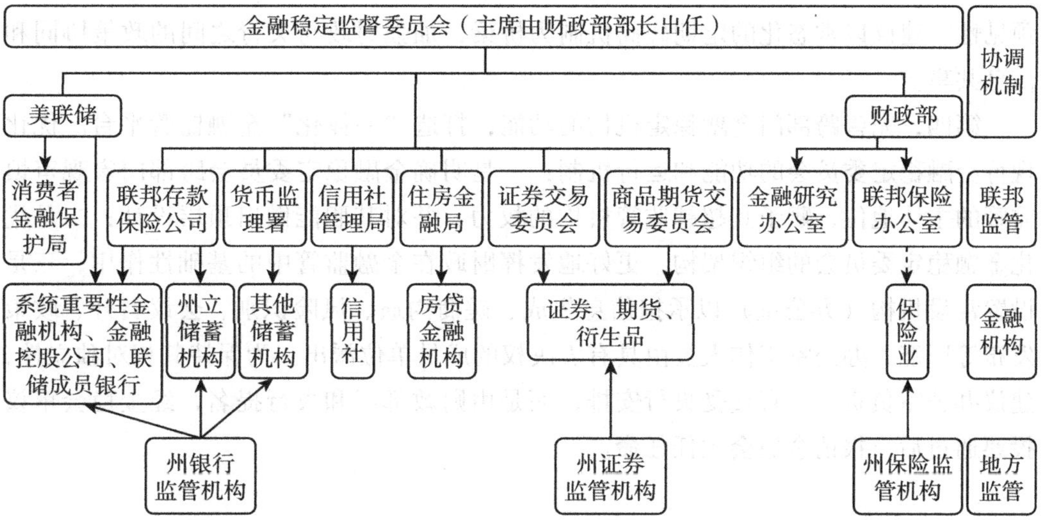

图 2－5　美国以金融稳定监督委员会为主的监管协调机制

注：课题组根据 2010 年后的美国金融监管架构整理。

四、相关启示

主要国家财政在金融监管中的角色以及与央行的关系对我国金融监管体系建设的启示有以下四点。

第一，发挥财政在金融监管体系中的基础性作用。在权责一致的原则下，财政不能放弃实际监管权力却承担最终“兜底人”责任。财政应以更积极的姿态参与金融监管，尤其在风险的预防和识别方面逐步建立相应的机制，变被动监管为主动干预。同时，通过立法逐步强化财政部门参与维护金融稳定的危机处置权，不断巩固和完善财政作为国有金融资本出资人对相关金融机构的监督、管理、考核权，并通过建议、函询、定期磋商等多种形式与其他金融监管机构协同，履行好宏观审慎监管权。这既是提高国家金融稳定功能的内在要求，也是提高国家金融风险处置能力的关键举措。

第二，财政着眼于“高维度”打造监管架构，避免陷入具体监管事务。一是财政从国家治理和风险管理的更高维度行使宏观审慎职能，并通过明确的法律授权、清晰的议事规程和科学的决策流程予以保障。二是寓监管于政策，将金融监管要素纳入财政政策范畴内，统筹考虑。三是财政需要不断提高自身的监管能力，增设专业机构，加大人员配置，搭建数据平台，建立联络机制。

第三，健全财政与央行的金融监管分工与协同机制。在顶层设计上，明确财政和中央银行在维护金融稳定中的职责定位和分工，从根源上杜绝部门职能划分不清引发的风险敞口。优化部门间的监管协调和信息共享机制，提高监管的透明度和可预见性。建议以常态化的定期磋商机制为桥梁，加强财政与央行之间的政策协同和信息共享。

第四，完善跨部门金融稳定机构的功能，打造“一体化”金融监管平台。优化现行金融稳定委员会的功能和运行机制：一是明确金融稳定委员会跨部门宏观审慎监管的主体地位，赋予其超越监管机构的权力，并对其职能做出顶层设计；二是优化金融稳定委员会的组织架构，更好地发挥财政在金融监管中的基础性作用；三是设置常设机构（办公室）以承担信息集成、磋商沟通、风险识别、会议召开、政策发布等职能，办公室工作人员由具有表决权的成员单位派出。为保持其相对独立性，建议办公室负责人不直接受央行安排，而是由财政部门和央行提名，经金稳会审议投票通过后，报请金稳会主任任命。

第二章 美国

一、美国金融监管历史变迁：金融监管离不开财政视角

（一）金融危机爆发前美国实行双层多头金融监管体系

2008年金融危机前，美国的金融监管体系是一个复杂的综合体。纵向上，联邦和州政府实施分层监管，通常称为双层多头监管体系；横向上，各家监管机构实施分业监管，该分业监管模式兼具了"机构性监管"和"功能性监管"的特点。具体来说，美国联邦层面的分业监管框架如下：①美联储、联邦存款保险公司（FDIC）和货币监理署（OCC）三家机构共同监管商业银行。其中，国民银行要同时接受三家监管机构的监管，加入联储体系的州银行要接受美联储和FDIC的监管。②证券交易委员会（SEC）、美国投资者保护公司（SIPC）和商品期货交易委员会（CFTC）三家机构共同负责监管证券期货市场和机构。③储贷监管署（OTS）负责储贷协会和储贷控股公司的监管。美国证券交易委员会（SEC）对全国性的证券市场和所有证券机构具有独立排他性监管权，商品期货交易委员会（CFTC）对所有商品期货产品和交易机构具有排他性监管权。在金融衍生品监管，特别是金融期权和期货监管方面，SEC和CFTC存在着监管重叠和冲突。美联储负责监管所有金融控股公司，担任伞形监管者的角色。但在对多业态的金融控股公司实施监管时，其他监管机构可以作为"联合监管者"共同实施监管。例如，证券金融控股公司在收购银行子公司后，或者银行金融控股公司在收购证券子公司后，SEC有权作为联合监管者和美联储共同实施监管。同时，金融危机前，州政府在多个方面拥有金融监管权力。特别是在保险业监管上，联邦层面并没有设立统一的保险业监管机构，州政府行使保险行业的全部监管权力。另外，州政府在商业银行、信用合作社和储贷协

会3个行业享有较大的监管权。按照“谁审批、谁监管”的原则，由联邦政府颁发牌照的银行由联邦政府监管，而由州政府颁发牌照的银行则由州政府监管。同时，州政府还是证券业监管的重要力量，它在公司兼并收购、治理结构、上市标准等方面拥有一定的审批权和处罚权。在金融工具比较单一的时代，“双线多头”的监管机制通过特定监管机构对特定金融机构的微观审慎监管，能够较好满足风险防范的要求。

（二）金融危机推动美国设立金融稳定监督委员会防范系统性金融风险

随着金融的全球化发展和金融机构混业经营的不断推进，美国这种被割裂的监管暴露出越来越多的缝隙。2008年，美国遭遇了20世纪30年代大萧条后最为严重的金融与经济危机。从美国国内看，国际金融危机集中暴露了现有金融监管体系的弱点，包括：缺乏对系统性风险的监管；“大而不能倒”问题突出；金融机构过度冒险；对金融消费者和投资者保护不足；对大型复杂金融机构监管不力；对规模巨大的场外衍生品市场和影子银行体系缺乏监管等。痛定思痛之后，2009年6月开始，美国政府对金融监管体系进行了60多年来规模最大的改革，其中改革的最大特点就是成立了由财政部占据更加主导地位的金融稳定监督委员会（FSOC）。具体来说，为了解决美国宏观审慎金融监管缺位问题，2010年7月，美国通过《金融监管改革法案》（又称《多德—弗兰克法案》），法案跳出了原来的分行业监管的思路，创造性地使用系统重要性金融机构、系统性风险作为划分标准，将宏观审慎监管职能划分为对系统重要性金融机构、系统性风险的识别界定，对系统重要性金融机构的监管，进而对金融监管机制进行重大调整，以强化宏观审慎监管、防范系统性金融风险为目标，并建立了本国历史上首个跨部门的系统性风险监测和政策协调机构——美国金融稳定监督委员会（FSOC）。《多德—弗兰克法案》明确了FSOC跨部门宏观审慎监管的主体地位，赋予其超越监管机构的权力，并对FSOC的职能做出顶层设计：一是识别危及美国金融稳定的各类风险；二是促进金融市场的自我约束，降低对政府救助的期待和道德风险；三是有效应对危及美国金融体系稳定的各类新风险。法案公布后，美国金融监管框架的主要改变包括：设立金融稳定监督委员会（FSOC），以促进监管信息共享及监管协调。由美联储负责监管金融控股公司和系统重要性非银行金融机构；在美联储下设金融消费者保护局（Consumer Financal Protection Bureau，CFPB），集中行使此前分散在美联储、货币监理署（OCC）、联邦贸易委员会等机构的消费者保护监管职权；在财政部下设联邦保险办公室（Federal Insurance Office，FIO），负责与各州保险监管机构协商国家层面的保险问题，并协调国际保险事务。

二、财政部门在改革后的金融监管体系中占据主导地位

（一）FSOC直接向国会负责，并有权建议国会修改法律减少监管空白

《多德—弗兰克法案》采取自上而下的立法模式，明确了FSOC在宏观层面的法定职责框架，规定其对上直接向国会负责。为明确管理方式和程序，确保法定职责落实到位，FSOC成立伊始就制定了《FSOC组织规则》，对其职责和权力做出更加详细的说明。一是推进信息的收集与共享，并以此促进监管协调。二是从美国金融市场实际出发，全面加强系统性风险的识别与防范。在金融机构层面，认定具有系统重要性的非银行金融机构并将其纳入美联储监管范围；在金融市场层面，有权认定具有系统重要性的金融市场设施和支付、清算与结算系统；在金融监管标准方面，有权建议对规模较大、关联性强的机构实施更为严格的审慎监管标准；对于美国金融稳定形成严重威胁的机构，可以强制分拆。三是有权建议美国国会修改法律，减少监管空白。

（二）财政部部长出任FSOC主席，在FSOC占据主导地位

美国金融稳定监督委员会由财政部领导，财政部部长出任FSOC主席，拥有多项与FSOC会议、国会报告和证词以及某些委员会规则制定和建议有关的权力。财政部长有权召集FSOC会议；经多数成员提议可以召集会议；必须至少每季度举行一次会议。财政部长必须在年度FSOC报告发布的同时，在众议院金融服务委员会和参议院银行、住房和城市事务委员会作证。如果任何成员机构向国会通报系统性风险工作存在的缺陷，财政部长必须在听证会上进行处理。其他成员还包括美联储、证券交易委员会和其他主要金融监管机构的负责人。具体来说：FSOC将成员分为两类：第一类是拥有投票权的成员，包括9名政府机构代表和1名拥有保险专业知识的独立成员。9名成员分别为财政部部长、联邦储备委员会主席、货币监理署署长、消费者金融保护局局长、联邦存款保险公司总裁、证券交易委员会主席、商品期货交易委员会主席、全国信用合作管理局董事会主席、联邦住房金融局局长。第二类成员是5名不具有投票权的列席人员，即金融研究办公室主任、联邦保险办公室主任、各州保险委员会选出的州保险监管者代表、各州银行和证券监管机构选出的监管者代表，以顾问身份参与FSOC的运作（见表2-1）。

（三）FSOC搭建“矩阵式”管理结构，财政部下设金融研究办公室支持FSOC

FSOC的管理架构设计体现了对危机教训的深刻反思，注重监管机构的跨部门顶

表 2－1　　FSOC 成员组成

成员类型	序号	组成单位
投票成员	1	财政部长，担任金融稳定监督委员会（FSOC）主席
	2	美国联邦储备委员会（FED）主席
	3	货币监理署（OCC）
	4	消费者金融保护局（CFPB）局长
	5	美国证券交易委员会（SEC）主席
	6	联邦存款保险公司（FDIC）董事长
	7	美国商品期货交易委员会（CFTC）主席
	8	美国联邦住房金融局（FHFA）局长
	9	美国全国信贷联盟署（NCUA）主席
	10	独立成员（拥有保险专业知识，由总统任命，参议院批准）
无投票权成员	1	金融研究办公室（OFR）主任
	2	联邦保险办公室（FIO）主任
	3	州保险业委员会指定代表
	4	州银行业监管委员会指定代表
	5	州证券业委员会指定代表

资料来源：美国财政部 FSOC. https：//home. treasury. gov/policy－issues/financial－markets－financial－institutions－and－fiscal－service/fsoc.

层协调、金融监管资源的统筹利用和业务的专业研究，通过设置代理人委员会、金融研究办公室和专业委员会，形成了“矩阵式”组织管理模式（见图 2－6）。其中，代理人委员会更强调全面顶层监管协调与政策设计；金融研究办公室致力于开展宏观层面金融研究，以支持 FSOC 有效履职；专业委员会主要负责提供微观业务层面研究或服务。FSOC 的“矩阵式”管理模式具有很强的目标性、协作性、操作性和灵活性，减少了以往监管机构分散的资源浪费和协调成本，实现决策与执行的政令统一，提高了监管的效率和质量。

1. 代理人委员会

为保障机构的持续高效运转，加强各金融监管机构常态化互动交流，FSOC 将代理人委员会打造为政策协调和业务交流的常设平台。代理人委员会由来自 FSOC 各成员机构的高级官员构成，主要负责统筹安排 FSOC 的日常事宜、协助 FSOC 进行

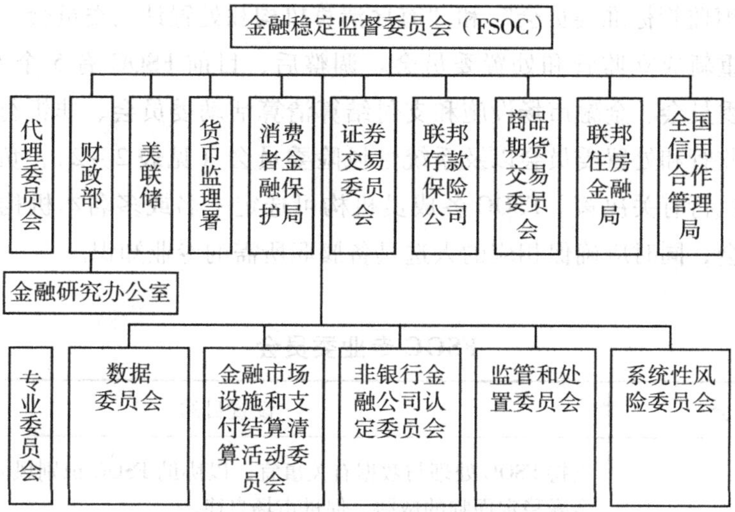

图2－6　美国FSOC组织管理模式

风险监测及认定系统重要性金融公司或金融市场设施、协调并监督各专业委员会的工作开展等。

2. 金融研究办公室

鉴于金融业的创新发展与金融产品的多样化、复杂化要求建立专门的政府金融研究机构提供独立、客观和公正的研究意见，以便对系统性风险和金融稳定进行持续跟踪研究，从而为国家相关机构提供及时的决策参考。为此，美国在财政部下设金融研究办公室，作为FSOC重要支持机构，其法定职责为改进金融系统数据收集和分析、推进财务报告要求的标准化并开发和维护数据库，定期向国会提交有关重要市场变化和影响金融稳定因素的报告。除作为FSOC的支持机构外，金融研究办公室也建立了与各监管机构的合作机制，支持其开展金融监管并共享数据。同时，作为跨部门宏观审慎协调机构，FSOC通过定期或不定期组织委员会会议的形式创造共商平台，解决金融监管机构管理分散问题，最大可能地提升决策的整体效力。FSOC主席或过半数有投票权成员可以提议召开委员会会议，会议频率不能少于每季度一次。会上对相关问题进行讨论并形成各项决策，按程序表决通过后付诸实施。

3. 专业委员会

针对金融危机暴露的全面监管信息缺乏、系统性金融风险监测不到位等问题，结合“非银行金融机构和金融市场设施认定”的职责要求，FSOC以问题和业务为导向，在代理人委员会下成立了若干个由成员监管机构工作人员组成的专业委员会。专业委员会的设置可根据金融市场发展方向和金融监管要求的变化进行灵活调整，在与时俱进过程中予以完善。例如，为更好整合监管资源，FSOC对成立之初设置的"提高审慎监管标准委员会"和"有序清算机构和处置计划委员会"的相关职能进行合并，重新成立监管和处置委员会。调整后，目前 FSOC 有 5 个专业委员会，分别为数据委员会、金融市场设施和支付结算清算活动委员会、非银行金融公司认定委员会、监管和处置委员会以及系统性风险委员会（见表 2-2），负责具体推进各项工作和执行有关决策。FSOC 各成员机构可选定一名或多名本机构工作人员加入专业委员会，同时应确保相应的人选具备履职所需的专业知识。

表 2-2　　FSOC 专业委员会

委员会	设置目的
数据委员会	支持 FSOC 处理与数据有关事宜，以协助 FSOC 识别风险，应对美国金融稳定面临的威胁，促进市场自律。
金融市场设施和支付结算清算活动委员会	支持 FSOC 履行《多德—弗兰克法案》规定的有关金融市场设施和支付、清算等活动的责任。
非银行金融机构认定委员	支持 FSOC 履行《多德—弗兰克法案》113 条规定的"考虑、做出、重审关于非银行金融机构由美联储理事会监管，并将受制于更高审慎监管标准的决定"的责任。
监管和处置委员会	支持 FSOC 履行《多德—弗兰克法案》规定的"识别出可能对美国金融稳定造成风险的监管空白"的责任。
系统性风险委员会	支持 FSOC 履行《多德—弗兰克法案》规定的"识别美国金融系统风险并应对其潜在威胁"的责任。

三、财政部门更加关注系统性风险监管，美联储与其他监管部门聚焦具体风险处置

（一）财政部门主要关注系统性风险监管

金融危机后，美国通过改进金融监管体系，加强了对系统重要性实体的监管，增强了自身防范系统性金融风险能力。具体来说，在金融市场面临系统性风险时，金融稳定监督委员会（FSOC）的牵头监管作用将会提升监管联动性和事件处置效率。同时，金融研究办公室、金融稳定监督委员会和美联储或者其他监管责任主体三者之间的配合机制为系统重要性实体和系统性风险治理提供了清晰的路径。具体来说，首先，由财政部下设金融研究办公室（OFR）对系统重要性实体和系统性风

险进行观测和分析，继而向由财资部主导的金融稳定监督委员会（FSOC）提供研究成果，FSOC的成员机构共同做出决策，之后再交由美联储或者其他监管责任主体进行具体风险处置。

（二）美联储的监管范围被调整，赋予财政部约束美联储权力

次贷危机暴露的美联储的微观审慎监管框架难以防范系统性风险的弊端。对此，美国在金融危机之后调整美联储监管范围并约束其权力。第一，剥离非核心业务，进一步明确美联储的中央银行职能。将消费金融领域的监管权力移交至消费者金融保护局，从而使美联储能够更加集中地行使中央银行的监管职责。第二，新的美联储权力范围，不仅仅局限于履行传统中央银行的职能，而且更加强调防范系统性风险和维护金融市场稳定的职能。通过改革，对美联储向非银行金融机构发放紧急贷款的权力进行约束。具体为：一是禁止美联储向任何机构和个人提供紧急贷款，通过广泛适用的救助计划或者信用工具除外。二是未经财政部长批准，美联储不可以建立任何救助计划或者信用工具。三是紧急贷款权应以保护纳税人为最终目的，以向金融市场提供流动性为直接目的，因此不能用于救助一家失败的公司而且应该以及时有序的方式退出，并且及时披露借款人以及交易对手方的信息。

四、财政和央行在金融监督中的分工和协作

（一）财政部门主导反洗钱监管，具体任务由监管机构分工完成

在反洗钱方面，美国《反洗钱法》《银行保密法》《爱国者法》等一系列法律明确规定金融机构要对个人、银行和其他金融机构交易记录予以保存和报告，监管机构可以据此对犯罪行为作进一步调查。对于违反反洗钱规定的金融机构，美国国会将授权财政部对其进行处罚，情节严重的反洗钱行为可被处以至少交易金额两倍的罚金。更有甚者，在反洗钱方面违规后，如被美国财政部海外资产控制办公室列入制裁清单（SDN名单），外国金融机构在美管辖范围内的所有资产都将被冻结。具体来说，在反洗钱监管方面，美国财政部长有权要求金融机构和其他企业履行报告、记录和执行反洗钱项目的义务。实践中，财政部长将上述权力授予了财政部内的金融犯罪执法网络（Financial Crimes Enforcement Network，FinCEN）。由于FinCEN并无执法人员，它进一步将《银行保密法》对不同类型金融机构的反洗钱监管权授予相应的联邦主管机构。最终，美国反洗钱领域的经济监管是由银行、证券、期货等领域的监管机构分工完成的。同时，为了更好加强反洗钱监管，2020年12月，美国众议院通过了《国防授权法案》（National Defense Authorization Act)，其中对《银行保密法》和其他反洗钱法进行了重大改革。该法案自2021年1月1日起正式实施，主要内容包括要求财政部评估简化可疑交易和现金交易报告要求和流程。

（二）财政部下设联邦保险办公室加强对保险业实施监管

为加强对保险业的监管，在财政部下设联邦保险办公室（Federal Insurance Office，FIO）。FIO是美国历史上首次出现的联邦层面的保险业监管机构。其职责包括：监管联邦保险业的所有方面，特别是发现保险业中可能导致系统性风险的问题或者漏洞；向FSOC提交具有系统影响力的保险公司名单，协调国际保险监管事务和联邦层面保险问题等职责；向FSOC建议指定某一实体作为由美联储监管的非银行金融机构等。FIO并没有执法权，但它预示着美国保险业监管正从分散走向统一，联邦政府对保险行业的介入在逐步加深。FIO的成立是保险业监管的巨大进步，FIO的监督作用主要体现在搜集保险市场信息、侦测保险市场中各种风险迹象以及为FSOC提供保险业中具有系统重要性的金融机构的候选名单，即发挥“系统性风险监视者”的作用。

（三）美国财政部为数字货币制定监管框架

为了应对经济数字化过程中数字货币带来的新挑战，美国财政部积极评估和制定政策建议，尤其是通过实施加密数字货币监管规则，来保护美国消费者、投资者和企业，以解决不断增长的数字资产行业和金融市场变化对消费者、投资者、企业和公平经济的影响。2022年7月，美国财政部已向总统拜登提交了一个加密资产框架。同时，美国财政部还发布了《数字资产国际参与框架》。该框架要求美国及其外国盟友合作制定监管加密资产的国际标准。实际上，在数字货币监管的国际合作与协调方面，美国财政部正与G7的政策制定者和监管机构就数字资产相关问题进行接触，包括央行数字货币，将新技术融入国际货币体系。美国还将与G20成员国合作，确定数字资产对金融稳定的潜在风险，推动加密货币监管，并就“宏观金融挑战”与成员协商。不难发现，美国财政部在数字货币监管中正扮演着领导者角色。

（四）美联储全面履行银行监管权

2008年金融危机之后，美国进一步加强了美联储的银行监管权。具体来说，一是对联邦层面上的银行监管机构进行了撤并。撤销储贷监管署（OTS），将其并入货币监理署，部分职能归并到存款保险公司和美联储。二是进一步加强了美联储的银行监管权。完整保留了美联储对银行业的监管权力，将储贷控股公司纳入了联储监管系统；对所有资产规模在500亿美元以上的金融控股公司、非银行金融机构和外国银行实施监管，同时对这些机构征收监管费用。目前，美国不再以行业划分作为纳入监管标准，而是以具有系统重要性作为纳入美联储监管范围的标准（系统重要性的机构不仅包括银行类金融机构，还包括非银行金融机构和FMUs）。监管权限调整之后，美联储的监管范围包括银行持股公司（BHCs）、州立美联储成员银行、储蓄和贷款控股公司、国内金融控股公司、外国金融控股公司等。

第三章 英 国

英国财政部是英国的经济和财金部门，央行英格兰银行有金融宏观和微观审慎监管的职能，因此，财政部和英格兰银行都是国家金融监管体系的重要组成部分，本文主要探讨两个机构在金融监管方面职能的不同和分工合作关系，找寻对我国有益的借鉴和启示。

一、英国金融监管的演变和现状①

（一）英国现行金融监管全景概览

1. 监管模式

《2000 年金融服务和市场法》（the Financial Services and Markets Act 2000，FSMA）为英国金融服务监管建立起了一个整体模式，该模式包括四个主要的特征：①议会通过立法，为金融服务监管设立整体方法和制度架构；②在议会设立的广泛界线的范围之内，财政部在二级立法中设立监管的边界（regulatory perimeter），决定哪些金融活动应该被纳入监管、监管行为应该适用的情景；③监管机构监督被监管机构是否在监管边界范围内从事金融活动，并有权对被监管机构超出边界的行为采取措施、实施惩罚；④监管机构应该实现法律规定的该机构的主要目标，应该满足法律要求其应该实现的关于透明和负责的相关要求，其目的是能够保证监管机构可以向议会、财政部、被监管机构和公众负责（见图 2 – 7）。

① HM Treasury. Financial Services Future Regulatory Framework Review [EB/OL]. [2019 – 07 – 19]. https://assets.publishing.service.gov.uk/government/uploads/system/uploads/attachment_data/file/819025/Future_Regulatory_Framework_Review_Call_for_Evidence.pdf.

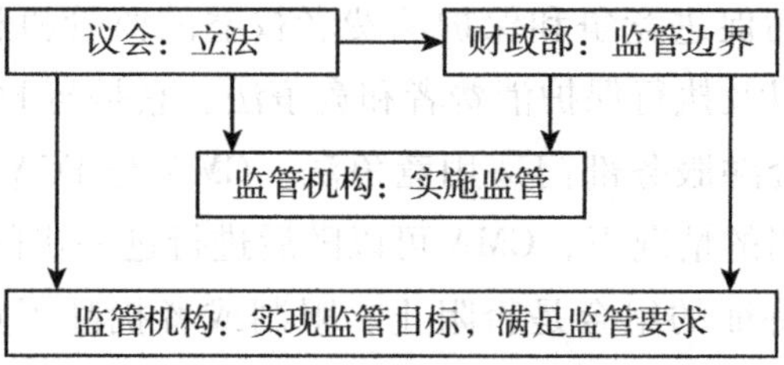

图2－7　英国金融服务监管模式示意图

资料来源：HM Treasury. Financial Services Future Regulatory Framework Review [EB/OL]. [2019－07－19]. https：//assets. publishing. service. gov. uk/government/uploads/system/uploads/attachment_data/file/819025/Future_Regulatory_Framework_Review_Call_for_Evidence. pdf.

2. 监管机构

英国的监管机构在监管框架中发挥着基础性作用，它们与财政部一起推进监管政策的发展、引入监管要求或者支持监管要求的引入、向被监管机构及其客户提供指导、实施监督和执法。在履行职责的过程中，监管机构有独立性，不受政府的影响。英国承担对金融服务机构监督和管理职责的监管机构主要有以下5家，它们分别是：

（1）金融行为监管局（the Financial Conduct Authority，FCA）。金融行为监管局是英国5.8万家金融服务机构和金融市场的行为监管机构，对其中超过1.8万家机构实施（微观）审慎监管。FCA有权制定规则、发布指南、许可成立金融机构和采取强制措施。

（2）审慎监管局（the Prudential Regulation Authority，PRA）。审慎监管局对大约1500家银行、建房互助协会、信用合作社、保险公司和大型投资公司实施微观审慎监管和督查。PRA有权制定规则、发布指南、许可成立金融机构和采取强制措施。

（3）英格兰银行（the Bank of England）。英格兰银行是英国的央行，负责监督金融市场基础设施（financial market infrastructure，FMI），例如中央对手方（central counterparties，CCPs）、被认可的支付系统和中央证券存托机构，目的是保证这些基础设施可以持续地提供服务。英格兰银行有权监督和执行相关的FMI要求，还有权发布指南。英格兰银行的金融政策委员会（the Financial Policy Committee，FPC）负责识别和采取行动消除或减轻系统性风险，目的是保护和增进英国金融系统的弹性。

（4）支付系统监管机构（the Payment Systems Regulator，PSR）。支付系统监管机构是对英国81万亿英镑的支付系统行业实施经济性监管的监管机构，它有责任促进支付市场的竞争、创新和保护用户的利益。PSR在认为必要的情况下，有权设定价格和下令撤销投资。

（5）竞争与市场监管局（the Competition & Markets Authority，CMA）。竞争和市

场监管局是英国重要的促进竞争和保护消费者权益的监管机构。它负责调查兼并、市场和被监管行业，以及执行保护消费者和竞争法。它是与 FCA 和 PSR 并行的同样有司法权的机构，对金融服务部门适用竞争法。CMA 与 FCA 和 PSR 相同，都可以进行市场研究，在适当的情况下，CMA 可以随后进行进一步的深入调查，调查市场的任何特征或者这些特征的组合是否阻止、限制或者扰乱了竞争。在调查的最后，CMA 可以强制实行有约束力的赔偿性处罚。

除了上述 5 家监管机构之外，英国还有一些机构与金融服务机构存在着互动并对被监管的金融服务机构的要求可以产生影响，这些机构包括财务报告委员会（the Financial Reporting Council）、金融申诉服务机构（the Financial Ombudsman Services, FOS）和信息专员办公室（the Information Commissioner's Office）。

3. 监管要求

金融服务部门不仅受专门针对金融服务部门的监管机构的监管，还受跨部门监管机构的监管。新的金融服务立法的引入是财政部的职责。财政部负责传递和发表政府的金融服务立法计划。在引入或制定新的法案时，财政部循序内阁办公室咨询原则（Cabinet Office Consultation Principles）和更好的监管框架（the Better Regulation Framework）的要求，包括需要进行影响评价，财政部的相关活动受一家名为监管政策委员会（the Regulatory Policy Committee）的独立机构的详细审查。所有新的立法还都要经过议会的详细审查。

根据《2000 年金融服务和市场法》（the Financial Services and Markets Act 2000, FSMA），FCA 和 PRA 负责制定和修订规则。监管机构制定规则的权力是议会授权给监管机构的由法律赋予的权力，不需要经过财政部或者议会的批准。大多数情况下，FSMA 要求监管机构要对包含规则调整的草案征询意见，这样的意见征询还需要附有成本—收益分析。金融服务监管机构通过指南对立法和监管机构规则的补充上有独立性，可以独立地发挥作用。

监管机构有权指导被监管机构或者向被监管机构提出它们需要遵守的要求。例如，英格兰银行有从 FMIs 处收集信息的权力，在某些情况下有权指导被监管机构；PSR 可以发布一般指令，也可以发布明确的特殊性指令；在怀疑市场的某个或某些特征对竞争产生不利影响的情况下，CMA 有进行研究的权力，并有权介入市场。

英国的监管机构还拥有发布指南的权力。尽管指南并没有法律那样的约束力，但是这种指南对让被监管机构可以了解到它们需要做的事情以及被监管机构为了满足监管机构的要求必须要考虑的物质条件是很重要的。

4. 协调和协商

政府和监管机构共同努力协调着它们的监管活动，协调的目的是保证监管制度很好地发挥作用。目前在实施中的促进协调的正式机制有：

（1）FCA 和 PRA 有法定的义务协调它们的职能，它们必须达成一个谅解备忘录，该备忘录设定了它们在共同监管范围内各自的作用和它们之间如何进行协调。

（2）英格兰银行、FCA、PRA 和 PSR 有法定的义务协调它们的活动，并达成一份谅解备忘录，该备忘录规定了它们如何进行协调。它们还有自由裁量权，可以将该备忘录适用于与其他机构的协调，例如 FCA 和 CMA 之间以及 FCA 和 FOS 之间也适用了该备忘录。

（3）FCA 的首席执行官和 PRA 的首席执行官都还是另外一家的决策机构的成员，按照要求，这些监管机构需要在它们的年度报告中阐述其协调情况。

（4）英格兰银行 FPC 的成员不仅包括英格兰银行的行长、4 位副行长、FCA 的首席执行官和财政大臣任命的 5 位外部成员，而且还包括 1 位没有投票权的财政部代表。

（5）每年，财政部必须给 FPC 写信提出建议，信中的内容包括对未来一年 FPC 工作任务提出的建议以及关于政府经济政策的声明。

（6）财政部在每一届议会期间至少要给 FCA 和 PRA 分别写一封信，信中阐述监管机构在考虑如何实现其监管目标时应该留意的经济政策。

（7）FCA、PSR 和 CMA 都是英国竞争网络（the UK Competition Network）的成员，FCA、PSR 和信息专员办公室都是英国监管网络（the UK Regulators Network）的成员。

除了上述这些正式的协调机制之外，财政部和监管机构还一起共同努力在日常的工作中推动政策的颁布、编制法律和制度的草案，并协调各自的工作。

（二）金融监管的发展和演变

1. 分业监管

《1986 年金融服务法》（the Financial Services Act 1986）是监管机构监管行为合理化的起点，该法案在立法方面为金融监管提供了更为坚固的基础。在《2000 年金融服务和市场法》（FSMA）颁布之前，英国有一系列多家监管机构，监管的基石是把对这些相关机构的立法拼接在一起，这些监管机构中很多都是自治性的，负责维护行业标准。

当时英国共有包括英格兰银行审慎监管司、证券与投资管理局、私人投资监管局、投资监管局、证券与期货管理局、房屋协会委员会、财政部保险业董事会、互助会委员会和友好协会委员会共 9 家监管机构，分别行使对银行业、保险业、证券投资业、房屋协会等机构的监管职能①。

① 陈斌彬．从统一监管到双峰监管：英国金融监管改革法案的演进及启示［J］．华侨大学学报（哲学社会科学版），2019（02）：85－95.

2. “分业监管”到“统一监管”

英国金融业从分业经营迈向混业经营，因此，原有分业监管体制已经不再适应现实需要，主张改革既有金融监管体制，将包括英格兰银行在内的9家监管机构的监管权力统一的呼声不断高涨。2000年6月14日通过的《2000年金融服务及市场法》（FSMA）赋予1997年10月成立的金融服务监管局（the Financial Services Authority，FSA）统一行使对银行业、保险业及证券业等金融业的监管职能，从而揭开了英国统一金融监管体制的序幕。FSMA是英国现行金融监管框架的基石，大幅提升了监管的合理化程度，使金融监管安排更加现代化。2010年4月的《2010年金融服务法》进一步扩大和强化了FSA的统一监管权①。

3. “统一监管”到“分责监管”

全球金融危机暴露出英国金融监管体系存在的问题，此后英国采取了改革措施。2007—2008年的全球金融危机暴露出英国的金融监管体系存在严重缺陷，特别是在财政部、英格兰银行和金融服务监管局（FSA）这“三方”机制的责任分配和协调上。具体来说：①英格兰银行没有合适的工具来实现金融稳定的目标；②FSA的职责过于广泛而不能充分聚焦于金融机构的稳定上；③监管框架对单个金融机构稳定和金融体系整体稳定之间的重要关系进行监督的职责存在缺失。因此，全球金融危机后，英国对金融监管框架实施了改革，改革主要集中在制度设计和职能分配上。FSA被废除，其他主要改革措施如下：

（1）成立金融政策委员会（FPC）。在英格兰银行内部成立FPC，它负责维护金融体系的整体稳定，或者换个词就是“宏观审慎”监管。

（2）成立审慎监管局（PRA）。PRA是一个微观审慎监管机构，对经营的核心是管理巨大的资产负债表风险的金融机构实施监管，被监管机构包括银行、保险公司和大型、更为复杂的投资公司。PRA按照FSMA赋予的广泛的规则制定权制定监管要求。

（3）成立金融行为监管局（FCA）。FCA的成立是为了关注金融监管的行为监管，它被赋予权力推动金融机构的客户（消费者）和市场的参与者得到公平的对待，它的工作方式包括促进竞争。FCA还负责对没有包括在PRA职责范围内的金融机构实施（微观）审慎监管。FCA也是按照FSMA赋予的广泛的规则制定权制定监管要求。

（4）成立支付系统监管机构（PSR）。PSR成立于2013年，是对英国的支付系统行业从经济性方面进行监管的监管机构。

---

① 陈斌彬．从统一监管到双峰监管：英国金融监管改革法案的演进及启示［J］．华侨大学学报（哲学社会科学版），2019（02）：85－95．

（5）修订 FSMA。经过修订，FSMA 可以为财政部和监管机构之间提供更有效的协调机制。

2012 年 12 月 19 日通过、2013 年 4 月 1 日正式生效的《2012 年金融服务法》（Financial Services Act 2012）规定，统一监管机构 FSA 被撤销，分别成立独立的审慎监管机关和行为监管机关，即审慎监管局（PRA）和金融行为监管局（FCA）。其中，PRA 是英格兰银行的附属机构，负责对所有银行、证券经纪商、保险公司及其他投资公司的微观审慎监管。同时，英格兰银行内部设立金融政策委员会（FPC），协助英格兰银行制定货币政策并实施宏观审慎监管。随着 2013 年伦敦银行同业间拆借利率（LIBOR）垄断操纵案的全面曝光，金融监管被暴露出如下问题：一是 PRA 作为英格兰银行的附属机构，其与 FPC 在审慎监管之间的协调成本偏高；二是英格兰银行的监管职责不断加重，亟须加强监督、问责和治理。2015 年 10 月 14 日，在财政大臣奥斯本（Osborne）和议会秘书詹姆斯（James）的联合推动下，英国政府向议会提交了《2012 年金融服务法》的修正法案，即《英格兰银行和金融服务法案》（Bank of England Financial Service Bill）。该修正案提出了两项主要改革建议：一是终止 PRA 英格兰银行附属机构的地位，将其整体并入英格兰银行内部，建立审慎监管委员会（the Prudential Regulation Committee，PRC）；二是将英格兰银行内部的 FPC 升格为与银行董事会（理事会）、货币政策委员会平级的独立委员会。该修正案于 2016 年 5 月 4 日以《2016 年英格兰银行与金融服务法》（Bank of England and Financial Services Act 2016）之名正式生效。根据该法案，英格兰银行内部的组织架构由董事会（理事会）、货币政策委员会、金融政策委员会（FPC）和审慎监管委员会（PRC）共同组成。相应地，英格兰银行除了宏观审慎监管职能之外，还获得原 PRA 的所有微观审慎监管职能，成为真正意义上集宏、微观审慎监管于一体的审慎监管机关①。

从英国金融监管的发展和演变可以看出，财政部的金融监管职能得到了强化，具体表现在：一是在财政部下设金融行为监管局（FCA），增加了财政部的监管职能。FCA 实施行为监管，推动金融机构的客户（消费者）和市场的参与者得到公平的对待，防止将行为监管和审慎监管集中可能会由于审慎监管的需要而给被监管机构的客户造成损失和伤害。此外，FCA 还负责对没有包括在审慎监管局（PRA）职责范围内的金融机构实施（微观）审慎监管；二是加强了财政部与监管机构之间的沟通协调机制。财政部与监管机构之间已经建立起以下三个正式的沟通机制：①财政部派驻代表直接担任金融政策委员会（FPC）的成员；②财政部每年必须给 FPC 写信提出对未来一年 FPC 工作任务的建议以及关于政府经济政策的声明；③财政部

---

① 陈斌彬．从统一监管到双峰监管：英国金融监管改革法案的演进及启示［J］．华侨大学学报（哲学社会科学版），2019（02）：85－95.

在每一届议会期间至少要给 FCA 和 PRA 分别写一封信阐述监管机构在考虑如何实现其监管目标时应该留意的经济政策；三是财政掌握 FCA、英格兰银行理事会和 PRA 决策机构审慎监管委员会（PRC）全部成员或绝大多数成员的人事任命权，英格兰银行理事会主席和行长分别由财政大臣选择和向首相推荐。

二、财政部门与央行在金融监管中的作用与定位

金融领域特别是金融监管方面，财政部和英格兰银行的职责存在一定的关联。财政部和英格兰银行都有管理金融领域和体系的职责，特别是通过监督金融机构的运行，在监控金融体系安全、维护金融稳定上的职责有关联。但是其职责有明显的区别和分工合作关系，具体表现在：

（一）财政和央行监督管理的角度和立场存在差别

1. 财政部的职能

英国财政部是英国十分重要的政府部门。英国首相兼首席财政大臣，英国财政大臣是内阁中排名仅次于首相排在第二位或第三位的内阁成员。从中可以看出财政部在英国政府机构中是最重要或次重要的政府部门，有着重要的地位，发挥着重要的作用。

英国财政部是英国政府的经济和财金部门，控制着公共支出，制定英国经济政策的方向，致力于实现强劲和可持续的经济增长。财政部的职责包括以下五个方面：①在公共支出方面，财政部负责部门支出、公共部门工资和养老金、年度管理支出（AME）和福利政策以及资本性投资的相关事项；②在金融服务政策方面，财政部负责银行和金融服务管理、金融稳定以及确保伦敦金融城的竞争力；③财政部负责督查英国的税收体系，涉及直接税、间接税、商业房产税、财产税、个人所得税和企业所得税这些税种；④财政部负责确保公共部门基础设施项目的交付，以及吸引私人部门的投资进入到英国基础设施建设领域；⑤保证经济的持续增长①。

从财政部的机构设置来看，财政部由 15 个机构组成，其中与金融相关的有 2 个，名称分别为金融服务司和金融稳定司。截至 2021 年 3 月 31 日，在财政部 1966.7 位雇员中，金融服务司的雇员有 175.2 位，金融稳定司有 83.1 位，两机构雇员占整个雇员总数的约 13%②。

---

① HM Treasury. About us [EB/OL]. [2022－08－19]. https://www.gov.uk/government/organisations/hm－treasury/about.

② HM Treasury. HM Treasury Outcome Delivery Plan 2021 to 2022 [EB/OL]. [2021－07－15]. https://www.gov.uk/government/publications/hm－treasury－outcome－delivery－plan/hm－treasury－outcome－delivery－plan－2021－to－2022#fn: 4，雇员数是指按全职雇员工作时长计算的雇员人数。

2. 英格兰银行的职能

英格兰银行的任务是保证英国纸币的安全、价格的稳定、银行的安全和良好运行以及使金融体系具有弹性。英格兰银行的工作主要包括：①英格兰银行的主要工作之一就是保证在英国可以很容易和安全地进行支付；②英格兰银行负责将价格的上涨维持在低和稳定的水平；③英格兰银行管理英国的银行和其他金融机构，维持它们的安全和良好运营。英格兰银行的审慎监管局（Prudential Regulation Authority，PRA）管理和监督着英国所有的大型银行、建房互助协会（building societies）、信用合作社（credit unions）、保险公司和投资公司；④英格兰银行负责维持英国金融体系的稳定①。

如上文所述，英国承担对金融服务机构监督和管理职责的监管机构主要有5家，英格兰银行是其中之一，英格兰银行的组成部分之一审慎监管局也是其中之一。它们监督被监管机构是否在监管边界范围内从事金融活动，并有权对被监管机构超出边界的行为采取措施、实施惩罚；它们被要求应该实现法律规定的主要目标，应该满足法律要求其应该实现的关于透明和负责的相关要求，其目的是能够保证监管机构向议会、财政部、被监管机构和公众负责。

（1）英格兰银行担负审慎监管和金融市场基础设施监管等监管职能。英格兰银行负责对金融机构实施宏观和微观的审慎监管，其监管职责主要由它的金融政策委员会（FPC）和审慎监管局（PRA）来行使，前者负责宏观审慎监管，后者负责微观审慎监管，但是宏观和微观审慎监管只是英格兰银行监管职责的一个部分。

英格兰银行的监管职能主要分为以下四个方面的内容：一是英格兰银行监督着英国金融体系的系统性风险，采取措施防止问题的发生或者将其影响降到最低，这就是前文所说的宏观审慎监管，该事务由英格兰银行的FPC负责。二是英格兰银行还负责监督银行和其他金融机构。英格兰银行要确认金融机构有充足的资本金，它们对自身面临的经营风险进行着适当地管控，也就是前文所说的微观审慎监管。三是英格兰银行还监督金融机构经营方式的各个方面，这被称为“监督”（supervision）。PRA承担英格兰银行绝大部分的上述审慎监管和监督的职能。PRA的决策主要由审慎监管委员会（PRC）做出。四是英格兰银行还需要确保支付的可靠性。英格兰银行提供纸币，监督英国使用的一些其他支付系统，监督金融市场的基础设施，如支付系统和清算所②③。

综上所述，维护英国金融体系的稳定和安全是英格兰银行的重要职责之一，具

①② the Bank of England. About Us [EB/OL]. [2022-08-22]. https://www.bankofengland.co.uk/about.

③ the Bank of England. The financial system FAQs [EB/OL]. [2022-05-11]. https://www.bankofengland.co.uk/faq/the-financial-system#anchor_1521814815561.

体包括提供安全的支付方式和保障银行的良好运行。英格兰银行密切监督银行和其他金融机构，为它们设立运行规则和查找它们是否遵守这些规则。如果一家银行破产，英格兰银行要确保破产事件不会对这家银行的客户们、英国纳税人和英国经济带来问题①。

（2）英格兰银行的金融政策委员会担负宏观审慎监管职能。英格兰银行的金融政策委员会（FPC）成立于2013年，由议会创建，是全球金融危机后形成的英国新的监管体系的组成部分之一。FPC通常有13位成员：其中的6位是英格兰银行的职员，他们是行长、4位副行长和1位金融稳定战略和风险部门的执行主管；还有根据经历和专业能力选择的5位外部专家型成员；还包括金融行为监管局（FCA）的首席执行官；最后1位是来自财政部的不参与投票的成员②。

FPC从保护和增强英国金融体系弹性的角度出发，负责识别、监督和采取行动消除或者减轻金融部门的系统性风险。FPC的次要目标是支持政府的经济政策，包括经济增长和就业目标。FPC有两种权力：一是发布指令的权力，二是提出建议的权力。FPC有权对一系列的特殊政策工具制定管理指标，FPC有权设定包括反周期资本缓冲（countercyclical capital buffer，CCyB）率在内的5个指标。此外，FPC还可以提出降低风险维持金融稳定的建议。英格兰银行利用被称为“决议”（resolution）的程序介入和管理出现问题的金融机构，让该金融机构对经济的影响降到最低③。

FPC编制金融稳定报告。1996年秋季，英格兰银行颁布了一份新的出版物，名称为“金融稳定性评估报告（Financial Stability Review，FSR）”，一年出版两期。2006年，报告名称改为“金融稳定报告（Financial Stability Report）”④。金融稳定报告中阐述金融稳定的主要风险和评价金融体系为应对这些风险所做的准备，报告还会简要说明FPC近期的活动，以及评估FPC采取的行动所产生的影响⑤。

FPC与审慎监管委员会（PRC）一起，负责设计和校准银行的压力测试框架。压力测试让FPC和PRC可以评估银行的弹性并确信它们有充足的资本金可以抵抗冲击，当压力成为现实后可以为整个经济提供支撑⑥。

（3）英格兰银行的审慎监管局担负微观审慎监管职能。英格兰银行通过审慎监管局（PRA）对金融服务提供机构进行审慎性监管和监督。审慎监管局是英格兰银行的组成部分之一，负责对大约1500家银行、建房互助协会、信用合作社、保险公

---

① the Bank of England. About the Bank of England [EB/OL]. [2022-02-18]. https://www.bankofengland.co.uk/faq/general.

② the Bank of England. Members of the Financial Policy Committee [EB/OL]. [2022-05-11]. https://www.bankofengland.co.uk/about/people/financial-policy-committee.

③⑤⑥ the Bank of England. Financial stability [EB/OL]. [2022-05-11]. https://www.bankofengland.co.uk/financial-stability.

④ the Bank of England. Our History [EB/OL]. [2022-02-17]. https://www.bankofengland.co.uk/about/history.

司和重要的投资公司进行审慎监管和监督。审慎监管局制定政策，要求被监管企业遵守，政策通过“审慎监管局规则手册”（the PRA Rulebook）颁布。规则要求金融机构保持资本充足和实施适当的风险管控措施①。

审慎监管委员会（PRC）对审慎监管局的绝大多数重要事项做决策。PRC 的成员有 11 位，包括：英格兰银行的 4 位职员，他们分别是行长以及英格兰银行分别负责金融稳定、市场和银行和审慎监管的 3 位副行长；金融行为监管局（FCA）的首席执行官；英格兰银行任命经财政大臣批准的 1 位成员；财政大臣任命的 5 位外部成员②。

3. 结论：财政部从国家的角度和立场实施金融监管，英格兰银行从监管机构的角度和立场实施金融监管

英国财政部是英国政府的经济和财金部门。财政部管理对象是国家的整体经济。由于金融体系是国家经济的重要部门和组成部分，因此，财政会关注金融领域。除金融领域之外，财政还关注经济的稳定和增长、就业、提高竞争力、公平公正的竞争环境、国家经济战略、国家安全、外交、环境等重大问题。而英格兰银行对金融机构的监督和管理是从监管机构的角度，在法律和制度框架下，行使法律赋予的监管权，履行法律规定的金融监管职责，同时也有支持国家经济政策的责任。

（二）财政的金融监管职能更为宽广

财政部负责银行和金融服务管理、金融稳定以及确保伦敦金融城的竞争力。财政部让银行更加健康和安全，让民众更加容易获得和享受到金融服务，为保护金融部门的客户和经济而改进金融部门的规章制度，确保金融体系的稳定。因此，财政部对金融的管理超出了金融体系的安全和良好运行，维护金融稳定，防范化解金融风险这个领域。财政对金融的管理至少还包括促进竞争，提升行业发展品质和本国金融机构的国际竞争力，让客户以更低成本获得更方便的高品质服务。财政部的金融行为监管局（FCA）对金融机构实施行为监管，推动金融机构的客户（消费者）和市场的参与者得到公平的对待，它的工作方式包括促进竞争。FCA 还负责对没有包括在 PRA 职责范围内的金融机构实施（微观）审慎监管。而英格兰银行的任务包括保证银行的安全和良好运行，使金融体系具有弹性，维持金融体系的稳定。因此，英格兰银行的金融监管更集中在金融机构的安全和金融体系的稳定上，也就是通常所说的宏观和微观审慎监管，另外还监管金融基础设施。

① the Bank of England. Prudential regulation [EB/OL]. [2022-02-21]. https://www.bankofengland.co.uk/prudential-regulation.

② the Bank of England. Prudential Regulation Committee [EB/OL]. [2022-05-11]. https://www.bankofengland.co.uk/about/people/prudential-regulation-committee.

（三）财政监管工具的效力和层次更高

财政的金融监管职能并不仅是对金融机构直接进行监管，而是从更高的视角和维度对金融进行监管，具体表现在：一是通过制定金融服务的政策、设定金融服务的规章制度来规范和限制金融机构的服务行为；二是通过设立金融监管的边界，决定哪些金融活动应该被纳入监管、监管行为应该适用的情景；三是财政部积极推动金融监管立法，通过咨询和评估力争把金融监管理念写入法律草案，推动立法进程。

1. 财政部负责制定金融服务政策

财政部负责银行和金融服务管理、金融稳定以及确保伦敦金融城的竞争力，具体来说包括制定银行和金融服务的规章制度、维护金融稳定和促进银行和金融机构的竞争。财政部与金融服务相关的优先事项有三项：①建立更强大和更安全的银行；②让人民更容易地获得和使用金融服务；③为了保护金融部门的客户和整个经济而改进金融部门的规章制度[①]。

2. 财政部设立金融监管的边界

如上文所述，《2000 年金融服务及市场法》（FSMA）为金融服务监管建立起了一个整体模式，该模式包括四个主要的特征，其中第二个特征涉及财政部，即在议会设立的广泛界线的范围之内，财政部在二级立法中设立监管的边界（regulatory perimeter），决定哪些金融活动应该被纳入监管、监管行为应该适用的情景。

3. 财政部推动金融监管立法和改革

金融监管框架的基石是法律，新的金融服务立法的引入是财政部的职责。财政部负责传递和发表政府的金融服务立法计划。在引入或制定新的法案时，财政部循序内阁办公室咨询原则（Cabinet Office Consultation Principles）和更好的监管框架（the Better Regulation Framework）的要求，包括需要进行影响评价，财政部的相关活动受一家名为监管政策委员会（the Regulatory Policy Committee）的独立机构的详细审查。所有新的立法还都要经过议会的详细审查[②]。

举例来说，2015 年 10 月 14 日，在财政大臣奥斯本（Osborne）和议会秘书詹姆斯（James）的联合推动下，英国政府向议会提交了《2012 年金融服务法》的修正法案，即《英格兰银行和金融服务法案》（Bank of England Financial Service Bill）。

---

① HM Treasury. About us [EB/OL]. [2022 - 06 - 06]. https://www.gov.uk/government/organisations/hm-treasury/about.

② HM Treasury. Financial Services Future Regulatory Framework Review [EB/OL]. [2019 - 07 - 19]. https://assets.publishing.service.gov.uk/government/uploads/system/uploads/attachment_data/file/819025/Future_Regulatory_Framework_Review_Call_for_Evidence.pdf.

该修正案于2016年5月4日以《2016年英格兰银行与金融服务法》（Bank of England and Financial Services Act 2016）之名正式生效[①]。

财政部通过评估、征询的方式推进金融监管改革。2019年7月19日，英国财政部发布名为《对未来金融服务监管框架的评估》（Financial Services Future Regulatory Framework Review）的报告，该报告对金融监管框架进行评估，评估目的是应对新的形势广泛征询全球金融危机以来监管改革对被监管机构及其客户的影响以及对监管机构之间协调的看法，以便财政部在未来更好地推动金融监管改革[②]。

（四）财政部下属机构金融行为监管局是英国最主要的五家监管机构的其中之一

如前文所述，财政部的金融行为监管局（FCA）是英国主要的金融监管机构之一，是英国5.8万家金融服务机构和金融市场的行为监管机构，对其中超过1.8万家机构实施（微观）审慎监管。

总结来看，财政部管理金融部门的工具主要是制定政策、制定规章制度、设定监管边界、推进新的金融服务立法、传递和发表政府的金融服务立法计划。财政部从法律制度建设的角度关注金融监管，通过对现行监管框架的评估、征询提供证据的反馈信息等，从推动国家治理水平、提升国家治理现代化的层面提出立法提议或法律修订提议和制定规章制度。财政部从管理职能到使用的工具方面，其层次和效力都明显高于英格兰银行。

英格兰银行是有金融监管职能的公共机构，是英国重要的金融监管机构之一，其金融监管职能主要是实施审慎监管和金融市场基础设施监管。英格兰银行是从监管机构层面出发，在议会和财政部设定的法律制度框架下，它通过规则、要求、指令、指南、建议、许可、调研、监督和执法等手段和工具履行监管职责，对被监管机构实施监管和采取措施（见表2-3）。

（五）财政和央行在金融监管中的协调机制

政府和监管机构共同努力协调着它们的监管活动，协调的目的是保证监管制度很好地发挥作用。目前在实施中的促进财政部和央行之间金融监管协调的正式机制有：

---

① 陈斌彬．从统一监管到双峰监管：英国金融监管改革法案的演进及启示［J］．华侨大学学报（哲学社会科学版），2019（02）：85-95．

② HM Treasury. Financial Services Future Regulatory Framework Review［EB/OL］．［2019-07-19］．https://assets.publishing.service.gov.uk/government/uploads/system/uploads/attachment_data/file/819025/Future_Regulatory_Framework_Review_Call_for_Evidence.pdf.

表 2-3　　财政部和英格兰银行金融管理职能比较

机构名称	机构性质	主要金融监管职能	政策工具	工作对象	机构间正式的协调机制
财政部	政府机构	(1) 引入或制定新的监管法案（草案）；(2) 在二级立法中设立监管的边界；(3) 制定银行和金融服务的规章制度。	(1) 编制法律草案；(2) 评估和征询证据；(3) 制定规章制度。	(1) 法律；(2) 规章制度。	(1) 英格兰金融政策委员会的成员不仅包括英格兰银行的行长、4 位副行长、FCA 的首席执行官和财政大臣任命的 5 位外部成员，而且还包括 1 位没有投票权的财政部代表；(2) 每年，财政部必须给 FPC 写信提出建议，信中的内容包括对未来一年 FPC 工作任务提出的建议以及关于政府经济政策的声明；(3) 财政部在每一届议会期间至少要给 FCA 和 PRA 分别写一封信，信中阐述监管机构在考虑如何实现其监管目标时应该留意的经济政策。
英格兰银行	公共机构	(1) 监督金融市场基础设施；(2) 英格兰银行的金融政策委员会负责识别和采取行动消除或减轻系统性风险。	(1) 按要求监督金融市场基础设施和执法；(2) 发布指南；(3) 在某些情况下有权指导被监管机构；(4) 发布指令；(5) 提出建议；(6) 设计和校准银行的压力测试框架。	被监管机构。	
审慎监管局	英格兰银行的一个组成部分	微观审慎监管和督查。	(1) 制定规则；(2) 发布指南；(3) 许可成立金融机构；(4) 采取强制措施；(5) 市场调研；(6) 制定监管要求；(7) 设计和校准银行的压力测试框架。	被监管机构。	

资料来源：作者根据本书参考文献整理。

（1）财政掌握英格兰银行理事、理事会主席、行长和副行长的人事权。英格兰银行的管理（决策）机构是理事会（董事会）①。1946 年英格兰银行被国有化后，政府有权任命英格兰银行的行长和理事②。任命遵循 2016 年颁布、2019 年修订的《公务任命管理法》，该法律规定公务任命的最终责任和选择权属于部长，部长向议会负责③。

① 英文为 the Court of Directors，是理事会和董事会合一的机构。本书选用理事和理事会这个称谓。人选最后需要女王（君主）最终任命。

② the Bank of England. Our History [EB/OL]. [2022-02-17]. https://www.bankofengland.co.uk/about/history.

③ Cabinet Office. Governance Code for Public Appointments [EB/OL]. [2019-04-11]. https://assets.publishing.service.gov.uk/government/uploads/system/uploads/attachment_data/file/578498/governance_code_on_public_appointments_16_12_2016.pdf.

财政大臣负责挑选非执行理事中的1位担任理事会主席①。英格兰银行的行长由财政大臣向首相提议。行长和理事人选需经女王（君主）最终任命。财政部在与英格兰银行的行长进行咨询后，可以通过命令更改副行长的头衔，也可以新增或者解除副行长的职务②③。

（2）财政部派驻1位官员担任金融政策委员会的成员并掌握其他绝大多数成员的人事权。如前文所述，英格兰银行金融政策委员会（FPC）有13位成员：英格兰银行的行长、4位副行长和1位金融稳定战略和风险部门的执行主管；5位外部专家；金融行为监管局（FCA）的首席执行官；1位是来自财政部的不参与投票的成员。这位来自财政部的成员可以让财政部了解到FPC的所有讨论过程和决策依据。此外，FPC的主席是英格兰银行的行长，行长由财政大臣推荐进而被任命；财政部在与英格兰银行的行长进行咨询后，可以通过命令更改副行长的头衔，也可以新增或者解除副行长的职务④；FCA的首席执行官由财政大臣选拔；5位外部专家由财政大臣任命⑤。综上所述，可以看出，财政部不但对FPC有深入的了解，而且对其绝大多数成员有任免权和决定权。

（3）财政部掌握审慎监管委员会全部成员的人事权。英格兰银行审慎监管局（PRA）的绝大多数重要事项由审慎监管委员会（PRC）做出。如前文所述，PRC有11位成员：英格兰银行4人，分别是行长和3位副行长；金融行为监管局（FCA）的首席执行官；英格兰银行任命经财政大臣批准的1位成员；财政大臣任命的5位外部成员。虽然PRC的成员中没有来自财政部的官员，但是PRC的主席也是英格兰银行的行长，行长由财政大臣推荐进而被任命；财政部可以通过命令更改副行长的头衔，也可以新增或者解除副行长的职位；FCA的首席执行官由财政大臣选拔；英格兰银行任命的1位成员需经财政大臣批准；财政大臣任命5位外部成员，因此可以说财政大臣或者说财政部对PRC的所有成员都有决定权。

（4）财政大臣必须每年向金融政策委员会提出建议和传达政府的经济政策。财政部必须每年给FPC写一封信，信中的内容包括对未来一年FPC工作任务提出的建议以及关于政府经济政策的声明。根据《1998年英格兰银行法》（the Bank of England Act

---

① the Bank of England. Court of Directors [EB/OL]. [2022-03-14]. https://www.bankofengland.co.uk/about/people/court-of-directors.

②④ Bank of England and Financial Services Act 2016 Part 1 Section1, https://www.legislation.gov.uk/ukpga/2016/14/section/1.

③ HM Treasury. Financial relationship between HM Treasury and the Bank of England: memorandum of understanding [EB/OL]. [2018-06]. https://www.bankofengland.co.uk/-/media/boe/files/memoranda-of-understanding/financial-relationship-between-hmt-and-the-boe-memorandum-of-understanding.pdf?la=en&hash=26A0368C7F8A2C492B665EC28D473C7B3279A116.

⑤ HM Treasury. Financial Services Future Regulatory Framework Review [EB/OL]. [2019-07-19]. https://assets.publishing.service.gov.uk/government/uploads/system/uploads/attachment_data/file/819025/Future_Regulatory_Framework_Review_Call_for_Evidence.pdf.

1998)，财政大臣每年至少向 FPC 阐述 1 次政府的经济政策并对其工作提出建议。因此，FPC 通常每年会收到一封来自财政大臣的关于 FPC 职权范围的来信。英格兰银行行长，作为 FPC 的主席，代表 FPC 向财政大臣递交正式的回信。2021 年 3 月 3 日，财政大臣给英格兰银行行长写信，传达了下一年 FPC 的职权范围及其对 FPC 工作提出的建议。在信中，财政大臣阐明了政府当前的经济政策以及对 FPC 的建议。当年的 7 月 13 日，英格兰银行行长回复了财政大臣的来信，回信传达了 FPC 对财政大臣来信的回复意见，阐明了 FPC 在职权范围内所采取的行动，对财政大臣来信提出的各个方面都有所回应①②③。

(5) 财政大臣依法必须在每届议会期间向审慎监管委员会提出建议。财政部在每一届议会期间至少要给审慎监管委员会（PRA）写一封信，信中阐述 PRA 在考虑如何实现其监管目标时应该留意的经济政策，财政部对 FPC 也是如此。《1998 年英格兰银行法》要求财政部在每届议会期间至少向 PRC 提交一次建议，建议涉及 PRC 在履行职责时应该考虑的政府经济政策的各项内容，同时该建议也要提交给国会。2021 年 3 月 23 日，财政大臣向英格兰银行行长写信表达对 PRC 的建议，因为英格兰银行的行长同时也是 PRC 的主席。在去信中，财政大臣简要说明了政府的经济战略以及需要 PRC 在履职时应该考虑的经济政策的各项内容。当年的 8 月 27 日，英格兰银行行长，作为 PRC 的主席，回复了财政大臣的来信。在回信中，英格兰银行行长说明了上次回信以来 PRC 的主要行动，表示在履行法律赋予的职责时会考虑政府的经济计划和财政大臣来信中所提的建议④⑤。

除了上述这些正式的协调机制之外，财政部和监管机构还一起共同努力在日常的工作中推动政策的颁布、编制法律和制度的草案，并协调各自的工作。

此外，英格兰银行和审慎监管局需要定期向财政部做工作汇报：

(1) 英格兰银行需要向财政部汇报金融监管的情况。英格兰银行有每半年向财政部汇报审慎监管和金融稳定方面进展的义务。英格兰银行在危机救援中涉及公共资金使用时，必须事先向财政部提供决策所需信息并接受财政部的指导⑥。

---

① the Bank of England. Financial stability [EB/OL]. [2022 - 05 - 11]. https: //www. bankofengland. co. uk/financial - stability.

②④ the Bank of England. REMIT AND RECOMMENDATIONS FOR THE FINANCIAL POLICY COMMITTEE [EB/OL]. [2021 - 03 - 03]. https: //www. bankofengland. co. uk/ - /media/boe/files/letter/2021/march/fpc - remit - and - recommendations - letter - 2021. pdf? la = en&hash = 3C5B23BE764387498155F61CAF255417E665CCE8.

③ the Bank of England. Response to the Remit for the Financial Policy Committee [EB/OL]. [2021 - 07 - 13]. https: //www. bankofengland. co. uk/ - /media/boe/files/letter/2021/july/2021 - remit - response. pdf? la = en&hash = B4DE5773F590F090E144E14F756E696C907302DA.

⑤ the Bank of England. PRC Response to the 2021 Recommendations for the Treasury [EB/OL]. [2021 - 08 - 27]. https: //www. bankofengland. co. uk/ - /media/boe/files/prudential - regulation/letter/2021/september/prc - letter - to - the - chancellor - september - 2021. pdf? la = en&hash = 6A12EE1A420C0AF8078A5E4D1B233FC6B7F19BA2.

⑥ 陈斌彬. 从统一监管到双峰监管：英国金融监管改革法案的演进及启示 [J]. 华侨大学学报（哲学社会科学版），2019 (02): 85 - 95.

（2）英格兰银行的审慎监管局需要向财政部报告财务报告和年度报告。首先，审慎监管局（PRA）每年需要向财政部提交其财务报告。而且，其年度财务报表需要根据财政部的要求编制，例如包括的内容、呈现的方式以及采用的会计方法和原则都由财政部提出相应的要求。其次，PRA 的决策机构审慎监管委员会（PRC）必须每年至少向财政大臣提交一次工作报告。根据《1998 年英格兰银行法》，PRC 还必须每年至少一次向财政大臣递交报告，即 PRA 的年度报告。报告的内容关于 PRA 资源的充足性和履职的独立性。PRA 的年度财务报告和年度报告，通过财政部再被提交到议会。但是，与英格兰银行的其他部门不同，PRA 的预算资金不来自财政，财政部也不被认为需要承担 PRA 的任何或有负债。PRA 遵从巴塞尔原则，任何政府或者企业都不能侵犯监管者监管的独立性①。

（3）在金融稳定报告颁布后，财政大臣与英格兰银行行长要举行会面。金融政策委员会（FPC）每年发布两次《金融稳定报告》。在每次发布后，按照《1998 年英格兰银行法》（经《2012 年金融服务法》修订）的要求，财政大臣和英格兰银行的行长需要举行会面讨论该报告和其他与金融稳定相关的事宜②。2021 年 12 月 13 日，《金融稳定报告》被颁布，在 2022 年 1 月 13 日，英格兰银行的行长和财政大臣举行会面，讨论了该报告③。

三、结论

（一）英格兰银行在议会和财政部的法律和制度框架内履行监管职责

财政部是政策制定机构，英格兰银行是执行机构。财政部通过推进金融监管立法、设立监管边界、制定规章制度等方式规范监管机构。英格兰银行及其审慎监管局是英国重要的金融服务监管机构之一，在议会设定的法律框架下、在财政部设定的制度框架内，对被监管机构实施监管。英格兰银行在框架内，利用法律赋予的工具，实现法律赋予的职责，并接受问责和监督，对议会、财政部、被监管机构和公众负责。英格兰银行的监督权是在议会和财政部的框架下法律赋予的权力，有权发

---

① HM Treasury. Financial relationship between HM Treasury and the Bank of England: memorandum of understanding [EB/OL]. [2018 - 06]. https://www.bankofengland.co.uk/-/media/boe/files/memoranda-of-understanding/financial-relationship-between-hmt-and-the-boe-memorandum-of-understanding.pdf?la=en&hash=26A0368C7F8A2C492B665EC28D473C7B3279A116.

② HM Treasury. Record of Financial Stability Report meetings [EB/OL]. [2022 - 02 - 15]. https://www.gov.uk/government/publications/record-of-financial-stability-report-meeting-december-2020.

③ HM Treasury. Meeting minutes - January 2022 [EB/OL]. [2022 - 02 - 15]. https://www.gov.uk/government/publications/record-of-financial-stability-report-meeting-december-2020/meeting-minutes-january-2022.

布指南、规则、要求、指令、建议等，这些权力明显与财政部拥有的权力不在一个层次。

（二）财政部主导财政与央行的金融监管协调

财政部通过以下三种正式的机制协调着财政部与央行之间的金融监管行为：①指派1名官员作为英格兰银行金融政策委员会的成员；②掌握英格兰银行金融政策委员会和审慎监管委员会几乎全部成员的任命权；③财政部定期向英格兰银行金融政策委员会和审慎监管委员会提建议。

此外，英格兰银行需要向财政部汇报金融监管的情况；英格兰银行的审慎监管局需要向财政部报告财务报告和年度报告；在英格兰银行金融政策委员会《金融稳定报告》颁布后，财政大臣与英格兰银行行长要举行会面，讨论该报告和金融稳定相关事项。

从中可以看出，英国的财政部在财政与央行在金融监管协调上处于主导的地位。财政部不仅通过安排人员加入金融政策委员会了解其工作内容和决策情况，还通过决策机构的人事任命权把控着英格兰银行的金融政策委员会和审慎监管局，还通过建议对上述机构施加影响，并接受它们提交的报告。

（三）英格兰银行独立履行金融监管职责，但接受监督

英格兰银行在法律赋予的职权范围内履行职责，有独立性。但是，其独立性体现在法律赋予的职权范围内，依法独立履行职责，其独立性是指不受政治的影响和干预。其独立性体现在：监管机构制定规则的权力是议会授权给监管机构的由法律赋予的权力，不需要经过财政部或者议会的批准；而其独立性受到约束体现在：监管机构通过指南对立法和监管机构规则的补充上有独立性，可以独立地发挥作用。此外，英格兰银行在履行金融监管职责时，需要透明和负责。它们被要求应该实现法律规定的主要目标，应该满足法律要求其应该实现的关于透明和负责的相关要求，其目的是能够保证监管机构可以向议会、财政部、被监管机构和公众负责。

第四章 德国

一、引言

随着国际环境的深刻变化以及金融工具的日益丰富化，金融风险不断凸显且呈现多样化、复杂性的特征，亟待构建更具综合性、有效性和规范性的监管机制。2008 年金融危机爆发后，宏观审慎监管的研究和应用得到空前重视。金融监管领域开始认识到对微观活动加总所产生的合成谬误，继而从原来的微观监管思路转向着眼于整个金融体系的宏观风险监管思路。从整体金融体系视角出发，以降低金融体系的系统性重大风险为主要目标，对金融监管机构的协调配合提出了更高的要求。

德国金融体系较为成熟稳定，在金融危机中表现出较强的抗风险能力。德国央行发布的《德国金融稳定报告 2021》显示，受新冠疫肺炎疫情影响，虽然金融部门的信贷风险和利率风险有所增加，但仍然可控。德国金融体系之所以有足够的弹性和活力应对当下的疫情和其他负面冲击，主要得益于该国宏观审慎政策和财政货币政策的协调配合、科学施策。财政在德国金融监管体系中发挥了主导性作用。近年来，财政在我国金融监管中发挥的积极作用得到越来越强的凸显。2018 年 7 月，我国出台《中共中央国务院关于完善国有金融资本管理的指导意见》明确提出，财政部及各级财政部门对国有金融企业的监管属于行使出资人权利的监管。德国与我国在经济金融发展道路和制度安排上存在较多的相似性，国有金融机构和银行业金融机构在金融体系中占比较高，而且都重视金融与实体部门的协调发展。本章系统梳理了德国金融监管的体系架构和监管部门的职能分工，对德国金融监管体系中财政主导作用的体现和实现机制进行深入分析，对于中国构建现代金融监管体系，增强财政政策和宏观审慎政策的协调配合具有一定的启示作用。

二、德国金融监管体系架构与职能分配

与美国的市场主导型经营模式不同，德国金融业是典型的银行主导型经营模式。金融机构主体为银行且数目众多，采用的是“全能银行”模式，银行可以开展法律允许的所有金融业务，包括信贷、保险、投资、证券、信托保管、投资、金融咨询等，以及综合性质的金融业务。这种“全能银行”又包括三大类，分别是商业银行（包括大型国有商业银行、地方银行和私人银行）、公共储蓄银行和信用合作银行，成为德国银行业的“三支柱”。除银行之外，德国金融体系中还包括少部分由非银行机构设立的财务公司和融资服务公司，市场集中率较高。截至2020年12月31日，德国金融业包括约1690家银行、1300家金融服务机构、100家支付机构和电子货币运营机构①。根据规模和类型不同，各金融机构分别采取不同的监管模式。

（一）欧盟银行单一监管机制

全球金融危机和欧洲债务危机相继发生，暴露出欧洲金融治理架构、经济政策和预算协调方面的缺点和不足。金融危机爆发前，伴随着杠杆的增加，欧盟成员国的银行体系和经营规模越来越大，并且越来越多地参与到衍生品交易中，信贷活动规模逐渐扩展到国外。2008年爆发的欧债危机表明了金融风险的强大穿透性，单个成员国银行业的问题，可能会迅速蔓延发展成全球性危机。在欧盟银行业高度一体化的背景下，遵循“母国控制”原则的离散型欧盟银行监管体系面临“三元悖论”挑战，即稳定的金融体系、一体化的金融体系和成员国负责金融监管三者无法同时兼得（胡琨，2018）。

欧债危机表明防范金融体系系统性共有风险的重要性，并推动欧盟银行业监管模式从“母国控制”原则向“审慎监管”原则的根本转变。在此原则指导下，欧盟各成员国上交银行监管权，在欧盟层面建立包括银行单一监管机制、单一清算机制及单一存款保险计划三大支柱的银行业联盟。其中，单一监管机制于2014年11月4日正式建立，负责监管欧洲央行体系下各成员国的大型银行和信贷机构。如果一家银行的资产总值达到300亿欧元，或者占到GDP的20%，或者从排名上来看是成员国内部的三大银行之一，那么该银行就直接由单一监管机制来负责监管。具体的监管工作由联合监管团队负责执行。联合监管团队的工作人员来自欧洲央行和成员

① 德意志联邦银行官网，https：//www. bundesbank. de/en/tasks/banking - supervision/banking - supervision - 622544.

国的重要金融监管机构，德国的团队成员主要来自联邦金融监管局及德意志联邦银行。对德国约 1300 家重要性较低的银行的监管仍由国家层面的监管机构直接进行，欧洲央行则进行间接监管，例如制定监管实践的共同指导方针。

（二）联邦财政部

德国联邦财政部在金融监管中的具体职责是为联邦政府制定金融服务监督政策，包括制定银行和金融服务的规章制度、维护金融稳定和促进银行业公平有序竞争，并依据金融稳定委员会的决议对金融部门的收入和激励机制进行逆周期税收调节。财政部下设联邦金融监管局负责对金融市场进行综合性监管。在市场出现波动时，下设的金融市场稳定局能够通过设立金融市场稳定基金，为金融市场提供债务和应付款项担保，或通过国家向部分系统重要性金融机构注资，为其提供流动性和防止其破产。

（三）联邦金融监管局

历史上德国金融业实行分业监管，信贷监管局监管银行，保险监管局监管保险公司，证券监管局监管证券机构。但由于德国金融业采取的是混业经营模式，各金融机构之间的关联性日益增强，金融风险扩散的可能性逐渐增大。2002 年 5 月 1 日，德国联邦议会颁布《统一金融服务监管法》，授权联邦财政部成立联邦金融监管局（BaFin），作为监管德国所有金融市场的统一综合性金融监管机构，是具有法人资格的独立联邦金融监管机构，对联邦财政部负责。总部位于波恩和法兰克福。其主要职责包括三个方面：一是参与金融监管法律法规的制定，向联邦财政部提出金融监管改革方案和法律建议；二是负责金融市场准入，对德国境内增设金融机构进行资格审查，为新成立金融机构发放经营许可证；三是监督审查金融机构的日常经营活动，通过委托社会审计机构对金融机构的风险环节进行预判和审查。联邦金融监管局根据具体审查结果对金融机构的违规行为做出罚款、起诉、吊销营业执照、撤销董事会有责任成员的任职资格等处罚。为保证金融监管局的政策独立性，其资金来源主要来自被监管金融机构的监管费、市场参与者的许可证费以及提供的其他服务收费，联邦政府不为其提供预算资金。按照德国《银行法》的规定，德意志联邦银行应当遵守联邦金融监管局发布的指导方针和监管条款。在双方出现分歧或者无法达成一致的情况下，由联邦财政部出面与德意志联邦银行进行协商。

（四）德意志联邦银行

1998 年，欧洲中央银行正式成立并投入运作，德意志联邦银行从此成为欧洲中央银行体系（ESCB）的重要成员之一。欧洲中央银行是整个欧洲中央银行体系的指挥中心。作为一家机构完整的中央银行，拥有自己的资产负债表，并有权在金融市场上独立运作。作为欧洲中央银行体系的执行机构，德国将其货币主权让渡给欧洲央行，德意志联邦银行负责遵照欧洲央行的货币政策目标和指导方针行使其货币政策相关职能。

德国《银行法》规定，德意志联邦银行和德国联邦金融监管局根据分工合作的原则对德国金融体系和金融市场进行监管。在《德国银行法》的框架下，德意志联邦银行参与对银行业的日常监控，具体包括两点：一是收集数据信息。德意志联邦银行享有金融统计信息专属权，是德国唯一有权对金融机构行使统计权力的机构，金融机构向德意志联邦银行报送各类信息以满足其分析研究的需要。德意志联邦银行每天将来源于金融机构的相关数据传送给联邦金融监管局，为后者更好地行使监管职能提供数据支撑和参考。二是对征集的统计信息做出分析判断，尤其是关于金融机构资本金与流动性的信息，例如财务报表、月度资产负债表、大型贷款报告等，并对其偿付能力和流动性进行评估。德意志联邦银行将其分析得出的金融风险预判结果递交金融稳定委员会，并做出合理警告或建议。此外，每年还会发布一份金融稳定评估报告，评估德国金融体系的韧性和潜在风险。

（五）金融稳定委员会

2008 年国际金融危机爆发后，为加强宏观审慎管理，欧盟建立欧洲系统性风险委员会。为落实欧洲系统性风险委员会的相关要求，德国于 2008 年 10 月颁布《金融市场稳定法》，并于 2013 年依法成立金融稳定委员会（王琳等，2018）。该委员会的主要职责一是加强宏观审慎监管，审议与金融稳定有关的政策，建立微观监管和宏观审慎管理的联系；二是协调各监管机构之间的合作，并就重点关注的不稳定因素向财政部、联邦金融监管局等机构提出风险预警和建议，并且每年向德国议会报告一次工作，提交风险说明报告。

金融稳定委员会分别由来自联邦财政部、德意志联邦银行、联邦金融监管局、金融市场稳定局的各三名代表构成，委员会的主席由财政部代表担任，其中前三个机构的代表拥有对金融稳定委员会发布警告或建议的投票表决权。金融稳定委员会每季度召开一次会议，讨论与德国金融稳定有关的问题、识别潜在金融风险、发出警告和避免风险的建议。金融稳定委员会还承担与欧洲系统性风险委员会的沟通工作，负责回应欧洲系统性风险委员会质询，同时也将来自德国的建议传递给欧洲系统性风险委员会（见图 2 -8）。

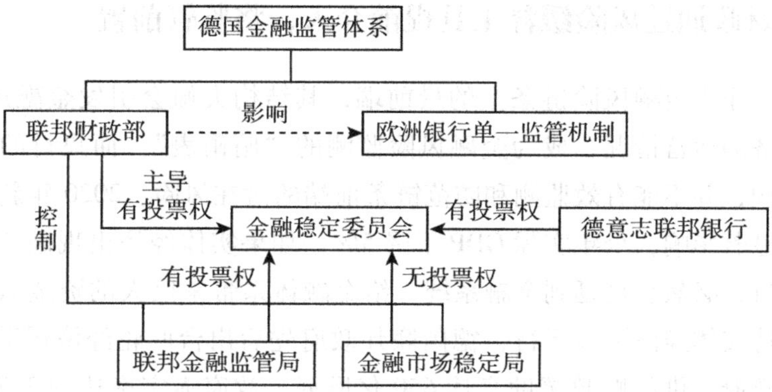

图 2－8　德国金融监管体系架构

资料来源：作者根据相关资料整理。

三、财政主导德国金融监管的机制与责任

在德国，财政在金融监管中主导作用的发挥体现出极强的全局性与层次性。从宏观层面的政策协同与配合到微观层面对机构运作模式的影响，均具有很强的公共风险管理导向。财政从部门设置、风险防范、政策优化等多个维度参与并主导金融体系的事前、事中、事后全流程监管。

（一）财政部主导金融监管体系架构的搭建

德国联邦财政部对金融监管的主导作用首先体现在德国金融监管体系的架构和人事安排上。根据德国《银行法》规定，德国联邦金融监管局是实施金融监管的主要机构，财政部可以授权金融监管局执行监管职能，必要时也可以收回监管职能。德国联邦金融监管局下设管理委员会，内含联邦财政部代表，并由财政部人员担任委员会主席。

2020 年底，联邦财政部开始着手对联邦金融监管局进行机构改革。2020 年 12 月，德国联邦财政部起草《加强金融市场完整性法案》并在议会通过。2021 年 2 月，联邦财政部起草关于联邦金融监管局重组和转型的提案，设立金融监管局转型的三大总体目标：一是提高金融监管局监督和审计活动的有效性；二是精简内部冗余机构和决策程序，明晰职责分工；三是加强对数字技术的使用以更加有效地监督金融市场。改革赋予金融监管局管理委员会主席更多责任与权力，精简管理层的决策流程，以提高决策有效性。通过提高金融监管局的执法和独立审计能力，金融监管局的权力和职能将得到极大加强，对金融市场的监督能力也会有较大提高。

（二）财政通过风险缓释工具提前介入，将监管前置

实体经济作为金融风险链条上的最前端，其结构失衡会引发金融风险的积聚。关注实体经济的运营情况，成为金融风险监测的“晴雨表”。而央行的监管主要集中在金融机构，并不能有效监测和防范链条前端的潜在风险。2020 年新冠疫情对德国经济造成显著影响，全年实际 GDP 下降 5%。如果实体经济出现破产浪潮、企业出现偿付危机，必然会蔓延到金融系统，给金融体系带来巨大的资金风险和流动性挑战。为保持实体经济平稳运行，德国联邦政府先后出台两轮经济援助措施，2021 年德国联邦政府提供的财政援助高达 650 亿欧元，政府赤字率达到 3.7%，债务率达到 72.25%。一系列积极财政政策通过为实体经济注入流动性，保障了疫情期间就业市场相对稳定，避免了企业大规模破产和金融体系的流动性紧缩，银行资本金流失得到有效缓冲，间接地保护金融系统免受疫情的影响。对居民部门来说，德国政府出台短时工作制，为企业临时“下岗”雇员提供工资补助，阻止了失业率的急剧上升和随之而来的负面影响。因此，德国金融系统几乎没有任何重大损失，银行也不需要使用其资本缓冲来稳定贷款。

财政部门作为金融风险防范的实质性第一主体，其先期救助能够在一定程度上缓和国家经济失衡程度，德国金融机构只需在财政先期救助的基础上履行兜底责任。这一救助优先顺序减少了金融机构的出资需求，财政政策的有效缓冲提高了金融体系抵御风险的弹性，构筑了防范金融风险的“防火墙”。当风险较小的时候甚至不需要金融机构进行实质性救助，其救助承诺只作为信心支持措施而无须真正付诸实施。

（三）财政主导建立金融稳定机制，弥补央行金融监管缺陷

2009 年，希腊主权债务危机爆发，不少欧元区国家债务状况不断恶化，欧盟经济增长与金融稳定受到了前所未有的威胁。2010 年和 2012 年，由 19 个欧元区成员国财政部长共同发起的欧洲金融稳定基金（EFSF）和欧洲稳定机制（ESM）先后成立，以欧盟预算作为担保发行债券进行融资，向陷入危机的成员国提供贷款援助。欧洲稳定机制可以以自有资本为担保，在市场上以较低成本独立融资，对成员国实施财政援助，贷款总规模达到 5000 亿欧元。其救助机制主要包括四大类：一是为有紧急资金需求但失去市场直接融资能力的成员国提供贷款；二是在一级和二级市场购买成员国政府债券；三是提供有条件的信贷金融救助；四是为成员国金融机构重组提供贷款和直接注资。特别是该救助机制利用在一级或二级市场购买政府债券等工具，直接向陷入债务危机的欧元区成员国提供融资支持，有效解决了欧盟禁止中央银行向成员国政府提供融资所导致的工具缺失问题。

在国家层面，德国联邦财政部成立了专门的金融市场稳定局（FMSA），通过运用金融市场稳定基金进行金融机构的救助。德国金融市场稳定基金（FMS）成立于2008年10月17日，该基金设计总额为4800亿欧元，其中65%由联邦财政出资，35%由各联邦州承担。财政部下设的金融市场稳定局负责基金的运行，财政部负有最终决定权。

从监管流程来看，德国金融市场稳定基金主要集中在事中监测和事后救助。通过对金融机构的债务情况进行实时跟踪监测，及时识别处于危险状态的金融机构，并通过市场化运作有选择地对金融机构实施救助，着眼于通过救助机制建立一个可持续且面向未来的稳定金融体系。具体救助手段包括债务担保、资产权益购买、参与金融机构注资或收购股份，还可以设立清算机构接收特定金融机构的风险资产。这种手段上的多样性能够更好地应对金融机构面临的不同问题，提供更有针对性的解决方案。

四、启示与借鉴

当今国内外环境纷繁复杂，全球发展充满极大的不确定性。为应对内外部冲击，世界主要经济体均以稳定经济与金融为主线采取了系列经济举措。从各国应对疫情等冲击的实践做法和政策效果来看，财政政策、货币政策、宏观审慎政策三者是密不可分的天然统一整体，需要加强协同配合，才能有效防范和化解风险，提高效率和效益。

（一）财政要从宏观上主导金融监管体系

维护金融稳定是一个全局性、综合性的问题，需要财政部门、中央银行以及银行业监管机构等共同配合。财政和中央银行在维护金融稳定中的职责定位明确，能够从根源上杜绝部门职能划分不清引发的风险敞口。在职责分工时要确保财政部金融服务监督职能，发挥财政政策的逆周期调节功能，借鉴德国财政与央行在金融监管中宏观主导与微观执行的角色定位，通过财政政策工具和货币政策工具的协调配合为金融市场提供流动性支持，在保证规范性的同时提高政策的灵活性，维护金融稳定和促进银行业公平有序竞争。

（二）构建风险对冲机制，变被动监管为主动干预

财政的一个重要目的是有效应对经济社会领域出现的重大风险，维护国家稳定和经济可持续发展，而防范系统性金融风险、保持金融稳定也是金融工作的重要任务。金融周期主要是指由金融变量扩张与收缩导致的周期性波动，具有明显的顺周

期性。财政扩张对于资产泡沫和影子银行有抑制作用，具备天然的逆周期属性，有利于“熨平”经济金融震荡、促进资金流入实体经济。在重大改革和突发公共事件应对过程中，企业可能会出现流动性危机和信用风险，且涉及的企业往往资产债务规模较大，影响经济发展和金融稳定。基于上述问题，要构建财政风险对冲金融风险的机制，通过纾困基金等措施为陷入短期困境的企业提供帮助，能够有力提振市场信心，优化金融机构资产质量，为经济和金融稳定发展提供支撑。

（三）建立财政为主导的金融稳定协调机制

德国金融稳定委员会的建立主要是为了充分发挥财政政策与其他政策协同配合对金融稳定的促进作用，避免协调机制的缺失阻碍政策协同配合效果的发挥。因此，应当改革和完善金融监管体系，进一步优化金融稳定委员会职能，强化委员会的风险预警和监督功能，建立财政主导、跨部门协调配合的运行机制。一是改变金融监管缺乏财政参与的制度性漏洞，更加有效地发挥财政在宏观审慎监管中的重要作用；二是强化财政和中央银行在维护金融稳定中的职责定位和分工，从根源上杜绝部门职能划分不清引发的风险敞口以及中央银行权力滥用。

第五章 日本

一国的金融稳定及健康发展离不开有效的金融监管，而金融监管的有效性很大程度上依赖监管的独立性。就日本而言，在金融监管领域，财政部门和日本银行均直接参与，并在不同时期呈现极具特色的管控格局，大大左右金融监管的独立性，进而影响日本金融市场的稳定和繁荣发展。因此，有必要以历史为脉络，厘清日本银行和财政在金融监管中作用发挥的变化趋势，从中总结问题，找出规律，指导未来改革的可行性方向。

一、日本金融监管模式的演变：从“统一监管”“分业监管”再到“统一监管”

最初，日本的金融监管机构是大藏省①，即财务省的前身。其之所以成为当时主要的金融监管机构，有其历史根源。首先，大藏省强权在手。除二战前10年及战后极短的时期②，大藏省在其运转的131年间始终是日本最强大的官厅，这也是日本法律相关规定所导致的。根据《大藏省设置法》第三条规定，大藏省所辖事务包括“一是国家财务；二是通货；三是金融；四是外汇；五是证券交易；六是造币事业；七是印刷事业”。总结起来，大藏省有三项重大职能：财政收支（编制收支预算、征税、财政支出）、货币发行、金融管理及监督。综上可知，大藏省兼具财政部和中央银行两大部门的职责。

① 大藏省是日本自明治维新后直到2000年期间存在的中央政府财政机关，主管日本财政、金融、税收。2001年1月6日，中央省厅重新编制，大藏省改制为财务省和金融厅（主要负责银行监管）。

② 1935—1945年被军部控制。战后初期又被占领军控制。

一方面，财政收支预算编制职能是大藏省能成为权力最大的省厅的主要原因之一。在日本，财政预算草案由各级政府编制，然后汇总至大藏省，由其上报国会审议通过。但是，日本国会对预算草案只有形式上的议定权，而预算收支财政资金的实际分配权仍由大藏省把控。在每年的6月底，大藏省的预算主管机关，即主计局会公布下一年度的政府预算的标准和要求，各省厅会根据此标准来编制本部门、单位的财政预算，并于年底上交给主计局。再由主计局汇总后编制成预算草案。这一草案再经过主计局和各省厅多级别反复交涉和磋商，形成最终的预算草案。最后通过国会来审议，并将决议结果公布。在此过程中，各省厅与主计局之间的多级协商是起决定作用的一环，各方利益的博弈以及最终均衡结果都在此环节完成。只要各方合意，国会审议这一环节就流于形式。总而言之，无论是事前的标准制定，还是事中的预算草案的编制和汇总，抑或是事末的预算最终案的协商和敲定，大藏省始终居于主导地位。

另一方面，大藏省的强大权力也体现在其与日本银行（日本的中央银行，下同）的关系上。如前所述，大藏省拥有货币发行、金融管理以及监督等职能，而这些职能在一般意义上是属于中央银行的。因此，与西方主要发达国家不同，日本银行无法单独实施有效的金融政策，履行金融监管职能，其很大程度上依附于大藏省。在战后初期，美国在占领日本的同时对其进行一系列经济民主化改革，其中包括将大藏省的部分金融管理权力转移给日本银行，但是大藏省往往以编制预算与实施金融政策一体化为借口，予以坚决抵制。因此，日本银行的独立性不足问题长期得不到妥善解决。1997年以前，《日本银行法》（简称旧法）规定，大藏大臣拥有对日本银行一般业务的命令权、监督权和官员任免权。尽管为了保持与日本银行间的亲密合作关系，大藏省事实上几乎没有动用上述权力，但是日本银行的独立性缺乏法治基础。正是基于旧法，大藏省凌驾于日本银行之上，掌握着金融领域的最高行政权，在经济高速发展时期，通过行政指导来左右日本银行的金融政策，以金融为媒介来推动经济高速发展，通过对财政投融资提供金融支持来支持经济发展所需的基础设施建设，其成果是显著的。但是，金融监管权力过度集中于大藏省也导致大藏省由于一家独大，缺乏自我监管约束机制，而日益滋生了腐败和僵化的弊病，最终在金融机构和大藏省之间形成所谓的“官、政、财三位一体”① 的利益勾结形态。最常见的形式是宴请和各种娱乐接待。一般情况下由金融机构的“大藏省担当”②来接待大藏省的各部门，包括但不限于金融检查部、银行局、证券局、理财局和主

① “官”指官僚集团，即一部分掌握实权的公务员集团，由各省厅的事务次官、局长和有实力的课长组成；“政”指多年执政的自民党和由其任命的内阁；“财”指具有一定实力的大型企业或代表其利益的企业团体。

② 在日本，较大的金融机构里面一般会设有这一职位，专门负责处理与大藏省有关的事务。如向大藏省反映本机构的各种意向、从大藏省各局搜集有利于本机构的信息等。

计局等，根据接待对象不同，接待标准也会有所差异。局长或审议官一级的官员的接待标准相对高些。接受款待的大藏省官员为了回报金融机构，会向其提供种种便利，甚至放松对金融机构的检查和监管。另外，各金融机构的“大藏省担当”通过接待大藏省官员，较为容易获取大藏省对它们的检查和监督的信息，提前做好准备，使得大藏省检查的突袭性丧失，最终无法达到金融监管的目的。例如，1997年，大藏省检察官在对第一劝业银行进行检查时，接受了该行的盛情款待，对其向黑势力“总会屋”① 的非法融资已成为不良债权的事实进行隐瞒。为此，金融检查部的官员宫川宏一和谷内敏美因受贿嫌疑被逮捕。因此，围绕财政部门在金融监管中由于权力过大引致的腐败问题，财政部门与央行之间关于如何分配金融监管权力展开激烈的博弈，日本政府也为此持续进行改革。

（一）战后初期日本金融监管体制

20世纪50年代中期，日本正式确立了大藏省和日本银行共同负责的“单线多头”② 金融监管模式（韩冬萌，2020）。依据日本银行法及有关金融法律法规，大藏省作为金融行政主管机关，在金融监管体制中处于核心地位，有权对包括日本银行在内的、所有在日登记注册的金融机构进行监督检查。它侧重从行政管理角度，享有对金融机构的开设、合并、解散等许可权，对金融机构业务经营的合规性监督检查权以及对金融机构的不法行为和经营恶化勒令停业权等。而日本银行作为监管协作部门，虽然也是金融业务的管理者和货币政策的执行者，但是其职能范围仅限于对在日本银行开设往来账户或需在日本银行取得贷款的金融机构实施监管，并承担业务关联银行的督察职责。它侧重从经营风险和资产状况的角度，对自身内部以及有业务关联的金融机构的资产质量和风险状况实施监督检查，同时致力于保持金融机构的经营活动与中央银行的政策意向相一致。因此，根据侧重点不同，以及监管范围和力度的差异，在金融监管方面，日本银行本质上是从属大藏省的，并初步形成了一套以大藏省为绝对主体，日本银行为相对辅助的集中化金融监管体制，这与当时日本集中力量发展经济的“倾斜式发展方式”相适应，对后来日本经济的复苏和高速发展具有十分重要的积极意义。

此时，大藏省主要依靠行政性监管手段，如设立负责国际金融行政的国际金融局、负责证券行政的证券局、负责银行和保险行政的银行局，主张以专业性和资金

① “总会屋”是指涉嫌有黑社会背景的一些个人股东，他们往往利用借贷资金大量购买企业或金融机构的股票，成为该公司拥有提案权的大股东。然后通过这一权力暗示这些公司如果不满足他们的利益要求，就在股东大会上发难。为了不影响公司的正常运转，公司领导不得不向他们提供好处。

② “一线”是指日本对各类金融机构的监管权高度集中于中央政府一级，在中央一级主要由大藏省和日本银行共同管理，其中又以大藏省为绝对主体；“多头”是指对日本而言，金融监管的各项任务分别由大藏省的银行局、证券局、国际金融局与日本银行紧密合作来完成。

使用性质为标准来安排银行业务，满足企业设备投资需求，并要求日本银行在低利率限制措施下为自有资本不足的商业银行提供信用贷款，保护金融机构，弱化同业竞争。上述措施为促进日本经济高速发展和金融稳定提供了制度保障。

（二）金融自由化浪潮期金融监管体制改革

进入20世纪70年代中期，日本经济发展趋于稳定。80年代初，日本赖以生存的国际经济环境和国内金融市场环境发生重大变化。最为明显的变化是资金供应由严重不足向绝对盈余转变，以及公开抛售国债放开利率管制、开放日本国内金融市场、提升日元国际地位的呼声逐渐增强。为了使金融制度适应这一变化，日本金融监管当局进行了金融自由化改革。

借鉴世界上大多数国家的普遍做法，日本也计划建立包括事前监管体制和事后监管体制的全过程监管体系。在事前监管方面，日本旨在构建健全的银行经营监管体制。而健全经营监管体制要求银行自有资本充足。为此，大藏省提出推动金融自由化和国际化等策略，宣布实行利率自由化并放开银行业务限制，对标1988年的《巴塞尔协议》①，启用资本充足率等监管要求。当时，日本几大商业银行的核心资本比率在主要发达国家中最低，如三菱银行为3.25%、兴业银行为2.75%、日本信贷银行为2.25%（刘红，1997）。直到1992年底，日本大部分银行才终于达到资本/资产比率8%的最低要求。而在事后监管方面，1971年，日本建立了存款保险制度，旨在保护存款人利益、稳定金融体系，但是在1992年之前，该项制度始终没有得到实施，仍维持由大藏省以介入破产过程的方式来处理的事后监管体制。此外，日本银行仿效美国，采用“骆驼评级制度”② 对民间银行的经营状况进行检查和评价，以评级的形式强化金融监管（庞红学，1998）。

此次改革断断续续，并未从根本上触动大藏省的利益，所以收效甚微。究其原因，第一，由于前期金融机构已经背负较为沉重的债务压力，取消利率限制促使商业银行为整顿存款业务而铤而走险，存贷款利率出现倒挂，经营风险陡升。第二，大藏省的金融监管职能受均衡财政理论的影响。自“道奇路线”③ 实施以来，日本政府始终奉行财政均衡主义，尽量避免实行赤字财政，主要依靠量化宽松的金融政策来扩张经济。所以大藏省不肯放弃对金融的管理权，同时阻碍金融市场的市场化，以实现其自由操控金融市场利率来服务于经济发展的最终目的。第三，日本长期以

---

① 根据1988年的《巴塞尔协议》，到1992年，银行资本与资产的比率要达到8%，其中核心资本至少为4%。

② 骆驼评级制度是美国金融管理当局为了统一对商业银行的评级标准而制定和使用的对商业银行的全面状况进行检查、评价的一种经营管理制度。

③ 1949年，美国银行家道奇为日本设计了一套经济改革方案，内容包括取消补贴、实行均衡财政，实行对美元的单一汇率等，被日本实施并长期执行下去。

来实施“护航系统（Convoy System）①”金融监管模式，致使日本民间金融机构业务范围窄小、管理方式落后、风险意识薄弱，各类金融业务并未实现真正融合。当时的国际主流观点认为，日本金融监管当局一直以来存在过度重视维持市场秩序、保护金融机构的思想，许多较为激进的金融改革措施被搁置，造成“放松金融管制”的转型过程相对缓慢。

这一时期，日本金融监管仍以行政指导性管制为主，其行政裁决效力高于法律或司法判决。大藏省为监管核心部门，日本银行处于辅助地位的格局仍然不变。

（三）国内外经济危机时期的金融监管体制改革

进入20世纪90年代，日本经济泡沫的破灭，以及东南亚金融危机的爆发，使严重缺乏监管的日本金融体系爆发了一场以不良债权为主要表现的重大危机。这促使日本政府决心去改革旧的金融监管体系，创建新的更为有效的监管运作体系，改革的重心是增强中央银行独立性和金融行政透明度。

根据欧美经验，完善的金融监管体系应该具备三个条件：一系列有效的管制措施；高效的、独立的、受监督的金融监管机关；规范的、透明的监管运作体系（陶涛，2000）。法治是基础，法律是最有效的管制措施。1996年6月，日本政府修订了《存款保险法》，增加了存款保险机构的职权、业务范围等，存款保险机构有权对参保的金融机构进行监管。同时将原存款保险制度规定的全额赔付改为部分赔付，并从2001年3月延期至2004年4月后执行，明显增强了存款保险机构的独立性。1998年，为了缓解亚洲金融危机对本国金融体系的巨大冲击，日本政府在1998年3月投入了30万亿日元用于保护存款者权益并处理破产银行。同时，成立了金融危机管理审查委员会，向21家银行注入1.8万亿日元公共资本，来提高银行的自有资本比率，但效果不佳。因此，大藏省不得不改变以往的拖延政策，宣布对北海道拓殖银行进行破产清算，并且正式承认银行的真实不良债权金额远高于公布的数值，这意味着“护航系统”难以为继，标志着传统的金融监管体制向新的金融监管体制转折。

1997年6月，重新制订日本银行法（以下简称“新法”），于1998年4月1日正式实施，新法规定中央银行是货币政策的最高权力机关，拥有最终决策权；日本银行政策委员会是中央银行的最高决策机构，自主操作再贴现率、存款准备金率、公开市场操作等中央银行份属业务，无须再经过大藏省审批；废除政府解除中央银行总裁及其他干部职务的权力；此外，中央银行政策委员会中的两名政府代表不再行使表决权。上述措施限制了大藏省的金融监管权限，减少了大藏省对金融政策的

① 这种监管模式侧重维护效率最差的银行的正常经营。

干预，显著提升日本银行的独立性。甚至，新法还禁止中央银行向政府提供长期贷款。该项规定有助于明确财政政策与货币政策的边界，硬化财政约束，大大改善大藏省与中央银行在货币金融政策上权责混杂的痼疾。

在法治建立的基础上，要完善金融监管机关和监管运作体系，就必须改革大藏省。为此，日本在2001年前后，推出了行政改革。第一步就是设立金融监督厅，以分化大藏省的金融监管职能。1997年，国会通过《金融监督厅设置法》，规定自1998年7月在内阁总理府下设金融监督厅。大藏省金融检查部对银行、保险公司、证券公司的金融检查职能以及银行局、证券局对金融机构的监督职能都移交给金融监督厅。此外，金融监督厅还拥有许可、批准、命令、执照的吊销等许可权，以及原则上对金融机构破产的处理权。2000年3月，将中小金融机构的监管权由地方收归中央，交由金融监督厅监管，进一步强化了金融监管的统一性和独立性。

而针对大藏省内部机构设置，也进行了较为明显的改革。一是将大藏省银行局和证券局合并为“金融企划局”，其职能仅限于金融制度及证券交易制度的调查、企划、立案，对金融期货交易所及证券交易所的监督，对存款保险机构的监督，及日本银行和注册会计师等相关事务。此外，原挂靠在大藏省的证券交易等监督委员会也于1998年6月移交给内阁总理府，由其直接领导。进一步，为了整顿内部管理，严肃纪律，大臣官房增设了10名“金融服务监查官”，并聘请律师作顾问，对大藏省官员进行监督和检查。

行政改革的第二步是重组中央省厅，分割大藏省的财政职权和金融职权。这一步又可细分为两个阶段。在第一阶段，1997年底，行政改革会议通过最终报告，决定将现行的1府21省厅改组为1府12省厅。其中，将大藏省主体改组为“财务省”，承继大藏省原来的绝大部分职能，包括：预算和决算、税制、关税制度、国债、国库和货币制度、财政投融资、国有资产管理、国际金融和外汇管理等。因此，大藏省是变革程度最小的省厅。

1998年1月20日，执政三党对分离大藏省的财政职权和金融职权达成最终决议：因为“暂时不容易将金融职能完全分离出去”，由大藏省继续履行金融危机管理职能和维护金融体系安全的职能。2000年7月，将大藏省的金融企划局与金融监督厅合并，成立了金融厅，将除了金融危机管理以外的几乎所有金融企划和立案权移交给金融厅，对金融市场实行统一监管。2001年1月，撤销了金融再生委员会①，金融机构的破产处置能力也移交给金融厅，金融厅②由此成为日本金融监管体系的

① 金融再生委员会于1998年12月成立，旨在整顿金融秩序、重组金融组织、再造金融体系。

② 金融厅是总理府的外设局，金融大臣和副大臣作为金融厅的最高负责人，由内阁总理大臣委任。金融厅设有总务企划局、检查局和监督局等三个部门，分别负责制定金融厅的总体规划和金融制度、对地方金融机构进行检查；还设有证券交易监督委员会、注册会计师监查审查会、金融审议会、企业会计审议会、汽车损害赔偿责任保险审议会等六个专门委员会，分别对不同种类的金融活动进行监管。

最高行政部门。这标志着日本分业监管模式被打破，金融监管走向统一。

相比之下，大藏省更名为财务省后，仅保留协管存款保险机构的金融监管权，针对商业银行制定并实施《早期纠正措施》等。此外，财务省的下属地方财务局委托交由金融厅监管。

此次金融改革与行政改革相配合，立足于日本金融体系长期以来存在的“集权化、弱监管”的问题，建立起以金融厅为核心，由日本银行和存款保险机构共同参与、地方财政局配合的混业金融监管。这一方面通过建立金融厅来分离财务省的金融监管职权，另一方面强化日本银行的金融政策制定权和决策独立性，为日本金融市场稳健运营以及抵御2008年金融危机奠定了基础。

（四）次贷危机后日本金融监管体制改革

2007年次贷危机席卷全球金融市场，日本金融市场也未能幸免。为了保护日本国内金融体系的稳定，日本政府分别制定和实施了短期和中长期金融监管体制改革。短期改革旨在防范外部金融风险渗透进内部。主要举措为：一是财政注资计划。金融厅修改了《金融功能强化法》，力图通过国家向金融机构注资来提高资本充足率。二是加强对银行借贷行为的监督和检查，以确保其能更好地履行金融中介职能。中长期改革重点是增强日本金融市场的竞争力和改进金融监管，具体措施为“四个支柱”和“五项举措”。四个支柱主要包括：第一，将市场和政府监管充分结合，使得金融机构能够在市场竞争中实现自由的最大化；第二，重点监管重大风险隐患；第三，施行激励性监管政策；第四，不断加强监管的公开透明度。五项举措主要涵盖：第一，加强与内、外资金融机构的对话，提升监管有效性；第二，提高信息传播速率，及时将法律法规和政策翻译成英文进行公布；第三，在金融监管上增加国际合作；第四，及时追踪市场动态，重视金融市场研究；第五，高度重视监管当局人力资源的培养。

二、富有宏观审慎特征的新型金融监管体制

国际货币基金组织（IMF，2010）指出：“日本自20世纪90年代加强了金融监管，实行了早期调整和强化金融机构的检查制度等措施，建成了相对健全的金融体系，有效抵御了金融危机灾难的侵袭。”

金融监管主要分为审慎性监管和限制性监管，发挥核心作用的是审慎性监管。审慎性监管又分为微观和宏观。传统的金融监管侧重微观层面，旨在降低单个金融机构的风险，保护金融消费者的利益。这就决定了传统微观审慎监管容易忽视金融机构和金融市场以及整个宏观经济的交叉影响。直到1998年，IMF正式引入“宏观

审慎监管”①。2001 年，日本建立了宏观审慎监管体系。如图 2－9 所示，日本宏观审慎管理体系主要包括：金融危机应对会议、金融厅、日本银行、财务省和存款保险机构。其中，金融危机应对会议是最高决策机构，主要职责是分析金融危机对经济的影响，决定出现金融机构大规模倒闭事件的应对政策措施等。成员包括首相、内阁官方长官、财务大臣、金融担当大臣、日本银行总裁等。金融厅和日本银行为核心机构。金融厅主要负责策划和起草宏观审慎政策等金融制度，认定系统重要性金融机构（SIFIs），对银行、证券、保险等金融机构实施合规检查和风险监督，监管存款保险公司以及处置破产金融机构等。日本银行负责调查金融机构业务稳健性与资产质量情况，收集金融机构运营环境和风险管理制度等信息，借助第三方数据分析评估金融体系风险，起草《金融系统报告》（Financial System Report）等。财务省的前身大藏省因频曝丑闻，金融监管权力遭到严重削弱，仅可出席金融危机应对会议和配合存款保险机构实施救助，宏观审慎管理职能十分有限。存款保险机构在存款类金融机构出现危机时，为存款者提供事后保障，并对问题机构进行处置。除此之外，还有一些政府监管机构如证券交易等监视委员会，以及一些行业团体，如日本证券业协会、全国银行协会等，通过各种条款来制约金融市场上的交易主体和行为（傅钧文，2013）。

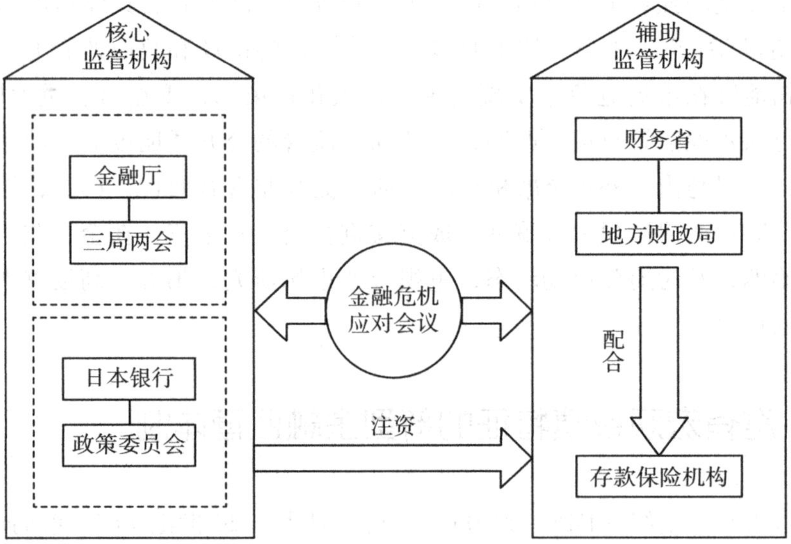

图 2－9　宏观审慎金融监管体系

资料来源：根据日本银行、财务省和金融厅官网整理而得。

① 宏观审慎监管是指从宏观与逆周期角度采取相应措施，防范由金融体系顺周期波动和跨部门传染导致的系统性风险，维护货币与金融体系稳定，避免金融体系风险冲击实体经济。

在法律层面上，金融厅是日本银行的上级机构。但在实际运作中，金融厅和日本银行互相独立又密切配合，二者的政策组合共同构成日本宏观审慎政策工具箱，具体政策包括：第一，实施金融稳定政策；第二，买进金融机构的股票；第三，向金融机构提供劣后贷款；第四，及时纠正措施。

三、财政在金融监管中的地位和作用

（一）财政在金融监管中的地位

作为日本现行的财政主管部门，财务省相比于其前身大藏省，在所辖金融行政机构缩编的基础上，主要的金融监管权力也逐步转移至金融厅。目前，财务省在金融监管中的主要职能是行使金融破产处理制度，以及制定金融危机管理有关的方针政策。而且，这一职能要在确保财政健全性的前提下行使和发挥作用。相比之下，金融厅由内阁府直接领导，下辖“三局两会”①，负责监督民间金融机构、制定国内金融制度和国际金融业务相关制度、检查证券公司、审查注册会计师协会等。因此，财政在金融监管中的地位由绝对主导演变为相对辅导，地位明显下降。

（二）财政在金融监管中的作用

虽然财政部门在金融监管中的地位有所下降，但其在金融监管中的作用仍然不容忽视。首先，如表2－4所示，日本财政部门自成立以来，在不同历史时期针对不同行业领域建立特殊性质的金融机构，进行投融资活动，以扶持特定行业发展。因此，财政部门是金融市场的重要参与者之一，对所辖金融机构负有监督检查职责，并且通过直接或间接参与金融活动，可以更精准地了解国内外金融市场动向，更高效地实施金融监管。其次，财务省具有金融危机管理职能，制定并实施存款保险制度、保险参与者保护机构制度、投资者保护制度，以加强金融安全监管，维护金融体系安定。最后，财政部门与金融厅、日本银行在行政关系和金融业务上仍有千丝万缕的联系，其地方财政局及其设立的中小金融机构与金融厅既是行政隶属关系，又是监管合作关系，因此，以金融厅为核心，日本银行、财务省和存款保险机构为辅的新型金融监管模式离不开财政的协调。

① “三局”是指综合政策局、市场企划局、监督局；“两会”是指证券交易监督委员会和注册会计师监督审查会。

表 2 -4　　　　　　日本财务省金融机构的变迁

	小规模、零售业领域	中小企业领域	农林水产领域	进出口金融	大型企业、基础设施融资领域	中小企业融资领域	农林行业中央机构
1999 年以前	国民金融公库（1949 年 6 月设立）环卫公库（1967 年 9 月设立）	中小企业金融公库（1953 年 8 月设立）	农林渔业金融公库（1953 年 4 月设立）	日本出口银行（1950 年 12 月设立）日本进出口银行（1952 年4 月设立）	日本开发银行（1951 年 4 月设立）东北公库（1956 年 6 月设立）	工商业中央金库（1936 年 11 月设立）	农林中央金库（1923 年 12 月设立）
1999 年	国民生活金融公库（1999 年 10 月设立）			国际合作银行（JBIC）（1999 年 10 月设立、与 OECF 合并）	日本政策投资银行（DBJ）（1999 年 10 月设立）		
2008 年	日本政策金融公库（股份制企业）（2008 年 10 月设立）				日本政策投资银行（股份制）（2008 年 10 月设立）	工商业中央金库（股份制）（2008 年 10 月设立）	
2012 年 4 月以后	日本政策金融公库（股份制）			国际合作银行（2012 年 4 月从日本政策金融公库分离）			

资料来源：日本财务省官网。

四、财政与央行在金融监管中的分工与合作

日本财政部门和央行均直接参与金融市场的监管，但侧重点不同。其中，财政部门主要负责金融危机管理，对储户、保险机构投保人以及投资者的资金进行保护，以实现金融体系的安定。日本银行主要对其他银行、证券公司等业务伙伴进行调查，了解其业务经营的实际状况、风险管理状况、资本充足率和盈利能力水平。综上可知，日本银行主要负责调查金融机构业务稳健性与资产质量情况，收集金融机构运营环境和风险管理制度等信息，借助第三方数据分析评估金融体系风险，其金融监管具有全局性和专业性。而财务省的金融监管是面向微观市场主体，旨在保护金融市场中的弱势群体，防止由于发生挤兑风险而引致的系统性风险，具有基础性和前

瞻性。

此外，作为财务省的“一母同胞”，金融厅几乎继承了大藏省的金融监管权，其与日本银行在金融监管上的紧密合作，也一定程度上反映了改革后财政与央行在金融监管中的分工配合。以逆周期资本缓冲比率调整为例，如图 2－10 所示，金融厅和日本银行通过开展联络会的方式，讨论调整议题，最终由金融厅来决定实施方案，整个流程分工明确，结构严谨，充分反映了财政与央行在金融监管领域密切联系，高效合作。

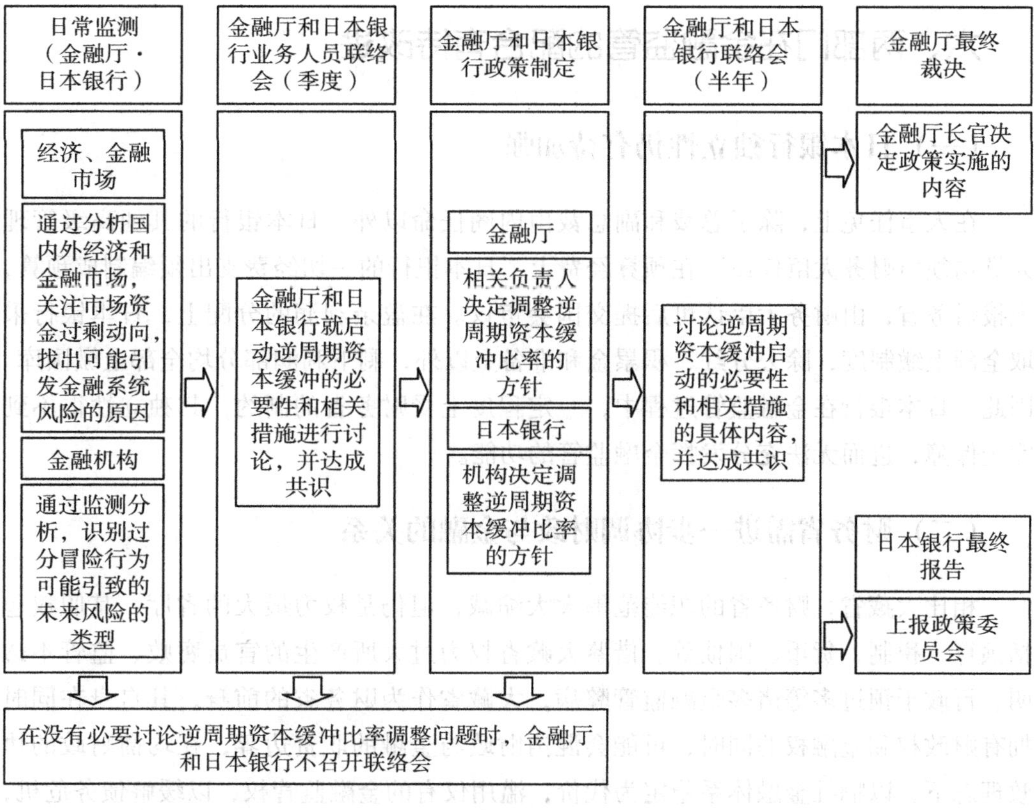

图 2－10　财政与央行关于逆周期缓冲资本比率（CCyB）的联合操作框架

资料来源：日本银行官网。

五、日本银行与财政对金融监管的独特性

随着新法的颁布，日本银行在金融政策制定以及金融监管方面的职权得到大大增强，大藏省在相关领域的权力也相应得到明显削弱，最终使得一方面中央银行的独立性得到显著提升，有助于强化金融政策与财政政策的协同性；另一方面，有助于提高金融监管的水平和效率，提高防范金融风险的能力。

但是，与同一时期的西方主要发达国家的中央银行相关法律及其制度规定相比，日本银行的独立性仍显不足。在新法中，大藏大臣的要求权仍被部分保留，如大藏大臣有权要求日本银行提供特别贷款以维护信用秩序，这一要求权后来在行政改革后被让渡给财务省。此外，根据财务省设置法的第四条规定，财务省有责任确保日本银行的组织和业务的正常运营。日本银行必须在本会计预算年度开始之前，向财务大臣提出经费预算，并且得到批准后方可实施。因此，日本银行的业务操作独立性一定程度上受到财务省的制约。

六、两部门在金融监管的配合有待改进

（一）日本银行独立性仍有待加强

在人事任免上，除了总裁和副总裁由内阁任命以外，日本银行的其他高级管理人员均须由财务大臣任命。在预算经费上，日本银行的一切经费支出须编制成预算，上报财务省，由财务大臣认可后提交国会审议。在盈余利润的分配上，日本银行采取全额上缴制度，除去分红、积累金和准备金以外，剩下利润部分均全部上缴国库。因此，日本银行在金融监管过程中，一定程度上受财务省的制约，其独立性得不到完全保障，进而无法充分发挥金融监管的功能。

（二）财务省需进一步协调财政与金融的关系

相比大藏省，财务省的职能范围大大缩减，但仍是权力最大的省厅，其职权包括预算、税制、货币、国债等。借鉴大藏省权力过大所产生的官员腐败、监管不透明、行政干预过多等诸多金融监管弊病，大藏省作为财务省的前身，其自身在同时拥有财政权和金融权的同时，可能会混淆财政与金融的职责边界，在均衡财政的执政理念下，以牺牲金融体系稳定为代价，滥用仅有的金融监管权，以缓解债务危机，从而容易导致发生财政和金融系统性风险。

（三）金融厅的金融监管职能需要其他部门相互制衡

目前的金融厅囊括了金融监督厅、金融再生委员会等金融监管机构原先的职能，并兼有对地方财务局的监管，取代大藏省成为日本金融监管体系的最高行政机关。相比之下，日本银行仅通过《日本银行法》消除了大藏省对其金融政策制定的干预，其金融监管权力并未得到明显提升。财务省在金融改革和行政改革后的大部分金融监管权力陆陆续续，最终移交和汇集到金融厅。存款保险机构、地方财政局以及其他金融监管机构的更是权力有限，管理范围特定且小。因此，在金融监管体系

中，形成金融厅一家独大的局面。虽然实现分业监管向职能监管的转变，但是权力的过度集中很难保证不会发生监管不透明和腐败风险。因此，以金融厅为主的金融监管体系仍需要其他部门联合来制衡，而具体的联合制衡方法有待进一步改革探索。

七、结论

有效的金融监管致力于维护金融稳定和繁荣发展，而金融稳定和繁荣发展是促进经济发展的主要动力之一。在不同历史时期，经济发展所需的具体条件也不尽相同。所以作为金融监管的主要机构，日本银行和财政部门的配合也要顺应经济形势，才能发挥最大的作用。在经济复苏和高速发展阶段，以大藏省为主体的“单线多头”金融监管体系可以有效地集中金融资金，较快地制定并实施金融政策，从而有效地促进经济发展；在经济稳定发展阶段，需要改变权力垄断的监管体系格局，避免因此造成腐败和监管不透明，进而为经济稳定发展护航；在经济危机时期，由于改革不彻底所留下的问题爆发，日本迫切要求改革的动机更加强烈，逐渐形成新的监管体系，即以金融厅为主体，日本银行、存款保险机构、财政部门配合的新型金融监管体系，强化了部门之间的监管权力制衡，也重塑了金融监管的统一管理格局，有助于尽快实现经济复苏。未来随着经济形势的变化，新的金融监管体制仍然会面临机构配合的问题，需要因时、因地制宜进行调整以强化权力间的相互制衡，并借助法律来巩固改革的成果。

第六章
俄罗斯

经济转轨以来，俄罗斯的金融监管体制从无到有、几经调整，经历了由中央银行、财政部与金融市场局的多头监管，到当前央行统一监管的改革过程。在2013年改革之前，俄罗斯银行业、证券业与保险业的监管主体分别是中央银行、联邦金融市场管理局与财政部；2013年后，俄罗斯金融市场的监管权集中于央行。尽管财政部不再直接承担监管金融市场的职责，但仍通过国家金融委员会对央行的职能进行监督，从宏观层面对金融监管起到一定的支撑作用。

一、俄罗斯金融监管的历史演变

俄罗斯的金融业既有分业经营、分业管理，又有混业经营、混业管理。分业是指俄罗斯的保险业与银行业是分开经营、分业管理；混业是指商业银行允许经营证券业务，证券业没有独立出来。在2013年之前，俄罗斯对银行业、证券业与保险业实施分业监管，银行业的监管权属于中央银行，保险业由财政部的内设机构联邦保险监管局监管，证券业则经历了由多头监管到全能监管的转变。2013年后，俄罗斯成立了隶属于中央银行的金融监督委员会，将保险业、证券业与保险业的监管权集中于中央银行。

（一）1991—2012年：财政与央行共同承担监管职责

俄罗斯独立以来，不断完善金融监管的法律法规体系，对银行业、证券业和保险业的监管分别出台了相应政策，明确了各自的监管主体与监管对象。2013年以前，俄罗斯金融监管体系大体实行的是分业、多头管理模式，银行业的监管主体是中央银行；证券业经历了由财政部主要履行监管职能，过渡到财政部、证券市场委员会及中央银行共同履行监管职能，再向金融市场管理局监管的转变；保险行业的监管主体是财政部。

第一，俄罗斯银行业的监管主体是俄罗斯中央银行（俄罗斯银行）。《俄罗斯联邦银行及银行活动法》规定，俄罗斯银行业的监管主体是中央银行，负责具体监管事务的是中央银行的执行机构（银行监督管理委员会）及地方分支。俄罗斯中央银行对银行业的监管对象主要是商业银行，以及法律中规定的其他银行或非银行信贷机构等。

第二，俄罗斯证券业的监管主体经历了由证券市场委员会、中央银行、财政部共同监管，到联邦金融市场管理局监管的转变。独立初期，俄罗斯成立了对证券业负有监管职责的证券市场委员会，但权力一直十分有限，在当时实际履行证券业监管职能的是财政部。1996 年，俄罗斯通过《证券市场法》加大了证券市场委员会的执法权，进一步明确了其功能和职责。从此，俄罗斯联邦证券市场委员会真正发挥作用，与财政部和中央银行共同履行对证券市场的监管职能。2004 年 3 月，俄罗斯联邦金融市场管理局取代了证券市场委员会，实施对证券市场的监管。联邦金融市场管理局对证券业的监管对象主要包括信用社、小额信贷业务、商品交易所和交易所经纪商，但银行和审计业务除外。除此以外，联邦金融市场管理局还被授予了商品交易委员会的管理职能，以及打击金融市场上的滥用内幕信息和市场操纵行为的义务。

第三，俄罗斯保险业的监管主体是财政部。俄罗斯《保险业务组织法》规定，保险业的监管主体包括法律层面规定的最高机构以及保险业协会的自律组织，监管对象是从事保险业务的组织和机构，主要是各类保险公司。2004 年，俄罗斯成立联邦保险监管局，并规定该监管局隶属于财政部。

（二）2013 年至今：金融监管权集中于央行

自经济转轨后的 20 年间，俄罗斯金融结构不合理、金融效率偏低的问题一直存在，且成为制约金融支持经济增长的瓶颈。在这个阶段，俄罗斯建立起来的商业银行，有一半是企业或企业集团创建的，其资金来源主要是企业存款。这十分容易产生“银行的活动要服从企业的利益，参股企业在取得贷款方面有优先权”的情况。这些银行大量的内部贷款，处于监管部门的真空地带。同时，商业银行的很多资金没有用于生产性贷款，而是用来从事金融投机行为。金融市场出现大量违规问题，秩序十分混乱。而俄罗斯分业、多头的金融监管体制，也使其难以形成统一的金融政策。此外，爆发于 2008 年的金融危机过后，俄罗斯也开始对金融体系运行及监管进行反思。在这种形势下，俄财政部提议，将众多监管职能交由俄罗斯央行一家机构承担①。

2013 年 7 月，俄罗斯总统普京签署了关于成立统一金融监管机构的法案，在央行下设立金融监督委员会，代替被撤销的联邦金融市场管理局，实行对证券、保险以及养老金管理与投资等领域的全权统一监管。该委员会隶属于俄罗斯中央银行，这也就意味着金融市场的监管权全部集中于中央银行。这一举措标志着俄罗斯金融监管体制的重大变革，结束了多个金融监管部门之间存在的职能重叠现象，原来的多家管理机构并存的模式宣告终结，取而代之的是统一的、综合的大金融监管模式。俄罗斯这项改革将金融政策的制定和监督执行两项职能同时归属于一个机构，确立了中央银行在金融市场上的权威地位。

二、俄罗斯金融监管架构

俄罗斯金融监管体系涉及联邦财政部、中央银行、国家金融委员会与金融监督委员会等机构。财政部主要负责监管政策的制定，下设金融政策司履行相关职能。中央银行通过金融监督委员会实施对金融业的监管，由央行的董事会成员担任委员会主席，并享有表决权。国家金融委员会是国家对中央银行的活动与职能进行监督的机构，由财政部部长担任主席。总体来看，俄央行主要在微观操作层面对金融领域实施监管，而财政则在更宏观的层面对央行活动进行监督（见图 2－11）。

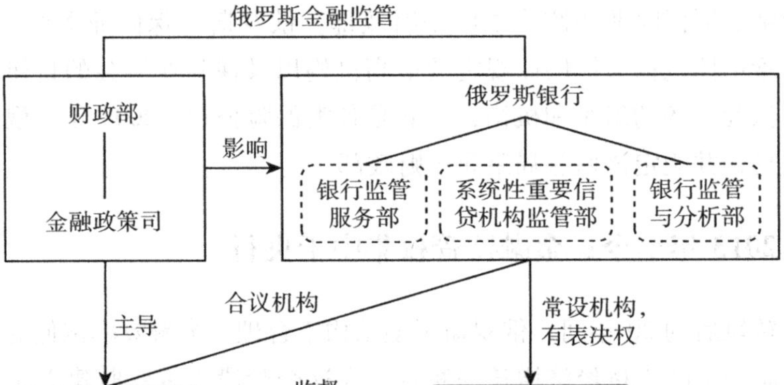

图 2－11　俄罗斯金融监管架构

（一）俄罗斯财政部

俄罗斯财政部主要通过制定监管政策的方式参与金融监管。联邦财政部下设金

① 谭润石．统一监管金融市场 俄罗斯央行“大权在握”[J]．中国金融家，2013（09）：80－81.

融政策司，在俄罗斯的银行、保险、信贷机构等领域，负责制定国家政策与监管法律，同时向联邦政府提交监管法律文件。此外，金融政策司对俄罗斯银行业和金融市场的运行进行监督与审查，确保金融市场及其各个部门的稳定运行。根据《俄罗斯联邦财政部金融政策司条例》①，金融政策司关于以下方面的问题拟定提案：在联邦法律规定的情况下，批准俄罗斯银行的监管法案草案；金融部门的监测和监管；金融市场的统一政策；金融市场及其各部门职能的完善；改进银行、证券、保险、小额信贷组织、国家支付系统、信贷机构等金融机构的立法；编制和实施俄罗斯联邦"公共金融管理和金融市场监管"的国家计划；保险行业的统一政策，保险立法的完善；代表财政部参与俄罗斯中央银行精算活动委员会的工作；改进使用电子支付方式的机制等。

（二）国家金融委员会

俄罗斯官方机构指出，建立统一大金融市场监管机构，目的在于提高金融市场运作的稳定性和监督效率，消除各类联邦法律机构职能重复、政出多门的现象。但鉴于中央银行职能范围的扩大，俄罗斯开始加强对央行的监督。由此，履行央行监督职能的国家金融委员会地位不断提升。国家金融委员会是俄罗斯银行的一个合议委员会，根据俄罗斯《中央银行法》的规定运作。自 2013 年起，俄罗斯通过修订《中央银行法》进一步明确国家金融委员会的属性与职能，即对中央银行的活动与职能履行情况进行监督。

俄罗斯国家金融委员会由 12 名委员组成，其中俄罗斯联邦委员会派出 2 人，国家杜马派出 3 人，总统派出 3 人，联邦政府派出 3 人，以及俄罗斯央行行长。目前，该委员会的主席由俄罗斯联邦财政部长安东·西卢阿诺夫担任，另外一名财政部副部长阿列克谢·莫伊谢耶夫担任委员，俄罗斯中央银行行长埃莉维拉·纳比乌琳娜也担任委员之一。除俄罗斯银行行长以外，国家金融委员会的其他委员不能长期任职，也不收取报酬②。

在联邦财政部的主导下，俄罗斯国家金融委员会的主要工作是审议与监督中央银行的工作情况，包括俄罗斯银行的年度报告、央行对金融市场的监督执行报告、国家货币政策指导方针草案、国家支付卡系统发展战略、银行系统和金融市场、俄罗斯中央银行董事会关于银行关键问题活动的季度信息，以及对银行年度财务报表进行强制性审计等（见表 2－5）。

---

① Приказ Минфина России от 29 декабря 2017 г. N 1393 "Об утверждении Положения о Департаменте финансовой политики Министерства финансов Российской Федерации". https://www.garant.ru/products/ipo/prime/doc/71755018/.

② О Центральном банке Российской Федерации (Банке России). http://pravo.gov.ru/proxy/ips/?docbody=&nd=102077052.

表 2－5　　　　俄罗斯国家金融委员会的具体职能

监督事项
（1）审议俄罗斯银行的年度报告。
（2）在当年的 12 月 15 日之前，批准下一年度的俄罗斯银行员工的管理费总额，银行员工的养老金、人寿保险和医疗保险费总额，资本投资总额以及其他行政和经济费用。
（3）如有必要，根据银行董事会的建议，批准俄罗斯银行员工的额外管理费用，银行员工养老金、人寿保险和医疗保险的额外费用，额外的资本投资，以及额外行政和经济费用。
（4）审议发展和完善俄罗斯联邦金融市场、完善俄罗斯联邦银行体系的相关问题。
（5）审议国家统一货币政策草案和货币政策主要方向。
（6）解决俄罗斯银行参与信贷机构资本的问题。
（7）任命俄罗斯银行首席审计师，并审议其审计报告。
（8）按季度审查俄罗斯银行董事会关于银行主要问题的信息，包括：贯彻落实国家统一货币政策的主要方向；银行监管的内容与活动；实施货币调控政策；确保国家支付系统的稳定和发展；完成俄罗斯银行的成本估算；制定发展领域的立法草案和其他规范性文件，确保俄罗斯联邦金融市场的稳定运行。
（9）确定对俄罗斯银行年度财务报表进行强制性审计的审计机构。
（10）根据银行董事会的建议批准俄罗斯银行部门会计准则、俄罗斯银行会计科目表及其应用程序，同时审议董事会提交的关于银行在行使联邦法律规定的职能时，其预防、识别和管理利益冲突的政策，并就该政策提出建议。
（11）向国家杜马提交关于俄罗斯联邦会计委员会对俄罗斯银行金融和经济活动进行审议的建议。
（12）根据银行董事会的建议，批准俄罗斯银行条款的形成程序和银行利润的分配程序。
（13）根据银行董事会的建议，批准俄罗斯银行关于银行员工的管理费用、养老金、人寿保险和医疗保险、资本投资和其他行政管理费用的报告。
（14）审议并批准俄罗斯银行董事会及其他岗位任职情况。
（15）批准国家支付卡系统运营商的唯一执行机构，审议国家支付卡系统发展战略，并就该战略提出建议。
（16）审议俄罗斯联邦金融市场发展的主要方向草案，并就特定项目提出建议。

资料来源：根据俄罗斯《中央银行法》整理．О Центральном банке Российской Федерации（Банке России）. http：//pravo. gov. ru/proxy/ips/？docbody = &nd = 102077052.

（三）俄罗斯银行

俄罗斯中央银行是金融业的监管机构。根据俄罗斯《中央银行法》，俄罗斯银行不断监测信贷机构和银行集团遵守联邦法律、银行法规等的情况，并对其进行监管。俄罗斯银行下设银行监管服务部、系统性重要信贷机构监管部以及银行监管与分析部。其中，银行监管服务部监督信贷机构和银行集团（系统性重要的信贷机构除外）的活动，及时识别和限制银行承担的风险，保护存款人和债权人的利益；系统性重要信贷机构监管部成立于2013年，负责监管以系统性重要信贷机构为首的俄罗斯联邦的银行集团，部门的主要任务是发现潜在问题并寻找合适的解决方案，以促进受监管信贷机构的可持续发展；银行监管与分析部成立于2021年，主要工作是对监管机构的潜在风险进行分析，评估银行业风险水平，为银行监管提供信息支持等。

（四）金融监督委员会

俄罗斯银行金融监督委员会是一个常设机构，中央银行与该机构共同行使对金融市场的监管职能。该委员会由俄罗斯银行负责人组成，委员会主席由央行行长从央行董事会成员中任命，根据委员会主席的推荐，从委员会成员中任命副主席。委员会通过会议开展工作，主席和委员参加会议，并享有表决权。委员会决定的报告应按季度提交给俄央行董事会审议①。金融监督委员会与俄罗斯央行在金融市场领域（包括非银行金融机构）实施监管职能，代表俄罗斯银行行长向国家金融委员会提交必要信息。监管的内容主要聚焦具体的金融业务，涉及金融机构的市场准入、业务运营与市场退出三个阶段。

三、财政与央行在金融监管中的分工与合作

（一）央行从具体操作领域实施金融监管

目前，俄罗斯中央银行集中对银行业、证券业与保险业实施混业监管，涵盖了金融机构的市场准入、运营与退出的各个阶段。俄央行通过金融监督委员会对金融领域实施监管，涉及金融机构的注册资本金、人员的准入、机构的登记与核准、资本充足率与流动性监管以及金融机构的合并、破产清算等内容。可以发现，央行主要在金融市场的具体操作领域对其实施监督与规范，将银行、证券与保险行业的监

① Комитет финансового надзора. https：//studfile. net/preview/4451279/page：3/.

管集中于同一个部门，对于消除各类联邦法律机构职能重复、政出多门的现象，以及保证金融政策的统一性与连贯性具有积极作用。

（二）财政在宏观监督层面支撑金融监管

自2013年后，俄罗斯央行接管了联邦财政部关于金融市场监管的部分权力，财政部退出了对证券业与保险业的监管。然而，尽管财政部不再参与金融市场的监管，却仍通过国家金融委员会实施对央行的监督，其中也包括对央行金融监管职能的监督，如每季度都需审查中央银行监管金融市场的内容与业务情况。由此可见，虽然俄财政部退出了对金融市场微观领域的直接监管，却仍在宏观层面对国家的金融监管起到一定的支撑与主导作用。

第七章 巴西

一、巴西的金融监管体系及组织架构

（一）金融监管体系演进历程

1. 现代金融监管体系的构建

巴西金融管理体系可以追溯到1694年，巴西造币厂的建立。1808年，葡萄牙殖民时期的统治者才着手建立兼具中央银行和商业银行功能的金融机构，同年巴西银行①应运而生，也是巴西第一家银行。19世纪20年代，巴西银行在履行政府机构的同时可与其他商业银行竞业。为加强金融市场监管，1920年巴西设立了银行监管总部，直接向财政部报告。19世纪30年代，巴西国内通货膨胀持续恶化，巴西银行所采取的监管举措以失败而告终。直到1945年总统颁布的第7293号法令，构建了货币信贷监管局（the Superintendency for the Currency and Credit，SUMOC）②，搭建了货币供应制度，才实现了对金融市场的有序监管，并对抗通货膨胀。与此同时，巴西银行在遵守SUMOC和农业、商业和工业信贷银行基本原则的基础上，扮演着政府银行的角色，负责控制对外贸易、接受商业银行的强制存款和自愿存款、从事外汇交易、代表公共企业和国家财政部行事③。

---

① 巴西银行（Bank of Brazil）初始职责如下：作为中央银行，它扮演着存款银行、贴现银行和发行银行的角色。此外，它还负责销售国家行政部门和皇家合同的独家产品，如国债。

② SUMOC必须履行为商业银行设定存款准备金率，规定贴现率和流动性不足时的资金援助率，以及确定银行存款利率；监督商业银行的活动，指导外汇政策，并在国际机构面前代表该国家行使职权。

③ History of the Central Bank of Brazil [EB/OL]. [2022-03-22]. https://www.bcb.gov.br/pre/historia/historia_bc_en.asp? frame=1#: ~: text=In%20December%201964%2C%20Law%204%2C595, effect%2090%20days%20after%20publication.

在 1945 年之前，巴西货币当局的典型职能由货币信贷监管局、巴西银行（the Banco do Brasil，BB）和财政部（the National Treasury）三部门共同执行①。20 世纪 60 年代，巴西政府依据当时的美国模式建立了现代金融监管体系，修订相关法律，1964 年 12 月颁布了第 4595 号法案（the Law No. 4595/1964）②，正式出台了金融改革法，确定了以巴西国家货币委员会（Conselho Monetário Nacional，CMN）、巴西中央银行（Banco Central do Brasil，BCB）、巴西银行、经济和社会发展国家银行以及所有其他国有和私有金融机构为主体的金融体系。1965 年巴西颁布了资本市场法（the Brazilian Capital Markets Law，Law 4728/65），该法案为资本市场操作提供了指引。1967—1974 年，随着巴西金融市场的扩大及复杂化，巴西央行的货币监管能力相应提高，1973 年建立的公开市场操作使其能够更好地控制日益复杂的外汇操作。1974 年，巴西政府对国家货币委员会成员的组成和职责进行了调整，进一步完善了巴西金融体系，但是巴西央行仍未成为完全独立和自治的中央银行。1976 年第 6385 号法令规定建立证券交易委员会（The Securities and Exchange Commission，CVM）③，旨在强化资本市场，提升金融监管能力。自此，巴西金融系统也开启了“混业监管”向“分业监管”转变的进程。1985 年，巴西联邦政府进一步重组了金融监管机构，主要是取消了巴西央行、巴西央行及巴西财政部之间的交叉重叠的金融职能。1986 年，第 10 特别账户被废除，巴西央行向巴西银行的货币供应开始在两个机构的预算中分别明确，1987 年巴西央行向巴西银行自动转移资金制度正式取消。到 1988 年，货币监管权力全面从巴西银行转移到巴西央行，而由巴西央行开展的非典型金融活动（如与经济激励和公共债务管理有关的活动）则转移到国家财政部。1988 年宪法的颁布，进一步澄清了巴西央行的职能，赋予其发行货币的唯一权力，禁止向国家财政部直接或间接贷款，同时恢复巴西央行董事的一些自主权，明确其董事由总统提名经参议院审议批准，自此现代化的金融监管体系逐步建成④。

2. 财政金融监管职能的变迁

1964 年之前，财政部通过巴西银行⑤直接控制货币发行。巴西中央银行建成后，1967—1974 年巴西央行的职能逐步强化了，但其对财政部的顺从度增强了，并于

---

① Functions of the Central Bank of Brazil [EB/OL]. [2022-03-12]. https://www.bcb.gov.br/conteudo/home-en/FAQs/FAQ%2011-Central%20Bank%20of%20Brazil%20Functions.pdf.

② LAW N. 4 595 OF DECEMBER 31 1964 [EB/OL]. [2021-03-12]. https://www.findevgateway.org/sites/default/files/publications/files/mfg-en-paper-brazil-law-no-4595-of-december-31-1964-may-2000.pdf.

③ Comissão de Valores Mobiliários (CVM) [EB/OL]. [2022-05-30]. https://globalcenters.columbia.edu/content/comissao-de-valores-mobiliarios-cvm.

④ Mathew M. Taylo. Institutional Development Through Policy-Making: A Case Study of the Brazilian Central Bank. World Politics, 61, July 2009, pp487-515.

⑤ 巴西银行既是政府银行也是商业银行。

1974 年随着一项法律的颁布而达到顶峰，该法律明确取消央行董事的固定任期①。20 世纪 80 年代初期，巴西受 OPEC 国家石油冲击、1982—1983 年外债危机和经济停滞等宏观因素的影响，通货膨胀持续高升，人们开始思考巴西财政部、巴西银行和巴西央行之间的众多重叠职能。为此，1986 年 7 月创建了财政部秘书处，增强了财政控制，巴西央行行长依然从属于财政部部长。1987 年巴西新政府推出的第二轮稳定计划——布雷斯瑟计划（the Bresser Plan），该计划将公共债务管理职能从巴西央行转移到财政部②；组建了综合改革金融管理系统，该系统允许监督联邦整体预算，并赋予国会发行新公共债券的权利③。1988 年巴西宪法增设了公共财政管理的相关章节，加强了政策制定者的权力，同时巴西央行行长任命权的转变，形式上使其由财政部部长下属转变为总统的下属。

为应对国际金融恐慌、银行危机、国债发行丑闻以及金融市场对卢拉政府的担忧等，巴西政府先后推出了科洛尔计划（The Collor Plan）、布雷迪计划（The Brady Plan）、雷亚尔计划（The Real Plan）等。1933 年巴西政府实施了第二大体制变革——布雷迪计划，该计划明确外债处理责任从中央银行转移到财政部④。这一计划使巴西央行与财政部职能的分离向前迈出了一步。1994 年雷亚尔计划推出，该计划是巴西财政部与央行等部门决策的“分水岭”，其将汇率决策权转交给巴西央行，并为卡多佐政府制约地方政府对巴西经济的影响提供了政策抓手。尤其是，2000 年巴西财政责任法颁布，进一步硬化约束了地方政府的预算。总体而言，巴西财政部门的权力不断增强，尤其是 1994 年其通过制定初等教育基金等方式，强化了税收筹集能力，强化了对地方政府相关政策的限制。

（二）现代金融监管组织架构

巴西现代金融监管体系是在国家货币委员会的指导下，主要由巴西中央银行、证券交易委员会（CVM）、私营保险监管局（SUSEP）、补充养老金监管局（PREVIC）四部门执行“分业监管”（见图 2－12，表 2－6）。以巴西央行为主，对大部分金融机构进行监管，其他三个监管机构则负责定向监管证券交易所、保险、再保险

---

① Diário da Assembléia Nacional Constituinte. 1987. Minutes of a joint meeting between the Comissão do Sistema Tributário, Orçamento e Finanças, and the Subcomissão de Orçamento e Fiscalização Financeira da Assembléia Nacional Constituinte. Supplement. Brasília, Brazil, June 6: 138－50.

② Nóbrega, O Futuro Chegou: Instituições e Desenvolvimento No Brasil [The Future has Arrived: Institutions and Development in Brazil]. São Paulo: Editora Globo, 2005.

③ Santos, Fabiano, and Inês Patrício. 2002. Moeda e Poder Legislativo no Brasil: Prestação de Contas de Bancos Centrais No Presidencialismo de Coalizão. Revista Brasileira de Ciências Sociais 17, no. 49: 93－113.

④ Nóbrega, Mailson da, and Gustavo Loyola. 2006. The Long and Simultaneous Construction of Fiscal and Monetary Institutions. In Lourdes Sola and Laurence Whitehead, eds., Statecrafting Monetary Authority: Democracy and Financial Order in Brazil. Oxford: Center for Brazilian Studies: 57－84.

和养老金等业务①。

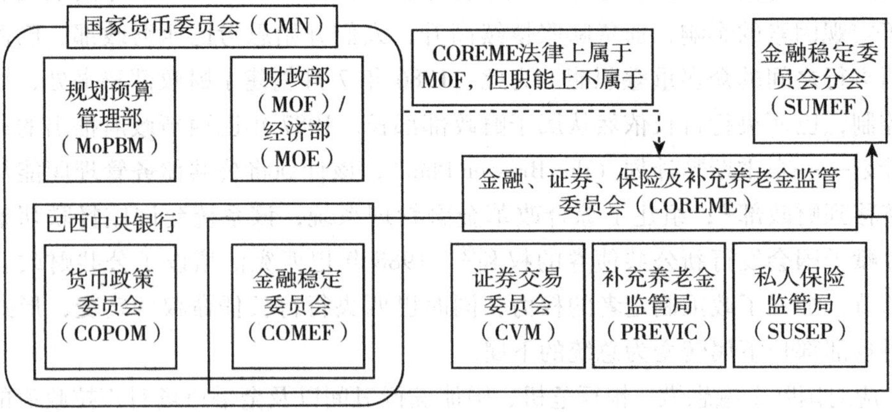

图 2-12　巴西金融监管体系组织架构

表 2-6　巴西金融监管机构立法数量及初创时间

管理部门	监督部门	部门间协同
CMN - Law 4595/1964	BCB - Law 4595/1964	COREMEC - Executive Order 5685/2006
	CVM - Law 6385/1976	
CNSP - Executive Order 73/1966	SUSEP - Executive Order 73/1966	
CNPC - Executive Order 7123/2010	PREVIC - Law 12154/2009	

资料来源：作者整理所得。

巴西国家货币委员会②作为巴西国家金融系统（the National Financial System, SFN）的最高决策机构，是由原财政部部长（担任委员会主席）③、原规划预算管理部部长④及巴西央行行长等组成的政策委员会，受原财政部直接支配。主要职责是制定国家的货币信贷政策，协调财政、预算和债务政策，稳定价格水平，推进经济及社会发展。具体工作职责如下：负责确定年度货币预算和发行量及本币对内价值和对外汇价，规定银行准备金比例、最低资本限额和最高利率，管理资本市场，发

① 洪昊，葛声．“金砖四国”金融监管体系改革和合作研究［J］．金融发展评论，2011（06）：77-83.

② 巴西货币委员会本身没有监督权。其下设机构，巴西货币政策委员会（Monetary Policy Committee, Copom），负责根据通胀目标每45天发布一次利率政策；金融稳定委员会（Financial Stability Committee, Comef））负责在每季度会议中定义反周期资本缓冲的价值；政府风险监管委员会（Governance, Risk and Control Committee, GRC）负责制定国际储备管理标准，并监督其执行成效。

③ 2019年6月18日第13844号明确，撤销财政部，重组成立经济部。详见：LEI N° 13.844, DE 18 DE JUNHO DE 2019［EB/OL］.［2022-05-30］. http://www.planalto.gov.br/ccivil_03/_ato2019-2022/2019/lei/L13844.htm.

④ 2019年1月1日计划预算管理部撤销，不再担任国家货币委员会成员。2021年经济部成立了内设机构“财政预算特别秘书处”，承担了部分计划预算管理部的工作。

布金融机构指引等，而巴西央行作为CMN的常设执行秘书处具体负责相关政策制度的贯彻实施。根据1976年第6385号《证券法》第2条规定，巴西证券委员会（CVM）创建是金融体系的规范性机构，在CMN对证券市场组织及职能定义的基础上，负责制定规制、监督和管理资本市场、证券和股票市场，含证券产品（除国债和金融机构担保票据）、证券发行等活动和证券相关实体部门；负责监督支付体系（Payment Systems，SS）、中央部门清算结算业务（CCPs）和证券结算系统（Securities Settlement Systems，SSSs）[①]。私营保险监管局（Superintendence of Private Insurance，SUSEP）是负责控制和监测保险公司中开放资本市场的私人养老基金、资本市场和再保险；国家补充养老基金监管局（The National Superintendence of Complementary Pensions，PREVIC）是代表社会保障部，负责监督和规范封闭养老基金，并负责执行封闭实体经营的补充养老制度。

但是1988年巴西宪法第164条和1964年第4595号法案等相关法律法规，并未明确巴西央行、巴西银行和财政部之间的关系界限，货币当局还承担着财政预算账户的管理，如与国债相关的账户等。1988年《联邦宪法》（The Federal Constitution of 1988）明确了巴西央行的运营指导方针，确立了货币的独家发行权及行长和副行长的任命程序，并禁止央行向财政部直接或间接贷款。相应地，巴西货币当局的典型职责也从巴西银行转移到巴西央行，非典型职责则转给联邦财政部，如与促进倡议和管理联邦公共债务有关的活动。另外，1988年宪法第192条还制定了国家金融体系补充法，取代了第4595 /1964号法案，并重新定义了商业银行的职能和结构。1995年后期，巴西联邦政府为了应对银行倒闭潮，对银行系统安全网进行彻底的重组，并制定了审慎监管制度，强化监管，确保金融体系的安全和稳健（Resolution 2208/95）[②]。此外，还设立了流动性直通车和建立存款保险制度[③]。2000年5月《财政责任法案》（Complementary Law. 101/2000）第34条禁止巴西央行为货币政策目标发行政府债券，进一步强化了财政与货币当局的职能界限。2002年，巴西改革了支付体系。在新的制度框架下，银行在任何时候都不会接受任何银行的准备金账户出现负余额。随着金融系统复杂度的提升，加强监管协调的重要性更加凸显，巴西政府于2006年成立了金融、证券、保险和补充养老金监管委员会（Committee for the Regulation and Supervision of Financial，Securities，Insurance，and Complementary

---

① 在国家货币委员会监管原则下，巴西央行和巴西证券委员会共同负责联邦证券存储（Central Securities Depositories，CSDs）和交易存储（Trade Repositories，TRs）。

② 根据1995年12月颁布的第2208条决议，巴西政府出台了国家金融体制改革重组激励规划（Programa de Estímulo à Reestruturação e ao Fortalecimento do Sistema Financeiro Nacional - PROER），旨在加强私人银行的兼容并购。详见：Jonathan Williams. Banking and Financial Systems in Brazil [EB/OL]. [2022-09-29]. https://www.researchgate.net/publication/353348034.

③ The Structure of Financial Supervision - Approaches and Challenges in a Global Marketplace [EB/OL]. [2022-05-28]. https://group30.org/images/uploads/publications/G30_StructureFinancialSupervision2008.pdf.

Pension，COREMEC），是财政部内设机构，旨在促进巴西央行、证券委员会等4个金融监管机构之间的协调配合和信息共享①。COREMEC会议每季度举行一次，信息交流通常包括：金融稳定问题；基于风险的监督；监督机构要求的信息合理化和标准化；反洗黑钱问题；金融教育与普惠金融策略。2010年COREMEC创建了金融体系稳定性监测附属委员会（the Subcommittee for Monitoring the Stability of the National Financial System，SUMEF）②，负责向COREMEC通报市场波动情况及影响因素，并指出国家金融体系的潜在风险。当风险发生后，委员会提出COREMEC应采取的联合行动或协调降低风险等建议。2011年5月，巴西央行设立金融稳定委员会（the Financial Stability Committee，COMEF），旨在通过有效识别和监测系统性风险的来源，并制定缓解系统性风险的相关政策。同年，国家货币委员会设立了风险鉴别委员会（the Committee on Risk Identification，CIR），负责鉴别风险来源，是债券市场、实体单位或产品等。同年，巴西央行还设立了货币政策委员会（the Monetary Policy Committee，COPOM），该委员负责在通胀目标管理理论政策目标和比率政策的框架下，改善货币政策框架和透明度。2019年1月1日第9663号法令批准了巴西金融活动控制委员会（the Brazilian Financial Activities Control Council，COAF）的新细则，该委员会负责接收和分析与洗钱有关的金融交易信息。2021年，《补充法案》（Complementary Law 179 of February，24，2021）赋予巴西央行在技术、业务、行政和财政方面的自主权；明确巴西央行的基本目标是确保价格稳定，且在不损害基本目标的情况下，维护金融体系稳定、平滑经济波动及促进就业。自此，巴西央行理事会成员任期变为4年，与总统任期不一致，总统有权确定是否连任一期。

总体来看，巴西央行宏观调控能力相对较差，很大程度上依赖直接的行政干预，金融调控手段主要依赖于利率和信贷规模控制。

二、巴西央行的金融监管作用

国家货币委员（CMN）、巴西央行（BCB）和证券交易委员会（CVM）③ 在各自职权范围内就监管事项共同制定决策。审慎监管建立在技术分析和国际监管标准的基础上。《银行法》规定，巴西央行执行货币发行和信贷政策的权力，并对公共和私营金融机构以及支付安排、安排人和机构进行监管。另外，巴西央行是银行体

① COREMEC创立于2006年，法律上是财政部内设机构，董事会成员由BCB、CVM、SUSEP和PREVIC各派一名成员组成，并轮值担任主席。每三个月召开一次董事会。该机构是一个顾问部门，负责推动部门间协同和信息共享，并通过制定专项合作协议（MOUs）予以明确。

② SUMEF委员会由COREMEC成员单位各派2名成员组成。

③ 巴西证券委员会（CVM）的部门组织架构、工作职责等由《证券法》（Law6385/76）和《公司法》（Law 6404/76）两部法律确定。CVM可在职责范围内发表规则和操作指引，如证券发表和集体投资计划。

系的唯一审慎监管机构，其监管范围极其广泛：在遵循以风险为重点的、持续的和透明的监管原则基础上，负责管理本地银行和金融机构的银行活动外，还负责监督金融市场基础设施、发放许可证书等。

第一，对金融中介机构的监管。与 CVM 共同享有对金融中介机构的监管权，双方都拥有许可证权。其中，BCB 负责审慎监管，主要是对资本充足率，以及对货币和政府债券市场的监管。它的法律法规同样适用于包括银行和资本市场中介机构在内的金融机构。CVM 负责中介机构和其他二级市场、股票、衍生品和非政府债务的商业行为和市场监管。另外，《证券法》的颁布赋予 CVM 广泛的权力，包括监督市场、发行人和市场中介机构的权力。

第二，对金融机构的审慎监管。根据风险特性与国际活动的相关性，依据金融机构风险敞口占 GDP 的比重不同，巴西的金融机构可划分为 5 大类（S1—S5），具体如下：

S1：风险敞口/GDP≥10%或者与国际活动相关；

S2：1% ＜风险敞口/GDP＜10%；

S3：0.1% ＜风险敞口/GDP＜1%；

S4：风险敞口/GDP＜0.1%

S5：风险敞口/GDP 比重＜0.1%。

通过监管金融机构的风险敞口情况，及时揭露机构存在的潜在风险，以此强化国家金融系统的运行效率，清除市场准入障碍，提升市场竞争能力，推动巴西央行在金融系统和金融监管活动中更有效地配置稀缺资源。

第三，对资产和流动性的监管。2013 年，巴西央行发布了一系列关于采用巴塞尔Ⅲ全球资本要求标准的决议。新规则旨在提高金融机构吸收冲击的能力，增强金融体系的实力，促进可持续经济增长。根据这些规则，金融机构可以根据每年的应收呆坏账准备确定信贷规模。新资本结构在巴西的实施始于 2013 年 10 月 1 日，并将遵循商定的国际时间框架，到 2022 年 1 月 1 日这一进程结束。

另外，2020—2021 年，巴西各级金融监管机构陆续推出了一系列新的金融监管规则，如推动支付系统现代化、注重金融科技的发展、加强银行系统开放、建立健全资本市场沙盘监管以及货币兑换机制等。

三、巴西经验对中国的启示

巴西金融监管特点是具有制度方面的功能监管模式。特别是 20 世纪下半叶，为应对各种压力、金融危机和金融服务性质的变化，巴西金融监管体系逐步完善。从业务监管模式看，巴西金融系统执行一种从“混业监管”向“分业监管”逐步过渡的监管模式。为强化监管，稳定市场价格，实现通胀管理目标，巴西政府于1964年专设了国家货币委员会统领金融监管事务，巴西央行、证券委员会、私人保险管理局以及补充养老保险管理四部门分别负责相关的金融业务。财政部门负责国债、联邦债等政府债业务，部分非金融监管业务也逐步换转到巴西央行。具体启示如下：

（一）通过健全金融监管法律体系，明确各监管单位的权责利，是避免监管漏洞的制胜法宝

有效的金融监管体系，有赖于监管部门的职责清晰、目标明确。健全的监管法律体系，是政府授权各监管部门，持续开展监管、采取措施解决问题的制度保障。从巴西经验来看，每个监管部门的职责和目标都在相应立法中明确规定并公开披露。如果有多个监管机构负责监管体系，建立一个可信的、公开的法律框架体系，是避免监管漏洞的核心举措。同时，金融监管法律和法规为监管机构制定和执行银行系统的最低审慎标准提供了一个法律框架，而监管机构有权根据银行系统或个别银行的风险情况和系统重要性，提高审慎性要求。另外，金融监管法律体系还需要动态更新，以满足不断变化的行业或监管时间需求。

（二）强化金融监管机构的独立性，是确保监管活动公平有效的关键

政府或行业部门对金融监管机构的干预，应有法可依，并以不损害监管机构执法的独立性为限。如巴西银行法案（1964年第4595号）明确，巴西货币委员会是金融问题的主要监管机构，巴西央行也具有一定的金融监管权力，但需在货币委员会批准范围内开展监督业务。然后，巴西银行法第8条规定“巴西央行是半自治化的联邦机构”；第4条又规定，由国家货币委员会确定巴西央行的管理架构、人事以及批准央行的内部章程、账户、预算和会计制度。另外，巴西央行行长及董事会成员由总统任命经参议院批准；根据第91961号法令第1条明确，总统可以随时解雇央行行长和副行长，且各相关法律均为明确具体解雇程序启动的依据或条件。可见，巴西现行法律法规体系并未赋予央行执政的完全独立性，尤其是央行最高管理者对总统的依附性较强，部门监管职能的发挥难以保障。

（三）加强监管部门间的工作协同性，推动信息共享

为适应国内外金融监管原则及监管实践的需要，巴西政府陆续成立了巴西联邦收入局［Federal Revenue of Brazil（2002），RFB］、私人养老金管理局（SUSEP，2005）、国家消费局（NCB，2010）、国家证券委员会（CVM，2014）、国家补充养老金管理局（PREVIC，2016）。根据《财政责任法发》第105项补充法案的（第2条、第4条第1款）规定，巴西央行与其他金融监管机构签订合作协议，实施共同监管；巴

西央行和国家证券委员会依据监管活动需要，在满足保密要求的前提下，互相交换有关监督结果或处罚信息，通常包括内部控制、公司治理、偿付能力和资产质量等问题。另外，通过第5685号法令成立了金融、证券、保险和补充养恤金市场监管和监督委员会（COREMEC），专门负责促进协调和改善联邦公共行政实体的业务，监管和监督与投资和储蓄有关的活动。

（四）国内外宏观经济形势变化是影响巴西金融监管体系变迁的起因

巴西金融监管体系的变迁具有明显的时代特点。在20世纪60年代中期，巴西政府启动宏观经济稳定计划（the Government Plan for Economic Action）之后，认识到改组金融监管系统是必要的。在此基础上，国家金融系统方案（Law 4595/1964）应运而生，这是巴西金融市场的主要立法。在19世纪60年代和70年代间，1976年第6385号法案颁布，旨在促进建立资本市场和强化金融监管，并创建了证券委员会。到20世纪80年代，巴西经历了快速的通货膨胀和持续的经济危机，导致银行信贷需求急剧下滑，流动性增强，信贷量大幅下降。1985年，巴西政府进一步重组了金融监管体系，金融和财政业务边界逐渐清晰化。到20世纪90年代早期，巴西再次经历经济危机。1994年7月通胀率每月上涨了46%，系统性金融危机一触即发，7家小银行相继破产。到1995年，又有13家银行破产，巴西央行着手干预，政府宣布承担损失成本，以鼓励合并和收购面临困难的银行。为应对银行倒闭，对银行系统安全网开展了进一步根本性的重组。制定审慎监管制度，加强监管，确保金融体系的安全和稳健。此外，还进行了其他改革，包括设立流动性直通车和建立存款保险制度。另外，自1966年以来，巴西政府规范了所有保险、再保险业务。2002年，巴西改革了支付体系。在新的制度框架下，银行在任何时候都不会接受任何银行的准备金账户出现负余额。

值得注意的是，巴西金融监管离不开财政。巴西货币委员会（CMN）是财政部（Ministério da Fazenda）的政策机构，领导整个金融监管系统，本身负责货币和财政事务。CMN则由巴西财政部长、中央银行行长和计划部长组成，委员长由巴西总统直接任命。CMN执行的几项关键任务，包括设定通胀目标（基于财政部的建议）、监督央行货币政策委员会（COPOM）执行通胀目标。2000年《财政责任法》第101项补充法案第28款明确，巴西央行可以自行确定为期1年的应急流动性援助政策，但是，当长期流动性出现问题时，巴西央行必须与联邦政府以及财政部有关部门协商设立特殊援助法案。2019年，巴西原财政部相关职能全部并入经济部后，巴西财政的金融监管能力进一步强化。

第八章
南　非

一、南非储备银行的历史

南非储备银行（SARB）是非洲最古老、历史最悠久的中央银行，成立于1921年6月30日，是根据国会1920年《货币和银行法》（1920年第31号法案）建立的，是第一次世界大战导致的不同寻常的金融和货币条件的结果。1919年3月，英国政府放弃了战时英镑与黄金之间的汇率，英镑贬值产生了“黄金溢价”。当时，商业银行发行给公众的纸币必须有黄金作为担保，但当英国黄金价格上涨时，意味着南非的商业银行必须以高于其将纸币兑换成黄金的价格在伦敦购买黄金再进口，以支持其发行的纸币，迫使它们亏本交易。

为了确保财务能力，商业银行要求政府解除将纸币兑换成黄金的要求，于是在1919年10月召开了黄金会议，议会的特别委员会建议建立中央银行来持有商业银行的黄金并发行钞票。议会接受了这一建议，并于1920年12月公布了《货币和银行法》，其中规定设立南非储备银行，其两个主要目标是恢复和维持本国货币的发行和流通秩序，以及恢复金本位制至第一次世界大战前的汇率。南非储备银行于1921年6月30日开业，并于1922年4月19日发行了第一张纸币。

南非在1932年放弃了金本位，选择将本国货币的价值与英镑挂钩，作为新的货币政策框架。1944年，《南非储备银行法》取代了1920年的《货币和银行法》。南非储备银行最初的25年发钞期被无限期延长。南非于1961年2月14日推出兰特，三个月后南非脱离英联邦成为共和国。

1985年，南非实行了双兰特体系以加强外汇管制，以应对债务违约和经济制裁导致的大量资本外流。当时的制裁是南非的许多主要贸易伙伴及其商业实体采取的一项反种族隔离措施。外汇管制是通过双兰特制度执行的，该制度为居民的经常账户支付规定了一种汇率，为非居民的资本账户支付规定了另一种汇率。这意味着在南非的外国投资只能以金融兰特的价格出售，从而限制了资本从该国流出。双兰特制度于1995年废除。

1989年，新的《南非储备银行法》取代1944年的旧法，1989年的《南非储备银行法》规定南非央行董事会由南非总统在与财政部长协商后任命15名成员。南非储备银行在1990年的任务是保护兰特的内部和外部价值。1996年《南非共和国宪法》也将这一目标作为南非储备银行的主要目标，尽管是以修订的形式。2000—2004年，南非储备银行的使命声明将其在南非经济体系中的主要目标描述为“实现和维护金融稳定”。2005年改为“实现和保持物价稳定”。2000年，南非成为第13个采用通胀目标货币政策框架的国家，目标通胀区间是将居民消费价格涨幅控制在3%—6%。

南非储备银行在指导南非度过2008年全球金融危机中发挥了关键作用。2008年11月至2010年11月，南非央行将回购利率下调了650个基点，这场危机使南非央行更加关注金融稳定目标。2020年，COVID-19大流行导致全球金融压力。南非储备银行再次成为南非应对危机的关键角色，在前四个月将回购利率下调225个基点。南非央行还推出了流动性措施，以确保金融体系继续平稳运行。

南非储备银行的主要任务是保护货币价值，以促进平衡和可持续的经济增长，此外还有加强和保护南非金融稳定的法定职责。南非储备银行还负责发行和销毁纸币、硬币；规范和监督金融机构；管理国家的官方黄金和外汇储备；管理国家支付系统；管理国家汇率控制系统；充当政府的银行家；并在特殊情况下作为最后贷款人提供流动性援助。

南非《宪法》第224条规定南非储备银行的任务如下：一是南非储备银行的主要目标是保护货币的价值，以促进共和国平衡和可持续的经济增长。二是南非储备银行为了实现其主要目标，必须独立地履行其职能，没有恐惧、偏袒或偏见，但该银行必须与负责国家财政事务的内阁成员定期磋商。物价稳定意味着将通货膨胀保持在政府设定的3%—6%的目标范围内。实现这一目标的基础是金融体系和金融市场的稳定。因此，作为金融体系稳定的重要决定因素之一，南非央行有义务积极促进金融稳定。

愿景	通过维持价格和金融稳定，率先服务于南非的经济福祉。
任务	保护货币价值，以促进南非平衡和可持续的经济增长。
价值观	积极鼓励并努力实现以下价值观：问责、卓越、诚信、尊重和信任、开放沟通。

（一）政策独立性

银行的独立性和自治权在宪法中得到了确立。南非储备银行拥有使用其所掌握的任何货币政策工具来实现其货币政策目标的独立性。然而，货币政策目标的选择是政府的责任。央行行长定期与财政部长进行讨论，并定期与议会事务组合成员和财政特别委员会成员举行会议。根据《南非储备银行法》第32节，即1989年第90号法案，南非央行每月公布其资产和负债报表，并向议会提交年度报告。因此，南非央行最终要对议会负责。

（二）战略

南非储备银行的战略集中于履行其价格和金融稳定的使命，对所有南非人的经济福祉作出有意义的贡献。该战略通过五个战略重点领域（SFA）阐明，每个重点领域分为若干个战略目标，这些战略目标将重点工作领域划分了优先级。在年度报告中报告每个重点领域的进展情况。南非储备银行的战略是物价和金融稳定，其核心战略领域（SFA）包括以下五方面，详见表2－7。

表2－7　　南非储备银行的五个战略重点领域

	利益相关者价值主张	核心战略领域的目标
SFA1	使整体通胀保持在目标范围内	（1）最大化货币政策的有效性 （2）锚定通胀预期
SFA2	保护和促进金融稳定	（1）加强应对系统事件的框架 （2）建立和维护系统风险识别、监测和缓解框架 （3）提高支付系统的安全性和效率
SFA3	促进和加强受监管金融机构和市场基础设施的安全、健全和诚信	（1）加强以风险为基础、结果导向和前瞻性的监管 （2）实施综合和适当的监管和监督框架 （3）改进监管范围 （4）加强对跨境交易的监控和报告
SFA4	加强南非应对外部冲击的韧性	（1）改进对现有和新出现漏洞的监测 （2）加强南非金融体系的功能 （3）加强宏观经济和宏观审慎工具箱
SFA5	确保货币的具有成本效益的可用性和完整性	（1）优化货币供应链 （2）提高纸币和硬币的质量

二、南非央行金融监管的职责

（一）货币政策

南非储备银行履行其宪法授权，通过保持低通胀和稳定来保护兰特的价值。货币政策是中央银行管理货币供应以实现其目标的手段。南非储备银行利用利率来影响通货膨胀的水平。财政部与南非储备银行协商后设定了通胀目标，作为衡量物价稳定的基准。然后南非储备银行独立制定货币政策以实现这一目标。货币政策的基本目标是确定一个经济体应该有多少货币处于流通中。各国的货币政策可能不同，但大多数主要经济体都以低而稳定的通胀为目标，并公开宣布了通胀目标。

为了保护兰特的价值，南非储备银行采用了通胀目标制，旨在将消费者价格通胀维持在3%—6%。因此，相对于国内消费价格，兰特的价值得到了保护。货币政策是通过设定短期政策利率——回购利率来实施的。这影响到金融部门的借贷成本，进而影响到更广泛的经济。回购利率之所以被称为回购利率，是因为银行向南非储备银行提供资产以换取现金，如政府债券。之后，他们可以以较低的价格回购该资产，这反映了其为获得现金所支付的利息（即回购利率）。

通货膨胀目标框架。南非于2000年2月正式引入通胀目标。在这一框架中，央行使用货币政策工具，尤其是控制短期利率，以使通胀与给定目标保持一致。南非的通胀目标区间为3%—6%。在采用通胀目标制框架之前，南非储备银行使用了几种不同的框架，包括汇率目标制和货币供应量目标制。以通胀为目标的方法更为成功。它使南非储备银行的工具和目标之间能够更现实地保持一致。它还通过明确和公开可见的目标，提高了透明度和问责性。

（二）审慎监管

稳定和有效的金融体系有助于实现和保持平衡和可持续的经济增长。审慎监管的目的是确保在金融体系内运作的金融机构和市场基础设施本质上是安全和健全的。

1. 双峰模型

2011年6月，南非内阁批准了向双峰模式发展的举措。金融部门监管的双峰模型是为了改革金融机构和市场基础设施的监管和监督体制而提出的。《金融部门监管（FSR）法》于2017年8月21日签署成为法律，这是迈向更安全、更公平、能够为所有公民服务的金融体系的重要里程碑。FSR法案对金融部门的监管进行了三项重要的改革。首先，它赋予南非储备银行维护和增强金融稳定的明确任务。其次，在南非储备银行的管理下创建了审慎监管机构——审慎监管局（PA）。审慎监管局负责规管银行（商业银行、互助银行和合作银行）、保险公司、合作金融机构、金融集团和某些市场基础设施。最后，《金融部门监管法》建立了市场行为监管机构——金融部门行为监管局（FSCA），是全国性的公共实体。

南非正在分阶段向“双峰”模式转型。第一阶段是建立各自的监管机构——PA和FSCA；第二阶段需要制定、协调和加强审慎和市场行为监管和监督的法律框架。

2. 监管策略

根据《金融部门监管法》的要求，审慎监管局的审慎委员会采取了监管策略，为审慎监管局履行其监管和监督职能并实现其目标提供一般指导。该规管策略向市场参与者和公众提供有关审慎监管局在规管和监管方面的方法、规管和监管决定的指导原则、在三年期间的主要优先事项，以及为实现其优先事项而打算取得的主要成果的信息。监管局在监管方面采取了合作和协商的方式，并与其他监管机构、行业组织和金融业内外的利益相关者进行合作。详见《审慎管理局的规管策略2018—2021》和《审慎管理局的规管策略2021—2024》。

3. 审慎监管的主要规则

详见表2-8。

表2-8　审慎监管的主要规则

项目	内容
银行	（1）《1990年银行法》（银行法） （2）银行法规 （3）巴塞尔银行监管委员会-29项核心原则（巴塞尔Ⅱ、巴塞尔2.5和巴塞尔Ⅲ框架） （4）争议处置框架 （5）《2008年公司法》（公司法）
保险	（1）《2017年保险法》 （2）保险标准 （3）国际保险监管协会核心准则 （4）偿付能力Ⅱ（SAM） （5）公司法
市场基础设施	（1）《2012年金融市场法》（FMA） （2）金融市场法规则 （3）金融市场基础设施委员会原则 （4）公司法
互助银行	（1）《1993年互助银行法》（互助银行法） （2）互助银行审慎标准（即将开发） （3）公司法

续表

项目	内容
合作金融机构（CFIs）和合作银行	（1）《2007 年合作银行法》（合作银行法） （2）合作金融机构的转型安排 （3）合作银行的转型标准 （4）《2005 年合作法》

（三）金融监督

在过去的几十年里，南非央行金融监督司逐步实现了资本流动和投资框架的现代化，以在维护国内利益的同时从全球一体化中获益。财政部长已将《外汇管制条例》赋予的国家财政部的权力、职能和职责授权给南非储备银行的行长和/或副行长、金融监督司的负责人和该部门的其他官员。这意味着南非储备银行负责南非外汇管制的日常管理。这些权力包括指定某些注册银行作为外汇授权交易商，以及指定具有有限权限的外汇授权交易商。这项任命赋予这些银行和有限授权外汇交易商（ADLAs）买卖外汇的权利，但须符合金融监督司规定的条件和限制。外汇授权经销商和 ADLAs 并非金融监管部门的代理人，而是代表其客户行事。

在 2020 年预算演讲中，财政部长宣布引入新的资本流动管理框架。在这一框架下，所有跨境交易都将被允许，但受资本流动管理措施限制和/或构成非法跨境资金流动高风险的交易除外。此外，合法资金流动的繁文缛节将会减少，同时将采取更有力的措施来发现、阻止和破坏非法跨境资金流动。将起草新的资本流动管理条例来实施这一框架。在此期间，现有的外汇管制制度将保留。

（四）金融稳定

南非储备银行的任务是保护和加强金融稳定，监测环境，减轻可能破坏金融体系的系统性风险。稳定和运作良好的金融体系对平衡和可持续的经济增长有重大贡献，当影响金融系统的风险和漏洞得到缓解时，发生系统性事件的可能性就会降低。系统性事件可能会对国内生产总值增长和失业率等“实体”经济变量产生负面影响，并可能降低公众对金融体系的信任和信心。金融稳定指的是通过系统性风险抵御能力和有效利用中间资金的能力来激发信心的金融体系。

1. 金融稳定任务

《2017 年金融部门监管法案第 9 号》（FSR Act）修正案规定南非储备银行负责保护和加强南非的金融稳定。如果发生系统性事件，南非储备银行将管理它们，并领导恢复金融稳定的工作。南非储备银行并不是这一任务的唯一监护人。除了自身贡献外，南非储备银行还协调政府、金融部门监管机构、国家机关、自我监管机构、金融市场参与者和其他利益相关者的工作，以保护金融稳定。为了实现这一目标，南非储备银行行长和财政部长已就概括政策框架达成一致，南非储备银行负有减轻风险和脆弱性积聚的责任，这些风险和脆弱性可能威胁国内金融体系的稳定，并负责系统风险和事件的危机管理框架。

2. 监控金融稳定的风险

有许多风险可能严重损害金融体系，或阻碍其稳定和效率。通过损害金融体系的核心功能，这些风险可能会降低金融体系的弹性，并严重削弱公众信心。南非储备银行持续监测金融系统的优势和弱点，包括任何威胁金融稳定的风险的性质和程度。这主要是通过应用南非储备银行的宏观审慎监测框架来实现的，其中包括对金融机构进行压力测试。南非储备银行通过模拟可能给融资市场带来压力的重大经济衰退，定期对单个金融机构进行压力测试。这些测试帮助南非储备银行了解系统对大规模风险的抵御能力，帮助机构了解风险并评估其风险管理框架。

南非储备银行每两年对整个银行业进行通用情景压力测试，测试结果发表在南非储备银行的《金融稳定评论》（Financial Stability Review）上，该报告每六个月发布一次。目前正在制定针对保险业的压力测试框架，并将适时扩大到金融市场基础设施和资产管理公司。金融稳定委员会（FSC）负责南非储备银行的宏观审慎政策。金融稳定委员会成立于2000年，是南非储备银行的金融稳定政策制定委员会。该委员会包括行长（任委员会主席）、副行长、货币政策委员会成员和至多七名南非储备银行官员。如果发现日益增加的脆弱性，则采用宏观审慎政策决策过程，具体方法如下：第一步是进行系统性风险评估，第二步是为宏观审慎干预建立业务案例，第三步是选择和实施宏观审慎工具以降低风险。详见《宏观审慎政策框架》、“宏观审慎方法”“管理系统事件”等文件。

3. 《金融稳定评论》报告

南非储备银行每年发表两次《金融稳定评论》（FSR），FSR的目的是传达南非储备银行对金融系统稳定的潜在风险的看法，以及为解决这些风险而采取的政策行动。《金融稳定评论》是南非储备银行就金融稳定事宜与公众沟通的主要渠道。

（五）金融市场

执行货币政策决定的任务由南非央行的金融市场司承担，通过一系列与商业银行进行的再融资操作来实现这一点，这些操作以回购利率或与回购利率的差价执行。金融市场司亦进行一系列公开市场操作，以影响货币市场的流动资金。业务在国内和外汇市场进行，后者包括为客户办理外汇交易或者积累外汇储备。

金融市场司还根据南非央行《投资政策和准则》规定的标准负责管理官方黄金

和外汇储备。储备确保国家能够，一是满足外部运作需要，二是偿还外汇负债，三是覆盖国际收支中任何外币净失衡，四是维持市场对货币及汇率政策的信心。南非储备银行还是约翰内斯堡银行间平均利率（Jibar）的管理者，该利率被广泛用作支撑大量金融合同和估值的参考利率。

三、南非的双峰监管目标

2011 年 2 月，南非财政部在其政策文件《更安全的金融部门以更好地服务南非》中提出了转向双峰金融监管框架的建议。2011 年 7 月，南非内阁通过了这项提案，将审慎和市场行为监管分开，围绕以下五个政策目标构建：一是维护整体金融体系的稳定；二是维护受监管金融机构和市场基础设施的安全和健全；三是保护金融产品和服务的消费者，确保金融机构公平对待客户；四是扩大获得适当金融产品和服务的渠道，确保所有南非人的金融包容性；五是打击市场滥用和金融犯罪，确保金融业的诚信。模型的实现分为两阶段：第一阶段涉及制定和颁布总体立法，即《金融部门监管法案》（FSR Act），授权审慎和市场行为监管机构履行其职责。第二阶段包括协调金融部门立法，如《银行法》《长期和短期保险法》和《金融稳定责任法》，并制定金融机构行为立法。

（一）南非当前金融监管监督框架

南非目前的金融监管和监督框架很复杂，有许多监管机构（见表 2 - 9）。主要监管机构是南非储备银行的银行监督部（BSD）和金融服务局（FSB - SA）。银行监督部审慎地监管和监督银行，金融服务局监管大多数非银行金融机构以及证券市场，证券市场监管主要依赖约翰内斯堡股票交易所（JSE）和南非中央证券托管机构（Strate）等自律组织。国家信贷监管机构（NCR）监管所有信贷提供者（银行和非银行机构）的市场行为，国家消费者委员会（NCC）对所有消费品和服务提供商以及银行（其他金融服务公司除外）的市场行为进行监管。更复杂的是，金融业监管机构在不同程度上受制于两个政府部门。南非贸易和工业部负责监督国家信贷监管机构和国家消费者委员会，而银行监督部在立法问题上直接向财政部长报告，金融服务局受财政部长的一般授权。

（二）南非未来的双峰监管和监督框架

双峰模型的特点是审慎监管机构和市场行为监管机构分开。由于审慎监管和市场行为监管同等重要，因此，双峰监管被认为是确保消费者保护和市场诚信获得足够优先地位的最佳途径，而不是习惯性地假设应服从于审慎监管考量（见表 2 - 10）。

表 2－9　　南非现有金融监管框架

		具体机构	监管对象
审慎监管	南非储备银行	银行注册处	各银行
	金融服务局	养老基金、友好社团、长期保险、短期保险、证券服务、集体投资计划登记处	（1）一些非银行机构如保险公司 （2）证券市场
市场行为监管	金融服务局	不同程度的审慎登记处 金融服务提供者注册处	（1）银行 （2）非银行 （3）证券市场
	国家信贷监管机构	国家信贷监管机构	信贷提供者，包括银行和非银行
	国家消费者委员会	国家消费者委员会	（1）银行 （2）非金融服务公司

表 2－10　　南非未来双峰监管框架

宏观审慎监管	市场行为监管
南非储备银行 负责银行和保险业和审慎监管	金融服务行为监管局（FSCA） （1）市场行为监管金融服务的方方面面，包括银行、保险、咨询服务 （2）金融知识，理财素养 （3）与国家信贷监管机构密切合作
金融稳定（宏观审慎监管）的职能委任给南非储备银行	
（1）促进金融稳定，评估和应对金融稳定风险 （2）危机管理和解决 （3）金融稳定问题的机构间和部门间协调	
金融服务裁决和执行	
监管机构将有明确的内部政策和执行程序，提高透明度和问责，并通过仲裁庭建立强有力的上诉机制	

市场行为监管的重点是保护购买金融产品或将资金委托给金融机构的客户。这种监管通过解决金融机构相对于其客户的不平等地位，为消费者提供了保护。最脆弱的客户是零售客户，他们往往缺乏必要的经验和信息来保护自己免受欺诈、市场滥用或不了解情况的建议所害，依赖金融机构及其代表来照顾自己的利益。在双峰监管模式下，这一职责将由金融服务行为监管局（FSCA）执行。除了保护消费者，还将要求金融服务行为监管局促进对南非金融体系的信心，确保金融服务机构和市场良好运作，并达到高度的道德和专业标准。

当然，审慎监管也寻求保护消费者、投资者和储户。审慎监管适用于银行、证券公司和保险公司等金融机构，以确保它们财务健全并有能力履行对客户的义务。监管机构对这些金融机构的健康和实力感兴趣，因为其中一家或多家机构的倒闭可能会导致人们对金融体系的安全和稳健失去信心。在南非，审慎监管机构将成为南非储备银行的一部分，负责微观和宏观审慎监管和监督。微观审慎监管的目的是确保单个金融机构的安全和稳健，这将是南非储备银行审慎当局的责任。出于实际操作原因，金融服务行为监管局将对诸如集体投资计划和微型保险公司等“不太谨慎”的公司进行审慎监管。养老基金的审慎监管和监督想必会由金融服务行为监管局承担，这些例外可能会增加模型的复杂性。宏观审慎监管旨在促进和加强整体金融系统的稳定，加之大企业监督和危机的管理和解决，将是南非储备银行本职责任。

南非的双峰模型的进一步特征包括三方面：一是建立政府间和所有金融部门监管机构间的合作与磋商机制，以促进政策目标实现的一致性和协调性；二是由发牌、监督、执行、消费者追索权（巡查员计划）和上诉机制（金融服务审裁处）组成的协调系统；三是强调先发制人、以风险为基础和以结果为重点的监管方法。

实施的主要监管和监督原则有如下八个方面：一是监管机构的决策、行动和方法的透明度；二是全面涵盖金融服务活动，并对可比活动采用一致的原则和规则；三是适当、密集和侵入性的监督；四是以原则和规则为基础的监管实现监管结果；五是基于风险和比例的监管和监督方法；六是制定先发制人和积极主动的框架，使监管机构能够识别和减轻新出现的风险；七是使监管机构在可信的威慑下，拥有并使用权力来强制遵守原则和规则；八是适当地与国际标准接轨。

审慎监管机构和金融服务行为监管局的授权和权力来自议会颁布的政府政策和立法，它们在任务范围内负责并在行动上独立。用于监督两机构的适当治理框架包括：一是定期向财政部提供信息，包括针对目标的实际表现；二是通过财政部长提交给议会的战略和年度绩效计划以及年度报告；三是定期的外部审计。审慎监管机构（PA）将在南非储备银行内部运作，并受南非储备银行治理安排的约束。金融服务行为监管局将由财政部长任命的专职专员和执行管理团队管理。独立的审计、薪酬和风险委员会将进行行政监督。

（三）仍有待解决的问题

双峰模型下要解决的主要问题是国家信贷监管机构的作用，财政部和贸易工业部之间尚未就国家信贷监管机构达成协议。在提出的双峰模型中，医疗援助计划的监管没有得到解决。由于这些计划的管理需要金融专业知识，而且往往由金融集团承保和管理，因此将其纳入公司监管符合客户的利益。金融监管的双峰方法按目标分离监管职能，从而允许每个监管机构专注于单一的核心任务。然而，对某些机构的审慎监管将被分配给了金融服务行为监管局，可能有必要详细说明为什么这样做是合适的。

（四）双峰监管的成本

《金融部门监管法》建立的双峰监管机构的资金主要来自对金融机构的征税和监管机构提供服务的收费。南非财政部与南非储备银行和金融服务局一起准备了双峰监管机构的详细成本报告。预计将通过《金融部门征税法案》（于 2016 年 11 月提交议会）实施的费用和征费如表 2－11 所示。

表 2－11　双峰监管机构的税费估计

监管机构	建议成本
南非储备银行（金融稳定）	4400 万兰特
审慎监管局（银行及保险监管）	3.41 亿兰特
金融业行为监管局	6.11 亿兰特

资料来源：南非财政部。

有人担心，上述征税和费用以及在许可、报告和资金方面对受监管实体的合规要求增加的成本，将会转嫁给客户。

南非财政部认为，新的监管模式的好处大于成本。这些好处包括：一是维持金融稳定，并相应地保护金融系统免受与系统性危机相关的巨大成本；二是使金融与财政部部门的运作更加和谐、协调和一致；三是减少了监管机构之间的重复和相互矛盾的要求；四是为金融机构提供更公平的竞争环境，消除监管套利；五是与国际最佳实践接轨；六是财务稳健和强健的资本管理；七是加强监管机构的专业知识和效率；八是提高了消费者的信任、信心和满意度；九是更好的消费者保护、意识和申诉机制。

在南非实施双峰模式有两个基本目标：一是加强南非在金融服务中对消费者保护和市场行为的做法，二是创建更有弹性和更稳定的金融体系。引入新金融监管模式并不是简单的任务，需要进行有效的规划，以确保风险得到管理，并在整个转型过程中保持有效的监管。要想在运作上独立，监管机构和监督者必须不受政治干预和行业监管束缚。

四、南非金融监管的特点及启示

过去 20 年，越来越多的国家采用了金融监管的“双峰”模式。自澳大利亚首创以来，该模式已被荷兰、比利时、新西兰和英国采用。南非目前正处于转变其模式的过程中，美国也曾考虑过该模式。研究表明，目前各国的双峰模型的设计存在许多变化，不存在典型的双峰模型。特别是需要围绕结构设计、业务独立性和监管协调等领域的关键因素做出选择。南非储备银行在2008年全球金融危机之后更加关注金融稳定目标。

（一）从南非央行的历史看，金融监管离不开财政

南非《宪法》规定央行必须与负责国家财政事务的内阁成员定期磋商。1989年对《南非储备银行法》进行了重大修订，规定南非央行董事会由南非总统在与财政部长协商后任命15名成员。南非央行行长和副行长是由南非总统与财政部及央行董事会协商后任命的。南非的通胀目标是由财政部与央行协商后设定的，作为衡量物价稳定的基准。南非央行与其他监管机构和政府部门，特别是财政部在宏观经济政策方面保持合作关系。

（二）南非财政在宏观上主导金融监管的架构

南非央行最终对议会负责，但央行行长定期与财政部长进行讨论，并定期与议会事务组合成员和财政特别委员会成员举行会议，南非央行向议会和财政部提交年度报告。南非财政部将《外汇管制条例》赋予的国家财政部的权力、职能和职责授权给南非储备银行，使其成为负责南非外汇管制的日常管理者。2020年，财政部长宣布引入新的资本流动管理框架。对跨境交易、资本流动管理作了新规定，采取更有力的措施来发现、阻止和破坏非法跨境资金流动。财政部是金融稳定监督委员会（FSOC）成员，财政部负责公布对1990年银行法的修正案，自2021年1月1日起生效。修订了银行的净稳定资金比率、披露和公司管治要求、衡量对应方信贷风险敞口的标准化方法、基金股权投资的资本要求以及银行对中央对应方风险敞口的资本标准。以上说明，外汇、跨境交易的金融监督，《银行法》修订都是由财政部主导的。

（三）南非金融监管中财政的关注重点

合作银行开发局监督组隶属于南非财政部，南非财政部金融监管的其他关注点还有普惠金融、农村和低收入社区金融服务、南非中小企业贷款担保计划、《金融服务援助法案》、可持续金融和气候风险、《金融部门征税法案》、反洗钱、国家支付系统，工资减扣、公共储蓄公司等方面。

（四）南非财政和央行在整个金融监管体系的分工和合作

南非财政部和储备银行在经济表现和更广泛的金融稳定方面拥有共同利益。财政部和储备银行各自的职责如下：财政部是政府宏观经济、广泛经济政策和所有与财政政策有关的事项的首席顾问；储备银行是政府在货币政策制定和实施、审慎监管、宏观审慎政策和金融市场方面的主要顾问。

第九章 新西兰

2017 年 4 月，新西兰政府发布了《建设有效的监管制度和做法》的报告，全面梳理了政府的监管管理体系发展战略，概述了现行监管管理制度、角色和职责，以及政府打算如何进一步开发监管系统的信息。新西兰财政部下设资本市场司，资本市场司下设 8 个机构，分别是新西兰债务管理办公室，资金、投资和市场处，新西兰主权绿色债券项目处，会计与交易服务处，技术处，风险处，资产负债表及交易处，出口信贷处。从机构设置可以看出财政部对金融市场的重点监管领域。

一、新西兰储备银行的历史

2022 年，新西兰储备银行迎来了其运作的第 88 个年头，储备银行的起源可以追溯到 1934 年成立之前的许多年。最初新西兰没有能够发行货币的中央银行，纸币由主要贸易银行发行。英国人一直希望新西兰和澳大利亚效仿英格兰银行建立自己的央行，新西兰政府最初并不愿意这么做，直到 1930 年，一些推动建立中央银行必要性的经济问题，包括汇率和外汇储备控制，因 1930—1931 年开始的大萧条而加剧。时任财政部长和经济学家等开始制定建立新西兰中央银行的立法，经过 1932 年和 1933 年的持续工作，最终，1934 年 4 月 1 日第一部《储备银行法案》生效。新西兰央行于 8 月 1 日开始运作，首任行长由前英格兰银行首席出纳莱斯利 · 勒弗担任，央行开始承担发行新西兰中央纸币的任务，储备银行收购了贸易银行的货币。新西兰储备银行一直在新西兰经济中扮演着重要的角色。央行如今的职责是维持物价稳定，促进维持健全和有效的金融体系，满足公众对货币的需求。

1988 年来，影响储备银行业务的更广泛政策发展影响深远，最终反映了三代人以来经济、社会和政治的变化方式。成立之初，储备银行部分由私人所有，主要政策角色是汇率稳定。1935 年新当选工党政府将银行国有化，并授权其承销贷款。这是新西兰“大政府”时代的开始，政府在包括经济在内的广泛职能方面发挥了重要作用。1936 年、1950 年和 1960 年，一系列修正案修订和扩大了储备银行的职能。虽然其中一些改动是技术性或行政性的，并不影响更广泛的作用，1964 年更是做了重大修订。

多年来，储备银行的任务包括担任政府股票登记员、政府银行家、实施外汇储备管制、管理外汇、对银行进行审慎管理，以及执行货币政策以实现各种目标。目标包括总体价格稳定，但储备银行也被多方面要求使用货币政策来促进增长、就业和其他经济目标。20 世纪 80 年代，运营的基础又发生了变化。这个时候，在 20 世纪 70 年代石油危机，以及脱离英国作为主要市场等多重冲击下，新西兰经济摇摇欲坠。通货膨胀非常高，而且显然根深蒂固。1989 年的《储备银行法》确定了新西兰央行的一系列广泛职能和权力，其中使用货币政策来应对通货膨胀是当时最重要的。这是通过财政部长和储备银行行长签署的“政策目标协议”来确定的。虽然这种方法在当时是首创的，但它符合世界趋势，并在 20 世纪 90 年代成为世界各地的传统方法。后来的立法继续修订和发展储备银行的作用，最近的立法发展了与金融部门相关的监督和监管功能。

到 2009 年，新西兰储备银行成为世界上为数不多的能够提供“全面服务”的中央银行之一，能够使用各种各样的政策工具来承担正常中央银行的广泛角色。这些功能包括实施货币政策、金融系统监管、金融市场活动、清算和结算服务、银行系统流动性管理和监管，以及一如既往地向公众提供货币。

新西兰的经济史大致分为六个阶段，分别为毛利经济时期（1840 年之前）、殖民地经济时期（1840—1890 年）、英国农场时期（1890—1932 年）、国家发展时期（1932—1973 年）、动荡转型时期（1973—1993 年）、开放经济时期（1993 年至今）。央行成立于国家发展时期，并在其后的时期里扮演了重要角色。

20 世纪 20 年代，新西兰仍然缺乏中央银行，银行票据由六家主要的贸易银行发行。六家贸易银行中有四家为澳大利亚人所有，它们在伦敦的英镑余额实际上反映了澳大利亚的活动，而不仅仅是新西兰的活动，结果是澳大利亚的对外贸易状况也影响了新西兰的信贷和外汇供应。当澳大利亚和新西兰的经济处于基本相同的状态时，这种安排很有效，但每当澳大利亚的经济比新西兰弱时，新西兰就会受到影响。政府没有什么工具来解决这个问题和其他经济问题，唯一能做的就是通过财政政策调整政府的收入和支出，历届政府试图使用财政政策来刺激经济，但这些努力被 1930 年世界经济陷入的大萧条所压倒。新西兰受到初级部门价格暴跌的打击尤其严重，英国市场的崩溃产生了可怕的影响。失业率急剧上升，经济持续下滑，1929—1931 年，新西兰国内生产总值下降了 17%。

（一）国家发展时期

政策制定者寻求解决新西兰在大萧条期间面临的问题。1933 年，汇率贬值了 25%，1934 年，储备银行开始营业。建立中央银行，虽然不仅仅是为了应对经济萧条，但也给了新西兰当局更多的工具来应对未来新西兰经济的低迷。从成立之日起，储备银行的重要角色之一就是在新西兰拥有唯一的纸币发行权。

储备银行最初是作为独立实体成立的，但 1935 年底上台的工党政府将储备银行置于政府控制之下，并赋予其实施政府经济议程代理人的职能，旨在更好地使经济免受世界大宗商品价格波动的影响，这反映并预示了当时控制和干预的一般国际趋势。新政府的议程包括大幅增加支出，对新成立央行的外汇储备构成严重压力，并威胁到固定汇率的可行性。1938 年实行了全面的外汇管制，直到 1984 年。第二次世界大战对新西兰经济有利，使得商品出口需求强劲。政府还清了外债，战后经济表现非常好。战后世界在国际货币基金组织（IMF）协调下恢复了固定汇率，新西兰直到 1961 年才最终加入。

20 世纪 50 年代，新西兰开辟了“田园繁荣”阶段，虽然出口量没有大幅增长，但价格飙升。高昂的物价加上新西兰并没有受到战争的严重影响，新西兰国际收入名列前茅。在 20 世纪 50 年代，新西兰的人均收入是美国的 88%。在 20 世纪 50 年代和 60 年代，这种增长造就了许多重要的政府资助的公共工程项目。在此期间，新西兰经济受到高度管制，阻碍了创新和具有国际竞争力新产业的发展，反过来破坏了新西兰的长期增长前景。金融业也受到严格监管，银行利率受到严格控制。直到 20 世纪 60 年代后期，金融业才开始实行实质自由化。在此期间，储备银行的主要作用包括执行政府政策，管理对外贸易状况波动和政府支出波动的经济影响。直到 20 世纪 60 年代末，新西兰国内和国外的通货膨胀都保持在相对较低的水平。

英国 1973 年加入欧洲经济共同体（EEC）后，英国努力将欧洲视为贸易伙伴，使得新西兰不得不争取进入其传统市场。即使在那之前，新西兰也处于经济困难之中。1966 年 12 月，羊毛价格暴跌，1967 年汇率大幅贬值，1973—1974 年第一次石油危机见证了新西兰的命运急转直下，新西兰在经合组织（OECD）国际排名中的下滑速度加快，“田园繁荣”时代进入尾声。

（二）动荡转型时期

20 世纪最后 25 年新西兰经济的变化影响深远，越南战争和石油危机的代价使西方经济体增长更弱，通货膨胀更高，新西兰也不例外，平均通货膨胀率是经合组织国家中最高的之一。到 20 世纪 70 年代末，新西兰出现了一些具体的地方经济问题。西方世界放松管制的趋势日益明显，但新西兰经济仍然严格的监管使其自由化进程落后于英国、美国和澳大利亚等国家。时任政府签署了与澳大利亚的更紧密经济关系（CER）协议，实施了广泛的金融部门自由化。

1984年中期，新政府推行了全面改革，削减了监管和政府服务的规模，并向国际竞争和市场开放经济。这些改革旨在使新西兰经济自由化和多样化，向全球竞争开放，阻止并最终扭转新西兰经济的相对衰退。为了实现这一点，实行了浮动汇率，减少了贸易保护，国有企业被放在更商业化的基础上。这些改革一直持续到1993年，产生了重大的社会变革和经济改革。

自由化的公司和金融市场需要时间稳定下来。1987年的股灾使当时新西兰第七大银行DFC倒闭。1989年10月，新西兰一家开发银行DFC的董事会向新西兰储备银行报告，该行资产质量严重下降，资本金缺乏，已经破产。但储备银行、银行股东和政府三方进行了讨论以后，DFC的两大股东和政府都不愿意对银行采取挽救行动，因此银行宣布破产。对银行进行审慎监管的框架就应运而生，这种旨在降低风险和管理任何银行破产后果的监管，成为储备银行在21世纪扮演的主要角色。

在20世纪80年代末，新西兰已遭受超过20年高而不稳定的通货膨胀（平均每年10%—15%），战胜通货膨胀成为特别优先任务，这一努力在1989年的《储备银行法》中正式确立。该法案在很多方面都是先锋，它赋予储备银行制定货币政策的独立性，但前提是储备银行行长和财政部长就银行的目标达成透明协议。新西兰是近代第一个采用正式通胀目标的国家，全球一系列重要经济体也采用了这种有针对性的价格稳定方法。

（三）开放经济时期

到20世纪90年代末，从管制、通货膨胀和基本单一的经济向更自由和多样化的环境过渡的困难时期基本结束。21世纪初的新西兰经济与上一代人的经济大不相同。在营商便利指数的国际比较中，开放和竞争的市场得分很高。

按照国际标准，新西兰的出口仍以初级产品为主。但初级产品种类更多，市场范围也更广。对英国出口在20世纪中期曾占新西兰产量的90%或更多，现在只占不到6%。旅游业成为最大的单一出口产业，高技术产业和制造业也很突出。

1998年，新西兰经济进入了显著增长时期，到2006年已经成为该国历史上最长和最强劲的增长时期之一。这发生在显著多样化和放松管制的低通胀经济的背景下，失业率降至历史最低水平，新西兰成为经合组织中第一个长期财政盈余的国家。然而，尽管新西兰经济的相对下降有所停止，但其在国际收入排名上的上升几乎没有任何进展。对债务的高需求和不愿储蓄意味着新西兰的利率持续高于可比国家，抑制了投资。尽管政府自身的外部状况很好，但私营部门负债累累，依赖于持续不断的外债和股权融资。这些问题是在21世纪的头几年展开的，突出表明新西兰经济仍然是充满活力，但也都给决策者、人民和政府带来一系列新的挑战。

二、新西兰财政部与新西兰储备银行的关系

新西兰财政部和新西兰储备银行在经济表现和更广泛的金融稳定方面拥有共同利益。财政部和储备银行各自的职责如下，财政部是政府宏观经济（与货币政策的制定和实施有关的事项除外）、更广泛的经济政策和所有与财政政策有关的事项的首席顾问。储备银行是新西兰的中央银行，是政府在货币政策制定和实施、审慎监管、宏观审慎政策和金融市场方面的主要顾问。

财政部和储备银行的合作原则是在2012年6月达成的《信息交流与合作谅解备忘录》中确立的，该备忘录设定了财政部和央行的角色和责任，并同意在建立的原则下，共同努力确保政府获得有关宏观经济和货币金融体系的最好政策和操作建议。2013年5月，财政部和储备银行又达成了《关于宏观审慎政策和业务指引的谅解备忘录》，该备忘录订明宏观审慎政策的目标、储备银行运作的指引，以及咨询、汇报和问责的安排。

（一）《信息交流与合作谅解备忘录》主要内容

新西兰储备银行和新西兰财政部共同努力确保为宏观经济以及货币和金融体系相关事务提供最好的政策和操作建议的总原则是，双方同意以公开、诚恳和协作的方式开展合作，但应充分尊重立法规定的各机构的正式权力和责任。双方同意就共同关心的问题定期进行交流，在政策制定过程中以及在出现共同关心的问题时，应及时进行磋商。

政府期望财政部的政策顾问角色是就财政战略提供建议，同时帮助政府实现其财政战略，建议的范围包括制度、宏观经济表现和结构政策，以及向政府提供财务建议。双方同意，建议的范围包括央行管理的政策领域。

《储备银行法》规定在制定和实施货币政策时，央行应与政府及其认为能够帮助其实现和维持货币政策经济目标的个人或组织进行磋商并提供建议。《储备银行法》规定，如财政部长要求，央行必须就与银行职能有关的任何事项提供建议，央行也可随时就银行职责范围内的任何事项向部长提供咨询意见，《储备银行法》要求央行评估其拟采取的政策的预期监管影响，这些政策涉及银行监管储户、监管和指定支付系统、对保险业的审慎监管。还要求央行在适当的时间间隔内评估所采用政策的监管影响（较小的或技术性的政策除外），由央行向部长提供这些评估。应财政部长要求，央行还必须提供有关监管影响的报告。双方承认，根据《储备银行法》，央行具有货币政策独立性。

1. 角色与职责

双方认为，财政部是宏观经济（制定和实施货币政策除外）、更广泛的经济政策以及所有与财政政策有关的事务方面的主要顾问。央行是货币政策的制定和实施、审慎监管、宏观审慎政策和金融市场（包括支付系统、流动性管理和外汇储备管理）方面的主要顾问。央行和财政部均可就《政策目标协议》和央行实施货币政策的框架提供建议。

双方同意，财政部和央行在有关金融稳定的问题上有共同利益。央行的利益产生于履行其义务和行使其根据《储备银行法》行使的权力。财政部的利益来自于其目标，即维持宏观经济稳定、改善经济表现，以及模拟和管理金融破产对皇家资产负债表造成的风险，具体如下。

（1）财政部和央行在发生金融危机时都发挥作用，需要共同努力确保政府拥有符合各机构目标的适当危机解决工具。

（2）财政部和央行应在实际或潜在财政困难时期提出协调建议。

（3）在政府对金融系统进行干预的之前和之后，财政部将领导因财务困难而产生的业务事宜，处理财政影响。

（4）财政部和央行共同从各自机构的角度提供建议，看总体金融稳定框架是否适合其目的。财政部应提供关于审慎监管和规范的第二意见，这将对更广泛的经济和国有企业资产负债表的风险产生影响。

（5）财政部和央行可以在共同关心的领域开展合作，包括金融稳定框架和危机解决政策问题等领域。

（6）央行负责确保财政部及时了解金融机构面临的任何风险。

央行同意在就政策发展进行正式公共咨询之前，向财政部充分通报与政策发展有关的事项。央行将牵头定期与财政部举行金融体系问题（FSI）会议，会议时间与主管内阁大臣商定。央行和财政部代表均应出席本次会议，并共同预先制定会议议程。

财政部将主持与主管内阁大臣就与宏观经济有关的问题举行定期会议，时间间隔与主管内阁大臣商定。央行和财政部代表均应出席本次会议，并共同事先制定会议议程。

财政部担任跨塔斯曼银行理事会主席，将确保理事会的工作方案考虑到央行的利益和优先事项，并向部长适当通报理事会的工作方案及其成果。

在协调向主管内阁大臣提出的建议时，财政部和央行将寻求解决观点上的分歧。但是，只要两机构清楚地知道产生分歧的原因、所涉的判断，以及主管内阁大臣在做出最后决定时需要考虑的因素，它们就不应被在提供不同的意见方面感到约束。双方将对这些差异保持相互透明，包括就提出的任何单独建议相互警告。

2. 信息交换和共享

央行和财政部同意就政策发展和共同关心的问题定期交换意见，分享信息。理所当然地，央行和财政部同意将提供给主管内阁大臣，关于共同感兴趣的领域的，包括政策制定以及与央行政策职责有关的所有其他领域的备忘录、简报笔记或其他材料，向另一方提供副本。预期并商定，双方经常进行交流，以确保能够各自就下列事项提供尽可能最佳的咨询意见：①货币和财政政策以及更广泛的宏观经济；②比较和对比预测，共享数据、信息和研究，并为彼此的保证质量过程作出贡献；③对央行的组织和财务绩效进行治理和监测，以补充央行董事会的作用；④皇家财务报告；⑤审慎政策、宏观审慎政策与危机管理；⑥政府债务及储备管理、外汇及国内证券市场运作事宜。

（二）《关于宏观审慎政策和业务指引的谅解备忘录》主要内容

协议规定了宏观审慎政策和银行在考虑使用宏观审慎政策时应遵循的操作准则。宏观审慎政策的国际实践是发展中的领域，预计央行的宏观审慎政策框架将随着时间的推移而演变。因此，本协议可随时修订。

本协议所依据的宏观审慎政策的适当目的源于《1989 年新西兰储备银行法案》，要求央行负责促进维护健全高效的金融体系。在实施宏观审慎政策时，新西兰央行试图通过使用下列审慎工具，减少或管理信贷周期极端情况或流动性状况和全球债务市场发展对金融系统造成的风险。

有效的宏观审慎政策取决于工具的及时使用。这份谅解备忘录明确了宏观审慎政策的目的和工具，以便及时应对出现的系统性风险。这项协议涵盖了对注册银行实施宏观审慎政策工具的问题，这些银行占新西兰向家庭和企业提供国内贷款的主要份额。但是人们也承认，在某些情况下更广泛地采用宏观审慎工具可能是可取的。央行将向财政部长建议对宏观审慎框架的任何拟议变化，这些变化将使宏观审慎工具的使用扩大到非银行机构，包括对央行权力的任何变化或者可能需要其他机构的参与。财政部部长和央行行长达成如下协议。

1. 宏观审慎政策目标

新西兰央行宏观审慎政策的目标是提高国内金融体系的弹性，应对信贷、资产价格或流动性冲击造成的国内金融体系不稳定。宏观审慎政策工具设计的目的是为随宏观信贷周期的变化而变化的金融系统提供额外缓冲（如通过资本、贷款和流动性要求的变化），还可能有助于抑制信贷周期和资本市场流动中的极端情况，这些工具因此可以在稳定宏观经济方面发挥有益的次要作用。因此，在实施宏观审慎政策时，储备银行将考虑与货币政策设置的任何相互作用，并将解释对货币政策的影响（如果有的话）。

2. 操作准则

本协议确认了央行在履行《法案》规定的义务时将遵循的指导原则。

（1）宏观审慎工具清单。

在新西兰，以下宏观审慎工具被认为有助于解决金融不稳定的系统性风险：①调整核心资本比率。最低核心融资比率要求，可以在整个周期内，调整银行需要从稳定的“核心”融资来源获得的贷款比例，旨在降低银行业在融资市场中断时的脆弱性。②逆周期资本缓冲。当私营部门信贷过度增长被认为会导致整个系统风险的累积时，可能会实施额外资本金要求。当信贷周期转冷时，这一缓冲将得以释放，有助于降低可获得信贷急剧收缩的风险。③调整行业资本要求。适用于私营部门信贷过度增长被认为导致整个系统风险累积的特定行业或部门的额外资本要求。④对住宅房地产行业的高贷款价值比（LVR）贷款份额的数量限制。这包括两方面，一是限制银行可能承担的新的高贷款价值比贷款份额；二是对可贷款的住宅物业价值比例进行直接限制，为贷款人创造最低股本缓冲。

考虑到财政部在向政府提供关于皇家资产负债表风险的建议方面的作用，任何其他宏观审慎工具的开发都将与财政部协商。

（2）宏观审慎工具的运作。

央行将评估金融系统发展，并监测金融系统风险。央行将公布有关其风险评估框架的信息，包括用于指导其宏观审慎政策制定的宏观审慎指标。在认为出现重大风险的情况下，央行将考虑以部署一项或多项宏观审慎政策工具的形式进行宏观审慎干预。宏观审慎工具不能取代传统的审慎监管，但可以不时地用于帮助管理与信贷周期有关的风险。在大多数情况下，宏观审慎工具将强化货币政策立场。宏观审慎工具的选择取决于要解决的风险类型，有关宏观审慎干预的决定将由央行行长做出。

（3）相关立法。

《法案》第五部分规定了央行对注册银行的审慎权力。央行负有对注册银行进行/审慎监管的责任，央行被授予促进维护稳健有效率金融体系的权力，央行可对一系列具体事项施加注册条件，包括“以审慎方式经营业务”。关于“以审慎方式经营业务”，央行除其他外，限于审议下列事项：①与业务或拟议业务的规模和性质有关的资本，允许在注册条件中施加反周期资本缓冲和/或行业风险权重；②风险管理体系和政策或拟议的风险管理体系和政策，允许在注册条件中强制使用核心资本比率。

《法案》中为实施对住房贷款与价值比率限制的数量限制提供了基础。《法案》中提出“财政部长可指示央行考虑与第五部分职能有关的政府政策”。

3. 结论

央行将定期向财政部长和财政部通报其对与宏观审慎政策有关的重大政策发展

的看法，以及对金融体系新出现的风险的看法。央行将从积极考虑宏观审慎干预的角度与财政部长和财政部进行磋商，并将在就宏观审慎政策工具的部署做出任何决定之前通知财政部长和财政部。央行将按照《法案》的要求，在实施宏观审慎政策工具之前，与注册银行进行协商。如果央行认为需要进一步修改立法以充分实施《法案》中所述的任何文书，央行将向财政部长提出建议。

4. 报告和问责

央行的《金融稳定报告》将报告与金融系统的稳健和效率有关的事项，包括系统性风险的任何累积，以及央行使用宏观审慎政策工具的原因和影响。根据《法案》规定的常规公约，央行应就其在实施宏观审慎政策方面的建议和行动向董事会、部长和议会全面负责。将定期审查宏观审慎政策决定的适当性和有效性，包括对导致决定是否调整宏观审慎政策的关键判断进行评估，央行在《金融稳定报告》中公布评估结果。财政部长和央行同意在五年后对宏观审慎框架进行审查。

三、金融监管委员会（CoFR）

金融监管委员会通过促进成员间的协调合作，支持对新西兰金融体系的有效和及时监管，从而最大限度地提高新西兰的可持续经济福祉。CoFR 每季度举行一次会议，讨论金融市场监管问题、风险和优先事项，会议由储备银行行长和金融市场管理局总裁轮流主持。CoFR 由五个成员机构组成，分别是新西兰储备银行，金融市场管理局（FMA），商业委员会，新西兰商业、创新和就业部（MBIE），新西兰财政部。CoFR 有五个优先事项，分别是行为和治理、包容性、气候风险、数字化和创新、监管负担和进入壁垒。

五个机构的首席执行官通常在一名或两名高级同事陪同下出席会议，强调出席的连续性。可以根据需要邀请其他监管机构或任何其他相关组织参加会议，还可以根据需要设立小组委员会和工作组来处理特定问题，成员来自 CoFR 机构和其他机构。银行业论坛是 CoFR 的小组委员会，协调几个负责监管银行的政府机构。CoFR 的常任成员自动成为银行业论坛的常任成员，司法部和税务局是准成员。

CoFR 的主要目标有三项：一是识别和监控金融系统中可能影响成员机构监管目标实现的重要问题、风险和漏洞；二是就金融体系的长期战略优先事项形成集体观点；三是就需要跨部门参与的问题达成协作应对，并建立适当渠道来解决这些问题。CoFR 的活动是在每个机构的法定职责框架和政府的偏好和优先事项内进行的，《关系宪章》规定了成员如何共同努力实现愿景，成员可以通过谅解备忘录等适当手段使双边工作关系正规化。

《关系宪章》和《监管宪章》规定了 CoFR 的目标、原则、作用和功能。两个宪章为要达到的目标设定了明确期望，概述了设计监管系统的主要原则，描述五个成员机构各自的角色和职能。《CoFR 监管宪章》促进良好的监管管理，以监测金融市场监管体系的绩效和质量。CoFR 还同意签署一份谅解备忘录，以促进成员之间的持续合作和互助。《CoFR 谅解备忘录》是成员机构在新西兰金融体系监管方面携手合作的意愿声明。

（一）《CoFR 关系宪章》主要内容

本宪章代表各成员机构共同努力实现 CoFR 愿景的承诺，各成员机构认识到，有责任共同管理有利于全体新西兰人的健康有效的金融体系。

勤奋：提出明确的期望，并实现这些期望；

诚实：公开、诚实、自由和坦率地表明立场；

成果导向：共同努力，取得健康高效的成果；

开放思维：建设性地寻求彼此的观点，并确保理解这些观点；

专业：要认识到分歧发生在问题上，而不是人；

团结：要认识到，在分享信息和寻找解决方案方面，成员机构间有着共同的利益。

成员之间交流的原则是清晰（容易理解，能够解释决策）和及时（按时提供，无需惊喜）。

（二）《CoFR 监管宪章》主要内容

机构角色和职责。金融市场制度的每一项功能都涉及许多监管实体和活动，表 2－12 描述了核心机构和关键参与者的监管体系责任。没有机构拥有金融市场监管体系的单一所有权，而是由在监管体系中发挥主导作用的机构共同拥有。核心机构能够评估该监管制度，并根据机会和风险做出适当的调整。

新西兰的金融监管职能主要分为 8 个大方面，分别是系统战略与政策，标准设定，业务政策，建议、教育和信息，服务交付，争议处理，遵规和执行，监控与评估。新西兰财政部和金融监管职能主要体现在系统战略与政策，以及监控与评估两项之中。

在系统战略与政策部分，新西兰财政部联合税务总局以及新西兰商业、创新和就业部监管 KiwiSaver 相关的策略功能，KiwiSaver 是政府设立的自愿储蓄计划，旨在帮助新西兰人为退休储蓄，人们可以定期从工资或直接向计划供应商供款。Kiwisaver 是新西兰人的投资养老金，它由多个不同的新西兰政府指定的投资公司负责运营。

在监控与评估部分，新西兰财政部一是参与监控和评估政策设置，并为新西兰储备银行和新西兰商业、创新和就业部监控的政策设置提供建议；二是根据《皇家实体法》监督金融市场管理局的表现。

新西兰金融监管机构的职能分配详见表2－12。

表2－12　　新西兰金融监管机构的职能分配

一、系统战略与政策	
金融监管委员会	提供论坛，审查行业趋势和问题，并确保各成员机构之间的协调。
新西兰商业、创新和就业部	具有与金融市场立法有关的政策职能，但不包括财政部、税务总局和新西兰储备银行的职能。
新西兰财政部/税务总局	具有与KiwiSaver相关的策略功能（和新西兰商业、创新和就业部一起）。
新西兰储备银行	对银行、NBDTs、保险公司、支付系统和结算系统（与MBIE）的审慎监管具有政策功能。还负责宏观审慎政策。
新西兰司法部	反洗钱事务的主要政策机构。
其他	在制定政策时特别需要咨询那些具有监管职能的机构，包括泛塔斯曼同行，如澳大利亚证券与投资委员会和澳大利亚审慎监管局，以及国际同行，如国际证监会组织，巴塞尔委员会和金融稳定委员会。
二、标准设定	
金融市场管理局	设置许可条件，批准市场规则，提出框架和方法，并授予豁免和指定。
新西兰储备银行	通过注册条件为银行设定审慎和（在适当情况下）宏观审慎要求，并通过标准为保险公司设定某些审慎要求（偿付能力要求、合适和适当的要求）。
新西兰证券交易所及其他授权市场和平台	为其运营的市场或平台以及市场参与者制定规则。
外部报告理事会	制定会计、审计和保证标准。
守则委员会（财务顾问）	拟备、检讨及建议修订《授权财务顾问专业操守守则》，以供FMA审批。
指定结算系统	为希望访问和使用每个系统的参与者设置标准。
三、业务政策	
金融市场管理局	（1）为FMA如何监管制定基于风险的监管策略，该策略在其战略风险展望中阐述。 （2）就投资计划管理（MIS）经理、衍生品发行人、独立受托人和监督人、众筹和点对点借贷平台、市场运营商、审计师、授权财务顾问和合格金融实体的发牌事宜制定操作政策。 （3）授予豁免和指定。 （4）讨论框架和方法。 （5）提供操作指导。

续表

三、业务政策	
新西兰储备银行	（1）制定银行、NBDTs和保险公司的注册/许可相关的操作政策。 （2）发布豁免和指导。
新西兰储备银行和金融市场管理局（联合）	（1）制定与指定结算系统相关的操作政策。 （2）与司法部和新西兰内政部（DIA）共同制定针对特定实体的“反洗钱”和“反恐融资”要求的部长级批准豁免政策。
新西兰证券交易所及其他授权市场和平台	制定与上市有关的经营政策、某些资讯披露的格式等。
指定结算系统	为希望访问和使用每个系统的参与者设置操作策略。
四、建议、教育和信息	
财务能力委员会	为公众提供有关投资的教育，并监督“投资者能力战略”，该多机构战略旨在提高投资者技能。
金融市场管理局	为市场参与者、受监管机构和投资者提供指导和信息，收集有关可能影响金融市场的本地和全球发展的市场情报。
新西兰储备银行	就如何申请牌照（或银行的注册）及如何遵守某些审慎性规定，为受规管实体提供指引。收集市场情报。出版每六个月的金融稳定报告和储备银行公报。
五、服务交付	
新西兰商业、创新和就业部（公司注册办公室）	负责管理公开登记册、公司登记册、金融服务企业登记册和其他实体登记册。
金融市场管理局	（1）许可和授权市场参与者［不包括由新西兰储备银行注册（许可）的参与者］。 （2）授予豁免并指定产品受（或不受）监管。
新西兰储备银行	（1）为审慎起见，为银行注册（发放牌照），并为NBDTs和保险公司发放牌照。 （2）授予NBDTs豁免，有限情况下授予保险商豁免。 （3）运营新西兰清算和外汇结算账户系统。
新西兰证券交易所及其他授权市场和平台	经营金融产品转让市场和平台。
金融服务企业	为消费者提供有关金融市场产品的建议和服务。

续表

五、服务交付	
支付系统和指定结算系统	操作支付系统和指定的结算系统以执行支付和结算交易。
六、争议处理	
争议处理机制	调查解决消费者对金融服务机构的投诉。他们按照自己的规则和《金融储蓄监察专员法》的要求运作，这些计划包括银行申诉专员计划（BOS）、金融争议解决计划（FDRS）、金融服务投诉有限公司（FSCL）或保险储蓄申诉专员计划（ISO）。
七、遵规和执行	
金融市场管理局	主要负责监管金融顾问、衍生品发行人、MIS经理人、众筹和p2p借贷平台的管理者、全权投资管理服务（DIMS）、独立受托人和监督人、金融产品发行人，旨在促进良好行为并在行为不佳时采取补救行动的（包括与经纪人和托管人有关的"反洗钱"事宜）。FMA有一系列的监管工具可以用来解决不合规问题。可将违反《财务顾问专业操守守则》的行为提交财务顾问纪律委员会处理。
新西兰储备银行	负责监督与银行、保险公司和NBDTs（以及与这些实体相关的反洗钱事项）、支付系统以及（与FMA共同）与结算系统相关的审慎事项的合规情况和执行情况。
新西兰证券交易所/其他授权市场、审计师	是遵守规则的一线监督者，他们在其牌照或规则的条件下运营，并将违反规则的行为提交给新西兰市场纪律法庭或FMA。
监理人和受托人	监督和促进市场参与者的行为符合监管要求。作为一线监督NBDTs遵守审慎的要求。
商业委员会，严重欺诈办公室/新西兰警方，收购委员会	根据法规、谅解备忘录或许可市场规则，各机构都在合规或执行方面扮演着明确的角色。
八、监控与评估	
金融监管委员会	确保跨部门对新西兰金融市场的金融系统风险、审慎风险、行为风险和监管框架风险的认识。维护风险登记册，识别风险并优先处理，并监测对这些风险采取的行动。
新西兰商业、创新和就业部；新西兰财政部	（1）监控和评估政策设置（财政部也为新西兰储备银行和MBIE监控的政策设置提供建议）。 （2）根据《皇家实体法》监督金融市场管理局的表现。

续表

八、监控与评估	
新西兰储备银行	(1) 收集有关金融系统的详细统计数据，监测和报告整个金融系统的健全性和效率。 (2) 监测和评估与审慎监管银行、非银行存款机构、保险公司以及与FMA合作的支付和结算系统相关的业务设置。
金融市场管理局	经常重审与金融市场、金融市场参与者及其他在金融市场从事行为的人士有关的法律及实务。
所有国有企业	承担政府（代表纳税人）就其对目标的绩效所施加的监察责任。

（三）《CoFR 谅解备忘录》主要内容

2021 年 9 月 14 日由五个成员机构方签署的《谅解备忘录》中提出，各方在履行其职能、权力和职责时，各方之间交流资料、意见和专门知识有助于有效和高效率地履行各自的职能，特别是在各方可能有共同利益的事项方面。在适当情况下鼓励各方通过双边协定交换信息，在 CoFR 论坛上分享监管或关于新出现的风险和趋势的想法和计划。在适当、切实可行和法律允许的范围内，各方将设法订立双边协定，就有共同利益的事项提供正式合作和信息分享的框架。双边协定将包括可以请求的协助的性质、请求协助的程序、维护共享信息的机密性、共享信息的允许使用范围。

CoFR 共同利益事项，在法律允许的适当、切实可行的范围内，各方还将彼此或在 CoFR 论坛内共享与新西兰金融体系监管有关的共同利益信息。包括就问题、政策和法律的发展交换信息；交流宣传和外联方面的经验，如消费者、产业界和政府方面的经验；在共同关心的领域提供建议或培训，通过官员轮岗换岗和经验分享活动，发展一方或多方的能力和效率；就共同关心的问题交流信息和经验，如监督和执法方法以及优先事项，分享最佳做法；就共同感兴趣的项目进行合作，如成立工作组审议具体问题；鼓励每一方的通信小组就共同关心的事项，在可行的情况下彼此分享对外通信计划和有关时间安排。

谅解备忘录不具有法律约束力，各方应自行承担履行本谅解备忘录承诺的费用。每年至少对谅解备忘录的运作有效性进行一次审查，并向各方首席执行官提交报告。本谅解备忘录的修改或终止，可经各方协商一致后进行。任何一方均可提前三个月书面通知其他方，终止其对谅解备忘录的参与。

四、储备银行的制度机制

（一）系统目标及概述

新西兰储备银行的体制目标是提供现代货币和金融政策框架，该框架确保新西兰储备银行的授权立法及其货币和金融政策支持良好的经济管理，并反映新西兰不断变化的环境。《2021 年新西兰储备银行法案》为新西兰央行在货币和金融政策职能方面的主要目标提供了总体框架，主要经济目标是实现和维持中期物价一般水平的稳定，以及支持最大限度可持续就业；金融稳定目标是保护和促进新西兰金融体系的稳定。该框架反过来将促进新西兰人的繁荣和福祉，并有助于可持续和生产性经济。

新西兰储备银行制度体系包括货币政策制定和实施的总体制度框架，以及新西兰储备银行所进行的审慎监管和监督。财政部参与但不是其管理者的其他相关监管制度有：金融市场行为监管体系，这是企业、创新和就业部（MBIE）的责任；金融市场审慎监管体系，这是新西兰储备银行的责任，并位于新西兰储备银行的制度框架下。

（二）财政部长负责的项目

财政部长负责由财政部管理的《2021 年新西兰储备银行法》，这是管理新西兰央行的首要立法框架。财政部长还负责管理审慎监管的各种部门立法，这些立法由新西兰储备银行具体负责。新西兰储备银行负责管理下列部门立法，包括《2010 年保险（审慎监管）法》《2021 年金融市场基础设施法》《2013 年非银行存款接受者（NBDT）法》。《1989 年新西兰储备银行法》中有关对注册银行的监管和监督的其余条款，更名为《银行业（审慎监管）法》，《银行（审慎监管）法案》和《NBDT 法案》最终将被新的存款接受者制度所取代。

财政部负责政策建议以及与新西兰《2021 年储备银行法案》相关的事宜。这包括就货币和金融政策的制定向财政部长提供咨询，就货币政策框架的立法方面提供第一意见咨询，以及就与上述部门立法有关的金融政策问题提供第二意见咨询。财政部还负责为王室提供财政风险建议，这些风险可能由新西兰储备银行对外汇市场的干预、可用的外汇储备水平、危机管理框架和未来的存款保险计划造成。财政部（与新西兰央行）每五年在审查外汇储备管理和协调框架方面发挥联合作用。

（三）受监管方和主要利益相关者

新西兰储备银行（RBNZ）负责对银行、非银行存款机构、保险公司和金融市场基础设施的审慎监管和监管提供政策建议。它还负责制定和执行货币政策。在财政部长发布金融政策之前，必须征询新西兰储备银行的意见。新西兰储备银行也被要求提供关于货币政策汇款的建议，这些建议必须被部长考虑。

系统机构之间的协作和信息共享方面，金融监管机构理事会（CoFR）是一个分享信息、更广泛地考虑和解决金融市场监管问题的论坛。CoFR 考虑出现或正在监测的风险或差距。它包括财政部、商业、创新和就业部（MBIE）、新西兰储备银行、金融市场管理局（FMA）和商务委员会，这些是负责金融市场监管系统的关键政府机构。CoFR由新西兰储备银行和FMA担任主席。财政部还共同担任跨塔斯曼银行监管委员会（TTBC）的主席，该委员会旨在促进跨塔斯曼银行监管和监管的协调。该委员会由新西兰财政部长和澳大利亚财政部长共同担任主席。其成员包括新西兰储备银行、FMA、澳大利亚储备银行、澳大利亚审慎监管局和澳大利亚证券和投资委员会。

受监管方和主要利益相关者，主要利益相关方包括新西兰央行、其他CoFR机构，以及受新西兰央行审慎立法监管的各方，包括银行、非银行存款机构、保险公司和指定支付系统。

与受监管方和利益相关者接触的流程。央行的政策流程旨在遵循良好的监管实践，包括与新西兰储备银行和利益相关方接触，就有关政策建议进行公开咨询，发布新法规或条例的公开草案。

监管管理策略，“建设有效的监管制度和做法”是政府的监管管理体系发展战略。政府于2017年4月发布了该战略，其中包括：概述现行监管管理制度、角色和职责，以及政府打算如何在2018年及以后进一步开发该系统的信息。

新西兰在财政管理和报告纪律方面享有良好的国际声誉。政府的目标，正如战略中设定的那样，是围绕政府监管建立类似水平的管理和报告纪律。为支持实现这一目标的进展，目前战略中确定的行动力求以两个基本主题为基础。一是加强和嵌入监管管理，二是执行2014年新西兰生产力委员会关于监管机构和实践的报告。

五、新西兰金融监管的特点与启示

新西兰按照国际标准已实现金融的“双峰监管”，审慎监管由储备银行负责，市场行为监管由金融市场管理局负责，金融监督委员会负责协调并整合多部门的监督关系和力量。自1934年成立以来，两次重大的央行立法改革分别发生在1989年和2021年，1989年推出了财政部与央行共同应对通货膨胀的目标制，2021年因新冠疫情对央行立法做了重大修改，重新规定了一些财政部和央行各自的职责。

（一）从新西兰央行的历史看，金融监管离不开财政

首先，新西兰央行成立之前，是时任财政部长会同经济学家制定的新西兰中央银行立法，然后才有了央行的诞生，即先有财政，后有央行。其次，历次的央行改革都是由于汇率、贸易、股灾等金融问题的发生影响到整体经济或财政收入。如1989年的《储备银行法》确定了使用货币政策来应对通货膨胀的方针，通过财政部

长和储备银行行长签署“政策目标协议”来确定能通胀目标。再如1989年对银行进行审慎监管框架的诞生，是由于一家开发银行破产，储备银行、银行股东和政府三方都无力挽救。

（二）新西兰财政在宏观上主导金融监管的架构，在微观层面监督金融市场管理局

新西兰财政部负责管理《2021年新西兰储备银行法》并参与其修订，是管理新西兰央行的首要立法框架，财政部长还负责管理审慎监管的各种部门立法，在宏观上主导把控金融监管的架构。在微观层面，新西兰财政部对负责“双峰”之一市场行为监管的金融市场管理局也有监管权限。

（三）新西兰金融监管中财政的关注点

新西兰财政部主要关注金融监管中的新西兰债务管理、资金、投资，新西兰主权绿色债券、金融风险、出口信贷。金融监管中的系统战略与政策中，政府主导的养老金 kiwisaver 是财政部监管的重点，它是新西兰人的投资养老金，由多个不同的新西兰政府指定的投资公司负责运营。在监控与评估部分，新西兰财政部参与监控和评估政策设置，并为央行和商务部监控的政策设置提供建议，还负责根据《皇家实体法》监督负责市场行为监管的金融市场管理局的表现。

（四）新西兰财政和央行在整个金融监管体系的分工和合作

新西兰财政部和新西兰储备银行在经济表现和更广泛的金融稳定方面拥有共同利益。财政部和储备银行各自的职责如下：财政部是政府宏观经济（与货币政策的制定和实施有关的事项除外）、更广泛的经济政策和所有与财政政策有关的事项的首席顾问。储备银行是新西兰的中央银行，是政府在货币政策制定和实施、审慎监管、宏观审慎政策和金融市场方面的主要顾问。

第三篇

主要国家财政政策与货币政策的关系：机构视角

第一章
概 论

随着现代经济金融化趋势的日益加深，主要发达国家财政与货币政策从相对独立逐步走向协同配合，并呈现出“你中有我，我中有你”的特点。典型国家在宏观政策的制定上“寓财政于货币”，部分货币政策实际上肩负着财政领域的战略意图。放眼全球，正反两方面的经验和教训并存。一些国家和地区因为财政和货币政策的不协调而产生了“左右手互搏”或“拔河”的情况，酿成了危机与动荡；也有一些国家将财政货币一体化作为国际竞争的重要手段，源源不断地为经济注入确定性。

一、财政与货币政策不协同往往引发严重危机

当前，不少西方主要经济体在高通胀背景下都陷入财政政策宽松和货币政策紧缩的拉锯风险之中。一方面，政府财政迫于保障国民基本生计和争取民主选票的目的，更加倾向于增加财政支出或进行减税；另一方面，治理通货膨胀又不得不采取激进的加息策略。此外，疫情期间积累的债务要实现表面的可持续，就需要将利率长期维持在低位，但这又与加息相背离，导致了市场混乱。

（一）欧元区财政与货币政策统筹层次差异引发内部矛盾

统一的货币政策与分散的财政政策所形成的不协同是欧元区长期固有的矛盾，财政与货币政策的主权割裂给欧元区经济带来了诸多风险隐患。早在2008年全球金融危机时期，欧元区国家的货币政策因一体化而失去了根据各自国情相机抉择的调整能力，只能接受统一的利率，致使经济发展水平相对较低、负债水平较高的南欧国家的财政状况进一步恶化。近年来，欧洲不少成员国先后实施了较为激进的财政

赤字政策，突破了 1991 年共同通过的《马斯特里赫特条约》及其附属《关于过量赤字程序议定书》所规定的财政赤字 3%、政府债务 60% 的限制，欧元区共同的财政纪律也随之瓦解、形同虚设。

俄乌冲突爆发后，欧洲央行“一刀切”的货币政策与各自独立的财政主权之间产生了更加激烈的矛盾。由于缺乏欧盟层面的预算约束，各国倾向于通过财政援助政策来为能源市场参与者提供流动性，但这与欧洲央行通过加息治理通胀的目的相左。近期，欧央行行长反复强调各国财政政策应与欧央行货币政策协同，避免货币政策在不必要的情况下再次收紧。他同时警告各国财政政策不要产生需求过剩，破坏欧央行取消刺激和抑制需求的努力。

（二）英国财政与货币政策“左右手互搏”引发金融动荡

面对创纪录的通胀率，英国央行以激进的加息节奏治理通胀，但却同时抛出大规模减税政策刺激经济，酿成了金融市场的危机，进一步导致了政治危机和首相下台。2022 年 9 月底，英国新上任的首相特拉斯宣布实施大规模减税措施以提振经济，包括取消 45% 的最高所得税税率。然而，这套方案被认为会加剧财政恶化和通货膨胀，且固化富人福利、拉大国内贫富差距。英国金融市场动荡不安，股债汇遭遇三杀局面，高杠杆的英国养老金被推到崩溃边缘。

危机酿成后，英国央行的救助政策也面临两难局面。为防止养老金的大面积亏损，英国央行不得不推出“暂时性 QE”直接下场进行干预，在近二十天内以每天 50 亿英镑的上限买入英国长期国债，并在市场恐慌情绪再次出现时再次翻番购债规模上限。从短期看，“暂时性 QE”计划可以修复债券市场的流动性，暂时稳定资产价格，但从中长期看，在激进加息控制高通胀的周期中实施大规模的债券救市计划与货币政策之间存在明显的矛盾，不仅会继续刺激通胀，而且会打击英镑汇率。此次危机造成市场和公众对国家货币政策目标的困惑、对国家经济政策公信力的怀疑，使得市场情绪更为敏感脆弱，加剧了通胀失控和债务不可持续的风险，其代价是巨大的。

二、“寓财政于货币”是典型国家财政与货币协同的实现方式

前美联储主席本·伯南克曾经指出，在低利率盛行的时代，财政政策应该成为对抗经济衰退的主要工具，而货币政策具有局限性，最多只能起到辅助作用。对典型国家的财政和货币政策的组合拳进行分解，不难发现财政政策往往是主要宏观调控手段，而货币政策始终服务于财政政策，二者之间呈现出“寓财政于货币”的关系。

（一）财政部门深度介入货币政策决策机构施加影响

通过委任机制或定期汇报机制，财政部门与核心货币政策的制定和执行机构建立起常态配合和协同，并参与货币政策目标的确立，保证货币政策贯彻宏观财政政策目标。

以英国为例，财政大臣对货币政策的决策机构——货币政策委员会（MPC）的绝大多数成员有任免权。货币政策委员会由9位成员组成，其中五名在英格兰银行内部担任行政职务，另外四名是由财政大臣任命的外部成员。英国财政大臣有向央行行长说明货币政策并定期听取汇报和解释的职责。财政大臣通常以信件的方式传递相关信息，一旦通货膨胀过于偏离目标值，英国央行行长需要向财政大臣做出解释和说明。

以俄罗斯为例，财政政策对于货币政策的目标设置和实施条件具有重要影响。俄罗斯中央银行在拟定政策目标时，会考虑用财政政策来预测宏观经济、确定关键利率。在货币政策实施过程中，俄罗斯中央银行、财政部与经济发展部会持续沟通，特别是定期举行联合会议讨论宏观经济预测、评估影响主要宏观经济指标的因素，沟通方面的一致性对于提高货币政策与财政政策的有效性具有重要作用。此外，俄罗斯实施三年中期预算，有助于在全年更均匀地支出预算资金，这也使央行的货币供应对预算资金流动的季节性波动的依赖性有所降低。

（二）货币政策的调控往往围绕财政政策目标展开

财政政策作为经济稳定工具有明显优点。当中性利率较低时，财政政策的有效性并不会降低。同时，财政政策在援助政策上的精准性更高，能容易直达需要帮助的人或经济部门。因此，在经济深度衰退或处于巨大波动阶段，财政政策（政府支出和税收的变化）往往是稳定经济的主导工具，货币政策围绕财政政策目标来实施。

以日本为例，在经济危机时期以“双松”为主，财政政策引导货币供应的流向，防止经济脱实向虚；在财政重建时期以“紧松”搭配为主，紧缩性财政政策抑制债务激增发生风险；在滞涨时期先“双紧”再“松紧”搭配，以扩张性财政政策打破经济停滞僵局，有序解决了“胀”和“滞”的问题。这一过程都体现了财政政策为主线，货币政策围绕财政发挥作用的主基调。

日本实施上述财政货币组合政策有其深刻的历史因素、政治因素和本土文化因素。一是日本财政部门长期以来在日本行政机构体系中占据的主导地位，拥有财政和金融大权，日本银行受大藏省的金融监管和预算制约。二是第二次世界大战后，日本借助财政投融资，短时间积聚大量闲散资金，投资基础设施建设，促进经济快速恢复和高速发展，民众对创造经济奇迹的政府高度信任和依赖。这种以财政为主体的债务融资方式虽然一度促进了经济快速发展，但也滋生了财务省举债融资发展经济的政策依赖性。三是日本依靠宽松乃至量化宽松的货币政策持续不断地购买财政部门发行的国债，配合扩张性财政政策刺激和发展经济，但居民的主要资产仍沉淀在财务省的手中。因此，即便日本财政债务率高企，日本国民不仅不会因为量化宽松而引发银行挤兑风险，而且会积极购买国债以支持扩张性财政政策。

（三）财政货币一体化政策是寓财政于货币的新实践

美国是实施财政货币一体化政策的典型国家。在美国，只要是涉及货币和金融问题，似乎都可以被认为是财政问题。2020 年以来，美国利用史无前例的量化宽松，实施超大规模购买美国国债、抵押贷款支持证券等行动，进而压低长期利率、向市场注入流动性，并缓解新冠疫情对美国经济的冲击。这一政策组合实质是财政通过央行融资，“间接增印美元”，美联储利用 QE 资金购买美国国债与市政债，进而为数万亿美元救援计划与巨额财政赤字“买单”。美国财政货币一体化政策的落脚点在于通过推动国家发展做大“分母”（经济蛋糕），而不是局限于通过降低债务与赤字来减小“分子”。美国超大规模政策带来的债务，与未来的收入（GDP）相比较，就不再是一个问题。

从实践来看，美国财政部和美联储各自被授予的职责和任务表面上看没有改变，但近十年来美联储的量化宽松政策已经模糊了货币政策与财政政策之间的界限。在利率超低的条件下，美国政府的债务与货币等价，债务扩张与发行货币没有区别，实质是通过财政增发货币，使政府债务利息接近于零。美国利用财政货币一体化政策对冲疫情风险及经济衰退风险，能够为本国经济注入确定性，从而提振经济。考虑到美元作为国际货币的地位，美国财政货币政策一体化的本质是全球范围内的财政赤字货币化。

（四）设立跨部门协调机构是强化财政货币政策协同的主流方式

2008 年全球金融危机后，不少国家将提高财政和货币政策的协调性视为关键改革方向，认为单一财政或货币政策机构不足承载协同的全部战略职能，纷纷建立了实体性质的跨部门监管机构，美国的金融稳定监管委员会 FSOC 就是一个典型代表。

美国 FSOC 的管理架构设计体现了对危机教训的深刻反思，注重监管机构的跨部门顶层协调、金融监管资源的统筹利用和业务的专业研究，通过设置代理人委员会、金融研究办公室和专业委员会，形成了“矩阵式”组织管理模式。从成员构成看，投票成员涵盖了所有重要的金融监管部门主要负责人，非投票成员则包括常设平台机构和州一级金融监管部门的代表，详见表 3 - 1。

表 3-1　　　　　　　　美国 FSOC 成员构成

成员类型	序号	组成单位
投票成员	1	财政部长，担任金融稳定监督委员会（FSOC）主席
	2	美国联邦储备委员会（FED）主席
	3	货币监理署（OCC）
	4	消费者金融保护局（CFPB）局长
	5	美国证券交易委员会（SEC）主席
	6	联邦存款保险公司（FDIC）董事长
	7	美国商品期货交易委员会（CFTC）主席
	8	美国联邦住房金融局（FHFA）局长
	9	美国全国信贷联盟署（NCUA）主席
	10	独立成员（拥有保险专业知识，由总统任命，参议院批准）
无投票权成员	1	金融研究办公室（OFR）主任
	2	联邦保险办公室（FIO）主任
	3	州保险业委员会指定代表
	4	州银行业监管委员会指定代表
	5	州证券业委员会指定代表

资料来源：美国财政部 FSOC，https：//home. treasury. gov/policy - issues/financial - markets - financial - institutions - and - fiscal - service/fsoc.

三、相关启示

通过"寓财政于货币"实现财政和货币政策的协同配合，既是一国宏观经济战略目标保持一致性、协调性的体现，又是一国财经体系现代化、经济金融化的必然要求。面对日趋复杂的经济局面，为了精准地调控宏观经济，实现经济社会发展的预期，需要财政政策和货币政策高度协同，清晰准确地揭示宏观政策的真正指向。

第一，典型国家的财政与货币政策需要在不同层次上实现协同性。首先，财政与货币政策的协同目标框架要在政策期望值层面取得基本共识。经济政策是国家为了达到一定的经济目的而对经济活动有意识的干预，在典型国家通常为充分就业、价格稳定、经济持续增长和国际收支平衡，四者之间有互补，也有冲突。财政与货币政策协调配合的目标是在经济政策目标的总体约束下对各自政策目标的有机整合，往往需要协商与妥协。其次，财政与货币政策协调配合的目标框架要在执行变量层面进行区间约束。财政政策的执行工具如税收、国债、政府投资和财政补贴等要与货币政策的执行工具如利率、汇率、信贷规模和存款准备金等相协调。应当为这些工具设置一个控制区间，以稳定预期，降低短期相机抉择所带来的随意性和片面性。

第二，财政和货币政策的协同配合既要尊重各自的规律，也要基于现实条件。如果仅强调单一政策自身的发展衍变逻辑和资源扩张需求，而不做协商与调整，就谈不上协同配合；如果仅强调固定的分工和角色，而不因时因势而变，就会忽略力度、时机等政策实施的基本土壤，容易造成重大失误。典型国家的经验和教训说明，财政与货币政策“合则利，分则弊”。政策基本环境、政治价值取向和市场主体心理预期等因素，往往决定了财政和货币政策协同的效果。政策时滞和政策预调等因素也需要考虑在内，在工具使用时的先后顺序和间隔时间都要提前予以沟通协商。

第三，财政货币一体化已上升为一种国家战略工具。财政货币政策一体化的核心不是债务与赤字的多寡，也不是刻意强调财政平衡，而是将本国发展放在首位，防范风险服从于可持续发展的目标。从某种程度上来说，以对冲风险为基本功能的财政货币一体化政策已经成为某些国家参与国际竞争的工具，并成为其国家竞争力的重要组成部分。在发达国家纷纷实现工业化之后，随着经济金融化、金融全球化，金融竞争已经成为全球竞争的新分野。金融竞争作为一种高维度竞争，以货币为手段，加速全球财富的金融化、虚拟化，创造高维度的超越物理世界的全球财富存量再分配机制，实现对其他国家的“降维打击”。这也是财政货币政策协同的新趋势和新特点。

第四，通过打造跨部门平台实现财政与货币政策的高度协同。跨部门平台的建立和顶层机制的形成有利于提高财政政策和货币政策在一定时期内的稳定性、指向性、前置性和可预期性。更高层次上财政和货币政策的协调联动有利于增强市场信心，有利于市场主体加大生产和投资力度。通过建立跨部门平台，能够进一步完善财政部门、央行之间的信息沟通、政策协调机制，特别是完善货币政策和宏观审慎双支柱监管机制。在当前形势下，积极的财政政策对于增强企业投资和个人消费能力、引导投资方向和结构变化具有更广泛、更长远的影响，同时也应将国债、地方专项债的健康运行纳入货币政策的考虑范畴，为稳定投资、消费和增长预期发挥更大的协同效应。

第二章 美国

美国财政政策与货币政策从相对独立状态逐渐变为融合一体。现阶段，美国实行的财政货币一体化政策正成为战略竞争的重要手段，并源源不断地为美国经济注入确定性。不难发现，美联储的独立性依据美国国家需要，今后财政货币一体化趋势将进一步加强。

一、财政政策与货币政策从相对独立状态逐渐变为融合一体

1951 年，美国通过《财政—联储协议》授予美联储对货币政策的控制权，并结束了它以固定利率货币化财政债务的义务，但是美联储仍然有义务保证债券发行得以顺利实施。因为财政有义务为国会通过的预算法案融资，具体讲美联储需要保证在财政发行债券期间释放充足的储备，让银行都能够积极参与对国债的申购。在 20 世纪 70 年代末，为应对“滞胀”困局，美国国会通过了《充分就业和盈余增长法案》，以协调货币供应政策和政府其他相关政策，并实现充分就业和控制滞胀的目的。这在很大程度上为美国财政政策和货币政策融合提供了条件。1980 年的《货币控制法案》赋予美联储购买资产的无限权力，美联储大规模、系统性公开市场操作的对象仅有美国政府债券。但正是通过对美国政府债券的公开市场操作，美国不断地将货币政策和财政政策相融合，使二者逐渐被认为是一体的。因此，美国只要是涉及货币和金融问题，似乎都可以被认为是财政问题。同时，在当前流行的“赤字财政”思潮中，以政府债券发行为起点的财政政策已不再是与货币政策相互支持、相互配合的关系，而是成为本质上与准备金和利率调整目的相同的货币政策。

二、财政政策与货币政策界限日益模糊，财政货币政策一体化实施成为常态

从实践来看，到现在为止，美国财政部和美联储各自被授予的职责和任务表面上看没有改变，但近十年来美联储的量化宽松政策已经模糊了货币政策与财政政策之间的界限。近年来，以美国为代表的发达国家财政货币一体化加速，财政通过央行融资的趋势越发明显。2020 年以来，美国出台了规模高达 7.76 万亿美元的财政救援政策，美联储在利率降至接近于零的情况下，实行“无上限”量化宽松政策，通过购买国债的方式直接为美国财政提供资金支持（见表 3－2）。美国利用史无前例的量化宽松，实施超大规模购买美国国债、抵押贷款支持证券等行动，进而压低长期利率、向市场注入流动性，并缓解新冠疫情对美国经济的冲击。这一政策组合本身是一种“间接增印美元”的行为，其最终结果，就是美联储利用 QE 资金购买美国国债与市政债，进而为美国数万亿美元救援计划与巨额财政赤字“买单”。考虑到美元作为国际货币的地位，美国财政货币政策一体化的本质是全球范围内的财政赤字货币化。拜登自上台以来，强调积极财政及宽松货币政策，主张扩大政府开支、投资教育和基建及发展绿色经济，通过对公司和富人加税降低收入不平等。拜登提名的美国财政部长耶伦正积极敦促议员们在新冠救助支出上“采取大规模行动”，要更关注由此带来的各种好处，而不是债务规模大小及其风险，债务利息是比债务本金占 GDP 比例更好的衡量标准。这些都意味着拜登政府可能继续采取更大规模的财政赤字与无上限的量化宽松的政策组合。同时，耶伦曾担任美联储主席，这意味着美国财政货币政策的一体化程度将会更高。

表 3－2　　　　2020 年以来美国的财政货币政策

发布时间	财政货币政策	资金规模	政策着力点
2020 年 3 月 6 日	《冠状病毒防范和响应补充拨款法案》	83 亿美元	卫生部门抗疫
2020 年 3 月 15 日	新一轮 QE	7000 亿美元	购买 5000 亿美元的美国国债与 2000 亿美元抵押贷款支持证券
2020 年 3 月 18 日	《家庭优先冠状病毒应对法案》	1920 亿美元	支持带薪休假
2020 年 3 月 23 日	新一轮 QE	不限量	根据需要购买美国国债与抵押贷款支持证券

续表

发布时间	财政货币政策	资金规模	政策着力点
2020 年 3 月 27 日	《冠状病毒援助、救济、经济保障法案》	2.3 万亿美元	企业纾困与失业救济
2020 年 4 月 21 日	《薪资保护计划与优化医疗保健法案》	4830 亿美元	薪资保护与支持医疗卫生体系
2020 年 12 月 21 日	《新冠纾困法案》	8770 亿美元	加速疫苗分发、援助受疫情影响的小企业与民众
2021 年 2 月 27 日	拜登政府新一轮经济救助计划	1.9 万亿美元	为受新冠疫情影响的美国家庭和企业提供财政支持
2021 年 3 月 31 日	拜登政府《美国就业计划》	2 万亿美元	提高美国在前沿科技上的竞争力
2022 年 8 月 9 日	《2022 年芯片和科学法案》	2800 亿美元	对美本土芯片产业提供巨额补贴和减税优惠，并要求任何接受美方补贴的公司必须在美国本土制造芯片

资料来源：作者整理。

传统理论认为央行应该保持独立性，不应为财政提供支持。一个重要的原因是，传统理论认为，财政如果通过央行进行融资，或者央行购买国债，会导致政府信用危机或出现严重通货膨胀。而现实并未出现传统理论所解释和预测的那样。近年来，美国等发达国家财政赤字货币化的实践，特别是新冠疫情以来，美国“大规模财政赤字与无上限的量化宽松”已然常态化，但却没有出现政府信用危机，也没有出现通货膨胀。在接近零利率的条件下，发行国债与发行货币等价。所不同的是，通过财政方式与金融方式所产生的经济影响、社会影响和治理影响及其风险变化不同。利率越低，发行国债的空间越大，导致政府财政不可持续的可能性越低。以债务规模占 GDP 比重来衡量政府债务风险的这个指标已经基本不相适用，而利息支出占 GDP 比重是衡量债务风险的更恰当指标。实际上，美国正是受益于低利率环境下，债务负担相对减轻，债务风险迅速下降，进而使其财政政策空间得到极大释放。例如，2020 年美国政府债务规模同比扩大了 25%，但其债务利息支出却下降了 8%。美国国会预算办公室更是预计，未来十年的大部分时间里美国利率将保持低位，其利息成本占 GDP 的比重也将低于疫情暴发前的预期。从图 3 -1 可以看出美联储和美国财政部的配合情况是十分良好的，在政府部门加杠杆的时候，都尽量保持了长期利率的下行，即，使美债进入长期低利率区间，从而较大地减轻了政府债务成本。以上情况也说明，央行作为一个机构的独立性和货币政策的独立性都是相对的，央行的独立性还是要看国家的整体需要。需要把财政政策、货币政策放在同一个参照系里去分析研究，而不是从两个部门、两个政策的角度来讨论所谓的组合和协调，那样的协调组合往往不会有实际的效果。

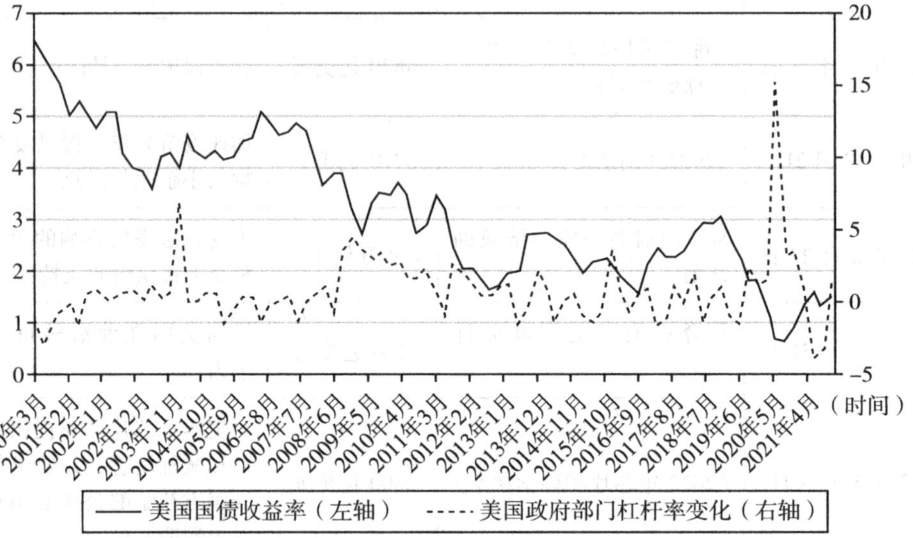

图 3-1　2000 年以来美国国债收益率与政府部门杠杆率

数据来源：Wind 数据库。

三、美国财政货币政策一体化，成为其战略竞争的重要手段

自新冠疫情以来，美国的财政货币政策越来越反传统，不断出现惊世骇俗之举。美国基本上不考虑赤字率、国债规模上限，财政政策力度与疫情等公共风险烈度相匹配，调整频率高。更值得关注的是，美国财政货币政策是一体化实施的。美国量宽没有上限，且速度非常之快，这导致美联储资产负债表规模迅速扩大。在虚拟经济高度发展的今天，美国经济呈现高度金融化的特征，在美联储资产负债表规模迅速扩大过程中，美联储增发的货币变成了资产，根据风险结构与其他资产进行替换组合，在美国经济 2020 年遭受重创的情况下，通过财富效应助推美国经济更快复苏。从上述变化趋势来看，美国财政货币政策一体化表面看是被动应对措施，但实质背后有深层的逻辑。因为，在当前接近零利率的条件下，美国政府的债务与货币等价，债务扩张与发行货币没有区别，实质是通过财政增发货币，政府债务利息接近于零。

美国财政货币一体化政策的落脚点在于通过推动国家发展做大“分母”（经济蛋糕），而不是局限于通过降低债务与赤字来减小“分子”。美国超大规模政策带来的债务，与未来的收入（GDP）相比较，就不再是一个问题。在理论上，只要美国未来经济增速超过利率，那么未来美国GDP的现值是无限的。这意味着随着时间的推移，经济增长将超过其债务和相关利息，因此，美国的债务相对于经济将会消失。由此可见，随着低利率条件的形成，美国财政货币一体化政策不仅不会增加美国债务负担，还有助于美国经济实现强劲复苏，这将会为美国在未来的竞争中赢得先机。实际上，低利率为美国实施财政货币一体化政策提供了战略机遇，美国很好地抓住了这一机遇。从表面上看，美国财政货币一体化政策会进一步提高美国政府债务占GDP比重，增加美国债务负担，实则不然。低利率使债务本金可以随着时间推移被稀释，甚至无须偿还，成为货币存量的一部分。美国目前的名义利率接近零，考虑物价因素，美国的实际利率为负。在此情况下，美国未来的实际债务成本反而比现在更低。相反，美国利用财政货币一体化政策对冲疫情风险及经济衰退风险，能够为本国经济注入确定性，来提振经济。随着美国经济恢复正增长，美国政府债务占GDP比重自然而然会下降，美国债务负担也会减轻。

从另一个角度看，政府的债务和杠杆与企业和家庭的债务和杠杆本质上是不同的。债务对企业和居民来说是硬约束，政府的债务和杠杆背后是国家信用，政府债务与货币发行是打通的，二者都是国家信用的衍生物。在低利率和低通胀情况下，政府的债务可以通过货币发行的方式来化解。每年正常增发的货币本质上是铸币税，可以通过国债方式转移给财政使用，在央行形成对应的资产。以货币发行为基础的央行资产和财政负债是不需要偿还的。从这个角度看，美国正是意识到了现实变化，没有受传统理论的拘束，抓住了机遇，乘机转换政策策略。扩大政府债务和提高杠杆，表面上看与传统做法无异，实则底层逻辑已经不同。

四、财政货币政策一体化为美国经济注入确定性，体现的是美国金融竞争作为高维度竞争手段的优势

美国财政货币政策一体化的核心不是债务与赤字的多寡，也不是刻意强调财政平衡，而是将本国发展放在首位，防范风险服从于可持续发展的目标。从某种程度上来说，以对冲风险为基本功能的财政货币一体化政策已经成为美国参与国际竞争的工具，并成为美国国家竞争力的重要组成部分。美国通过财政货币一体化的方式将铸币税交给财政去使用，让财政政策既可以对冲疫情冲击，降低短期风险，也可以大力支持本国基础设施、居民消费、社会就业、科技研发、人力资本与国防建设，从而解决美国经济发展中面临的长期问题，为美国可持续发展构建更大确定性，提升美国的国家竞争力，并为其在未来的竞争中赢得先机。在发达国家纷纷实现工业化之后，随着经济金融化、金融全球化，金融竞争已经成为全球竞争的新分野。金

融竞争作为一种高维度竞争，以货币为手段，加速全球财富的金融化、虚拟化，创造高维度的超越物理世界的全球财富存量再分配机制，实现对其他国家的“降维打击”。在数字化的加持下，其他国家可能会越发难以招架美国的数字金融竞争。

五、央行的独立性依据美国国家需要，今后财政货币一体化趋势将进一步加强

传统理论认为央行应该保持独立性，不应为财政提供支持。一个重要的原因是，传统理论认为，财政如果通过央行进行融资，或者央行购买国债，会导致政府信用危机或出现严重通货膨胀。而现实并未出现传统理论所解释和预测的那样。特别是新冠疫情以来，美国“大规模财政赤字与无上限的量化宽松”已然常态化，但却没有出现政府信用危机。在接近零利率的条件下，发行国债与发行货币等价。从央行资产负债表来看，发行的货币是央行对全社会的负债，而从国家信用来看，这个负债是无须偿还的，而且随着经济社会发展，其规模越来越大。美元是美国对全世界的负债，但在没有一种货币替代美元成为世界货币之前，美国永远不需要偿还这种负债，相反，还被各国持有者视为对外资产，其需求是不断扩大的。所以美债可以通过发行美元来偿还，实质上等同于美元，在低利率条件下，债务风险是收敛的。以上情况也说明，央行作为一个机构的独立性和货币政策的独立性都是相对的，央行的独立性还是要看国家的整体需要。这说明财政政策、货币政策需要放在同一个参照系里去讨论，而不是从两个部门、两个政策的角度来讨论所谓的组合和协调，那样的协调组合往往不会有实际的效果。就此来说，今后，为了国家发展与战略竞争的需要，美国财政货币一体化的趋势会进一步加强。

第三章 英 国

财政政策和货币政策都是宏观调控的重要经济手段，它们存在一定的差异性，如运用的工具不同、发挥作用的时滞存在差异、财政政策可以解决结构性问题而货币政策更具有总量性特征。在经济面临更多挑战和不确定性的今天，财政政策和货币政策之间已经不仅是协调和配合的关系，出现了财政政策货币化和货币政策财政化的特征，或者说有融合或一体化的趋势，例如，财政为金融机构提供给中小企业的贷款提供担保。因此，本章从英国财政政策和货币政策关系角度看财政和央行两个部门的关系，寻找和发现货币政策背后财政的影子。

一、英格兰银行的货币政策

（一）货币政策的目标

《1998 年英格兰银行法》规定，在货币政策方面，英格兰银行的目标应该是：①维持价格稳定；②在此条件下，支持政府的经济政策，包括增长和就业目标①。

英格兰银行货币政策的主要目标是将通货膨胀维持在稳定和低的水平。货币政策是中央银行或者政府采取的影响经济中的货币数量和借款利率的行动。英国的央行是英格兰银行，英格兰银行制定货币政策的主要目标是把通货膨胀维持在稳定和低的水平②。

---

① HM Treasury. REMIT FOR THE MONETARY POLICY COMMITTEE (MPC) [EB/OL]. [2021 - 10 - 27]. https://www.bankofengland.co.uk/-/media/boe/files/letter/2021/october/mpc-remit-october-2021.pdf? la = en&hash = 999E337FDD28B1019213FB3EFF3AA5FEBF10D0F9.

② the Bank of England. Monetary policy [EB/OL]. [2022 - 06 - 27]. https://www.bankofengland.co.uk/monetary-policy.

政府为英格兰银行设定的目标是将通货膨胀维持在2%，即消费者价格指数（CPI）在12个月中的增长率为2%[①]。因为低和稳定的通货膨胀对英国经济有好处，通货膨胀过高和过低都是有害的。如果过高的话，企业难以正确定价，人们难以规划支出；如果过低，一些人会推迟消费，如果每个人都减少支出，那么企业可能会破产，人们可能会失去工作。

英格兰银行还需要为政府的其他经济目标提供支持。低和稳定的通货膨胀是英格兰银行货币政策的主要目标。此外，英格兰银行还为政府的其他经济目标提供支持，这些目标是增长和就业。有时，在短期，英格兰银行需要在低通货膨胀目标和为经济增长和就业提供支持之间进行平衡[②]。

（二）货币政策的工具

英格兰银行有两个主要的货币政策工具：一是“银行利率”（Bank Rate）；二是通过量化宽松（quantitative easing，QE）也被称为资产购买，购买政府或企业的债券。

通过银行利率影响其他利率。1997年5月，设定官方利率的职责从财政部转移到英格兰银行[③]。各银行、建房互助协会和金融机构在英格兰银行有准备金账户，账户内有存款，银行利率是指英格兰银行按照该利率向这些金融机构的相应存款支付利息。银行利率是英国最重要的利率，没有之一[④]。英格兰银行通过设定银行利率对其他利率产生影响。例如，当英格兰银行提高银行利率时，在该银行有准备金账户的银行和金融机构们通常会随之提高本机构吸纳存款和发放贷款的利率。利率的上升会抑制企业通过贷款为投资行为融资，鼓励个人储蓄抑制消费。结果是需求下降，个人的消费降低。当利率降低时，结果与之相反。但是，银行利率的调整也会产生其他影响，当英格兰银行提高银行利率时，会影响企业招人的决定。因此，英格兰银行必须也考虑利率决定将对就业产生的影响[⑤]。另外，银行利率也有局限性。当银行利率接近0时，银行和金融机构把利率下降传递到本机构存贷款利率的

---

① HM Treasury. REMIT FOR THE MONETARY POLICY COMMITTEE（MPC）[EB/OL]. [2021-10-27]. https://www.bankofengland.co.uk/-/media/boe/files/letter/2021/october/mpc-remit-october-2021.pdf?la=en&hash=999E337FDD28B1019213FB3EFF3AA5FEBF10D0F9.

② the Bank of England. Monetary policy [EB/OL]. [2022-06-27]. https://www.bankofengland.co.uk/monetary-policy.

③ DMO. UK Debt Management Office（DMO）[EB/OL]. [2022-07-22]. https://www.dmo.gov.uk/about/who-we-are/.

④ the Bank of England. Interest rates and Bank Rate [EB/OL]. [2022-06-23]. https://www.bankofengland.co.uk/monetary-policy/the-interest-rate-bank-rate.

⑤ the Bank of England. Inflation and interest rates FAQs [EB/OL]. [2022-06-27]. https://www.bankofengland.co.uk/faq/inflation-and-interest-rates#anchor_1516787755923.

程度会降低。而全球金融危机以来，英格兰银行不得不把银行利率降到特别低的水平来支持消费和就业。过去的数年，由于英国经济的需要，银行利率保持在非常低的水平①（见图3-2）。

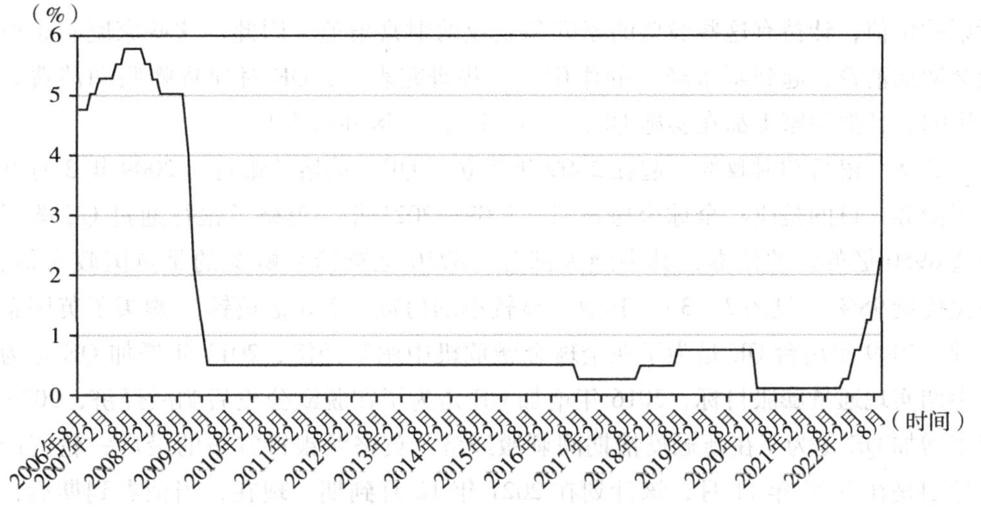

图3-2 英格兰银行银行利率变动情况一览表

（2006年8月3日—2022年9月22日）

资料来源：the Bank of England. Offical Bank Rate history Data from 1694［EB/OL］.［2022-09-28］. https：//www. bankofengland. co. uk/-/media/boe/files/monetary - policy/baserate. xls？la = en&hash = EEB8729ABFFF4B947B85C328340AE5155A99AD0F.

被迫通过量化宽松实现通货膨胀目标。2008年全球经济危机之前，英格兰银行通过利率调整来实现通货膨胀目标。但是在此之后，情况发生了变化。当时，为了帮助英国经济实现恢复，英格兰银行迅速将银行利率从5%下降到0.5%。但是，即使银行利率已经那么低，英格兰银行仍然还需要其他工具刺激经济和达成通货膨胀目标，因此开始采用量化宽松（QE）。实施QE的目的是促进增长和就业，以及有助于实现通货膨胀目标②。

QE的作用与银行利率相似，可以降低存贷款的利率，起到刺激消费的作用。QE是指英格兰银行从其他金融机构和养老基金那里购买它们持有的英国政府债券和企业债券。购买行为导致这些债券的价格上升，意味着持有这些债券可以获得的收益会下降。这种下降传导到家庭和企业的存贷款利率，导致其也随之下降。这会

① the Bank of England. Interest rates and Bank Rate［EB/OL］.［2022-06-23］. https：//www. bankofengland. co. uk/monetary - policy/the - interest - rate - bank - rate.

② the Bank of England. What is quantitative easing?［EB/OL］.［2022-06-24］. https：//www. bankofengland. co. uk/monetary - policy/quantitative - easing.

有助于促进消费和让通货膨胀保持在目标值。但是，QE 也会影响到其他资产的价格，例如股票和不动产。举例来说，如果英格兰银行从养老基金那里购买 100 万英镑的政府债券，这样养老基金就有了 100 万英镑的现金，通常来说它不会持有现金而是会将其投资到能够获得更高收益的其他金融资产上，例如股票。这样就会推高股票的价值，让持有这些股票的家庭和企业的财富增值。因此，这些家庭和企业可能会增加消费，起到刺激经济的作用。一些研究表明，QE 对通货膨胀和消费有重大影响。其他国家也都在实施 QE，如美国、欧元区和日本①。

英格兰银行和财政部一起在 2009 年建立了 QE。英格兰银行从 2009 年 3 月开始购买债券，目的是应对全球金融危机。2009—2021 年，英格兰银行通过 QE 购买了价值 8950 亿英镑的债券，其中绝大部分（8750 亿英镑）购买的是英国政府债券，占比接近 98%（见图 3 - 3）。其他明显较小的份额（200 亿英镑）购买了英国企业债券。2009 年出台 QE 是为了在全球金融危机中刺激经济，2012 年增加 QE 是为了在中期实现通货膨胀目标，2016 年增加 QE 是为了在脱欧公投后刺激经济，2020 年以来增加 QE 是为了在新冠疫情期间刺激经济。英格兰银行宣布的最后一轮资产购买计划是在 2020 年 11 月，该计划在 2021 年 12 月到期。现在，当债券到期后，英格兰银行没有将收益用于再投资。有一笔政府债券在 2022 年 3 月到期，因此，目前英格兰银行持有的政府债券的金额已经开始下降。具体来说，在 2022 年 3 月，部分政府债券到期得到清偿后，资产购买工具基金（APF）持有的政府债券的（票面）价值减少 251 亿英镑，到期价值（票面价值）为 7349 亿英镑②。英格兰银行还没有主动出售过持有的政府债券。但是，英格兰银行已经开始考虑在什么时候和以什么方式出售已经购买的政府债券，出售行为被称为量化紧缩（quantitative tightening，QT）。QE 会降低借款的成本，对政府来说也是如此。但是这并不是英格兰银行实施 QE 的原因。如前文所述，实施 QE 的目的是促进增长和就业，以及有助于实现通货膨胀目标③。

其他工具。除了上述两个主要的政策工具外，英格兰银行和财政部一起还在 2012 年实施了贷款计划基金（the Funding for Lending Scheme），在 2016 年和 2020 年实施了定期资助计划（the Term Funding Schemes，TFS）和专门针对中小企业的定期资助计划（TFSME）等④。

①③ the Bank of England. What is quantitative easing? [EB/OL]. [2022 - 06 - 24]. https：//www. bankofengland. co. uk/monetary - policy/quantitative - easing.

② Office for National Statistics. Public sector finances，UK：April 2022 [EB/OL]. [2022 - 05 - 24]. https：//www. ons. gov. uk/economy/governmentpublicsectorandtaxes/publicsectorfinance/bulletins/publicsectorfinances/april2022/pdf.

④ HM Treasury. REMIT FOR THE MONETARY POLICY COMMITTEE (MPC) [EB/OL]. [2021 - 10 - 27]. https：//www. bankofengland. co. uk/ - /media/boe/files/letter/2021/october/mpc - remit - october - 2021. pdf? la = en&hash = 999E337FDD28B1019213FB3EFF3AA5FEBF10D0F9.

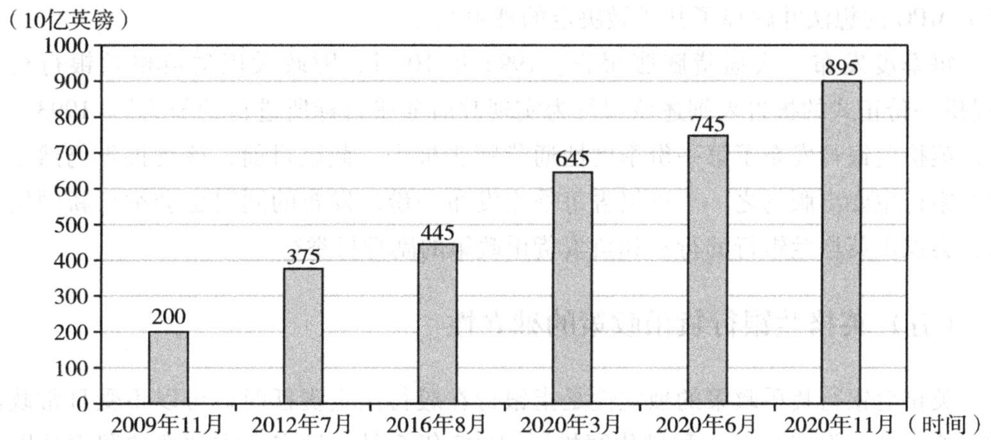

图 3－3 英格兰银行量化宽松总量

资料来源：the Bank of England. What is quantitative easing? [EB/OL]. [2022－06－24]. https://www.bankofengland.co.uk/monetary－policy/quantitative－easing.

（三）货币政策委员会是货币政策的决策机构

英格兰银行的货币政策委员会（Monetary Policy Committee，MPC）负责决定采取的货币政策行动，如设定银行利率。MPC 由 9 位成员组成，他们是：英格兰银行的行长；3 位副行长，他们分别是货币政策副行长、金融稳定副行长、市场和银行副行长；首席经济学家；4 位直接由财政大臣任命的外部成员。MPC 的每位成员都有经济学和货币政策方面的专长。外部成员的参与是为了让 MPC 可以从外部专家中获益。此外，财政部的一位代表也参加 MPC 的会议，该名代表可以参与政策的讨论，但是不能参与投票①。

MPC 每年制定并宣布 8 次货币政策（大概每 6 个星期一次）。在做出决定前，MPC 会召开数次会议讨论经济情况。由于货币政策发挥全部作用大约需要 2 年的时间，因此，MPC 需要考虑未来数年的通货膨胀和增长的形势②。

（四）货币政策的公开和透明

每季度发布一次货币政策报告。MPC 致力于清晰和透明的沟通和交流。货币政策报告（the Monetary Policy Report，MPR）是其中重要的组成部分。MPR 每季度发布一次，编制和发布都按照《1998 年英格兰银行法》第 18 条的要求实施。报告分

---

① the Bank of England. Monetary Policy Committee [EB/OL]. [2022－01－26]. https://www.bankofengland.co.uk/about/people/monetary－policy－committee.

② the Bank of England. Monetary policy [EB/OL]. [2022－06－27]. https://www.bankofengland.co.uk/monetary－policy.

享了 MPC 的想法并解释了其所做决定的理由①。

每季度发布一次通货膨胀报告。1992 年 10 月，财政大臣请英格兰银行行长“提供一份正式的报告来阐述该银行为实现政府通胀目标所进行的努力”。1993 年 2 月，英格兰银行发布了第一份季度性通货膨胀报告，截至目前，该类报告仍然是英格兰银行主要出版物之一。该报告每季度发布一份，发布的同时也会举行新闻发布会，会议由英格兰银行的行长和负责货币政策的副行长举行②。

（五）英格兰银行货币政策的独立性

英格兰银行货币政策的独立性是指银行在履行法定责任时，可以不受日常政治的影响，独立设定利率（和量化宽松）。1997 年 5 月，设定官方利率的职责从财政部转移到英格兰银行。政府宣布，将货币政策的全部运作职责都转交英格兰银行，从此英格兰银行获得了作为中央银行的独立性③④。英格兰银行拥有特定的法律规定的责任，如设定利率，英格兰银行履行这些责任是为了英国人民的利益，英格兰银行的独立性是指在政府设定的框架下履行职责，不受日常政治的影响。英格兰银行独立于政府是指在履行职责时是独立的，这意味着：议会为英格兰银行设定非常明晰的目标和责任，为此，英格兰银行可以利用特定的工具实现目标。对于通货膨胀目标来说，政府设定通货膨胀的目标。货币政策的独立性意味着英格兰银行有权设定利率（和量化宽松），将其设定在英格兰银行认为实现通货膨胀目标最适合的水平。英格兰银行货币政策委员会每年召开 8 次会议决定货币政策⑤。

英格兰银行拥有特定的法律责任，在政府的框架下履行职责，接受监督。英格兰银行设定利率的权利是法律赋予的责任。英格兰银行的货币政策目标是政府设定的通货膨胀目标。英格兰银行的独立性体现在使用特定工具实现目标，可以自主设定利率，决定量化宽松的量等。同时，英格兰银行接受议会、财政部和公众的监督：接受问责的一个方式是需要参加议会下院财政委员会的公开会议；英格兰银行受银行理事的监督；必须就其决定是如何和为什么做出的进行解释；如果偏离目标达到

---

① the Bank of England. Monetary Policy Report [EB/OL]. [2022 - 05]. https://www.bankofengland.co.uk/-/media/boe/files/monetary-policy-report/2022/may/monetary-policy-report-may-2022.pdf?la=en&hash=8C76206E00322C0E1EB3592A766CCB0A69D37131.

② the Bank of England. Our History [EB/OL]. https://www.bankofengland.co.uk/about/history, 2022-02-17.

③ DMO. UK Debt Management Office (DMO) [EB/OL]. [2022-07-22]. https://www.dmo.gov.uk/about/who-we-are/.

④ DMO. A brief history of the Bank of England [EB/OL]. [2022-07-22]. https://www.dmo.gov.uk/about/who-we-are/bank-of-england/.

⑤ the Bank of England. How is the Bank of England independent of the Government? [EB/OL]. [2022-02-18]. https://www.bankofengland.co.uk/knowledgebank/how-is-the-bank-of-england-independent-of-the-government.

一定的程度需要向财政大臣做出解释；在重要报告发布当天会举行新闻发布会，行长和其他高级官员回答提出的问题①。

二、财政对央行货币政策施加影响

财政大臣负责向英格兰银行传达货币政策的目标和政府的经济政策，英格兰银行货币政策工具中除利率是在1997年由财政转移而来的之外，其他工具由财政和英格兰银行共同建立，财政控制着货币政策委员会成员的人事权并派1位代表担任无投票权的成员，货币政策目标过于偏离目标值时英格兰银行需要向财政大臣进行解释和说明，这些都反映出财政对英格兰银行货币政策施加着强大的影响。英格兰银行在政府设定的这个框架下制定和实施货币政策，满足政府设定的通胀目标，向财政等负责。

（一）财政大臣向央行行长说明货币政策委员会的职责

根据《1998年英格兰银行法》（the Bank of England Act 1998），财政大臣每年要至少一次向英格兰银行的行长详细说明价格稳定的定义和政府的经济政策目标。财政大臣通常以信件的方式传递相关信息，最近的一次这样的信息传递发生在2021年10月27日。当天，财政大臣向英格兰银行行长去信说明了货币政策委员会的职责。在信中，财政大臣再次明确，CPI在12个月内增长2%是通货膨胀的目标。财政大臣还确认，政府的经济政策目标是实现强劲、可持续和平衡的增长。财政大臣重申了MPC的职责是确保政府承诺的将通货膨胀维持在低和稳定水平的承诺，这是货币政策框架不可或缺的一个组成部分。财政大臣还确认，资产购买工具（the Asset Purchase Facility）可以在2022/2023财年继续实施②。因此，从政策目标来看，财政政策和货币政策目标都出自财政部，两项政策在目标方面能够充分进行有效地协调。

（二）货币政策工具除利率外都是由财政和英格兰银行共同建立

英格兰银行有两个主要的政策工具，其中设定利率是英格兰银行货币政策最为

① the Bank of England. How is the Bank of England independent of the Government? [EB/OL]. [2022-02-18]. https://www.bankofengland.co.uk/knowledgebank/how-is-the-bank-of-england-independent-of-the-government.

② HM Treasury. REMIT FOR THE MONETARY POLICY COMMITTEE (MPC) [EB/OL]. [2021-10-27]. https://www.bankofengland.co.uk/-/media/boe/files/letter/2021/october/mpc-remit-october-2021.pdf?la=en&hash=999E337FDD28B1019213FB3EFF3AA5FEBF10D0F9.

重要的工具，这项权力是1997年从财政部转移而来；而另一个重要工具量化宽松（QE）是英格兰银行和财政部一起在2009年建立的，英格兰银行使用QE需要财政大臣的许可。其他的政策工具还有：英格兰银行和财政部一起在2012年实施的贷款计划基金（the Funding for Lending Scheme）；2016年和2020年实施的定期资助计划（the Term Funding Schemes，TFS）和专门针对中小企业的定期资助计划（TFSME）等。因此，除了利率外，英格兰银行货币政策的工具由财政许可和把握。

（三）财政大臣对货币政策委员会的绝大多数成员有决定权

如前文所述，货币政策的决策机构是货币政策委员会（MPC），MPC由9位成员组成，他们是：英格兰银行的行长；3位副行长，他们分别是货币政策副行长、金融稳定副行长、市场和银行副行长；首席经济学家；4位外部成员。英格兰银行的行长由财政大臣推荐进而被任命；财政部在与英格兰银行的行长进行咨询后，可以通过命令更改副行长的头衔，也可以新增或者解除副行长的职务①；4位外部专家全部由财政大臣任命。因此可以看出，财政部或财政大臣对MPC的绝大多数成员有任免权和决定权。

（四）财政部的1位代表参加货币政策委员会的会议

财政部的一位代表参加货币政策委员会（MPC）的会议，可以参与政策问题的讨论，但是不能参与投票。这种参与一方面是为了确保MPC可以充分了解财政政策和政府经济政策的其他方面的简要情况，另一方面使得财政大臣能够充分了解货币政策的讨论过程和决策的理由②。这个安排可以实现财政部和央行间对于财政政策和货币政策的有效沟通，了解彼此的做法和反应。

（五）一旦通货膨胀过于偏离目标值，央行行长需要向财政大臣做出解释和说明

如上文所述，政府给英格兰银行设定的通货膨胀目标是2%。如果英格兰银行没有成功将通货膨胀维持在目标值上下1个百分点之内，英格兰银行必须向政府阐述原因。也就是说，如果12个月以来的CPI通货膨胀率超过3%或者低于1%，英格兰银行的行长会给财政大臣写信解释原因，并且说明英格兰银行为通货膨胀回到

① Bank of England and Financial Services Act 2016 Part 1 Section1，https：//www.legislation.gov.uk/ukpga/2016/14/section/1.

② the Bank of England. Monetary Policy Committee［EB/OL］.［2022－01－26］. https：//www.bankofengland.co.uk/about/people/monetary－policy－committee.

目标值将采取的措施①。对于该情况，财政大臣希望英格兰银行的行长给他发一封公开信，内容包括对该情况是如何考虑的，如果需要的话还要附上银行最新的货币政策报告（MPR）和预测结论，以及货币政策委员会（MPC）的会议记录②。

三、货币政策对财政的影响

货币政策的实施也会对财政产生影响，货币政策工具会影响政府借款的利率，量化宽松以购买政府债券为主，非常规的货币政策工具会影响公共部门净债务这一重要的财政指标的数值。

（一）货币政策工具影响政府借款的利率

如前文所述，货币政策工具主要有两个：一是银行利率，二是量化宽松。英格兰银行通过设定银行利率对其他利率产生影响，也会影响到政府借款的利率水平。量化宽松（EQ）也会对市场的利率水平产生影响，会降低借款的成本，对政府来说也是如此。因此，货币政策的两个主要工具都会对政府借款的利率产生影响，但是这两个工具的目标并不是为了影响政府借款的成本。

（二）央行的资产购买与财政有紧密的联系③

如前文所述，英格兰银行两大主要的货币政策工具的第二个是通过量化宽松（quantitative easing，QE）也被称为资产购买，购买政府或企业的债券。其购买行为通过资产购买工具基金（APF）来运作。

APF以购买政府债券为主。资产购买用于购买政府债券和企业债券，其中以政府债券为主。2009年到2022年3月底，英格兰银行通过资产购买行为购买了（市场）价值8668亿英镑的债券，其中绝大部分（8470亿英镑）购买的是英国政府债券，占比接近98%；其他明显较小的份额（198亿英镑）购买了英国企业债券。

APF持有的政府债券超过其总量的1/3。2021/2022财年，政府总债务中的英国

① the Bank of England. Inflation and the 2% target [EB/OL]. [2022－06－24]. https：//www. bankofengland. co. uk/monetary－policy/inflation.

② HM Treasury. REMIT FOR THE MONETARY POLICY COMMITTEE (MPC) [EB/OL]. [2021－10－27]. https：//www. bankofengland. co. uk/－/media/boe/files/letter/2021/october/mpc－remit－october－2021. pdf? la = en&hash = 999E337FDD28B1019213FB3EFF3AA5FEBF10D0F9.

③ Office for National Statistics. Public sector finances, UK：April 2022 [EB/OL]. [2022－05－24]. https：//www. ons. gov. uk/economy/governmentpublicsectorandtaxes/publicsectorfinance/bulletins/publicsectorfinances/april2022/pdf.

政府债券[①]20037亿英镑，约占中央政府总债务23473亿英镑的85%。其中，APF持有的政府债券7349亿英镑（票面价值），英格兰银行的银行司和发行司持有114亿英镑（票面价值），分别占政府债券总量的36.7%和0.6%，占中央政府总债务的31%和0.5%。

APF与财政间存在资金的转移。APF的资金来自英格兰银行，借款的成本较低，资金主要用于购买政府债券，利息收入相对高些，因此有净利息收入。2013年1月开始，建立起了一个机制将APF的净利息收入转移给财政部，这样其净利息收入的很大一部分被转移给了财政部。2022年4月，英格兰银行资产购买工具基金（APF）向财政部支付了32亿英镑的红利。这使得，从2013年1月净收入转移机制开始实施以来，APF计划向中央政府转移的总资金达1228亿英镑。APF向财政部的所有现金型转移完全反映在中央政府的净现金需求和净债务中。这类转移导致中央政府和英格兰银行的净借款发生变化，变化数量相同，但是方向相反，结果是公共部门的净借款没有变化（见表3-3）。

表3-3　资产购买工具基金（APF）：利息和红利　单位：百万英镑

年度	利息收入	利息支出	净利息收入	转移给财政部的现金	
				汇总	其中：红利
2017/2018	15432	1891	13541	10028	10028
2018/2019	14955	3605	11350	9686	9686
2019/2020	14463	3096	11367	7137	7137
2020/2021	17031	673	16358	13663	11322
2021/2022	17990	1841	16149	7218	7218

注：（1）利息收入是国家统计办公室（ONS）估计的APF来自中央政府的利息收入，其中主要是持有国债的利息收入。（2）利息支出是ONS估计APF支付给英格兰银行的贷款利息支出，以英格兰银行基础利率（base rate）计算。2022年3月开始，基础利率为0.75%。

资料来源：Office for National Statistics. Public sector finances, UK: April 2022 [EB/OL]. [2022-05-24]. https://www.ons.gov.uk/economy/governmentpublicsectorandtaxes/publicsectorfinance/bulletins/publicsectorfinances/april2022/pdf: PSA9B.

目前中央政府对APF还没有资本转移。在中央政府的净投资中，中央政府对其他部门的资本转移中涵盖的部门有地方政府、公共企业、私人部门和APF。虽然，截至目前，中央政府对APF还没有任何的资本转移，但是在未来也可能会有这样的转移。

① 英文为British government stock (gilts)，是中央政府总债务的组成部分之一。数据来自英国国家统计办公室发布的月度财政数据。

（三）货币政策工具影响公共部门净债务①

英格兰银行非常规货币政策工具对公共部门净债务的影响较大。英格兰银行（the Band of England，BoE）会导致公共部门净债务发生变化（Public Sector Net Debt，PSND），一方面的原因是英格兰银行非常规的政策工具，如资产购买工具基金（APF）、定期资助计划（TFS）贷款和定期资助计划中小企业（TFSME）贷款；另一方面是英格兰银行自身的资产和负债情况，其中以前者为主。从表3－4可以看出，2021/2022财年，英格兰银行使得公共部门净债务增加约3187亿英镑，其中APF购买政府债券导致公共部门净债务增加1121亿英镑，其中TFS中小企业贷款导致公共部门净债务增加1923亿英镑，这两项导致的净债务增加分别占英格兰银行导致的公共部门净债务增加的35%和60%，剩下的5%是由于英格兰银行自身资产负债导致的公共部门净债务的增加。

APF导致的公共部门净债务变化的计算方法。2022年3月，APF持有的政府债券的到期价值（即票面价值）为7349亿英镑。但是这7349亿英镑的（传统）政府债券并不直接计入公共部门净债务。而是1121亿英镑被计入公共部门净债务，它是为购买政府债券创造的储备金（或称政府债券的市场价值）8470亿英镑和购买的政府债券的票面价值（或称到期价值）7349亿英镑之间的差额。

公共部门净债务中英格兰银行导致的公共部门净债务占比超过10%。2021/2022财年不包括公共部门银行的公共部门净债务23439亿英镑，其中英格兰银行导致公共部门净债务增加3187亿英镑，占不包括公共部门银行的公共部门净债务的13.6%。

四、财政与央行在政策方面的合作

（一）非常规的货币政策工具由财政部和央行一起决定

当货币政策委员会（MPC）的传统工具在特殊的冲击下无法实现目标时，MPC可以判断是否有必要使用非常规的政策工具。财政大臣希望MPC与政府一起保证采取适当的治理，以保证这种工具的使用是负责任的。这些工具包括英格兰银行和财政部一起在2009年建立的资产购买（QE）工具，还有2012年的贷款计划基金和2016年和2020年的定期资助计划（TFS）和专门针对中小企业的定期资助计划（TFSME）②。

---

① Office for National Statistics. Public sector finances, UK: April 2022 [EB/OL]. [2022－05－24]. https://www.ons.gov.uk/economy/governmentpublicsectorandtaxes/publicsectorfinance/bulletins/publicsectorfinances/april2022/pdf.

② HM Treasury. REMIT FOR THE MONETARY POLICY COMMITTEE (MPC) [EB/OL]. [2021－10－27]. https://www.bankofengland.co.uk/－/media/boe/files/letter/2021/october/mpc－remit－october－2021.pdf?la=en&hash=999E337FDD28B1019213FB3EFF3AA5FEBF10D0F9.

表 3 - 4　　英格兰银行对公共部门净债务的影响　　单位：百万英镑

年度	负债：中央银行创造的储备金					银行司和发行司负债		合并		流动资产			英格兰银行对公共部门净债务的影响
		资产购买											
	资产购买汇总	其中：APF 购买政府债券	其中：APF 购买企业债	TFS 贷款	TFS 中小企业贷款	银行司和发行司的负债	银行司和发行司负债中不计入 PSND 的部分	APF 持有的政府债券（票面价值）	银行司和发行司持有的国债（票面价值）	银行司和发行司的资产	银行司和发行司资产中不计入 PSND 的部分	APF 的现金	
	1	2	3	4	5	6	7	8	9	10	11	12	13
2017/2018	437541	427658	9883	127016	—	605638	-1350	-364877	-7508	609312	-11692	13756	185084
2018/2019	435351	425817	9534	121250	—	601231	-488	-362254	-9377	604872	-14359	16598	178602
2019/2020	458278	448498	9780	107189	—	620297	-354	-384815	-10217	625136	-16227	5189	176280
2020/2021	794083	774144	19939	28947	74129	939076	-118	-659954	-11398	943878	-16630	6351	231166
2021/2022	866848	847006	19842	—	192291	939076	-118	-734898	-11398	943878	-16630	5889	318664

注：（1）数量关系：2 + 3 = 1，2 + 3 + 4 + 5 + 6 + 7 + 8 + 9 - 10 - 11 - 12 = 13。（2）TFS 中小企业贷款是 TFS 对中小企业的额外刺激，从 2020 年 4 月 15 日开始实施并体现到英格兰银行的资产负债表。（3）银行司和发行司资产中不计入 PSND 的部分包括：保险、养老金、标准化的担保计划和其他应收/应付账款。

资料来源：Office for National Statistics. Public sector finances，UK：April 2022 [EB/OL]. [2022 - 05 - 24]. https：//www.ons.gov.uk/economy/governmentpublicsectorandtaxes/publicsectorfinance/bulletins/publicsectorfinances/april2022/pdf：PSA9A.

（二）财政与央行的政策沟通机制

1. 资产购买工具（APF）方面

2022 年 2 月 2 日，货币政策委员会（MPC）召开会议投票决定减少 APF 持有的资产存量。根据这个投票结果，英格兰银行的行长和财政大臣一致同意减少 APF 的规模是合适的。这促使 2 月 3 日英格兰银行的行长和财政大臣之间通过信件的形式交换了意见①。

2 月 3 日，英格兰银行行长先写信给财政大臣，通报了在前一天的会上，货币政策委员会（MPC）投票决定减少 APF 持有的政府债券和企业债券的库存数量。信中说，MPC 在会上达成一致意见，认为在购买的英国政府债券未来到期后应该不会将资金用于再投资。这反映出 MPC 有意以逐步和可预测的方式减少 APF 持有的政府债券的数量。并说明了首次减持将发生在 2022 年 3 月，到期的债券金额为 279 亿英镑，并说明了在 2022 年和 2023 年、2024 年和 2025 年将到期的债券金额。MPC 再次确认，MPC 将考虑开始主动出售所持有的英国政府债券，如果银行利率一旦超过 1%，并根据当时的经济形势，银行利率是 MPC 优先选择的主动调整工具。如果银行利率被认为不能实现通胀目标，或者在某情况下资产购买特别有效，资产购买的政策可能会调整和变化。英格兰银行将会与英国债务管理办公室（DMO）保持联络，目的是对 DMO 自身的债务发行计划造成最小的干扰，会考虑市场参与者关于对私人资本市场产生最小破坏的最优做法。2012 年英格兰银行和财政部达成协议，将 APF 得到的债券清偿资金、净利息成本和其他费用转移给国库，目的是有利于增强公共部门整体现金管理的效率。这种安排在最初会形成 APF 向政府的资金流动，到目前为止，APF 向财政部的现金流累计达 1197 亿英镑。同样，在未来可能会有政府向 APF 的反向资金流动，当银行利率提高和 APF 持有的政府债券被 MPC 出售时，政府将及时拨付资金②。

同一天，在财政大臣收到英格兰银行行长的来信后，财政大臣写了回信。信中说，感谢您在来信中说明了 MPC 开始减少 APF 持有的资产的决定。之前与财政部达成一致意见的风险管理框架将继续发挥作用。财政部和英格兰银行高级官员们碰头的常规型风险监管会议将继续监督计划的实施和对财政的风险，官员们将继续合作管理 APF 和财政部之间的现金流动。APF 未来可能出现的任何潜在的现金不足都

---

① HM Treasury. Asset purchase facility（APF）ceiling, February 2022 [EB/OL]. [2022 - 02 - 03]. https://www.gov.uk/government/publications/asset-purchase-facility-apf-ceiling-february-2022.

② HM Treasury. Letter from the Governor of the Bank of England to the Chancellor of the Exchequer 03/02/2022 [EB/OL]. [2022 - 02 - 03]. https://assets.publishing.service.gov.uk/government/uploads/system/uploads/attachment_data/file/1052335/governor-apf-letter-february-2022.pdf.

将由政府来提供[1]。

2. 债务发行方面

1997 年，英格兰银行得到设定利率的职责，同时不再负责政府债务管理。1997 年，政府宣布将货币政策的全部运作职责都转交英格兰银行。银行获得了作为中央银行的独立性。同时宣布的是，英格兰银行将不再负责政府的债务管理。1998 年 4 月 1 日，成立了英国债务管理办公室（Debt Management Office，DMO），是财政部负责债务管理的一个行政部门，此外它还负责国库现金管理[2][3]。

如上文所述，英格兰银行将会与英国债务管理办公室（DMO）保持联络，目的是对 DMO 自身的债务发行计划造成最小的干扰，会考虑市场参与者关于对私人资本市场产生最小破坏的最优做法。

五、财政为银行贷款提供担保

目前在运行中的财政为银行贷款提供贷款担保的计划有国家贷款担保计划（the National Loan Guarantee Scheme，NLGS），此外已经到期的类似计划还有贷款担保计划 2008（2008 Credit Guarantee Scheme）和资产抵押证券的担保计划 2009（2009 Asset - backed Securities Guarantee Scheme）。

国家贷款担保计划（NLGS）出台于 2012 年 3 月 20 日，目的是帮助企业获得成本更低的融资，方式是在该计划下银行贷款的成本会降低 1 个百分点。NLGS 为银行的无抵押借款提供担保，使得银行的借款利率降低。参与的银行将担保获得的利益通过发放利率更低的贷款传递到整个国家。银行经注册后参与该计划，2012 年以来发放贷款 2.8 万项，总价值 52 亿英镑，每项贷款都让小企业获得利率更低的贷款。2012 年 8 月 1 日，英格兰银行和财政部联合宣布启动“贷款计划基金（the Funding for Lending Scheme，FLS）”。FLS 是为了刺激银行和住房互助协会向英国的实体经济提供贷款。当前的市场环境下，FLS 成为银行的更优选择，之前银行通过 NLGS 发放贷款现在转而通过 FLS。NLGS 目前不进行新的担保，但是如果市场再次面临压力，财政部还可能考虑重启该计划。DMO 为 NLGS 提供政府实施该计划的机构。DMO 并不作出向企业发放贷款的决定。每家参与该计划的银行管理其相关贷款

---

① HM Treasury. Letter from the Governor of the Bank of England to the Chancellor of the Exchequer 03/02/2022 [EB/OL]. [2022 - 02 - 03]. https://assets. publishing. service. gov. uk/government/uploads/system/uploads/attachment_data/file/1052335/governor - apf - letter - february - 2022. pdf.

② DMO. UK Debt Management Office (DMO) [EB/OL]. [2022 - 07 - 22]. https://www. dmo. gov. uk/about/who - we - are/.

③ DMO. A brief history of the Bank of England [EB/OL]. [2022 - 07 - 22]. https://www. dmo. gov. uk/about/who - we - are/bank - of - england/.

活动[①]。

全球金融危机期间英国政府还提供过贷款担保计划 2008（2008 Credit Guarantee Scheme），该计划始于 2008 年 10 月 13 日，终止于最后一个担保到期的 2012 年 10 月 26 日。另外一个类似计划是资产抵押证券的担保计划 2009（2009 Asset - backed Securities Guarantee Scheme），该计划在 2009 年 4 月 22 日启动，同年 12 月 31 日结束。

六、结论

（一）英格兰银行在财政大臣设定的框架下制定货币政策

英格兰银行在制定货币政策方面有独立性，这是从 1997 年 5 月开始获得的权力。但是英格兰银行行使该权力，必须在财政设定的框架之下。每年，英格兰银行要在财政大臣设定的一个框架下，制定货币政策。财政大臣将这个信息通过一封职责信的方式传达给英格兰银行的行长。信中详细说明了货币政策目标之一价格稳定的具体含义和另外一个目标支持政府政策中政府政策的具体内容。信中还会强调 MPC 的职责。而英格兰银行独立制定货币政策的权力是在信中的框架下实施的[②]。

（二）英格兰银行受到财政部的制约和监督

英格兰银行一旦履职不利、通货膨胀偏离目标值上下 1 个百分点时，英格兰银行必须向财政大臣做出解释，说明原因和未来将采取的措施，这都表明英格兰银行的履职行为和履职成效要受到财政的监督。

另外，英格兰银行有调整银行利率的权力，但是使用其他非常规工具就需要与财政部一起决定，财政大臣对英格兰银行在未来能否实施相关政策工具以书面的形式传达给英格兰银行的行长。例如，资产购买工具（the Asset Purchase Facility）可以在 2022/2023 财年继续实施。而且，相关政策工具在实施中需要相应的治理措施来保证工具是负责的。因此，英格兰银行在制定货币政策中使用非常规工具需要受到财政的限制和制约。

（三）政府债券是央行货币政策和财政部财政政策的重要连接

央行货币政策的主要工具利率有其局限性。在遭遇重大冲击经济低迷时，如果

---

① UK Debt Management Office. National Loan Guarantee Scheme [EB/OL]. [2022 - 07 - 22]. https://www.dmo.gov.uk/responsibilities/guarantee - schemes/national - loan - guarantee - scheme/.

② the Bank of England. Monetary policy [EB/OL]. [2022 - 06 - 27]. https://www.bankofengland.co.uk/monetary - policy.

利率已经降至零甚至负利率的情况下仍然无法实现通货膨胀目标和支持经济和就业，那么继续降低利率所起的作用就十分有限。因此，在财政部和央行的共同商讨下，出台了资产购买工具基金（APF）和定期资助计划（TFS）贷款及定期资助计划中小企业贷款，为市场提供更多的流动性。发行政府债券让政府可以通过债务融资为家庭和企业提供更多的援助，而且政府债券融资是政府债务融资的最重要手段，如前文所述其占中央政府债务的比重在85%左右；另一方面APF通过购买其他金融机构和养老基金持有的政府债券来实现货币政策目标，购买行为导致利率下降，刺激经济和就业，并将通货膨胀率维持在目标值附近。APF购买的政府债券占整个资产购买的比重接近98%，APF持有的政府债券按票面价值计算占政府债券的比重超过1/3。这样财政政策和货币政策通过APF购买政府债券的行为实现了联动，共同推动了财政政策和货币政策目标的实现。

第四章
德　国

一、德国财政政策与货币政策对经济宏观调控的目标互补

《德国经济稳定与增长法》规定德国联邦和地方政府有义务在市场经济体制下促使经济持续地适当地增长，同时保持物价稳定，高度就业和外资平衡。这四大目标成为德国经济政策的总方针和总目标，即德国经济的“魔力四边形”。

（一）价格稳定是德国货币政策的唯一目标

长期以来，德意志联邦银行奉行“价格稳定高于一切”的独特理念，将通胀率控制在最低水平作为其货币政策的首要目标，对其他目标的支持不能以价格稳定受损为代价。德国货币政策的这些特点给经济社会带来了不少好处。一是稳定的币值为经济发展提供了良好的竞争秩序，竞争秩序的建立有利于市场在资源配置中起决定性作用，德国货币政策支撑了德国战后的“经济奇迹”，强化了德国各界对社会市场经济模式和优先保障币值稳定的认同。二是币值稳定意味着公众对通货膨胀的预期稳定，在一定程度上减少了对房地产等抗通胀资产的依赖，德国货币政策有助于避免房地产市场泡沫和国民经济失衡。三是长期坚持币值稳定目标树立了德国央行的公信力。有了公信力，其货币政策执行的难度也就降低了，同时产出与通胀的波动也大大降低了。当然，德国货币政策对币值稳定的执着也不可避免地带来了短期经济阵痛以及对次要利益的放弃。艾哈德任总理后，为稳定物价，于1965—1966年显著提升了利率，成为1966—1967年德国出现第二次世界大战后第一次经济衰退的重要诱因。对物价稳定的执着一定程度上也制约了德国马克的国际化。为维持物价稳定的升息措施，常常会吸引国外资本流入。为避免可能导致通货膨胀的资本流

入和缓解德国马克升值压力，德国不时采取资本管制措施，这导致德国难以成为外国人从事金融交易的聚集地。

根据《马斯特里赫特条约》，1998年欧洲中央银行正式成立，德国中央银行从此成为欧洲中央银行体系的组成部分。欧洲中央银行设在德国的法兰克福，这一所在地的选择在某种意义上表明了欧洲共同货币政策的导向。不仅如此，欧洲中央银行体系的目标、独立性、组织机构和货币政策战略等方面的设计都处处体现出了德国模式的特点，其主要目标是维持欧元区的物价稳定。欧洲联盟和各成员国的活动应该遵守以下指导方针：稳定的价格、健康的公共财政和货币状况以及平衡的国际收支。欧洲中央银行将具有与德国联邦银行同样甚至更强的独立性。

（二）财政政策以实现经济适度增长为首要目标

《德国经济稳定与经济促进法》规定了德国财政政策的总方针和目标，即在市场经济的体制下，促使经济持续适度增长，保持充分就业和国际收支平衡。较高的就业水平在广义上是指生产要素的最充分利用，在狭义上则仅指劳动力的充分就业程度。联邦劳动局认为，充分就业是指所有在国内居住，具有劳动能力并愿意参加工作者，都能得到与其愿望和要求相适应的工作。对外贸易平衡是指国际收支各项目的平衡，包括商品、劳务、非贸易收支，转移收支及长、短期资本往来等项目的平衡。德国的经济学家们认为，经济增长的目的是提高全社会的富裕程度，增加全民福祉，因此，从经济与社会的良性运行和协调发展的角度来说，保障经济的稳定增长是十分重要的。

财政政策对于促进经济发展和结构调整有重要意义，它包括预算支出、政府投资、税收政策、财政补贴和公共债务等主要内容。20世纪90年代以来，德国科尔政府采纳瓦尔特·海勒等提出的“增长性财政政策”主张，推行以促进经济发展和实现充分就业为目标的赤字财政政策。在这一时期，德国经济取得了较稳定的增长；随着德国财政赤字的不断扩大，公共债务的逐渐累积，政府继续运用财政手段调控经济运行的空间越来越小，如何削减赤字成为施罗德政府执政后期的重要改革事项。2004年，德国政府陆续推出多项“重建财政”的调控措施：在财政方面，增加地方财政收入，强化其支配能力，联邦政府每年向市镇拨款25亿欧元。2006年，为了强化政府的财政能力，默克尔政府通过以增税来稳定财政预算的《税收改革法》，该法将增值税率由原先的16%提高到19%，仅此项改革就为联邦政府增收约500亿欧元，财政赤字之势得到有效遏制。财政赤字与GDP的比例也降到1.6%。2008年，危机开始蔓延全球，德国经济亦不能在这场风暴中幸免，对外出口骤然下滑，经济增长减缓。为了应对这场全球性金融危机，德国政府必然一改2006年以来的紧缩财政取向，扩大政府支出以带动国内消费需求，实行扩张性财政政策，2009年德国财政赤字率达到3.2%，预算平衡型财政政策难以为继。赤字率的不断扩大迫使德国联邦政府在2009年将债务刹车写进宪法，并逐步回归预算平衡，在2014年将赤字率降到零，重新回归预算盈余。2020年，为了缓解新冠疫情以及防疫封锁措施带来的损失，疫情下推出的1300亿欧元刺激方案，令德国政府负债占GDP比例上升，与2019年相比，2020年的公共财政总支出增加了12.1%，达到了16686亿欧元，与此同时，财政收入下降了3.5%，降至14894亿欧元。德国财政因而出现2013年以来首次财政赤字，1892亿欧元的财政赤字创德国统一以来最高赤字纪录。

二、德国财政和央行政策工具的协同配合情况及效果

（一）加入欧元区之前财政与货币政策的制约与协调

德国的财政政策和货币政策掌控在不同的决策者手中，联邦政府是财政政策的制定者，在实现经济增长的同时需考虑欧盟的财政标准要求；德意志联邦银行是德国货币政策的具体实施者，在运用货币政策工具时不能与欧洲央行共同的货币政策相抵触。也就是说，德国的宏观调控采取的是一种附带约束条件的分散决策的架构模式。尽管联邦银行与政府之间保持较高的独立性，但这并不意味着德国财政政策与货币政策之间彼此毫不相干，两大政策相互制约、相互协调，共同推动德国经济不断向前发展。

正如大多数国家一样，德国的经济政策都是围绕着经济持续适度增长、稳定物价、保持充分就业和国际收支平衡四大目标来制定，不同经济目标之间有时相互掣肘且难以兼顾，但在实现上述目标过程中，德国的做法是给每项需要完成的目标指派一种最能发挥作用的政策工具。具体地说，德国政府将经济增长、充分就业及社会公正纳入财政政策的目标框架，通过财政支出、税收和转移支付等政策工具来调控社会总需求，因为政府支出本身是总需求的有机组成部分；德意志联邦银行则以稳定物价为第一要务，对其他目标的关注有所下降，中央银行对利率、货币供应量等的调整能较为迅速地影响物价水平。不可否认，这种以经济增长为核心的财政政策与以价格稳定为核心的货币政策的搭配，符合国际经济学的“丁伯根法则”（Tinbergen's Rule），即在分散决策情况下，给每一政策工具分配它能发挥最大影响力的目标。近年来德国的宏观调控实践基本遵循了这一法则，理论上可以发挥较高的政策组合效率。

自第二次世界大战结束至20世纪90年代末，联邦德国财政政策和货币政策的协调配合经过了以下几个发展变化阶段：①50年代，为了尽快遏制第二次世界大战后恶性通货膨胀，德国财政政策以平衡财政预算为主，配合货币政策抑制物价上涨；

②60 年代艾哈德任总理上台后，为稳定物价显著提升了利率，造成 1966—1967 年德国出现第二次世界大战后第一次产能过剩及经济衰退，德国政府不得不采取扩张性财政政策以保持经济快速增长；③第二次石油危机后德国钢铁汽车等行业出现产能过剩，1982 年科尔上任后采取的财政政策使经济趋于稳定，即实行紧缩性的财政政策，德国转向“多市场、少国家”的供给侧经济政策，整顿财政压缩政府开支，减税、降低企业成本以及推动产业结构转型升级，80 年代供给侧改革使得德国制造业景气度显著回升，1989 年德国紧货币温和宽信用政策组合下，经济并未走向滞胀，国际油价上涨对德国物价影响有限；④受东西德统一后体制改革阵痛影响，1991—1993 年德国经济步入滞胀，德国在 1991—1992 年转向紧货币紧信用的政策组合，但供需矛盾以及转型阵痛使得德国通胀持续在 5% 以上，德国联邦政府开始实行凯恩斯主义刺激经济的政策即实行扩张性的财政政策，给予东部地区巨额转移支付，以促进区域经济增长与平衡，但导致了财政赤字大增。

（二）加入欧元区之后德国央行角色转化与货币政策缺失

根据《马斯特里赫特条约》，1998 年欧洲中央银行正式成立，德国中央银行从此成为欧洲中央银行体系的组成部分。欧洲中央银行设在德国的法兰克福，这一所在地的选择在某种意义上表明了欧洲共同货币政策的导向。不仅如此，欧洲中央银行体系的目标、独立性、组织机构和货币政策战略等方面的设计都处处体现出了德国模式的特点。其主要目标是维持欧元区的物价稳定。欧洲联盟和各成员国的活动应该遵守以下指导方针：稳定的价格、健康的公共财政和货币状况以及平衡的国际收支。欧洲中央银行将具有与德国联邦银行同样甚至更强的独立性。

欧洲中央银行（ECB）是整个欧洲中央银行体系（ESCB）的指挥中心。欧洲中央银行从创立之初就是一家完整的中央银行，拥有自己的资产负债表，并有权在金融市场上独立运作。欧洲中央银行管理委员会是其最高决策机构，由 6 名执行委员和 12 名欧元区国家的中央银行行长构成，负责管理整个欧洲中央银行体系（包括欧洲中央银行 ECB 和国家中央银行 NCB）。根据《马斯特里赫特条约》第一百零五条第二款的规定，欧洲中央银行体系的基本任务是：①制定并实施欧洲联盟的货币政策；②依据本条约第一百零九条的规定开展外汇管理业务；③拥有并安排各成员国的国家外汇储备；④促进支付制度的正常运转。此外，根据条约第一百零五条第五款的规定，欧洲中央银行体系应该向欧共体机构及各成员国就其所管事务提供建议和接受咨询。

德意志联邦银行的经营范围包括：①根据抵押品发放贷款，并最终根据公开市场上的回购协议买卖应收账款、证券和贵金属；②接受活期存款和其他存款；③贵重物品，尤其是证券的保管和管理；④接受支票、直接借记、汇票、指示、证券和利息票据以供托收，并在承保后付款，除非银行另有决定将支票、直接借记和指示的等值记入贷方；⑤买卖非欧元计价的支付方式，包括汇票和支票、应收账款和证券，以及黄金、白银和铂金；⑥执行与国外的所有银行交易。也就是说，欧盟内部天然缺陷——货币主权和财政主权的割裂，导致德国政府并没有货币发行权，并不可以控制基础货币的发行量，仅能在欧洲央行允许的范围内进行适当的变动。

（三）财政政策与货币政策的主权割裂形成风险隐患

统一的货币政策与分散的财政政策是欧元区固有的政策矛盾。尽管1991年12月通过的《马斯特里赫特条约》及其所附的《关于过量赤字程序议定书》对成员国做出了财政赤字占GDP的比例不得超过3%、政府债务占GDP的比例不得超过60%的限制，但在统一货币政策的约束下，一直以来欧元区内的国家都有一种扩大财政赤字的倾向。在2008年全球金融危机的冲击之下，欧元区成员国普遍受到了沉重的打击。在应对危机的过程中，美国可以开动“印钞机”，英国可以推行定量宽松的货币政策，而欧元区内的国家由于货币一体化而失去了货币政策的独立性，致使经济实力较差的希腊、葡萄牙、西班牙等国经济问题进一步恶化。为了刺激经济、增加就业，不少成员国就按照自己的情况实施了刺激经济的赤字财政政策，欧元区的共同财政纪律受到了国家利益的严峻挑战。

自欧债危机以来欧元区成员国经济分化严重，导致欧元区货币政策相机抉择能力欠缺。欧元区内各成员国之间的通货膨胀率并不一致，但由于欧洲央行实行统一的货币政策，各成员国只能接受统一的利率。当单一的货币政策与个别成员国的经济利益不一致时，很难达到“熨平”经济周期的目的，反而会进一步拉大成员国之间的竞争力差距。2022年7月，为摆脱经济衰退风险和高通胀的困境，欧洲央行宣布11年来首次加息。此举对复苏相对强劲的北欧国家的通胀水平将起到一定抑制作用，但对消费转弱、深陷债务危机的希腊、葡萄牙等南欧国家而言，加息以及可能随之而来的欧元进一步升值意味着更高的债务和融资成本，会令它们的经济复苏雪上加霜。最终，区域经济分化越来越严重，更加不利于货币政策的把握。这也是为什么俄乌冲突爆发后欧元区内外围成员国和核心成员国之间的债券收益率利差显著扩大。隔夜，10年期意大利/德国基债收益率的息差进一步走扩至246.5个基点的日高水平，离华尔街眼中250个基点的危险区间上限仅有一步之遥。这给欧洲央行“一刀切”的货币政策带来严峻挑战。

此外，财政主权的分散对成员国财政约束力较弱，不利于成员国财政可持续性。由于缺乏欧盟层面的预算约束，导致成员国债务高企，缺乏责任心。某国政府通过增加政府购买、政府投资、转移支付、政府公债或减少对企业税收等方式实行扩张性的财政政策。这些政策将导致国内需求、进口需求和国外投资提高，并最终表现为 GDP 提高。但这种政策会增加政府赤字，从而增加政府融资。根据《稳定与增长公约》的规定，禁止政府的赤字融资，从而使得政府最终不得不抛弃扩张性的财政政策并且开始紧缩。紧缩将为国内经济带来压力，最终政府将要求欧洲央行放松货币政策。

三、德国“强财政、弱货币”政策搭配应对机制

德国是欧盟的初始成员国，于 1999 年与法、意、荷等国携手进入欧元区，使用单一货币固然可以消除德对外贸易的支付、结算和汇兑成本，有效规避经济交易引发的汇率风险，但同时也意味着货币发行主权向欧洲央行让渡，货币政策自主性受到削弱。在近几十年与欧洲经济融合的过程中，德意志联邦银行虽一贯强调均衡发展，但在宏观金融目标的抉择上却优先考虑了“汇率稳定”与“资本自由流动”，根据克鲁格曼的“三元悖论”理论，联邦银行将不得不放弃本国货币政策的有效性，在较大程度上听命于欧盟共同的货币政策安排。

欧洲中央银行承担起在欧元区制定货币政策的责任，财政主权仍然在德国层面。在联邦银行货币政策受损的状况下，财政政策理应成为国内至关重要的政策手段。因此，德国只能在财政部的职责范围内进行一些政策机制的创新，例如危机后在欧盟层面和德国层面都成立了金融稳定基金，搭建财政政策协调的新平台。

2009 年，希腊主权债务危机爆发，不少欧元区国家债务状况不断恶化，欧盟经济增长与金融稳定受到了前所未有的威胁。2010 年和 2012 年，由 19 个欧元区成员国财政部长共同发起的欧洲金融稳定基金（EFSF）和欧洲稳定机制（ESM）先后成立，以欧盟预算作为担保发行债券进行融资，向陷入危机的成员国提供贷款援助。欧洲稳定机制可以以自有资本为担保，在市场上以较低成本独立融资，对成员国实施财政援助，贷款总规模达到 5000 亿欧元。其救助机制主要包括四大类：一是为有紧急资金需求但失去市场直接融资能力的成员国提供贷款；二是在一级和二级市场购买成员国政府债券；三是提供有条件的信贷金融救助；四是为成员国金融机构重组提供贷款和直接注资。特别是该救助机制利用在一级或二级市场购买政府债券等工具，直接向陷入债务危机的欧元区成员国提供融资支持，有效解决了欧盟禁止中央银行向成员国政府提供融资所导致的工具缺失问题。

在国家层面，德国联邦财政部成立了专门的金融市场稳定局（FMSA），通过运用金融市场稳定基金进行金融机构的救助。德国金融市场稳定基金（FMS）成立于 2008 年 10 月 17 日，该基金设计总额为 4800 亿欧元，其中 65% 由联邦财政出资，35% 由各联邦州承担。财政部下设的金融市场稳定局负责基金的运行，财政部负有最终决定权。

从监管流程来看，德国金融市场稳定基金主要集中在事中监测和事后救助。通过对金融机构的债务情况进行实时跟踪监测，及时识别处于危险状态的金融机构，并通过市场化运作有选择地对金融机构实施救助，着眼于通过救助机制建立一个可持续且面向未来的稳定金融体系。具体救助手段包括债务担保、资产权益购买、参与金融机构注资或收购股份，还可以设立清算机构接收特定金融机构的风险资产。这种手段上的多样性能够更好地应对金融机构面临的不同问题，提供更有针对性的解决方案。

四、结论与启示

面对日趋复杂的经济局面，为了精准地调控宏观经济，实现我们对经济社会发展的预期，需要财政政策和货币政策精诚协调配合，以期形成合力，清晰、准确地揭示宏观政策的真正指向。如何在保持“积极”“稳健”等政治性色彩极强的表述的同时做到这一点，是对我们的重大挑战。

（一）财政、货币政策的协调配合发展演变具有极强的历史适应性

例如，德国中央银行在全球范围内具有较高的独立性，主要是由德国的历史背景决定的。两次世界大战引发的恶性通货膨胀坚定了德国人重建货币秩序和维护央行独立性的信念，长期以来将保持物价稳定和抑制通货膨胀视为宏观经济运行的首要目标，呈现“强货币、弱财政”的政策搭配。在欧洲中央银行体系成立后，德国层面货币政策相机抉择能力缺失，欧债危机背景下，稳增长、保就业的宏观经济目标指导下，德国不得不利用扩张性财政政策进行宏观调控，在财政职能范围内进行一些政策创新，呈现“强财政、弱货币”的政策搭配。新冠疫情暴发后，德国乃至整个欧洲的经济再次陷入阴霾，在货币政策和财政政策仍然配合乏力的情况下，将继续呈现财政政策有效、货币政策无效的趋势。

（二）强调政府在政策协调配合中的主导作用

在德国等联邦制国家，央行独立于政府内阁之外，不接受政府指令，也不必与政府协商，金融市场化程度比较高。但事实上，货币政策影响到经济社会中的每个人，在开放的国际背景下甚至影响到国家的经济安全和国家安全，应当奉行更具战略性思维的长远目标，而不能当作纯市场行为。这些都是依靠独立的央行本身是无法实现的，应当接受政府的指导和参与。独立的央行体系必然造成货币政策同财政政策协调上的困难，因此，只有财政与央行之间相互协调配合，才能避免政策之间的彼此冲突，提高本国的经济福利。

（三）国债管理是财政与货币协调配合的关键

由于经济下行和新冠疫情冲击，需要被救助的企业和居民大幅增加，需要增加政府支出的领域日益增多。在国际环境恶化、国内消费疲软的背景下，各国都普遍通过发行债券来为赤字融资。鉴于赤字融资又是一个金融问题，因而，在保证金融稳定的大前提下便利赤字融资，便成为我国制定和实施货币金融政策必须考虑的要素之一。所以，在今后一个相当长时期内，财政和货币金融政策协调配合的主要领域便集中于政府赤字和债务管理方面，建立有效的国债管理制度为当务之急。

第五章 日本

一、日本财政政策与货币政策协同的历史沿革

自第二次世界大战结束以来，作为政府主导型的市场经济国家，日本为实现经济复兴和高速发展进行积极的宏观调控，主要手段为财政政策和货币政策，分别由大藏省①和日本银行来实施。特别值得强调的是，虽然大藏省主导财政政策，但是在货币政策方面，大藏省具有制定金融制度和执行金融监管等职能，日本银行的主要职责仅局限于发行货币、执行金融政策、承担“最后贷款人”的角色、执行国际关系业务等执行者和兜底者层面。因此，可以得出两点结论：一是日本银行在货币政策实施上服从大藏省顶层设计和全过程监管，缺乏独立性；二是日本银行的货币政策将不可避免地服务于大藏省的财政政策扩张性发挥，甚至承担“最后贷款人”的压力，进一步削弱其独立性和透明性。在经济衰退或者过热时，往往需要财政政策和货币政策协同发力才能有效地稳定经济大局，第二次世界大战后日本国内外经济形势复杂多变，如何搭配合适的政策组合，以及恰当地衔接转换政策组合，既考验了日本内阁的统筹协调能力，又验证了财政部门和中央银行密切配合的重要性。因此，有必要通过梳理日本战后不同经济发展时期财政政策与货币政策的协调配合，总结出财政部门和中央银行之间的关系及其所发挥的作用。

（一）第二次世界大战后初期至1973年“石油危机”前夕：以财政投融资为纽带，宽松货币政策配合扩张性财政政策重点发力

日本是政府主导型的市场经济国家，宏观调控实际上是以财政为中心，这是由

① 2001年日本行政机构体制改革后，大藏省改制为财务省。

当时大藏省的地位和作用决定的。第二次世界大战后50年代起，日本政府为了刺激经济发展，实施扩张性财政政策和扩张性货币政策，在财政政策方面，减免税收、增加财政支出、增加社会福利开支；在货币政策方面，为重点产业提供优惠贷款利率，实行贷款额度优先政策①。

20世纪60—70年代，日本经济的高速增长主要依靠的是财政投资、融资的支持，这与财政政策和货币政策间的协调配合息息相关，以财政预算资金、国债资金、邮政储蓄和保险基金为主要投融资资金，用于政策性投资贷款，进而引导商业银行贷款，建立“官民并举”的财政投融资体系②。财政投融资成为财政政策与货币政策的一个结合点。这也反映了日本这一时期的宏观调控以财政政策为主，货币政策为辅，意味着日本银行的货币政策和金融职能要服务于大藏省的财政政策，受大藏省的金融监管。虽然日本银行的独立性受到限制，但是，财政投融资作为政策协同产物，有效地集中了闲散资金，支持大型基础设施建设，为经济高速发展奠定了坚实的基础。

（二）石油危机“滞涨期”：紧缩货币政策遏制通胀，配合扩张性财政政策发力

1973年“石油危机”爆发，原油几乎依赖进口的日本受到巨大冲击，制造业成本大幅上升，同时国内通货膨胀压力大。日本实施紧缩的财政和货币政策，强化了“窗口指导”，有效遏制了恶性通货膨胀③。但是，当通胀过后，又及时实施了扩张性财政政策，将财政政策由紧放松，主要措施有：一是减税政策。从1973年开始，实施所得税一半减免，1987年又对年收入在500万日元以下的家庭减免所得税4.1万亿日元。二是增加财政支出。大量增加公共事业的投资，以期发挥乘数效应。三是增大社会福利开支。实施了诸如修订健康保养法和年薪法的福利政策。上述三点措施鼓励消费与投资，扩大内需以拉动经济发展，有效地改善了经济停滞的问题。这种政策搭配以及巧妙转换体现了财政政策与货币政策灵活协同的治理能力。同时，这也反映了在应对危机时，日本政府仍以大藏省的财政政策为主来恢复经济，日本银行的货币政策仅用于遏制恶性通货膨胀，并配合大藏省的扩张性财政政策发挥给市场注水的作用。

---

① 史立英，段辉娜，王小志，等．美、日等国利用财政政策的经验教训及其对我国的启示［J］．承德石油高等专科学校学报，2006（01）：77－80.

② 梁云凤，刘西友．加强财政、货币、发展政策协调配合研究［J］．全球化，2016（11）：75－85＋132－133.

③ 朱锦强．经济高质量发展的国际经验与启示——基于二战后日本经济发展历程的研究［J］．渭南师范学院学报，2020，35（07）：36－44.

（三）泡沫经济前后：量化宽松货币政策复苏经济，紧缩财政政策实现“财政重建”，双双失败

在20世纪80年代中期，日本政府过分强调内外经济协调，国内经济过热，企图通过日元升值拓展海外市场，在此动机下，1985年日本签订“广场协议”，导致日元在短时期内急剧升值，为了防止由此引发经济衰退，在国内政策上单纯依靠货币政策。1985—1989年，即泡沫经济形成与发展时期，日本虽然采取了宽松的货币政策，但是恪守稳定物价水平的货币政策目标，主要手段是调低贴现率和增加货币供应量，忽视了资产价格上涨的负面影响，最终导致了流动性过剩和资产价格飙升。1989年末，在泡沫崩溃前夕，日本政府误判形势，采取紧缩的货币政策，直接挑破了股票市场的泡沫，随后房地产市场泡沫破灭。同一时期，日本政府提出“财政重建”的政策方针，旨在降低财政赤字，由此将扩张性财政政策调整为紧缩性财政政策，采取保守原则以削弱债务高企态势。

20世纪90年代初，日本泡沫经济破灭，整个经济陷入停滞状态。在此背景下，日本银行采取了一系列宽松的货币政策。特别是1998年以来，日本大藏省和美国政府多次对日本银行加以批评，认为日本银行应采取更具有扩张性的货币政策。但是日本银行担心进一步放松货币政策会导致通货膨胀和泡沫经济死灰复燃。最终，面对经济形势再度恶化，加上美国政府的强大压力，2000年3月，日本银行恢复零利息率政策，实施以通货膨胀率大于零为目标的货币政策①。由此，可以将日本泡沫破灭时期的货币政策分为三个阶段：第一阶段是1991—1995年，日本银行主要采取降低再贴现率的货币政策，从1991年起9次降低贴现率，使得贴现率从1991年7月的6%降至1995年9月的0.5%。第二阶段是1995—2001年，日本银行诱导降低银行隔夜拆借利率，从1994年的平均2.2%下降到2001年的零利率。第三阶段是2001—2006年，2001年日本银行首次实施了量化宽松货币政策，刺激消费和投资。具体而言，2001年3月19日至2006年3月19日，日本银行首先将无抵押隔夜拆解利率从0.25%下调至0.15%，并分两次将再贴现率从0.5%下调至0.1%，重新恢复零利率。随后日本银行将货币政策目标转向央行的商业银行经常账户余额，意图通过购买商业银行持有的国债来增加商业银行在央行的超额准备金账户余额。之后又不断提高商业银行超额准备金目标和购买国债上限②。

在此期间，日本依旧贯彻“财政重建”政策方针，坚持实施紧缩性财政政策长

① 李远．二十世纪九十年代日本宏观经济政策：特点及其评价［J］．华南农业大学学报（社会科学版），2003（02）：41－45．

② 杨阔，郭克莎．发达国家应对通货紧缩及通缩预期对经济增长影响的政策研究［J］．区域经济评论，2016（02）：11－28．

达10年之久，并配合扩张性货币政策来恢复泡沫破灭后的经济。但是，以“财政重建”为目标的紧缩性财政政策，以其增税（消费税由3%升至5%）和停发赤字国债的方式减少消费和投资，无法有效配合扩张性货币政策提振经济，反而使经济景气恶化。为了缓和经济颓势，1994年，日本财政部门实施了针对个人所得税的4.5万亿日元的当年一次性“特别减税”政策。1995年又将其转变为3.5万亿日元的永久减税和每年2万亿日元“特别减税”。但是，由于货币政策因失去公众信任而无所作为，日本政府又以“财政重建”为大政方针，采取紧缩为主的财政政策，因此单纯依靠短暂的扩张性财政政策，经济恢复效果极其有限，最终日本陷入了所谓的“失去的十年”乃至“失去的二十年”① 经济泥潭。以上不难反映出日本财政部门始终致力于一蹴而就的“财政重建”，既一定程度上刺破了泡沫经济，也不利于泡沫破灭后的经济恢复，导致日本迟迟无法通过有效的财政货币政策走出泡沫经济泥潭。

（四）2000—2013年：量化宽松为主调，持续为激增的政府债务兜底，配合扩张性财政政策提振经济

2000—2004年，日本经济紧缩，宏观经济政策组合以扩张性政策为主；2004—2007年美国次贷危机爆发前，日本经济过热，采取偏紧的宏观经济政策组合。助力日本经济走出长达十年的低谷②。

2008年国际金融危机爆发，以日本银行为代表的发达经济体中央银行纷纷将货币政策利率降至接近零的历史最低位，再度实施量化宽松政策。2008年将隔夜拆借利率从0.5%下调至0.1%，将基准贷款利率从0.75%下调至0.3%，以及2009年大规模购买商业票据、企业股份和公司债。在此基础之上，2010年10月5日，日本央行宣布启动第二轮量化宽松政策“组合拳”。具体包括三项内容：一是将政策性利率诱导目标由年率0.1%左右下调至0—0.1%，再次实施零利率政策。二是推出资产购买计划。三是设定通胀目标，承诺零利率政策将一直实施到能够判定物价稳定时为止。

这一时期的量化宽松政策为政府发债和扩大支出提供廉价甚至无息的资金，以便于日本财务省通过发行巨额债券，扩大财政支出，支持陷入危机的金融机构或企业。2008年10月，日本财务省实施了总额为26.9万亿日元的一揽子经济刺激方案。该方案包括向日本所有家庭发放现金补助，为陷入困境的中小企业提供信贷担

---

① 日本经济学者池田信夫在其2012年出版的《失去的二十年》中介绍了日本经济停滞的二十年（1992—2011年）。

② 陈长缨．全球化条件下主要发达国家改善宏观调控的趋势、经验和启示［J］．经济研究参考，2008（52）：19－31．

保，降低失业保险费用缴纳标准，削减高速通行费，减税和鼓励企业增加雇员等内容。2009 年 4 月，日本财务省又推出了总额为 56.8 万亿日元的“经济危机对策”，其中财政支出资金为 15.4 万亿日元。此外，日本财政部门在短期内实施大规模减税计划，通过减免税、降低税率、加速折旧、税收抵免等方式，共减税达到 1.07 万亿日元。

2013 年 1 月 22 日，安倍政府提出了“无限期量化宽松”的对策，并设定了2%的“通胀目标”，并且以克服通缩为主要目标，安倍政府启动新一轮扩张性财政政策，由日本银行认购赤字国债，以保证财政扩张性支出。

这一时期，日本首次采用量化宽松的货币政策，以应对 1997 年东南亚金融危机和 2008 年美国次贷危机，并配合扩张性财政政策，通过由日本银行购买国债，财务省利用国债筹资的无息资金，实施财政补助、税收减免、政府担保等优惠政策的政策传导机制，缓解危机下的市场失灵问题，帮助市场主体走出困境，最终实现经济复苏。

（五）2014—2018 年：量化宽松防范财政债务风险，紧缩财政政策遏制债务增速

由于经历两次经济危机，日本同时实施量化宽松的货币政策和扩张性财政政策，导致日本债务高企。为此，这一时期日本政府实施紧缩财政政策和量化宽松的货币政策的“紧松”搭配。一方面控制财政赤字，另一方面放松银根，增加货币供应量。这一政策搭配旨在既不影响经济发展，又稳定债务激增的趋势。其背后原因是长期以来日本财务省借助以发行国债为主要手段的扩张性财政政策来应对经济危机的做法导致政府债务高企，极有可能引发系统性财政金融风险。这也一定程度上证明了日本财务省与日本银行的政策协调失衡。

（六）新冠疫情期间：量化宽松继续为扩张性财政政策的新增债务兜底

在新冠疫情（以下简称“疫情”）背景下，面对疫情“大流行”对经济造成的巨大负向冲击，日本财政部门实施大力度的财政政策，央行实施了大幅宽松的货币政策，政策组合由“紧松”搭配转向“松松”搭配。在财政政策方面，2020 年 4 月，日本财务省通过《针对 COVID－19 的一揽子紧急经济计划》，计划总额由 108.2 万亿日元调升至 117.1 万亿日元，大约相当于日本 GDP 的 21%。主要用于支持疫情防控、扩大诊疗能力，税收减免、企业与家庭援助，促进疫后经济活动恢复，增强经济结构弹性和未来应对疫情的能力。其中相当于 GDP 的 16% 的部分被用于救助劳动者和企业。在货币政策方面，日本银行宣布实施“开放式量化宽松”，不设

上限地购买日本政府债券，同时提高了商业票据和公司债券购买上限，从而增加流动性供应。具体而言，日本银行扩大了通过特殊资金供应操作向金融机构提供贷款的范围和额度，从而增加了对企业部门的融资支持。3月16日，日本银行提前召开货币政策委员会，会议决定维持中央银行基准利率不变，同时，扩大资产购买计划，通过增加购买交易型开放式指数基金（ETF）和企业债券来稳定金融市场[①]。并临时性增加日本银行购买“交易所交易基金”和“日本房地产投资信托基金”的频率和规模。此外，日本在疫情暴发之后还降低了对商业银行的风险考核要求，允许商业银行对公共担保贷款赋予零风险权重。上述财政政策和货币政策的协调配合有助于提高居民和企业抵御风险的能力，进而保证经济的正常运转。在应对突发危机时，这种货币政策服从财政政策，中央银行服务于财政部门的失衡关系，可以在短期内刺激需求和供给，但长期持续下去会进一步集聚债务风险，加大去杠杆的难度。

二、现代货币理论的传导效应

在现代货币理论（以下简称“MMT”）框架下，财政政策地位大幅高于货币政策，货币政策处于完全从属地位。它主张财政政策与货币政策加强协同以及财政赤字化的思想对传统经济理论作出了显著的边际贡献。日本银行通过量化宽松政策购买国债的方法本质上就是借鉴了MMT思想，是一种变相的财政赤字货币化。赤字货币化是指中央银行通过直接申购或从二级市场购买等方式，长期乃至永久性持有政府债务，货币供应量由于央行的公债购买行为而增加的经济现象[②]。它是财政政策与货币政策耦合的产物，在特定时期有助于防范化解债务风险，并且适度的赤字货币化不会导致超级通货膨胀，对处于衰退和通货紧缩的经济产生提振消费、促进投资的积极作用。但是，一些学者认为央行持有国债产生的收益最终会上缴至财政部，本质上相当于央行向财政部提供无息贷款。财政部门既充当运动员，又充当裁判员，违反了市场经济的游戏规则。因此，赤字货币化被很多国家作为货币政策的最后手段而封禁，并且出台法律明文规定禁止中央银行直接购买政府债券。

在新冠疫情持续蔓延发酵下，全球经济遭受巨大冲击，日本也陷入经济危机，为了应对危机，日本财务省实施扩张性财政政策，以巨额财政支出直接补贴失业者以及增加医疗支出，日本银行提高了政府债券的购买上限[③]。但是，日本银行不但不会承认财政赤字化操作，还会向市场发出未来减少政府债务存量的信号。这是因

① 王宇．全球财政政策与货币政策组合：重回双扩张［J］．清华金融评论，2020（05）：25－27．

② 毛捷，孙浩，徐军伟．财政政策与货币政策协同的理论思考和实践构想［J］．财政研究，2020（12）：11－21．

③ 李成威，景婉博．财政政策与货币政策的有效协同模式：赤字货币化［J］．经济与管理评论，2021，37（02）：107－113．

为，一旦让市场产生强烈的财政赤字货币化的预期，通货膨胀率会上升，导致名义利率升高，最终对私人部门的消费和投资产生挤出效应。因此，财政赤字货币化是一种“只能做，不能说”的宏观经济政策①。

三、从政策搭配看日本财政部门与央行的关系

货币政策主要通过调节货币供应量和基准利率来间接影响商品和服务市场的供求，传导链条较长，因此其决策时滞较短，但生效时滞较长。相比之下，财政政策需要通过预算层层审批，最终通过财政支出和税收优惠等形式来直接调节市场供求状况，因此，其决策时滞较长，生效时滞较短。所以，需要财政政策与货币政策高度协调配合才能在紧急情况下“抢时间”。

在经济危机时期，日本政府以双松政策为主。通过“双松”政策搭配，财政政策可以引导货币政策货币供应量的流向，防止经济脱实向虚，进而导致经济泡沫更加严重。

在设定“财政重建”目标时期，并以紧松政策为主。通过实施紧缩性财政政策抑制债务激增趋势，同时防止经济衰退，采取扩张性甚至量化宽松货币政策，一方面降低财务省国债利息成本，防范财政风险；另一方面提高货币供应量，促进消费和投资，以拉动经济增长。

在滞胀的特殊时期，日本政府先采取双紧政策抑制通货膨胀，再转而实施扩张性财政政策以打破经济停滞僵局，有序解决了“胀”和“滞”的问题。

通过上述三个主要时期内日本政府采取的财政政策和货币政策的组合拳，不难发现日本政府始终以财务省的财政政策为主要宏观调控手段，而日本银行实施的货币政策始终服务于财政政策，处于辅助地位，呈现寓财政政策意图于货币政策实施目标的政策关系，进而反映寓财政于货币的部门关系。其原因主要归纳为四点：其一，日本财政部门长期以来在日本行政机构体系中占据的主导地位，拥有财政和金融大权，日本银行受大藏省的金融监管和预算制约，因此，日本银行实施的货币政策在很大程度上受大藏省的干预，服务于财政政策。其二，日本财务省受现代货币主义理论的深远影响，主张财政赤字化以及赤字货币化，这也是缓解第二次世界大战以来日本持续累增的巨额债务压力的无奈之举。其三，第二次世界大战后，日本借助财政投融资，短时间积聚大量闲散资金，投资基础设施建设，促进经济快速恢复和高速发展。这种以财政为主体的债务融资方式虽然一度促进了经济快速发展，但是也滋生了财务省举债融资发展经济的政策依赖性。最后一点，也是最具日本特

① 张启迪．现代货币理论：无稽之谈还是只做不说？［J］．金融市场研究，2019（10）：96－104．

色的是，日本依靠日本银行实施宽松乃至量化宽松的货币政策，持续不断地购买财政部门发行的国债，配合扩张性财政政策刺激和发展经济，这种做法能够持续至今暗含深层次的历史逻辑和社会逻辑：战后日本主要依靠财政投融资，才能够快速聚集以邮政储蓄和养老金为主要来源的闲散资金，重点投资基础设施建设和重要产业，快速实现经济复苏，进而走上高速增长轨道。2001 年，财政投融资市场化改革以后，财政投融资改革为主要依靠发行财投债和财投机构债①来筹资，但是邮政储蓄和养老金仍是财政投融资的重要资金来源，日本居民的主要资产仍沉淀在财务省的手中，因此，即便日本财政债务率高企，日本居民不仅不会因为量化宽松而引发银行挤兑风险，而且会积极购买国债以支持扩张性财政政策，一方面是对曾经创造经济奇迹的日本政府依然保持信赖，另一方面更主要地是防范自有资产的坏账风险。

四、日本财政部门与央行关系的独特性

从不同经济发展时期日本财政政策与货币政策搭配，不难发现日本财政部门始终居于主导地位，日本银行居于辅助地位，两大部门主要以债务关系作为合作基础，并通过国债买卖来实施宏观调控。

根据日本财务省官网数据，截至 2021 年 12 月底，日本国债余额仍有 12196245 亿日元，其中日本银行持有 5261736 亿日元，占比高达 43%。此外，生命保险公司（18.1%）、商业银行（16.0%）、海外投资者（14.3%）等机构或个人也是日本国债持有者，这反映了一方面日本国债发行需求大，债务余额体量大，客观上需要投资者多元化，以分散风险，稳定市场；另一方面近一半日本国债存量依赖日本银行来购买并持有，带有明显的现代货币理论色彩和财政赤字化政策发展趋势。

从国债持有规模变化情况来看，2021 年日本银行国债持有比去年同期减少 59915 亿日元，同比减少 1.1%，反映了日本银行优化资产结构，降低通胀风险的政策动机。从国债持有结构变化情况来看，日本银行持有国债以长期国债为主，2021 年为 5112312 亿日元，占比 97.16%，比去年同期增加 154541 亿日元，增幅 3.1%。一方面日本银行缩减国债持有总量，另一方面又增加长期国债持有量，说明了日本银行加大对财务省提供长期资金支持的政策力度，并且也减轻财务省债务还本付息压力，努力化解系统性债务风险。

由于日本银行长期国债持有数量增加，其经常收益中国债利息收益 2021 年比 2020 年增加 367 亿日元，达到 11233 亿日元，占日本银行经常收益 36.8%；相比之下，短期国债的经常收入在近三年持续减少，2019 年、2020 年、2021 年分别减少

① 财投债和财投机构债的最终发行责任主体是财务省，因此实际上也属于国债的一类。

192 亿日元、529 亿日元、282 亿日元。相比收益，2021 年日本银行的资产总额 6853738 亿日元，其中国债为 5304293 亿日元，占比 77.39%；海外资产为 75503 亿日元，占比 1.1%。在此基础之上，从利润率的角度来看，2021 年日本银行的国债利润率为 0.211%，海外资产利润率为 0.462%，反映了日本银行以损失海外资产投资的高收益回报为代价，将更多的资产配置到国债购买和持有中，体现了日本银行实施宽松的货币政策的目的是支持财务省的扩张性财政政策顺利实施。

由此，可以总结出日本财务省与日本银行之间的关系具有以下独特性：第一，日本银行是日本财务省的最大债主，但是日本财务省是日本银行最大合作伙伴和服务对象；第二，日本银行 2001 年开始频繁采取量化宽松货币政策，本质上是为财务省持续增发国债兜底，并降低债务付息成本，是防范化解债务风险的最坚实的最后一道屏障；第三，随着行政机构改革，大藏省分为财务省和金融厅，日本银行的独立性得到增强，但是相比于其他发达国家经济体，日本银行的独立性仍相对不足，日本财务省仍拥有宏观调控的主导权，这也是日本政府债务高企的重要原因。

五、结论

纵观日本战后 70 余年的经济发展过程中日本政府所采取的财政政策与货币政府搭配结构，可以窥探出财务省与日本银行的关系，即财务省在宏观调控体系中居于主导地位，日本银行居于辅助地位，两大部门分别实施财政政策和货币政策，其中央行货币政策受到财务省的金融危机监管，并且遵循现代货币主义理论思想，以财政投融资为制度结合点，以国债买卖为主要合作方式，在保证不发生财政系统性风险的基础上，扩大内需，拉动经济增长。这在战后初期大大促进了经济复苏和高速发展，但是这种政策组合模式也积累了大量债务，埋下了系统性风险隐患，未来应考虑有序退出量化宽松政策，降低财政政策对国债的依赖程度，并逐步消解存量债务。

第六章 俄罗斯

俄罗斯财政政策与货币政策的协调机制，不仅涉及政策工具的协调实施，也体现在财政部与中央银行的配合。基于此，本章从三个方面开展对俄罗斯财政政策与货币政策协调机制的探讨：一是货币政策制定与实施过程中财政与央行的配合；二是财政政策与货币政策工具的协调；三是俄乌冲突与极限制裁背景下，俄罗斯财政与央行的应对逻辑。

一、货币政策制定与实施过程中财政与央行的配合

俄罗斯央行在货币政策的制定与实施过程中，离不开财政的参与。一方面，财政部参与货币政策目标的确立；另一方面，以财政为主导的国家金融委员会需要对央行货币政策的制定与实施进行监督与审查。

（一）财政部参与货币政策目标的确立

俄罗斯货币政策的确立涉及联邦政府与央行的共同决定。根据俄罗斯《中央银行法》规定，俄罗斯中央银行董事会与联邦政府合作制定国家统一的货币政策方向，并拟定货币政策主要方向的草案。可以说，俄罗斯联邦政府与中央银行之间的互动十分频繁，这体现在二者不仅共同制定和实施统一的国家货币政策，以确保卢布币值稳定，央行还参与制定俄罗斯联邦政府的经济政策。俄罗斯央行和联邦政府共同履行国家重要职能，协调政策并定期举行磋商。

依据俄罗斯《联邦政府和联邦中央银行相互代表条例》①，联邦政府由联邦财政

① 1994 年，俄罗斯根据联邦总统法令《关于改善俄罗斯联邦银行系统运作》（第 N 1184 号），同时为更好实施货币政策措施，俄罗斯批准了《联邦政府和联邦中央银行相互代表条例》。

部、经济发展贸易部部长代表，参加中央银行董事会会议，中央银行则由行长代表参加联邦政府会议，并互相享有投票权。联邦财政部和经济发展部部长以咨询投票的方式参加中央银行召开的董事会会议，董事会会议由央行行长主持，至少每月召开一次。关于联邦政府债券的发行与偿还时间等事项，中央银行会征求财政部的意见，二者基于俄罗斯金融市场状况、银行系统情况与货币政策的优先事项等问题进行商讨。

俄罗斯实施货币政策的主要工具是关键利率①的确定，其间财政部的决定会对关键利率的调节产生影响。俄罗斯中央银行通过调整关键利率，以实现维持通胀率的政策目标。央行董事会每年八次会议确定关键利率，其中四次关键会议每季度举行一次；四次中间会议在关键会议之间举行。每次会议结束时，中央银行都会发布关于关键利率的新闻。在召开董事会议之前，央行需经过四个阶段：准备预测阶段、预测参数讨论、利率决策期以及决定日阶段。在预测参数的讨论时期，中央银行各部门专家需要对当前经济形势与发展前景进行全面评估，对关键经济指标评估的立场、预测情景的先决条件进行详细说明和商定；与此同时，俄罗斯中央银行会与财政部、联邦经济发展部的代表举行工作会议，讨论经济形势的关键因素、宏观经济政策措施及其对货币政策预测的影响。在中央银行董事会的决策日当天，财政部与经济发展部代表将会出席会议，并可以关于正在审议的议题发表评论，包括相关的经济政策问题。在会议期间，俄央行董事会力求对讨论的最重要方面和关键利率的决定达成共识。据俄罗斯中央银行表示，这一点对于俄罗斯来讲非常重要，因为俄罗斯中央银行坚持政策需要“统一的声音”，这对于经济关系参与者正确理解央行的决策与行动十分关键，也会影响其对货币政策和通胀动态的预期②。

（二）财政主导审查央行货币政策的实施

俄罗斯货币政策的制定与实施都应依照联邦法接受审查，这一审查过程交由国家金融委员会落实。俄罗斯国家金融委员会是国家对中央银行的活动与职能进行监督的机构，共由12名委员组成。目前，俄罗斯财政部长安东·西卢阿诺夫担任国家金融委员会主席，中央银行行长埃莉维拉·纳比乌琳娜担任其中委员，财政部副部长之一的阿列克谢·莫伊谢耶夫也担任其中委员。对于货币政策的审查，一方面，

---

① 关键利率是俄央行于2013年9月引入的货币政策的主要指标。在此之前，1992年1月1日至2013年9月13日俄罗斯一直使用的是再融资利率。2013—2016年再融资利率和关键利率这两个指标并存，但数值并不相同。比如2014年底受欧美制裁的影响，俄罗斯关键利率飙升至17%，但银行获得资金的再融资利率仍低于10%。自2016年1月1日起，俄罗斯央行将再融资利率等同于关键利率，此后就只通过提高或降低关键利率来影响货币市场的利率水平，进而影响银行流动性水平、货币供应量、通货膨胀率和经济增长率等。参见Ключевая Ставка и Ставка Рефинансирования：Отличия Основных Инструментов Денежно – Кредитной Политики. https：//financc. ru/finansy/klyuchevaya – stavka – i – stavka – refinansirovaniya – otlichiya. html.

② Как принимаются решения по ключевой ставке. http：//www. cbr. ru/dkp/how_dec/.

在货币政策制定前期，中央银行应将货币政策草案提交国家金融委员会进行审查；另一方面，在货币政策的实施过程中，国家金融委员会按季度审查俄罗斯银行贯彻落实国家货币政策的情况。

俄罗斯中央银行每年不迟于12月1日向国家杜马提交年度货币政策的主要方向。包含对俄罗斯经济发展状况的分析和预测，以及统一国家和货币政策的主要指导方针、参数和工具。统一国家和货币政策的主要方向草案将初步宣读给俄罗斯联邦总统和俄罗斯联邦政府。

此外，在某些问题上，未经俄罗斯联邦政府的批准，中央银行无法做出最终决定。如央行董事会在未事先通知联邦政府的情况下，不能发行新纸币和硬币、撤回旧纸币以及批准新纸币的面额等。

二、财政政策与货币政策工具的有效协调

俄罗斯财政政策与货币政策的有效协调是基于政策目标的统一（维持通货膨胀目标）、影响对象（公共债务、预算赤字等）的一致以及政策实施工具的配合等。对于俄罗斯来说，财政政策与货币政策的重要连接工具是稳定基金的设立。与此同时，财政政策的决策对货币政策的实施也会产生重要影响。

（一）设立稳定基金对冲通胀压力

货币政策是基于流动性供给来管理市场利率，直接工具和间接工具的综合运用，可以显著提高货币政策的有效性。与此同时，货币政策的措施应与财政政策措施相互配合。在俄罗斯，财政稳定基金的成立实现了财政政策与货币政策的有效配合与协同。一直以来，维持卢布币值稳定以及通货膨胀水平是俄罗斯货币政策的主要目标，而俄罗斯稳定基金是对货币供应进行冲销的重要机制，对于缓解通胀压力起到重要作用。

稳定基金是俄罗斯于2004年设立的联邦财政储备基金，2018年正式改为国家福利基金。该基金将石油出口税与矿产资源开采税的超额收入储存至基金。稳定基金是俄罗斯的重要外汇储备，主要以外币的形式存放于中央银行单独账户中。俄罗斯稳定基金的建立不仅发挥了使国家财富保值增值的功能，同时对稳定国内宏观经济也起到了一定作用，由于基金的蓄水池功能，冲销了由石油美元增长带来的过多的货币供应量。俄罗斯财政部资料显示，2006年8月至2007年8月，俄罗斯国内货币供应量增长了51%，如果没有稳定基金，控制通胀将会面临更大的压力[①]。

① 李建民．俄罗斯主权财富基金管理评析［J］．国际经济评论，2008（02）：53－55．

（二）财政政策对货币政策的实施产生影响

俄罗斯财政政策对于货币政策的实施条件具有重要影响，中央银行会考虑财政政策来预测宏观经济、确定关键利率。货币政策的实施需要考虑经济结构、经济增长率、商品和服务价格变动等情况，而国家的预算政策是影响价格动态的重要因素。财政预算失衡和预算支出的增加可能会带来严重的通货膨胀，财政政策的实施能够在一定程度上缓解通胀压力。俄罗斯中央银行在制定货币政策时会将这些因素考虑在内。

俄罗斯联邦财政部和经济发展部在拟定联邦预算草案以及预测社会经济发展形势时，也会考虑通货膨胀的目标以及货币政策对经济和价格动态的影响。同时，在货币政策与财政政策的实施过程中，俄罗斯中央银行、财政部与经济发展部会持续沟通，特别是定期举行联合会议讨论宏观经济预测、评估影响主要宏观经济指标的因素，在沟通方面的一致性对于提高货币政策与财政政策的有效性具有重要作用。此外，俄罗斯实施的三年中期预算，有助于在全年更均匀地支出预算资金，这也使央行的货币供应对预算资金流动的季节性波动的依赖性有所降低。

三、俄乌冲突引发的制裁背景下俄罗斯财政与央行的应对

（一）美西方经贸—金融制裁的主要内容

美西方针对俄罗斯的制裁是全方位的，涵盖了经贸和金融制裁、精英制裁、政治制裁、军事制裁、科技制裁、文体制裁等多个方面。鉴于经贸和金融体系对一国经济发展的重要性，对其加以制裁所展现的“威力”通常也是最巨大的。俄乌冲突爆发后，西方国家对俄罗斯实施的典型的经贸与金融制裁措施主要包括以下方面：①制裁系统重要性银行，限制俄罗斯银行的结算和融资能力；②禁用 SWIFT 系统，切断俄罗斯与国际贸易体系的联系；③冻结外汇储备，打击俄罗斯抵抗制裁的能力；④设置融资壁垒，削弱俄罗斯银行和企业的融资能力；⑤制裁能源行业和能源禁运，切断俄罗斯经济大动脉。

（二）俄罗斯财政与央行的反制逻辑

面对俄乌冲突引发的极限制裁，俄罗斯财政与央行配合采取了多项措施应对危机。其主要体现在以下方面：一是财政政策与货币政策协调以稳定汇率、保障民生；二是财政与央行配合落实临时资本管制，减轻卢布贬值压力；三是利用财政稳定基金应对紧急危机。

1. 财政政策与货币政策配合推进，在稳定汇率的同时保障民生

货币、经济政策选择的逻辑通常是：面对危机冲击时，首先需要稳定金融市场、抑制通胀，然后再逐渐改善生产、恢复供应链。2014 年克里米亚危机爆发后，当年 12 月 16 日卢布大幅跳水，俄央行立即将关键利率从 10.5% 大幅提高到了 17%，由此暂时稳定了汇率。因此，加息再次被认为是俄央行处理此次卢布危机的首选项之一。面对此次危机，俄罗斯的应急举措是以央行稳汇率的基础上，财政推进保民生、救企业的措施。

一方面，为了防止经济因极限制裁而停摆甚至崩溃，俄央行在卢布汇率快速下挫时做出了迅速反应，于 2022 年 2 月将关键利率从 9.5% 上调至 20%，创下近二十年来的新高（见图 3 -4）。关键利率的上涨带动存款利率的上升，会使民众的储蓄免于贬值。同时，俄央行的这一举措在成功阻止卢布暴跌的同时，也在一定程度上防止了大规模资本外逃和银行挤兑的发生。随着卢布不断升值，俄央行逐步下调关键利率，以降低贷款成本，从而有助于恢复供给。2022 年 7 月 22 日，俄罗斯将关键利率下调至 8%，已基本降至冲突爆发前的水平。预期通货膨胀率的下降是俄罗斯下调关键利率的重要原因。在经历了 2022 年 4 月 17.8% 的高通胀后，俄罗斯年通胀率于 2022 年 6 月末下降至 15.9%；俄罗斯对 2022 年底通胀率的预期为 12%—15%，对 2023 年平均通胀率的预测则由 4 月的 6.8%—10.4% 大幅下调至 4.3%—7.5%[①]。

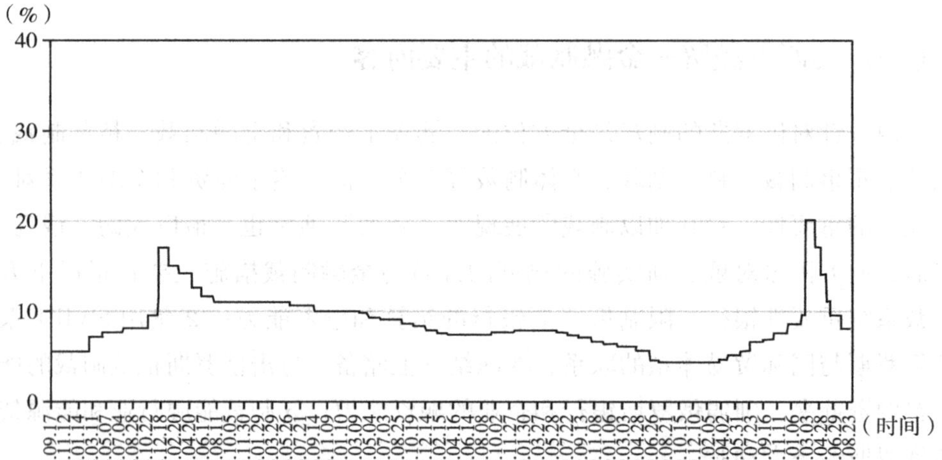

图 3 -4　俄罗斯关键利率变化动态

资料来源：俄罗斯中央银行网站，https：//cbr. ru/hd_base/KeyRate/.

---

① Перевыщин Ю. Н.，Трунин П. В.. ДЕНЕЖНО - КРЕДИТНАЯ ПОЛИТИКА И ИНФЛЯЦИЯ В ИЮЛЕ 2022 ГОДА. https：//www. iep. ru/ru/monitoring/denezhno - kreditnaya - politika - i - inflyatsiya - v - iyule - 2022 - goda. html.

另一方面，在稳定汇率的基础上，财政出台一系列保民生与救企业的措施。包括对企业组织和个体企业家采取财政支持、对增值税与所得税实施税收优惠等。在提高工资水平与生活保障的同时，俄罗斯实施一揽子举措救助中小企业的措施，包括降低贷款利率、税收减免等，并拨款5000亿卢布用于为中小企业发放贷款，以降低企业违约的可能性。

2. 临时调整财政稳定基金使用规则，当前超额油气收入优先用于预算支出

俄罗斯稳定基金（即“国家福利基金”）作为财政稳定机制的重要工具，对于帮助货币政策实现其通胀目标发挥了不容忽视的作用，是连接财政政策与货币政策的关键。一直以来，俄罗斯财政部对于国家福利基金的使用都持较为保守的态度，认为基金应当作为国家的重要储备谨慎支出，且俄罗斯的债务水平较低，在不支出基金的情况下俄罗斯也能应对困难。由此，即使俄罗斯在经历了2020年疫情冲击后，储备基金的规模仍保持在GDP的12%左右，这一水平处在历史的高位。

然而，俄乌冲突以来，西方国家对俄罗斯的制裁加剧，俄罗斯财政经济形势面临严峻考验。为应对西方在能源方面的制裁，俄罗斯紧急调整国家福利基金的规则，以期维持财政状况平稳过渡。2022年3月9日，俄罗斯通过了对预算法的修正案（第53-ФЗ号联邦法），规定2022年俄罗斯的超额石油出口税和矿产开采税收入不再计入国家福利基金，而是用于代替政府借款，偿还政府债务，履行国家公共监管义务，以及为政府的其他优先措施提供财政支持。该法案适用于3月1日以来产生的预算收支。俄罗斯财政部长西卢阿诺夫表示[①]，预计2022年俄罗斯将获得高达1万亿卢布的超额石油出口税和矿产开采税收入，这些资金将用于养老金支出、向有孩子的家庭提供额外支持，以及用于对乌克兰特殊军事行动的支持。

由此，俄罗斯联邦预算中超额油气收入的使用规则在2022年被暂停，俄罗斯财政部自3月以来一直没有使用这部分储备购买外汇和黄金。根据俄罗斯2023—2025年中期预算草案，未来三年俄罗斯扩大国家福利基金支出的可能性较大，期间联邦政府的预算赤字将主要由国家福利基金进行补充。

3. 俄罗斯财政部或将恢复联邦公债债券的配售，用以弥补预算缺口

俄罗斯财政部长表示，财政部可能会在2022年恢复发行联邦公债债券（ОФЗ），以帮助弥补预算赤字。自2022年2月9日俄罗斯财政部举行了最后一次联邦公债拍卖后，由于金融市场波动加剧，俄罗斯于3月9日起暂停了债券的投放。然而，鉴于俄罗斯联邦预算赤字预计将达到GDP的2%—3%，即联邦财政支出将超过收入3.6万亿卢布，加上需要赎回1万亿卢布的政府债券。因此，为解决预算赤

---

① Силуанов: Дополнительный нефтегазовый триллион пойдет на пенсии и спецоперацию. https://www.rosbalt.ru/russia/2022/05/28/1959967.html. 2022.5.28.

字，俄罗斯将需要从国库账户余额、国家福利基金以及债券市场中获得4.7万亿卢布资金。俄罗斯财政部于9月14日、21日和28日安排了三场拍卖，以测试当前市场投资者的需求。由于银行是一级市场中债券的主要买家，因此财政部在确定借款量时需考虑到市场的现金流动性，俄罗斯有分析师表示，这些资金将直接用于向企业提供贷款。

4. 俄罗斯金融机构将成为经济的主要投资者

2022年9月23日，俄罗斯财政部副部长阿列克谢·莫伊谢耶夫表示，俄罗斯金融机构应成为经济的主要投资者。俄罗斯中央银行于同年8月公布了名为《金融市场：现代条件下的新任务》的文件，指出对具有国家战略意义的有限投资项目和计划，应在利用国家预算资金（包括增加国内债务）的基础上，充分发挥银行提供贷款资金的能力。尽管这些项目和计划具有战略意义，但产生的商业价值可能有限，无法产生足够的收益偿还借入的资金。因此，俄罗斯央行提出可以通过提供国家担保或发行以此为担保的债券，以吸引银行部门为这些计划提供信贷支持。

第七章
巴 西

一、巴西中央银行的货币政策

（一）货币政策的目标

1994 年 7 月 1 日，巴西开始实行新一轮的反通货膨胀计划——“雷亚尔计划”（The Real Plan）①。该计划终结了巴西近半个世纪的恶性通胀问题。但是，“爬行钉住美元”的汇率机制导致雷亚尔币值不断被高估，进出口失衡。尤其是，1997 年和 1998 年东亚和俄罗斯先后爆发的金融危机，波及到了巴西②。1999 年巴西爆发了货币危机，为抑制股市、汇市剧烈震荡，同年 1 月巴西央行宣布实行“雷亚尔汇率自由浮动制”；6 月 21 日，卡罗佐政府签署了第 3088 号总统令，要求巴西央行根据通胀目标（Inflation Targeting）制定货币政策，通胀目标机制确立。制度执行主要程序如下③：一是由国家货币委员会（CMN）根据财政部建议制定未来数年的通胀目标和容忍区间。一般提前 3 年公布通胀目标，以加强对预期的锚定。二是巴西央行负责执行实现上述目标所需的政策。三是巴西央行必须在每个季度的最后一天之前公布一份通货膨胀报告，包括通货膨胀目标体系的表现、所采取的货币政策决策成效及通货膨胀预测。四是如果通胀水平超出目标范围，央行行长发表致财

① The Real Plan——the ‘Plano Real’ Stabilization Program［EB/OL］.［2022-07-30］. https://www.bcb.gov.br/en/monetarypolicy/realplan.

② Elcyon C. R. Lima, Alexis Maka, Múrio Mendonça, MONETARY POLICY REGIMES IN BRAZIL［EB/OL］.［2022-07-30］. http://repositorio.ipea.gov.br/bitstream/11058/5131/1/DiscussionPaper_181.pdf.

③ Joel Bogdanski, Alexandre Antonio Tombini and Sérgio Ribeiro C. Werlang. Implementing Inflation Targeting in Brazil［EB/OL］.［2022-07-30］. https://www.bcb.gov.br/pec/wps/ingl/wps01.pdf.

政部部长的公开信，解释偏离的原因，提出消除偏离的举措，以及将通胀率恢复到容忍范围所需要的时间及预测选择的宏观经济指标。五是以隔夜利率（Selic Rate）的平均值作为基准利率，每次国家货币政策委员会（Copom）的会议制定两次会议期间的隔夜利率，间隔时间一般为45天。其中，国家地理统计局（IBGE）负责依据广义全国消费价格指数（IPCA）① 同比增长率衡量确定基准利率。值得注意的是，巴西通胀目标制的一个重要特点是货币政策透明度提高了。除了《季度通货膨胀报告》外，巴西货币委员会的会议记录、新闻稿和有关货币政策的研究报告也会一并对外公布。这些机制的目的是提高货币当局对该国经济的行动和干预的可信度。

（二）货币政策的工具

货币政策传导机制是基准利率波动影响其他经济变量（主要是价格和产出）行为的路径。货币政策执行是通过实施一项政策工具影响经济中的价格水平、消费和投资决策、汇率、资产价格、信贷及预期等宏观因素（见图3－5）。

利率对消费和投资决策的传导渠道是最常用的货币政策传导机制。巴西央行货币政策委员会通过上调基准利率目标，促使实际利率上升，反过来又导致企业和家庭的投资和消费降低，则其对商品和服务的需求减少，这有助于降低通货膨胀。利率的变化也会影响经济主体的财富。

货币政策的另一个传导渠道是通过汇率发挥作用。当汇率上升时，本币升值，从而降低了以本币表示的进出口商品的价格水平。与此同时，汇率通过两种机制影响通胀趋势。首先是进口消费品和用于国内生产的投入品价格下降。其次是通过调整总需求，美元贬值抑制了进口并激发了进口（以美元兑雷亚尔为例）。因此，对本国商品需求的降低，减轻了物价水平的压力。

货币政策也通过信贷渠道发挥作用。基准利率的上升会导致银行贷款利率上升，从而降低信贷供给或其对家庭和企业的吸引力，从而抑制消费和投资。

预期是另一个重要的传导工具。巴西央行的决策会影响代理人对未来经济表现的预期。如通过提高基准利率以遏制通胀压力，则央行发出信号，表明经济活动水平在当前及未来均可控。相应地，家庭和企业认为未来通胀率会更低，而当期价格会降低。巴西央行的信誉程度对预期传导机制的正常运作至关重要。当可信度提升时，成本推动冲击的通胀效应会更加有限。反之亦然，可信度降低，成本冲击会放大，从而产生更高的通货膨胀。

---

① 多数国家的消费价格指数使用食品和能源等供给冲击高敏感的净价格指数，或使用政府部门制定价格。

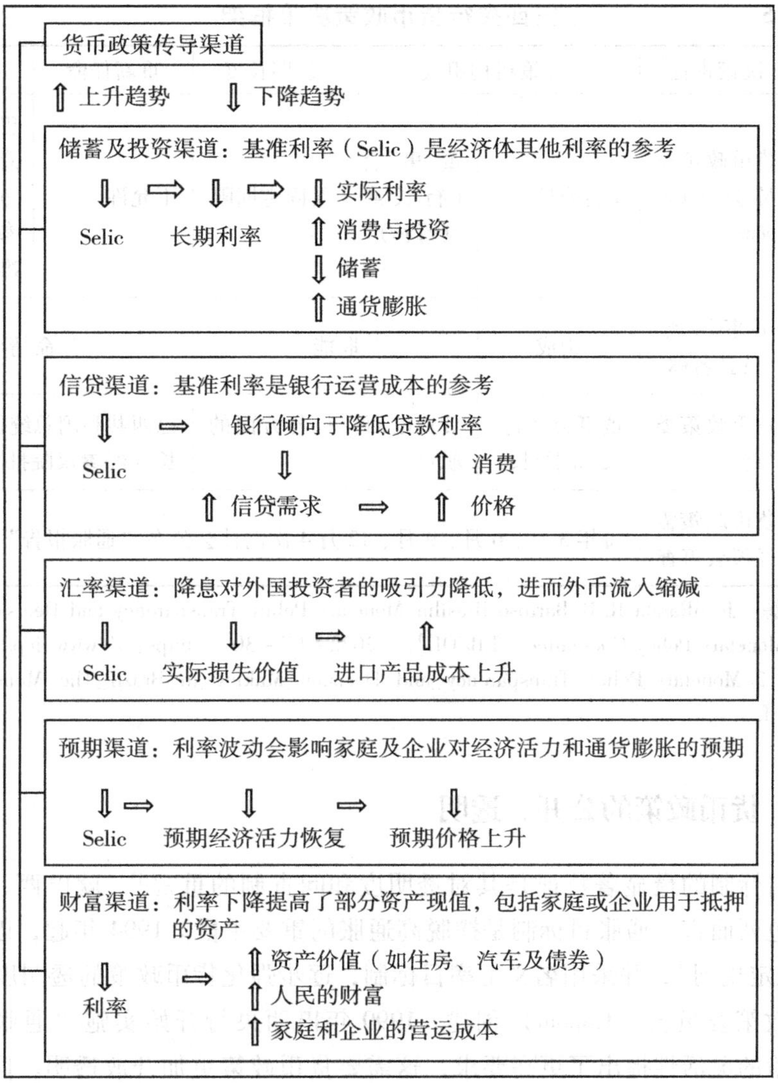

图 3-5　巴西央行货币政策传导路径

资料来源：Monetary Policy Transmission Channels [EB/OL]. [2022-07-30]. https://www.bcb.gov.br/en/monetarypolicy/transmission_channels.

（三）货币政策的决策机构

各国政府赋予中央银行的职责存在较大差异，且随时间变化而变化。在现代金融监管体系中，巴西央行全面承担了本国货币政策制定、流动性管理、汇率干预、最后贷款人、银行间支付体系、审慎政策等管理职责。根据《巴西宪法》《财政责任法》等有关法律法规，巴西央行负责依据多年期政府规划（PPA）制定 4 年期战略规划，如《2020—2023 年机构战略规划》（PEI-BCB），具体明确央行的核心战略目标（见表 3-5）。

表 3－5　　巴西央行货币政策决策框架

	决策责任	决策机构组成		任期长度	重新任命	决策程序
决策组织框架	货币政策委员会（Copom）	8 名委员	董事会（行长或副行长）	无固定期限	不允许	巴西共和国总统任命的董事长（经参议院批准）
巴西央行董事会构成及职能	董事会/委员会名称	构成	职能		任命情况	
	货币政策委员会	董事会（行长和副行长）	负责巴西央行各方面的职责		巴西共和国总统任命的董事长（经参议院批准）	
透明度管理	货币政策需经议会审查	每年 3 月、6 月、9 月、12 月 4 次向社会公布“通胀报告”				

资料来源：JoãoBarata R. B. Barroso Brasília. Monetary Policy Transparency and Decision Making in Brazil：The Monetary Policy Committee［EB/OL］.［2022－07－30］. https：//www.iep.ru/files/seminari/Brasilia_2/Monetary_Policy_Transparency_and_Decision_Making_in_Brazil_The_Monetary_Policy_Committee.pdf.

（四）货币政策的公开、透明

通胀目标制的最显著特征是其对透明度和问责制的重视①。就巴西、智力、墨西哥和以色列而言，通胀目标制是摆脱高通胀的重要手段。1994 年起，巴西实施了“雷亚尔稳定规划”，并采用名义汇率目标制，逐步强化货币政策的透明度。1996 年国家货币政策委员会（Copom）创建。1999 年巴西央行开始实施“通胀目标制”，对货币政策的灵活性提出了更高要求，这需要货币政策更加开放透明。同期，国家货币委会的政策决策程序逐步规范，并通过会议纪要、通货膨胀报告、公开性、听证会以及对外公开通胀率预测模型等形式，提升货币政策的透明度和责任制。具体如下②：

1. 决策程序的透明度

国家货币委员会（CMN）由巴西总统任命的财政部部长、原规划部部长（经济部）和央行行长组成，每三年设定一个通胀目标，并提前两年向社会公布，巴西央

① Guillermo Ortiz Martínez，Inflation Targeting［EB/OL］.［2022－08－02］. https：//www.imf.org/external/np/seminars/eng/2011/res/pdf/go2.pdf.

② João Barata R. B. Barroso，Monetary Policy Transparency and Decision Making in Brazil：The Monetary Policy Committee［EB/OL］.［2022－08－01］. https：//www.iep.ru/files/seminari/Brasilia_2/Monetary_Policy_Transparency_and_Decision_Making_in_Brazil_The_Monetary_Policy_Committee.pdf.

行在占有1/3投票权；货币政策委员会每年在既定时间召开8次会议；2011年11月颁布的第12527法案明确的《信息获取法案》明确，主动动态发布有关信息，降低信息的不对称；如果巴西央行测算的通胀率低于或高于目标值，要在决策确定后一周内对外公开详细的会议纪要；每个《季度通胀报告》要公开发布，附带预测通胀率、基准线图和市场情景等预测因素。

2. 决策程序的责任制

（1）官方代表：参议院经济委员会每季度举行一次听证会，审议《季度通胀报告》；国会听证会上巴西央行按规定汇报其《财务报表》；财政部应在通胀率超过目标上限时对外发布公开信。

（2）普通大众：可在官网或现代社交媒体上查阅所有公开发布的会议纪要和通胀报告等。巴西央行的“公开数据门户”已对外公布了1300多个数据库；机构或公民可在官方交流平台交流相关信息。

3. 决策程序的预测性

货币政策委员会公布了通胀率预测模型：半结构化模型（基准模型）、自回归模型、动态随机一般均衡模型；《季度通胀报告》（部分其他科技出版物）中披露通胀率预测模型；货币政策委员会预测通胀率时，将基于经济前景评估的部分经济变量作为参考要素。

4. 决策程序的信息聚合

货币政策委员会也会参考市场参与者提供的预测信息或其他量化信息；《季度通胀报告》正式公布前会邀请市场参与者和顾问召开官方会议，搭建一种市场参与者与巴西央行的沟通机制，鼓励各界积极参与，但要遵守保密原则；每周市场预测研究报告，提供通胀预期中的市场情景，并通过交易平台调查市场参与者。

此外，为确保巴西央行的透明度，其在人事、社会保障和福利、行政成本以及投资配置等有关信息都作为联邦支出在年度预算法案（LDO）中定期公布。巴西央行的财务报表编制严格遵循国际财务报告准则（IFRS），其半年度资产负债表、损益表等需按时提交外部独立审计，并提交国家货币委员会审议。

（五）货币政策的独立性

1988年《巴西宪法》第164条明确了巴西央行独立性的两大支柱，即巴西央行是唯一的官方货币发行机构；禁止向财政部提供资金或向非金融机构提供贷款。1999年，巴西央行为应对严重的金融危机，对货币和汇率政策进行了全面改革：放弃了与美元的货币挂钩机制，并采用了灵活的汇率制度，实施了通胀目标制等，上述改革措施促使巴西央行在政府内部享有事实上的独立性。2021年2月24日，巴西政府颁布实施第179号补充法案，明确授予巴西央行在“技术、运营、行政和财务管理等方面的自主权”[①]。上述政策为货币政策实施的独立性提供了制度依据。

二、财政部门与央行在货币政策制定中的关系

（一）财政预算部及央行在货币政策制定中的职责

国家货币委员会（CMN）成立于1964年12月31日，其董事会成员由总统直接任命，其中经济部[②]部长担任主席，经济部财政预算特别部长和巴西央行行长担任成员。该机构负责制定货币和信贷政策，旨在保持巴西货币稳定，并促进经济和社会发展。

货币政策委员会（Copom）是CMN的顾问委员会，是货币及信贷业务的技术委员会，负责对有关事项进行前期评估，然后提交CMN审议。其中，巴西央行行长担任Copom的主席，巴西证券交易委员会主席、经济部经济政策秘书、财政预算部财政秘书、中央银行副行长担任成员。

巴西央行是国家货币委员会和货币政策委员会活动的常设秘书处，负责承办组织相关审议会议并向其提供咨询意见准备会议记录，并将会议纪要汇编在历史数据库。国家货币委员会负责在其官网和巴西央行网站上公告或公布有关会议摘要。

（二）财政预算部对货币政策委员会会议议程具有重要的决策权

自2006年起，Copom每45天举行一次会议，每年召开8次例会，会期两天（通常在周二和周三）。除Copom董事会成员外，BCB的经济部、外汇储备部、银行业务及支付系统、公开市场操作、国际事务部及研究部6个部门的负责人，BCB行长办公室主任和新闻官员出席第一天会议，只有Copom其他委员和研究部主管参加第二天会议。

（三）一旦通货膨胀过于偏离目标值，央行行长需向经济部长做出解释和说明

巴西通货膨胀率在2001年、2002年、2003年、2015年、2017年和2021年[③]连

---

① COMPLEMENTARY LAW No. 179 OF 24 FEBRUARY 2021 [EB/OL]. [2022-07-20]. https://www.bcb.gov.br/content/about/legislation_norms_docs/complementary_law_179_24february2021.pdf.

② 2019年巴西政府设立经济部。2019年1月3日起，经济部财政预算特别部长担任货币政策委员会董事会成员。

③ Paulo Roberto Nunes Guedes, Open letter explaining inflation above the upper limit of the target tolerance band in 2021 [EB/OL]. [2022-08-01]. https://www.bcb.gov.br/content/monetarypolicy/openletters/OPEN_LETTER_2022.pdf.

续6年超出容忍区间。根据监管框架的要求，巴西央行行长在第二年给国家货币委员会（CMN）主席和财政部长的公开信中，详细描述未能实现预期目标的原因，以及确保通胀率回到容忍区间将采取的措施，以及措施预期生效的时间跨度。

（四）非常规的货币政策工具由财政部和央行一起决定

非常规货币政策工具（The Unconventional Monetary Policy Tools，UMPTs）两个核心目标是：一是解决货币政策传导机制中的问题；二是一旦政策利率无法进一步下调，就提供额外的货币刺激。目前，各国非常规货币政策工具主要有以下几类：负利率政策（Negative Interest Rate Policy，NIRP）、广义贷款业务（Expanded Lending Operations，LOs）、资产购买计划（Asset Purchase Programmes，APPs）、前瞻指引（Forward Guidance，FG）。在2008年金融危机和2019年新冠疫情暴发后，按照货币政策制定程序，巴西央行和财政预算部等一起制定出台了系列非常规货币政策。

（五）货币政策工具影响公共部门净债务

在“普莱诺雷亚尔计划”（The Plano Real）末期，巴西央行引入了基于通胀率和弹性汇率为基准的宏观经济框架，其受到公共债务结构的限制①。通胀目标深受广泛债务指数化的限制，汇率贬值会对债务动态具有潜在负影响。反之，货币政策紧缩会导致公共债务规模上升。

自从1999年引入“通胀制”以来，巴西宏观经济政策的一大特点是，货币市场与公共债务（由财政部预先发售的若干公共债券）之间的联系，由基准利率（Selic）利率和某些价格指数确定，而这些债券目前占巴西国内公共债务的很大一部分。另一大特点是，巴西央行在制定通胀目标时考虑的价格指数是广义消费价格指数。此外，由货币当局管理的Selic利率也是支付很大一部分公共债务的利率，上述市场是相互联系的。值得注意的是，提高经济中的基准利率也成为抵御通货膨胀的主要工具。这一措施会对经济产生如下不利影响②：一是抑制私人投资和经济增长；二是吸引投机性资本，并使汇率升值，进而对经常账户平衡产生负面影响；三是增加了公共债务服务支出，可通过两个渠道实现，直接地将Selic利率与债务份额挂钩，或间接地通过提升风险溢价增加公共债务存量。

---

① Fernando López Vicente and José María Serena Garralda，Macroeconomic Policy in Brazil：Inflation Targeting，Public Debt Structure and Credit Policies［EB/OL］.［2022-07-30］. file：///C：/Users/wangmt/Downloads/SSRN-id2507676. pdf.

② Elisangela Araujo，Eliane Araújo，Fernando Ferrari Filho，Macroeconomic performance in Brazil under the inflation targeting regime［EB/OL］.［2022-08-03］. https：//www.redalyc.org/journal/601/60157367005/html/.

三、货币政策对财政政策的影响

（一）货币政策工具影响政府借款的利率

1994 年，“雷亚尔计划”实施以来，汇率和利率已成为巴西央行稳定货币的主要政策工具，汇率是稳定通货膨胀的锚，基准净利率波动则会吸引大量资本流入（出）。利率目标是货币政策委员会（Copom）基于基准利率（Selic）设置的，是一项银行间隔夜拆借利率，或国债利率。每次 Selic 利率上调以遏制通胀，都会对公共债务产生传染效应①。这不仅会增加利息支出，还会使债务规模扩大。因为很大部分联邦国债与基本利率挂钩。其结果是，由于债务存量水平足够高，需要进一步提高利息作为风险溢价，这进一步加大了巴西经济的财政脆弱性。

（二）债务发行需要与货币政策协调

1988 年《巴西宪法》规定，“禁止中央银行直接或间接向财政部和任何非金融机构的机构或实体发放贷款”。自 2002 年 5 月起，《财政责任法》第 34 条禁止巴西央行发行公共债券。此外，《财政责任法》允许 CB 在发行日以市场价格收购财政部的证券，以此为到期的联邦政府债券再融资。从 2006 年开始，为了避免雷亚尔兑美元的过度升值，巴西央行大量积累国际储备政策。为了冲销这一政策产生的过剩流动性，财政部可对可转化债进行回购操作。在这个框架下，2008 年，第 11803 号法案授权联邦政府直接向转债公司发行证券，以确保其公共债券投资组合维持在货币政策执行所需的数量。2009 年，财政部规定只要投资组合中的自由证券②低于 200 亿雷亚尔，财政部就会向可转债发行证券③。

四、财政政策与货币政策的联合行动

在经济领域，巴西财政部与巴西央行之间的联动关系体现于以下制度设计：即巴西央行盈余处置问题、财政部单一账户设置、财政部账户的收益政策及执行货币

---

① Luiz de Mello and Mauro Pisu, The bank lending channel of monetary transmission in Brazil: A VECM approach [EB/OL]. [2022 - 08 - 03]. https: //www. oecd - ilibrary. org/docserver/222818683155. pdf? expires = 1659933400&id = id&accname = guest&checksum = FFE6A6B19A564BC05EDCDE3C30039B9F.

② 自由债券是国债投资组合中的可转换债减存量可在市场上的回购操作。

③ 自由债券发行必须在达到限额后的 10 天内进行，发行的金额必须至少足以恢复最低规模，但每次发行的价值不能低于 100 亿雷亚尔。

政策目的的公共证券性质。具体如下①：

（一）央行盈余划转问题

就央行盈余处置问题，巴西政府先后出台了第2376/1987款法案、第1789/1998款法案和《财政责任法案》等法律法规。依据上述法案，巴西央行资产负债表盈余处置方式如下：如果为盈余，则联邦政府对巴西央行的债务应在国家货币委员会批准资产负债表后的第10个工作日前支付；如果为亏损，联邦政府对巴西央行的负债应在国家货币委员会批准资产负债表后的下一个财政年度第10个工作日之前支付。另外，《财政责任法》进一步明确巴西货币当局产生的盈余将构成财政部收入，并将专门用于支付联邦公共债，优先向可转债摊销。与此同时，上述第7条第1项明确“亏损将构成巴西央行的财政部负债”。

（二）汇率变动处置问题

2008年11月5日第11803号法案进一步明确，由国际储备管理及可转换债在国内市场上的掉期操作等所产生的盈余应划转入联邦政府账户。自2008年以来，国际储备管理和外汇掉期操作所产生的盈余已被划拨到一个特定的账户，即外汇平衡。按照最新原则，央行盈余可分为两组，即汇率波动带来的盈余以及其他转债操作所产生的盈余，无论正负，都将转入联邦政府账户。

（三）联邦政府可用现金存款

自1986年以来，巴西联邦政府出台的一系列制定改革，明确由财政部统一管理的联邦政府现金资源，具体由巴西央行设立单一账户保管。1988年《联邦宪法》第164条第3节，进一步明确上述规定。

（四）财政部账户收益

财政部单一账户收益与巴西央行组合投资中联邦债收益相关。1998年第1789号法案规定②，自1999年1月18日起联邦政府在巴西央行的现金存款所产生的收益，依据财政部发行并由巴西央行持有的联邦国债内在收益率的加权平均率确定。

（五）为落实货币政策目的使用财政部债券

一般而言，各国货币当局会使用公共债务调控银行准备供求关系，为回购操作

① Relationship between the fiscal and monetary authorities：international experience and the Brazilian case [EB/OL]. [2022-08-03]. http：//www. tesouro. fazenda. gov. br.

② Current Provisional Measure 2179-36/2001.

提供单位，并支持支付清算系统。就此而言，巴西也不例外，具体体现为巴西央行是使用财政部发行的国债还是央行发行的债券，还是二者同时使用来执行相关货币政策。

五、结论

综上，巴西央行货币政策调整的目的：一是通过严格的通胀目标和财政调整措施确保财务盈利能力；二是通过金融市场为公共赤字融资，削弱财政政策（收入和支出）对投资者需求的从属地位。值得注意的是，巴西财政部与央行以及财政政策与货币政策之间的关系制度化明显。其中，盈余处置措施的制度化是完全自由地履行职能的保障，其唯一的核心目标是确保本国货币的购买力和维护稳固而高效的金融体系。在盈余制度框架下，巴西央行资产和负债利息之间的差额所产生的收益不同于汇率波动所产生的收益。巴西财政部和中央银行之间的制度设计严格遵循了国际准则。表现如下：一是央行盈余处置以对称、功能和透明规则为标志（独立于盈利或亏损）；二是央行设立单一账户，专门管理联邦政府可用现金，并对账户收益有明确规定；三是财政部发行的债券专用于实现其货币政策目标。

第八章
南 非

2020年3月5日，南非报告了首例新冠肺炎确诊病例。2020年12月9日，卫生部长承认第二波疫情已经开始。2021年5月31日，新冠肺炎确诊病例数量增加，标志着第三波疫情的开始，豪登市是第三波海啸的震中。

南非于2020年9月成立了COVID－19疫苗部长级咨询委员会。2020年11月3日，南非宣布加入世界卫生组织COVID－19全球疫苗获取机制。南非于2021年1月3日发布了疫苗战略，目标是到2021年底，分三个阶段使至少67%的人口实现群体免疫，首先从最脆弱的人群开始。

自疫情开始以来，非居民投资组合（债券和股票）净流出约163亿美元（占GDP的5.2%），主权美元信贷息差增加逾10.5%，至186个基点。经过疫情初期的大幅贬值，兰特兑美元汇率已回升至新冠疫情前的水平。应政府的请求，国际货币基金组织于2020年7月27日批准了根据快速融资工具提供的价值43亿美元的紧急援助。自疫情以来，截至2021年7月1日的南非的主要财政和货币政策如下。

一、财政政策

政府通过失业保险基金（UIF）和工业发展公司的特别项目帮助面临困境的公司和工人。本已延长至2021年1月的UIF福利进一步延长至2021年4月。新增资金用于COVID－19的健康应对，收入低于一定门槛的工人获得为期4个月的小额税收补贴，最脆弱的家庭获得临时更高的社会补贴金额，直至2020年10月底。新的临时COVID－19补贴被延长至2021年4月，旨在覆盖没有获得赠款或UIF福利的失业工人。

增加了要分发的食品包数量，并在2021年预算中为公共工程方案划拨了额外资金。为帮助面临压力的中小企业（主要是旅游和酒店部门），以及在家禽、牲畜和蔬菜部门经营的小规模农民提供了资金，包括2021年1月底宣布了12亿兰特的新旅游公平基金。

税收管理部门加快了退税和税收抵免，允许中小企业延后某些纳税义务，并制定基本物资全额退关税、免征进口增值税清单。此外，当局亦实施为期四个月的技能发展征款免税期。

二、财政与货币金融政策协同

（一）贷款担保计划

南非央行与国家财政部、南非银行协会合作建立了2000亿兰特的南非贷款担保计划，由央行负责管理。该计划的目的是向中小型企业提供贷款，资金可用于支付经营费用，如工资、租金、租赁协议和供应商付款等。贷款的利息从第一次提款之日起累计，企业有60个月的时间来偿还本金和利息。南非央行还为受新冠疫情影响的中小企业提供财政部贷款担保方案的技术解决方案。

该官方贷款担保计划，向符合条件的企业提供政府担保的银行贷款，以在大流行期间帮助它们支付业务费用。该计划已被延长至2021年7月11日，以允许已经在处理中的贷款提取，并促进有序退出。

（二）金融立法合作

2021年3月16日，财政部提交了金融部门法律修正案（FSLA）提案给国会财政常务委员会。央行还将与国家财政部和外部利益相关者进行合作，修改《国家支付系统法案》。2021年3月16日，南非财政部向议会财政常设委员会提交《金融服务援助法案》。

财政部公布了财政部长对《1990年银行法》第90条的修正案，自2021年1月1日起生效。修订了净稳定资金比率、银行信息披露和公司治理要求、衡量对手信用风险敞口的标准化方法、基金股权投资的资本要求，以及银行对核心对手敞口的资本标准。

南非央行与财政部协商如何推进《国民养老金法案》（NPC），建议修改1998年第78号国民养老金法案。

2021年2月，南非财政部公布了拟议的《金融部门征税法案》，供公众咨询，该法案允许审慎管理局（PA）向受监管实体征税，以资助其运营。审慎管理局已展开筹备工作，以便在立法架构和订明程序生效后，征收费用和征款。预计生效日期尚未正式宣布，一旦国家财政部完成其程序，审慎管理局将与各行业协商。在此之前，南非央行将继续为审慎管理局提供资金。

（三）可持续金融

可持续金融，包括气候变化。建立 PA 气候智库，与国家财政部的活动做协调，主要是围绕 2020 年 5 月发布的题为“为可持续经济融资”的技术文件。该文件为金融部门监管者和监督者制定了建议清单，帮助评估可持续金融和气候风险。

（四）合作获取国际组织援助

央行还与国家财政部合作使用快速融资工具，即 IMF 向面临国际收支紧急需要的成员国提供的快速财政援助，以应对疫情。

（五）普惠金融

央行与财政部合作，优先利用数字化实现普惠金融，并就财政部的普惠金融政策文件提交意见。

与 FIC 一起，修订了 FATF EFT 指令，为跨境 EFT 引入 5000 兰特的门槛，低于此金额的 EFT 将受到不那么严格的 AML/CFT 要求，以促进普惠金融。修订后的指令将在公报上公布，随后与 BASA 和国家财政部就其在共同货币区内的支付应用进行接触。

（六）公共存款公司

南非央行有两个生产货币的子公司，每个子公司都有自己的董事会。行长执行委员会（GEC）任命这些董事会成员。SARB 的第三个子公司，公共存款公司（CPD），提供投资服务，其董事会由 SARB 和财政部的官员组成，他们由财政部长任命。

公共存款公司可将公共部门的活期存款投资于存款、短期货币市场工具和特别国库券。经财政部长批准，CPD 也可接受其他存户的通知存款。所有投资于 CPD 的资金及赚取的相关利息均可在要求时偿还。

三、财政货币政策协同实践

（一）下调利率

在疫情期间，央行逐步下调政策利率，2020 年 3 月 19 日下调 100 个基点，2020

年4月14日下调100个基点，2020年5月21日下调50个基点，2020年7月23日下调25个基点至3.5%。

（二）缓解流动性措施

2020年3月20日，SARB宣布了缓解流动性状况的措施：

（1）将回购拍卖次数增至两次，以政策利率为清算银行提供日内流动性支持；

（2）降低常备贷款额度的上限和下限，以回购利率借出和以低于回购利率200个基点借入；

（3）根据需要增加每周主要再融资业务的规模。

2020年1月，自疫情和相关封锁开始以来，SARB已将回购利率下调300个基点，提供监管放松以改善信贷流动，向金融体系注入流动性。

2020年3月25日，SARB宣布了进一步措施，以缓解融资市场的流动性紧张。该计划旨在从整个收益率曲线上在二级市场购买政府债券，并将主要再融资工具的到期日从3个月延长至12个月。

2020年3月28日，央行宣布暂时放宽银行资本金要求，将流动性覆盖率从100%降至80%。

（三）提供债务减免

2020年3月23日，政府宣布推出统一方法，使银行能够向借款人提供债务减免。2020年3月26日，SARB发布了关于向银行客户提供债务减免的方式的指导方针。2020年4月6日，SARB发布了股利和现金红利分配指导意见，以确保银行资本的保本。

（四）放松监管

2020年5月12日宣布了一系列针对合作金融机构审慎事项、监管活动、治理和运营问题的审慎优先措施。2020年8月3日，SARB宣布，宏观审慎政策宽松将延长，直至另行通知。

（五）随疫情好转逐步金融政策正常化

自2020年5月11日起，SARB将回购拍卖数量恢复到每天一次，截至2020年8月19日，随着流动性条件正常化，SARB恢复到标准的常备工具借款利率（回购利率低于100个基点）。2021年2月3日，SARB决定恢复按回购利率酌情执行的日末补充回购操作。

第九章 新西兰

2020年2月28日，新西兰报告了首例新冠肺炎确诊病例。2020年3月25日，新西兰在发现国内传播病毒后，将警戒级别提高到4级。新西兰于2020年6月8日将警戒级别降至1级，取消了对个人行动、聚集、工作场所和服务的限制。虽然自那时以来病毒得到了有效抑制，但随后奥克兰在2020年8月/9月和2021年2月/3月进行了短暂的局部封锁。疫苗接种已经开始，截至2021年7月1日，7.8%的人口接种了疫苗，当局希望在2021年年底前为符合条件的人群全面接种疫苗。2020年第二季度（生产方面）萎缩11%后，新西兰经济在2020年下半年迅速复苏。总体而言，2020年实际GDP收缩了2.9%。2021年第一季度实际GDP增长强于预期（季率1.6%），而失业率在3月底下降至4.7%。以下是截至2021年7月1日的新西兰在应对疫情方面的财政政策与货币政策协同。

一、财政政策

政府宣布，到2024/2025财年，将采取总计621亿新西兰元（占GDP的19.3%）的财政措施。总金额包括COVID－19应对和恢复基金，其中51亿新西兰元已被预留，作为可能重新爆发的应急资金。已公布的财政措施包括：

（1）医疗相关支出、有管理的隔离费用和疫苗购买（51亿新西兰元，占国内生产总值的1.6%）；

（2）永久性增加社会支出以保护弱势群体（总计24亿新西兰元，占GDP的0.7%）；

（3）为受新冠疫情影响严重的雇主提供工资补贴（139亿新西兰元，占GDP

的4.3%）；

（4）用于支持失业人员的收入救济（6亿新西兰元，占GDP的0.2%）；

（5）税收措施包括临时税收损失转回计划和永久性改变营业税（86亿新西兰元或GDP的2.7%）；

（6）基础设施投资（38亿新西兰元，占GDP的1.2%）；

（7）交通项目（6亿新西兰元，占GDP的0.2%）；

（8）对航空部门的支持（6亿新西兰元，占GDP的0.2%）；

（9）旅游业复苏计划（4亿新西兰元，占GDP的0.1%）；

（10）住房和城市发展（47亿新西兰元或GDP的1.5%）；

（11）教育（34亿新西兰元，占GDP的1.1%）；

（12）政府研发（2亿新西兰元，占GDP的0.1%）；

（13）培训和弹性工资补贴（6亿新西兰元或GDP的0.2%）。

政府还宣布了应对病毒卷土重来的应急措施，包括支援金及工资津贴计划。此外，2020年3月28日，政府宣布暂时取消应对COVID-19所需的所有医疗和卫生进口产品的关税。

二、财政与货币金融政策协同

政府已批准与新西兰航空签署15亿新西兰元的债务融资协议（可转换为股权），以确保货运业务、国内航班和有限的国际航班继续运营。新西兰政府推出了2亿新西兰元的短期研发贷款计划，以支持私营部门的研发投资。新西兰政府还将向雇佣员工不超过50人的小企业提供最高10万新西兰元的贷款，直至2023年底。

三、财政货币政策协同实践

在2021年5月的董事会会议上，新西兰储备银行（RBNZ）将官方现金利率（OCR）维持在0.25%，并维持高达1000亿新西兰元的大规模资产购买（LSAP）和贷款融资计划（FLP）不变。

（一）下调利率

2020年3月17日，OCR下调75个基点。

（二）大规模资产购买计划

2020年8月，新西兰央行扩大了LSAP计划，在二级市场购买政府债券和地方政府融资机构（LGFA）债券，从12个月最高600亿新西兰元增加到2022年6月最高1000亿新西兰元。

（三）贷款融资计划

FLP于2020年12月启动，为银行提供高达280亿新西兰元的三年期融资，利率为0.25%，使银行能够降低企业和家庭的借贷成本。

（四）提供流动性

自2020年3月以来，新西兰央行一直在外汇互换市场提供流动性，并与美联储重新建立临时美元互换额度（300亿美元）。新西兰储备银行建立了新的定期拍卖工具（TAF），允许银行获得最长12个月的抵押贷款，并宣布了企业公开市场操作（COMO），即新西兰储备银行将每周向银行提供至多5亿新西兰元的公开市场操作，以公司票据和资产支持证券为抵押，为期3个月。新西兰央行还推出了定期借贷便利（TLF），这是为银行提供长期融资的计划，利率为0.25%，期限为三年，最初从2020年5月26日起为期六个月。2020年8月，TLF的贷款期限延长至5年，贷款安排延长至2021年2月1日。随后，TLF进一步延长至2021年7月28日。TLF的获得与各银行在企业融资担保计划（BFGS）下提供的贷款挂钩，BFGS总额为62.5亿新西兰元，政府覆盖80%的信贷风险，需要获得批准的合格抵押品。BFGS于2020年8月扩大，将最高贷款额度从50万新西兰元提高到500万新西兰元，将最高期限从3年延长到5年，并允许更多中型企业获得贷款，申请期限延长至2021年6月30日。

（五）放松监管

2020年4月，新西兰央行将银行的核心资金比例要求从75%降至50%，以帮助银行提供信贷。随着金融市场状况的改善，原本使用率很低的TAF和COMO在2021年3月16日之后被取消。从2022年1月1日起，银行核心资金比例的最低要求将提高到75%。

为了进一步支持金融体系的稳定，将要求银行提高资本金的监管改革的开始日期最初推迟了12个月，至2021年7月，随后又推迟了12个月，至2022年7月。其他正在酝酿中的监管举措也被搁置了至少6个月。新西兰央行还在2020年4月与银行达成协议，不支付普通股股息，也不赎回非一级资本比率（CET1）资本工具。2021年3月31日，新西兰储备银行放松了限制，允许银行在2022年7月1日前向股东支付高达50%的收益作为股息，届时新西兰储备银行打算完全取消这些限制。

新西兰央行暂时取消了自2020年5月1日起生效的抵押贷款价值比（LVR）限

制。新西兰央行从2021年3月开始重新实施这些限制，达到疫情前的水平，并从2021年5月开始进一步收紧投资者的LVR限制。

新西兰政府、新西兰储备银行和新西兰银行家协会也宣布了一系列金融措施，以支持中小企业和房主，其中包括受疫情和企业融资担保计划影响的抵押贷款持有人和中小企业推迟6个月还本付息。对延期偿还贷款的优惠监管待遇于2021年3月31日结束。政府采取的其他相关措施包括，在2020年9月25日前冻结住宅租金六个月，并限制在2020年3月至6月期间终止租约。政府延长了企业债务休眠计划，允许企业将现有债务延期10个月，至2021年10月31日。在汇率与国际收支方面，汇率已被允许灵活调整。

参考文献

［1］ C Goodhart, D Schoenmaker. Should the Functions of Monetary Policy and Banking Supervision be Separated? ［J］. Oxford Economic Papers, 1995, 47 (4): 539 –560.

［2］ CARLOS EDUARDO SOARES GONÇALVES, Monetary policy independence and floating exchange rates: what does the Brazilian evidence tell us? ［J］. Brazilian Journal of Political Economy, vol. 24, n° 1 (93), pp. 30 – 37, January – March/2004.

［3］ D. Schoenmaker. The Trilemma of Financial Stability' ［D］. Duisenberg School of finance Working Paper, 2009.

［4］ David Archer and Paul Moser – Boehm, BIS Papers No 71 Central bankfinances ［EB/OL］. ［2022 –09 –28］. www. bis. org.

［5］ European Council. Council Agrees Position on Single Supervisory Mechanism ［EB/OL］. ［2012 – 12 – 13］. Brussels, http//www. consilium. europa. eu/uedocs/cms_data/docs/pressdata/en/ecofin/134265. pdf.

［6］ G. A. 麦肯齐，林敦印．隐藏的政府赤字［J］．经济资料译丛，1996 (01): 49 –52.

［7］ HM Treasury. Exchange Equalisation Account: Report and Accounts 2020 – 21 ［EB/OL］. ［2021 – 07 – 15］. https: //assets. publishing. service. gov. uk/government/uploads/system/uploads/attachment_data/file/1001555/EEA_Annual_Report_and_Accounts_2020 –21. pdf.

［8］ HM Treasury. Andrew Bailey to be new Governor of the Bank of England ［EB/OL］. ［2019 –12 –20］. https: //www. gov. uk/government/news/andrew – bailey – to – be – new – governor – of – the – bank – of – england.

［9］ HM Treasury. Letter from the Chancellor of the Exchequer to the Governor of the Bank of England 03/02/2022 ［EB/OL］. ［2022 –02 –03］. https: //assets. publishing. service. gov. uk/government/uploads/system/uploads/attachment_data/file/1052332/CX_to_Gov_letter_OMS. pdf.

[10] HM Treasury. Meeting minutes – January 2022 [EB/OL]. [2022 – 02 – 15]. https: //www. gov. uk/government/publications/record – of – financial – stability – report – meeting – december – 2020/meeting – minutes – january – 2022.

[11] HM Treasury. Record of Financial Stability Report meetings [EB/OL]. [2022 – 02 – 15]. https: //www. gov. uk/government/publications/record – of – financial – stability – report – meeting – december – 2020.

[12] International Reserves Management Report [R/OL]. [2022 – 05 – 18]. https: //www. bcb. gov. br/content/financialstability/irmr/relatorio_anual_reservas_internacionais_en_2021. pdf.

[13] Leodelma de Marilac Félix, PROACTIVE TRANSPARENCY: What has been done inBrazil [EB/OL]. [2022 – 08 – 01]. https: //www2. gwu. edu/ ~ ibi/minerva/Spring2011/Leodelma_Felix. pdf.

[14] Marcio Garcia, Joao Ayres, Diogo Guillen, Patrick Kehoe. The Fiscal and Monetary History of Brazil: 1960 – 2016 [EB/OL]. https: //mafhola. uchicago. edu/wp – content/uploads/Brazil. pdf, July, 2018.

[15] Marcos Centurión – Vicéncio. A political economy essay on the fiscal and monetary interactions inBrazil [EB/OL]. [2022 – 09 – 28]. https: //tel. archives – ouvertes. fr/tel – 03263555/document.

[16] Regimento Interno Do Banco Central DoBrasil [EB/OL]. [2022 – 09 – 28]. https: //www. bcb. gov. br/content/acessoinformacao/acesso _ informacao _ docs/RegimentoInterno. pdf.

[17] Rishi Goyal et al. A Banking Union for the Euro Area, IMF Staff Discussion Note7 (2013) [EB/OL].

[18] the Bank of England. Governor [EB/OL]. [2022 – 09 – 16]. https: //www. bankofengland. co. uk/about/people/governors.

[19] the Bank of England. The Term Funding Scheme: design, operation and impact [EB/OL]. (2018 – 12 – 21). https: //www. bankofengland. co. uk/quarterly – bulletin/2018/2018 – q4/the – term – funding – scheme – design – operation – and – impact.

[20] the Bank of England. Bank of England and HM Treasury announce launch of Funding for Lending Scheme [EB/OL]. (2012 – 07 – 13). https: //www. bankofengland. co. uk/ – /media/boe/files/news/2012/july/boe – and – hmt – announce – launch – of – funding – for – lending – scheme. pdf? la = en&hash = C09CF4FF50082FD27F53136DBEF346BD89796D0C.

[21] the Bank of England. Term Funding Scheme with additional incentives for SMEs (TFSME) – Market Notice [EB/OL]. (2020 – 03 – 11). https: //www. bankofen-

gland. co. uk/markets/market – notices/2020/term – funding – scheme – market – notice – mar – 2020.

[22] the Bank of England. The financial system FAQs [EB/OL]. [2022 – 05 – 11]. https：//www. bankofengland. co. uk/faq/the – financial – system#anchor_1521814815561.

[23] the Bank of England. Who owns the Bank ofEngland? [EB/OL]. [2022 – 02 – 18]. https：//www. bankofengland. co. uk/knowledgebank/who – owns – the – bank – of – england.

[24] О взаимном представительстве Правительства Российской Федерации и Центрального банка Российской Федерации. https：//rulaws. ru/president/Ukaz – Prezidenta – RF – ot – 15. 08. 1994 – N – 1688/.

[25] О результатах размещения средств Фонда национального благосостояния в 2020 году. https：//minfin. gov. ru/ru/press – center/? id_4 = 37395 – o_rezultatakh_razmeshcheniya_sredstv_fonda_natsionalnogo_blagosostoyaniya_v_2020_godu. 2021. 03. 01.

[26] 巴西金融体制统计数据 [EB/OL]. [2022 – 03 – 07]. https：//www. bcb. gov. br/en/statistics/annualreportsnfs.

[27] 封北麟. 财政可持续与金融稳定——基于中国的经验研究 [J]. 财政科学，2022，74 (02)：33 – 51.

[28] 冯妍婕，卢瑞亮，郝雪婷. 主要经济体中央银行应对疫情的货币政策工具及其资产负债表比较分析 [J]. 金融纵横，2022 (02)：46 – 52.

[29] 胡琨. 后危机时期欧盟经济治理模式变迁刍议——社会市场经济模式的视角 [J]. 欧洲研究，2018，36 (04)：27 – 47.

[30] 蒋岩桦，徐超，于品显. 系统重要性金融机构的恢复与处置计划问题研究 [J]. 经济社会体制比较，2018 (02)：101 – 108.

[31] 李成威，景婉博，金殿臣. 疫情背景下美德英法日财政政策及外溢效应分析 [J]. 财政科学. 2020 (11)：84 – 99.

[32] 李海林. 欧洲经货联盟经济不对称性及财政稳健性分析 [D]. 财政部财政科学研究所，2015.

[33] 李晓，王晗. 日本银行的量化宽松“新政”：特征、背景及其面临的挑战 [J]. 国际经济评论，2017 (03)：91 – 110 + 6 – 7.

[34] 李扬. 货币政策和财政政策协调配合：一个研究提纲 [J]. 金融评论，2021，13 (02)：1 – 11 + 123.

[35] 刘畅. 美国财政史 [M]. 北京：社会科学文献出版社，2013.

[36] 刘丹冰. 新发展视角下统一“金融监管法”的制定 [J]. 法律科学（西北政法大学学报），2022，40 (01)：181 – 190.

[37] 刘尚希，孙喜宁. 论财政政策的有效性——基于公共风险分析框架 [J].

财政研究，2021（01）：10－23.

[38] 刘兴华．德国财政政策与货币政策的走向及其协调［J］．德国研究，2009，24（04）：51－56＋87.

[39] 马恩涛，李牧龙，姜超．银行业风险和主权债务风险“反馈循环”：一个文献综述［J］．财政研究，2022（06）：110－128.

[40] 尼尔·布鲁斯．公共财政与美国经济［M］．北京：中国财政经济出版社，2005.

[41] 阙澄宇．欧洲中央银行体系研究［D］．东北财经大学，2002.

[42] 唐珏岚，陈祥生．复苏步履沉重：结构性矛盾下的欧元区经济［J］．新视野，2011（05）：91－93.

[43] 汪超．财政应积极防范影子银行宏观金融风险［J］．财政科学，2018（05）：101－110.

[44] 王博峰．金融监管对中国实体经济增长的影响研究［J］．财经论丛，2021（08）：47－58.

[45] 王琳，葛致壮，唐婧．欧盟宏观审慎政策框架的经验与启示——以德国金融改革为例［J］．清华金融评论，2018（08）：53－54.

[46] 王宇．德国金融体系和监管体系：主要构成与基本特征［J］．金融纵横，2016（02）：4－7.

[47] 王志刚．财政部门可在大金融监管中发挥更加积极的作用［J］．中国财政，2017（20）：48－50.

[48] 阎坤．日本的中央银行——日本银行［J］．日本学刊，1996（05）：58－72.

[49] 杨晨丹妮．欧元区经济政策协调机制的绩效及启示［J］．时代金融，2015（24）：293－294.

[50] 杨雅琴．中国与美国及加拿大财政体制比较［J］．上海经济研究．2017（02）：57－63.

[51] 于品显．欧洲中央银行单一监管机制研究［J］．武汉金融，2019（06）：58－65.

[52] 张聪明．外汇储备：中俄两国的共性与差异［J］．欧亚经济，2014（06）：26－65＋124.

[53] 赵瑞芬．全口径视阈下准财政活动研究的文献综述［J］．技术经济与管理研究，2017（12）：89－93.

后 记

从理论上看，财政与金融的关系是有机统一的关系。从实践的角度看，财政与金融在很多方面密切相关，突出体现在财政与央行财务关系、财政与央行在国家金融监管中的关系、财政政策与货币政策关系等方面。

财政部门与央行的财务关系是财政与金融关系的直接体现。从财务关系的角度看，主要国家财政与央行之间联系密切且财政占主导，既体现了财政部门对国家金融资源的掌控，也体现了财政对金融体系和金融监管、金融治理的主导性作用。

金融是现代经济的血液，金融监管是国家治理的重要内容，对于促进经济繁荣发展和国家长治久安具有十分重要的意义。财政作为国家治理的基础，不可忽视金融监管问题。从主要国家金融监管改革的历程看，财政的作用在不断强化，并从宏观上主导金融监管架构，且与央行建立了有效的分工协同机制。

随着现代经济金融化趋势的日益加深，主要发达国家财政与货币政策从相对独立逐步走向协同配合，并呈现出“你中有我，我中有你”的特点。典型国家在宏观政策的制定上“寓财政于货币”，部分货币政策实际上肩负着财政领域的战略意图。放眼全球，正反两方面的经验和教训并存。一些国家和地区因为财政和货币政策的不协调而产生了“左右手互搏”或“拔河”的情况，酿成了危机与动荡；也有一些国家将财政货币一体化作为国际竞争的重要手段，源源不断地为经济注入确定性。

当今世界面临百年未有之大变局，世界进入动荡变革期。现在的中国是一个成长起来的大国，利益遍布全球，风险也来自于全球。随着全球不确定性增加、全球风险加剧，要使财政与公共风险治理要求相匹配，走向现代化，必须基于全球风险治理的视角审视财政问题。基于上述背景，中国财政科学研究院外国财政研究中心更名为中国财政科学研究院全球风险治理研究中心，研究视野拓展为外国财税动态、全球风险的财政维度、财政与全球风险治理、双边与多边机制中的财政关系。全球风险治理研究中心计划倾力打造“全球风险治理专题报告”，本书是其中的第二本著作。

本书是集体研究的成果，研究团队几经讨论，数易其稿，反复打磨，方得成书。本书撰写组是一个致力于从事财政与全球风险治理研究的团队，由中国财政科学研究院刘尚希院长任顾问，傅志华研究员担任组长，李成威主任担任执行组长。团队成员和执笔分工如下：全书总撰，傅志华、李成威；导论，李成威、李欣、朱小玉、于雯杰、景婉博、林琳；第一篇第一章，李成威、李欣、朱小玉、于雯杰、景婉博、林琳；第一篇第二章，金殿臣；第一篇第三章，李欣；第一篇第四章，于雯杰；第一篇第五章，周子超、李欣；第一篇第六章，田雅琼；第一篇第七章，王美桃；第一篇第八章，刘翠微；第一篇第九章，刘翠微；第二篇第一章，李成威、李欣、朱小玉、于雯杰、景婉博、林琳；第二篇第二章，金殿臣；第二篇第三章，李欣；第二篇第四章，于雯杰；第二篇第五章，周子超；第二篇第六章，田雅琼；第二篇第七章，王美桃；第二篇第八章，刘翠微；第二篇第九章，刘翠微；第三篇第一章，李成威、李欣、朱小玉、于雯杰、景婉博、林琳；第三篇第二章，金殿臣；第三篇第三章，李欣；第三篇第四章，于雯杰；第三篇第五章，周子超；第三篇第六章，田雅琼；第三篇第七章，王美桃；第三篇第八章，刘翠微；第三篇第九章，刘翠微。另外，实习生夏宁梓同学参与了资料收集和整理等工作。

感谢读者对中国财政科学研究院全球风险治理研究长期以来的关心与支持，感谢中国财政经济出版社为本书出版付出的辛勤劳动。由于时间仓促且水平有限，不当之处在所难免，敬请各位读者和老师批评指正！

中国财政科学研究院全球风险治理研究中心

2023 年 3 月 8 日

图书在版编目（CIP）数据

全球风险治理专题报告：世界主要国家财政与央行关系研究／傅志华等著．—北京：中国财政经济出版社，2023.3

（中国财政科学研究院年度智库报告）

ISBN 978－7－5223－2006－9

Ⅰ.①全…　Ⅱ.①傅…　Ⅲ.①国家财政－关系－中央银行－研究报告－世界　Ⅳ.①F811②F830.31

中国国家版本馆 CIP 数据核字（2023）第 032223 号

责任编辑：闫　娟　　　　责任印制：刘春年

封面设计：陈宇琰　　　　责任校对：徐艳丽

全球风险治理专题报告：世界主要国家财政与央行关系研究

QUANQIU FENGXIAN ZHILI ZHUANTI BAOGAO：

SHIJIE ZHUYAO GUOJIA CAIZHENG YU YANGHANG GUANXI YANJIU

中国财政经济出版社 出版

URL：http：//www.cfeph.cn

E－mail：cfeph@cfeph.cn

社址：北京市海淀区阜成路甲 28 号　邮政编码：100142

营销中心电话：010－88191522

天猫网店：中国财政经济出版社旗舰店

网址：https：//zgczjjcbs.tmall.com

北京财经印刷厂印刷　各地新华书店经销

成品尺寸：185mm×260mm　16 开　20.75 印张　408 000 字

2023 年 3 月第 1 版　2023 年 3 月北京第 1 次印刷

定价：98.00 元

ISBN 978－7－5223－2006－9

（图书出现印装问题，本社负责调换，电话：010－88190548）

本社质量投诉电话：010－88190744

打击盗版举报热线：010－88191661　QQ：2242791300

